# LIBROS IV A VI DEL DIGESTO DEL EMPERADOR JUSTINIANO

*Texto latino-español*
*y ensayo introductorio a cargo de*
*Julio César Navarro Villegas*

*Amazon Mexico Services*

*Colección "Digesta Iustiniani Imperatoris" Vol. 2*

# ÍNDICE

## ENSAYO INTRODUCTORIO

## El Digesto del Emperador Justiniano

## Libro IV

# Libro V

# Libro VI

# EL *CORPUS IURIS CIVILIS* Y LA APLICACIÓN DEL DERECHO ROMANO CLÁSICO EN ÉPOCA JUSTINIANEA

*Yacen por el suelo todos los dictados insustanciales
de las victorias de Justiniano; pero vive estampado el
nombre del legislador en un monumento grandioso
y sempiterno. En su reinado y por sus desvelos,
se fue coordinando la jurisprudencia civil en las
obras inmortales del Código, las Pandectas y la Instituta;
el desempeño público de los romanos ha trascendido
callada o expresamente a las disposiciones caseras
de Europa, y las leyes de Justiniano están todavía
imponiendo acatamiento u obediencia a
las naciones independientes.*

-Edward Gibbon, *Historia de la decadencia
y ruina del imperio romano*, capítulo 44[1]

Según Edward Gibbon, quien escribe a fines del siglo XIX, el legado más importante de la época de Justiniano y, de hecho, el legado más importante del emperador se halla en el ámbito del Derecho. La afirmación de Gibbon aún resuena como verdadera. Aunque las fronteras físicas de la Europa medieval fueron rehechas varias veces en los campos de batallas mucho después de que finalizase la época de Justiniano, el Derecho publicado bajo su nombre aún moldea la cultura jurídica de nuestro tiempo.

El "monumento grandioso y sempiterno" que Justiniano legó a la posteridad se conoce hoy como *Corpus Iuris Civilis*: tres *codices* o libros de leyes, promulgados entre los años 529 y el 534. El *Codex*, el *Digesta* (o *Pandectae*) y las *Institutiones* intentaron armonizar mil años de

---

[1] La cita ha sido tomada de GIBBON, Edward, *Historia de la decadencia y ruina del imperio romano*, traducción de Don José Mor de Fuentes, Impresora de Don Juan Olivares, Barcelona, 1846.

complejo y accidentado desarrollo del Derecho Civil romano. Los libros del Derecho de Justiniano contenían vino nuevo en odres viejos; cada libro utilizó e incorporó diferentes tipos de fuentes legales del pasado romano, pero también cada uno remodeló ese material, armonizando textos dispares entre sí, delineando el contorno de un sistema legal en un cuerpo homogéneo (*corpus*) de textos entrelazados. La sinfonía resultante (para usar una metáfora del siglo VI con la cual hoy podemos denominar a la "codificación") fue promulgada con toda oficialidad. Cada texto dentro del *Corpus*, sin importar su fuente original, ahora contaba como legislación imperial vinculante emitida conjuntamente "en nombre de nuestro Señor Jesucristo" y del sacro emperador Justiniano. Así, este emperador concibió un *corpus* único del Derecho Romano dentro de un marco explícitamente cristiano.

Para el jurista historiador, la época de Justiniano es poco menos que fundamental. Los medievalistas y modernistas del primer periodo interesados en la denominada recepción del Derecho Romano en épocas y lugares posteriores deben considerar a Justiniano y su obra jurisprudencial, así como los clasicistas e historiadores interesados en el derecho de la Roma republicana o del primer periodo imperial deben tomarlos en cuenta[2]. Tomando prestada una metáfora de un eminente estudioso de la tradición jurídica romana, el *Corpus Iuris Civilis* es como un gigantesco supermercado en donde abogados e historiadores por igual pueden adquirir ideas y conceptos legales[3].

No obstante, la perenne importancia de la obra jurisprudencial de Justiniano presenta una serie de desafíos peculiares para cualquier historiador interesado en explorar el Derecho Romano. ¿Cómo debemos contextualizar esta obra jurisprudencial dentro de la cultura legal de su época? La ley no era únicamente el Derecho Romano, pero casi hay una "irresistible tentación de juzgar todas las demás leyes de la antigüedad tardía según su relación con el Derecho Romano"[4]. ¿El Derecho de la época de Justiniano realmente equivalía a lo que contienen las páginas del *Corpus Iuris Civilis*? ¿En la práctica se aplicaba

---

[2] Cfr. ROBINSON, O. F., *The sources of roman law: problems & methods for ancient historians*, Routledge, Londres, 2006, donde se brinda una panorámica útil. No existe un relato estándar *per se* del Derecho y la práctica forense en época de Justiniano.

[3] STEIN, PETER, *Roman Law in European history*, Cambridge University Press, Nueva York, 7ª ed., 2003, 2.

[4] CHARLES-EDWARDS, T. M., *Law in the western kingdoms between the fifth & the seventh centuries*, en CAMERON, Averil *et al.* (eds.), *Cambridge Ancient History*, Cambridge University Press, Nueva York, 3ª. Ed., 2001, vol. 14, 260.

el Derecho fundándose en la obra de Justiniano? En otras palabras, debemos preguntarnos qué tanto se relacionaban exactamente los proyectos legislativos del emperador con la práctica forense de su época.

## I. El proyecto legislativo de Justiniano

El 13 de febrero del 528 d. C., sólo seis meses después de erigirse como emperador, Justiniano anunció al senado de la ciudad de Constantinopla su intención de compilar una nueva obra sobre Derecho Romano. Este discurso imperial tuvo un precedente histórico importante: unos cien años antes, el 26 de marzo del 429, el emperador Teodosio II había anunciado su intención de compilar un código autorizado e integral en la misma sede del senado en Constantinopla. Mirando desde el trono de la Nueva Roma, Justiniano quizá también tenía un ojo puesto en sus contemporáneos de Occidente. Los reyes burgundios y visigodos del siglo VI ya habían ordenado redactar para ellos colecciones de Derecho Romano, aparentemente en beneficio de sus súbditos romanos (y de sus reputaciones). La legislación de Justiniano nunca se refiere a estos códigos, pero la idea de unos reyes "bárbaros" promulgando leyes romanas debió haber proyectado una larga sombra sobre sus ambiciones imperiales.

El discurso de Justiniano del 528 a los senadores constantinopolitanos comienza diciendo:

> *Con el auxilio de Dios omnipotente hemos determinado hacer ahora en las cosas de interés común aquellas correcciones que por muchos príncipes antecesores se consideraron necesarias, y que sin embargo ninguno de ellos se atrevió hasta hoy llevar a efecto...*[5]

Con el apoyo de Dios, la obra jurídica de Justiniano debía superar los códigos imperiales que se habían redactado antes de él. Debía triunfar allí donde (a su juicio) los legisladores anteriores habían fallado. Más aún, promulgado bajo los auspicios del Dios eterno, el *Codex* debía ser válido para todas las épocas futuras[6].

---

[5] *Codex*, constitución *Haec quae necessario, pr.* Las citas del *Codex Iustiniani* están tomadas del *Cuerpo del Derecho Civil Romano*, versión de Ildefonso L. García del Corral, Jaime Molinas editor, Barcelona, 1892, vol. 4.

El proyecto del 528 fue confiado a un comité especialmente designado de diez varones, encabezados por el prefecto del pretorio Juan de Capadocia. Las instrucciones de los miembros de esta comisión fueron compilar y revisar una multitud de constituciones imperiales desde el emperador Adriano (117-138 d. C.) hasta el propio Justiniano. Este material legal primigenio no era en ningún modo uniforme: incluía rescriptos privados sobre casos específicos (en su mayoría pre-constantinianos), así como *epistulae* (cartas) imperiales a funcionarios particulares y *edicta* (edictos) frecuentemente dirigidos a provincias determinadas (o a las ciudades de Roma o Constantinopla). Los miembros de la comisión obtuvieron el material jurídico en todo tipo de textos legislativos imperiales que pudieron hallar, sin importar su objetivo de aplicación original o las circunstancias en que se promulgaron. Para que no llegase a surgir confusión alguna, Justiniano ordenó que cada texto incluido en su *Codex* debía tener "vigor de constitución general"[7] por el solo hecho de verse seleccionado. Una vez que dichos miembros seleccionaron el material, debió ser agrupado según la materia, arreglado en orden cronológico y colocado bajo títulos apropiados o rúbricas. Así se se preveía una colección única de legislación clara, general y precisa. Su objetivo era disminuir la duración y complejidad de los juicios y por ende contribuir al bienestar social. Por lo tanto, también se instruyó a los miembros de la comisión para que acortasen, amalgamasen, enmendasen, simplificasen e incluso cambiasen completamente el significado de las constituciones

---

[6] "<*Los juristas encomendados*> *llevaron a feliz término con cuidadoso e incesante celo y con orden conveniente todo lo que les encomendamos, y nos presentaron este nuevo Código Justinianeo de tal manera compuesto que así haya de ser útil a los intereses generales como deba ser conveniente a nuestro imperio* [...]. *Por tanto, hemos determinado* [...] *que eternamente habrá de estar vigente este Código...*" (*Codex*, constitución *Summa reipublicae*, §2-3). Cfr. *Digesta*, constitución *Tanta*, §12, donde refiere que la Suprema Divinidad se digna *"dar las mejores leyes, no sólo para nuestro tiempo, sino para todas las épocas, tanto próximas como lejanas"*. Las citas del *Digesta* están tomadas del *Libro I del Digesto del emperador Justiniano: Texto latino-español y ensayo introductorio*, versión digital de Julio César Navarro Villegas, Amazon Mexico Services, Estados Unidos de Norteamérica, 2016, y *Libros 1 a 3 del Digesto del emperador Justiniano: Texto latino-español y ensayo introductorio*, versión impresa de Julio César Navarro Villegas, Createspace Independent Publishing Platform, Estados Unidos de Norteamérica, 2016.

[7] *Codex*, constitución *Haec quae necessario*, §2 = *Codex*, constitución *Summa reipublicae*, §3: "está lejos de duda que todas <estas disposiciones> reciben fuerza de constituciones generales".

imperiales originales cuando así lo considerasen necesario, para con ello volver el pasado útil y aplicable a la época de Justiniano.

Las constituciones imperiales originales debían ser recolectadas a partir de códigos publicados en la década del 290 bajo el reinado del emperador Diocleciano (el *Codex Gregorianus* y el *Codex Hermogenianus*), así como del *Codex Theodosianus* de Teodosio II (validado finalmente para el imperio de Oriente a partir del 15 de febrero del 438)[8]. A los miembros de la comisión de Justiniano también se les instruyó que compilasen "nuevas" constituciones imperiales (*Novellae* o Novelas). Para este material novedoso los miembros debían registrar a fondo la colección de *Novellae* compilada oficialmente por el propio Teodosio II en el año 447 como anexo al *Codex* del 438. Esta colección de *Novellae* teodosianas fueron presentadas originalmente como un obsequio de Teodosio en la parte oriental del imperio a su coemperador Valentiniano III en Occidente[9]. El *Codex Thedosianus* mismo ya había sido "obsequiado" a Occidente para que su autoridad se extendiera por todo el imperio. Valentiniano III aparentemente correspondió a estos regalos de Oriente con una colección de sus respectivas disposiciones legales[10]. Los emperadores posteriores, tanto de Oriente como de Occidente, del siglo V siguieron el ejemplo. Después del año 476 y la destitución del último emperador romano de Occidente, estas colecciones oficiales de *Novellae* al parecer finalizaron y la comisión jurídica de Justiniano debió sumergirse en los archivos para rastrear constituciones específicas emitidas por los emperadores de Oriente León I (457-474), Zenón (474-491), Anastasio (491-518) y Justino I (518-527).

Sin embargo, la idea de recolectar *Novellae* y "obsequiar" leyes de Oriente a Occidente no se perdió con Justiniano y sus funcionarios. Exactamente veinte años después de completar el *Corpus Iuris Civilis*, este emperador anunció un programa para recolectar sus amplias *Novellae* -legislación emitida entre el 534 y el 554- y promulgar dicha colección para las nuevas provincias occidentales[11]. Esta colección del

---

[8] Sobre el *Codex Theodosianus* y sus precursores, *vid.* MATTHEWS, John F., *Laying down the law: a study of the Theodosian Code*, Yale University Press, New Haven, 2000.
[9] *Nov. Th.* §2, 2 (1 de octubre del 447).
[10] Sobre la recepción del *Codex Theodosianus* en Occidente, *vid. Gesta Senatus Urbis Romae* (impreso como una introducción al Código Teodosiano en las ediciones modernas). Sobre la transmisión de las *Novellae* de Valentiniano III a Oriente, *vid. Nov. Th.* §2, 3.
[11] *Nov. App.* §7, 11.

554 nunca se materializó[12]. Sin embargo, se tomaron medidas, a partir de septiembre del 533, para la rápida transmisión de los textos jurídicos de Justiniano a las provincias recientemente conquistadas del norte de África. En noviembre del 534, la compilación total del *Codex*, el *Digesta* y las *Institutiones* fue oficialmente enviada a Roma, antes de las primeras conquistas militares de Belisario en Italia. El alcance legal de Justiniano -así como su habilidad teológica- se extendió hasta Roma antes de que sus tropas llegaran.

La primera edición del *Codex* de Justiniano fue promulgada en abril del 529, con la condición de que entraría en vigor a partir del festival cristiano de Pascua de ese año, el 16 de abril. Se ordenó al prefecto de la ciudad de Constantinopla que promulgase un edicto anunciando la existencia del nuevo texto a todos los pueblos, y que enviara copias oficiales del libro a cada provincia[13]. Sin embargo, este código del 529 fue suplantado en el 534 por una segunda edición. Ésta, conocida técnicamente como el *Codex repetitae praelectionis*, es la que se conserva hasta nuestra época. Justiniano tuvo cuidado en explicar que este segundo código sustituía al primero: a partir del 29 de diciembre del 534, el Codex debía ser "copiado íntegramente, no de la primera composición, sino del texto revisado"[14]. ¿Por qué la necesidad de una segunda edición?

Durante la compilación del primer código, Justiniano y sus funcionarios de la comisión se enfrentaron a la complejidad del Derecho Romano y sus fuentes históricas. Por más que Justiniano hubiere deseado lo contrario, el Derecho Romano no había surgido únicamente de boca de los emperadores. A decir verdad, el Derecho Civil de los romanos hacía tiempo que había precedido al primer emperador. Con el texto de las Doce Tablas (450 a. C.) como su origen común, pretores, expertos legales o "juristas" y senadores habían participado ayudando, complementando y enmendando el Derecho Civil, aclarando las condiciones legales bajo las cuales los romanos se obligaban, cometían delitos o se obligaban. Antes de la época de

---

[12] Las *Novellae* de Justiniano sobrevivieron en diversas colecciones privadas; para una breve discusión de su compleja transmisión, *vid.* LIEBS, D., *Roman law*, en CAMERON, Averil *et al.* (eds.), *op. cit.*, 251-252.

[13] *Codex*, constitución *Summa reipublicae*, §5: *"que este Código llegue a conocimiento de todos los pueblos mediante edictos publicados según costumbre, enviando además a cada una de las provincias sujetas a nuestro imperio el texto mismo del Código con nuestra divina firma, para que de este modo logren llegar las constituciones de nuestro código a conocimiento de todos".*

[14] *Codex*, constitución *Cordi nobis*, §4.

Justiniano, pretores, senadores y expertos legales afirmaban ser en cierto sentido desarrolladores, o al menos intérpretes creativos, del Derecho Civil. Se había dispuesto explícitamente en el 529 que el *Codex* debería usarse junto con los textos de los antiguos juristas romanos para propósitos de resolver los litigios:

> *[…]baste la cita de estas constituciones de nuestro Código, con las obras de los antiguos intérpretes del Derecho, para dirimir todos los litigios…*[15]

Este intento de aplicar la jurisprudencia antigua junto a la legislación imperial rápidamente reveló problemas en el garantizar claridad y certeza a la ley. Los "antiguos intérpretes del Derecho" en nada coincidían entre sí; sus razonamientos tampoco armonizaban necesariamente con la legislación imperial del *Codex*. En ocasiones, los textos jurídicos antiguos citaban disposiciones imperiales que la comisión justinianea ya había alterado. Así, las variadas tradiciones manuscritas de obras jurídicas y leyes imperiales siguieron representando desafíos particulares a jueces y litigantes, pese al *Codex* del 529. Esto no era nada nuevo. Los emperadores Constantino, Valentiniano III y Teodosio II intentaron cada uno de ellos estabilizar y fijar el uso de la literatura jurídica en los tribunales. Fiel a las formas, Justiniano estaba determinado en aventajar a sus predecesores.

Casi inmediatamente después de promulgar el primer *Codex*, el emperador comenzó a promulgar una serie de "cincuenta decisiones" (las llamadas *Quinquaginta decisiones*), actos legislativos tendientes a resolver controversias sobresalientes de los antiguos textos jurídicos. Estas decisiones no se conservaron, y quizá nunca se publicaron como un volumen separado, aunque una parte de ellas se incorporaron al *Codex* promulgado en el 534. En los textos que sobreviven, las opiniones de los juristas son revisadas en el sentido de completarse o "perfeccionarse" por medio de las leyes imperiales de Justiniano:

> *Aunque no desconocemos la opinión de Julio Paulo y de otros varios jurisconsultos, que tocaron ciertamente la cuestión que al presente abordamos, pero no la resolvieron muy acertadamente… decidimos, sin embargo, mas cumplidamente y en general…*[16]

---

[15] *Codex*, constitución *Summa reipublicae*, §3.
[16] *Codex* 2, 56 (55), 5, 1.

La legislación de Justiniano constantemente luchó por corregir "imperfecciones" y oscuridades legales, ya fuera que se hallasen en antiguos textos jurídicos, leyes de emperadores anteriores o, como sucedió, en sus propias constituciones. Justiniano incluso adujo el perfeccionismo imperial como el motivo tras la compilación de la segunda edición del 534, el *Codex repetitae praelectionis*:

*Que no quede imperfecto nada por nosotros comenzado*[17].

El 15 de diciembre del 530 creó un segundo comité legal, encabezado por su cuestor imperial Triboniano, un funcionario palatino de alto rango, responsable de la redacción y publicación de la legislación imperial. Este comité se encargó de preparar el *Codex repetitae praelectionis*. Sin embargo, primero se comisionó a Triboniano para que presidiera la compilación del Digesto. Esta segunda parte del *Corpus Iuris Civilis* tenía por objeto reducir y armonizar casi mil cuatrocientos años de valiosa, pero confusa, jurisprudencia romana en un único y concordante "templo de la justicia romana"[18]. Al igual que las rúbricas contenidas en los doce libros del *Codex*, el orden o arquitectura estructural del Digesto debía imitar las clasificaciones tradicionales del Derecho Civil según lo estableció el *Edictum Perpetuum* (texto compilado hacia el 153 d. C. bajo los auspicios del emperador Adriano, el cual codificó todos los edictos pretorios anteriores). Los títulos y encabezados del Digesto también tenían la intención de referir las rúbricas ya contenidas en el *Codex* del año 529. Ambos textos buscaban armonizarse entre sí, en la teoría y en la práctica.

El fundamento tras la producción del Digesto fue triple. Debía ser erudito: tenía que conservarse un "inacabable océano de conocimiento", aunque de forma muy abreviada. Debía ser académico: el texto iba dirigido a las escuelas de Derecho y a sus sistemas educativos. Y debía ser práctico: se esperaba que los estudiantes de Derecho desplegasen su conocimiento jurídico en los tribunales[19]. De este modo, el Digesto enfrentaría los problemas asociados con el uso

---

[17] *Codex*, constitución *Cordi nobis*, pr.
[18] Constitución *Tanta*, §20.
[19] Constitución *Omnem rei publicae*, §5: "*dedíquense a estudiar los diez libros singulares que restan de los catorce antes enumerados, pues han de conseguir con ellas un tesoro de mucho más alta y extensa prudencia que el que podían antes alcanzar con las respuestas de Paulo [...] Que con el estudio de los treinta y seis libros se hagan jóvenes perfectos, instruidos para todo ejercicio del derecho y dignos de la época en que vivimos [...] Que puedan luego leerlos y usarlos en los juicios*".

de la jurisprudencia antigua en contextos legales específicos del siglo VI. Se tomaron medidas para preparar copias del Digesto, junto con el *Codex* del 534 y las *Institutiones*, adquiribles a precios módicos (y escritos a mano) en beneficio de los estudiantes de Derecho en Roma, Constantinopla y Beirut. Los prefectos del pretorio de Oriente, Ilírico y Libia debían ser los responsables de promulgar las nuevas obras jurídicas dentro de sus respectivas jurisdicciones[20].

## II. El Digesto y las Instituciones de Justiniano como jurisprudencia romana cristianizada

La culminación del proyecto del Digesto involucró la recolección, corrección y reducción de más de 1,500 textos separados y más de tres millones de líneas de texto escritas por juristas romanos clásicos desde el periodo republicano hasta el siglo IV d. C. Como ha establecido Honoré, la responsabilidad de extraer, corregir y ordenar coherentemente las obras jurídicas se dividió entre la segunda comisión de trabajo de una manera muy precisa[21]. El programa de trabajo intensivo de la comisión exigía erudición legal y una mano firme que lo guiara. Indudablemente, Triboniano fue la figura clave, pero la supervisión personal del emperador no puede negarse:

---

[20] Constitución *Omnem rei publicae*, §7: "*estos tres volúmenes compuestos por nosotros deseamos que sean enseñados tan sólo en las grandes capitales de Roma y Constantinopla, así como en la hermosísima de los Beritienses*"; Constitución *Tanta*, §12-13 y 24: "*Compuesta ya, pues, toda la recopilación del Derecho Romano, concluída en tres volúmenes, a saber, "Instituciones", "Digesto" o "Pandectas" y las "Constituciones" [...] Hemos creído necesario publicar esta legislación a todos los hombres, para que sepan de cuánta confusión e infinidad de leyes han sido librados y a qué mesura y autenticidad en las leyes se ha llegado; y para que tengan en el futuro unas leyes muy claras y concisas al alcance de todos y libros fáciles de adquirir, y no hayan de adquirir los volúmenes de una cantidad inútil de leyes gastando gran parte de sus bienes, sino que tanto ricos como pobres puedan comprarlo fácilmente por muy poco dinero, cambiando un mínimo precio por una gran sabiduría [...] todos nuestros jueces tomen estas leyes para su jurisdicción, ténganlas y enúncienlas en sus juicios y en esta regia capital, especialmente el excelso varón, prefecto de esta capital metropolitana. Cuidarán los tres excelentísimos prefectos pretorios, tanto de Oriente como del Ilírico y de Libia, de darlas a conocer, por medio de sus autoridades, a todos los que están bajo su jurisdicción*".
[21] HONORÉ, Tony, *Tribonian*, Bristol Classic Press, Londres, 1998, 139-186. *Vid.* HONORÉ, Tony, *Justinian's codification: some reflections*, en *Bracton Law Journal*, Universidad de Exeter, Devon, vol. 25, 1993, 29-37.

*También nuestra majestad, siguiendo e indagando atentamente lo que ellos iban realizando, enmendaba y reformaba debidamente todo lo que se hallaba dudoso e impreciso[22].*

La constitución *Deo auctore*, que ordenaba la composición del Digesto en el año 530, muestra un cuadro altamente retórico de un emperador abrumado que implora la asistencia divina para esta tarea aparentemente imposible:

*Ya aligerados de las cargas más insignificantes y menos numerosas, nos apresurábamos a lograr la total y completísima corrección del derecho, reuniendo y rectificando toda la legislación romana, para así presentar en un solo códice los volúmenes dispersos de tantos autores, cosa que nadie se había atrevido a esperar ni a desear, empresa que nos parecía dificilísima, y más aún, imposible. Pero habiendo elevado las manos al cielo e invocado el auxilio del Eterno, recuperamos dicha inquietud en nuestro espíritu, confiando en Dios, quien puede otorgar y consumar las situaciones absolutamente desesperadas gracias a la grandeza de Su virtud[23].*

De hecho, según la retórica de la constitución *Tanta*, la culminación del Digesto en diciembre del 533 fue nada menos que un acto providencial de divina generosidad. Otros actos incluían el final de las guerras partas, la aniquilación de la nación vándala y la reconquista de Libia para el imperio romano.

Debemos tomar con seriedad la retórica de Justiniano. Al atribuir la culminación de tan monumental volumen a "la inspiración celestial y el favor de la Trinidad Altísima"[24], y confirmar la autoridad del Digesto en un prólogo imperial emitido "En nombre de Nuestro Señor Dios Jesucristo", Justiniano cristianiza efectivamente todas las obras jurídicas clásicas no cristianas contenidas en él. En otras palabras, la autoridad cristiana del Digesto no se logró con la cristianización de los principios sustantivos del Derecho Romano clásico; Triboniano y sus comisionados no alteraron su material jurídico "pagano" a favor de más preceptos o reglas cristianas. Sin embargo, el Digesto fue una obra jurídica cristiana, inspirada por Dios, aprobada por Dios y promulgada en el nombre de Cristo.

---

[22] Constitución *Tanta, pr.*
[23] Constitución *Deo auctore*, §2.
[24] Constitución *Tanta*, §1.

A través de la promulgación oficial del Digesto, una vez más Justiniano concibió legislativamente un monumento textual (cristiano), en este caso, transformando las opiniones y escritos de los antiguos juristas en propios. A todos los textos jurídicos contenidos en el Digesto se les dio fuerza de ley imperial:

> *Todos los varones prudentísimos que fueren mencionados en este código tengan autoridad, como si sus doctrinas hubieran surgido de constituciones imperiales y por nuestra divina boca hubieran sido formuladas. Y ciertamente hacemos nuestros todos esos escritos, porque por nosotros se les concederá toda su autoridad*[25].

Con la afirmación de que la autoridad de todos los juristas derivaba definitivamente del emperador, el redactor de este texto justinianeo deliberadamente oscureció una cuestión que ha fastidiado a los estudiosos romanistas desde entonces. Hay cierta evidencia histórica de que el emperador Augusto probablemente concedió un "derecho a emitir opiniones jurídicas" (*ius respondendi*) a ciertos juristas de alto nivel. Sea cual sea la realidad histórica de esta concesión augustea, no hay evidencia legislativa de que la autoridad jurídica *per se* dependió de algún acto de confirmación imperial antes de la época de Justiniano. Tras la promulgación del Digesto, a ningún jurista se le permitió realizar comentarios jurídicos independientes. Los índices al texto estaban permitidos "siempre que de dicha interpretación no se origine vicio alguno"[26]. También se permitió a los juristas traducir pasajes latinos del Digesto al griego "en el mismo orden y posición en que están las palabras latinas"[27] -un importante recordatorio de la naturaleza cada vez más bilingüe de la práctica legal justinianea-.

En una constitución del 529 dirigida a su prefecto del pretorio Demóstenes, quien encabezaba uno de los tribunales de alto nivel del imperio, Justiniano enfatiza la novedad concerniente a la relación entre el emperador y la ley. Aparentemente su primera comisión había tropezado con la duda en las leyes antiguas respecto a si una opinión del emperador debía considerarse legal. Justiniano consideró esto una "vana sutileza" desdeñable y ordenó su supresión:

---

[25] Constitución *Deo auctore*, §6.
[26] Constitución *Deo auctore*, §12.
[27] Constitución *Tanta*, §21.

11

*Hemos, a la verdad, ridiculizado esta vana sutileza de algunos, que hemos determinado que debía ser corregida. Y declaramos que toda interpretación de las leyes hecha por el emperador, ya sea sobre súplicas, ya sea en juicios, ya de cualquier otro modo, sea considerada válida e indubitada[28].*

La parte final de esta disposición continúa diciendo:

*Desechadas, pues, estas ridículas dudas, sólo el emperador será justamente reconocido <tanto como> único legislador como intérprete de las leyes; sin que por la presente ley se derogue nada respecto a los autores del antiguo derecho, porque también a ellos les concedió esto la majestad imperial.*

Así, la historia de Augusto y el *ius respondendi* brindaron un contexto histórico crucial para las afirmaciones de Justiniano en el siglo VI sobre su autocracia legal. Por supuesto, los emperadores romanos anteriores a él habían adoptado frecuentemente una retórica que colocaba todo el poder en sus manos. Lo novedoso fue su intento constante por volver esta retórica una realidad, apuntalando su postura usando argumentos del pasado.

Bien podríamos preguntarnos si Justiniano no protesta demasiado. Junto a cierta inseguridad sobre algunos atisbos persistentes de prestigio jurídico independiente, Justiniano también parece haber sido sensible a algunos vestigios históricos de autoridad legal pretoria independiente. Poco después de publicarse el segundo *Codex* en el 534, Justiniano y su prefecto del pretorio Juan de Capadocia inició una revisión radical de la administración provincial[29]. La Novela 24 de Justiniano (del 18 de mayo del 535) fue parte de esta revisión. Ordena establecer un pretor para la provincia de Pisidia con jurisdicción militar y civil "a imitación de los antiguos". Luego viene un breve relato sobre el cargo pretorio durante la República y principios del imperio. El texto declara que en aquellos tiempos el pretor era un personaje preeminente

---

[28] *Codex* 1, 14, 2, 1.

[29] MAAS, Michael, *John Lydus & the roman past: antiquarianism & politics in the age of Justinian*, Routledge, Londres, 3ª. Reimp., 2013, 27. Respecto a las reformas administrativas del 535-539 en general, *vid.* JONES, Arnold Hugh Martin, *The later roman empire*, Basil Blackwell, Oxford, 1964, vol. 1, 279-282, y MAAS, Michael, *Roman history & Christian ideology in justinianic reform legislation*, en *Dumbarton Oak Papers*, vol. 40, 1986, 17-31.

y superior a los demás tanto en asuntos militares como en la ejecución de las leyes, y a decir verdad las leyes surgían "de viva voz de los pretores", es decir, de los edictos pretorios promulgados[30]. Sin embargo, el nuevo pretor de Pisidia del 535 estuvo firmemente sometido al control imperial: tomando el título de pretor justinianeo, debía regular su conducta según las instrucciones del emperador, emitir disposiciones de acuerdo a sus leyes y

> *observar en todas las cosas lo que sea justo, atienda a nuestras leyes y juzgue con arreglo a ellas, y haga que conforme a ellas vivan y se conduzcan nuestros súbditos, y mire a Dios y al temor que le inspiramos, sin que deba considerar ninguna otra cosa*[31].

El intento de Justiniano por someter a las provincias a un centro imperial sólido también se hace evidente en su Novela 47, fechada el 31 de agosto del 537 y nuevamente dirigida a Juan como prefecto del pretorio. El texto ordenaba que todos los decretos imperiales, judiciales y extrajudiciales, debían comenzar reconociendo "a Dios creador" y luego proveer la fecha, la cual debía ser redactada primero según el año relevante del gobierno de Justiniano, "sacratísimo Augusto y emperador". Sólo después de ello la fecha debía señalarse del modo acostumbrado, ya fuera tratándose de años consulares o el año de la ciudad en específico. En la práctica, la nueva práctica de fechar los decretos era necesaria

> *para servir al fin de que el gobierno del reino pueda ser eterno y durar más tiempo que las leyes y las celebraciones les que acompañan; así permanecerá la memoria de nuestro gobierno vigente para todos los tiempos y lugares*[32].

Cada acto del magistrado, cada transacción comercial, procedimiento judicial o instrumento legal llegaría a existir, al igual que los textos del *Corpus Iuris Civilis*, como testigo perpetuo de la preeminente autoridad de Justiniano; autoridad, por lo demás, que éste consideró otorgada por Dios mismo.

---

[30] *Nov.* 24, pr.
[31] *Ibíd.*, capítulo 2.
[32] *Nov.* 47, 1, 1.

El emperador y todos los magistrados con jurisdicción sobre causas civiles y criminales tenían consejeros. Cada tribunal tenía asesores (expertos legales) y abogados entrenados adscritos a su personal. Sin embargo, según Procopio, Justiniano llegaba a tomar consejo legal de las fuentes equivocadas[33]. Una sección extraordinaria de la Novela 8 corrobora hasta cierto grado el dicho de Procopio; dice que mientras Justiniano reflexiona sobre cómo erradicar a los magistrados provinciales corruptos, pidió el consejo de Teodora:

*Meditando nosotros sobre todo esto, y tomando también en este caso como consejera a la reverendísima cónyuge que por Dios nos fue dada...*

La disposición resultante debía ser leída por los obispos en sus congregaciones en días festivos. Pero cuando se le contempla a la luz del contexto de las abundantes confiscaciones de propiedades por parte de Justiniano y Teodora para los bolsillos imperiales, la ironía de esta disposición no pasó desapercibida para sus contemporáneos.

En un intento por asegurar que los funcionarios legales competentes apoyasen su imperio, Justiniano ordenó una renovación del sistema educativo legal en el 533. El segundo prefacio del Digesto, la constitución *Omnem*, fue dirigida a ocho profesores de las escuelas de Derecho en Beirut y Constantinopla; detalla el nuevo currículum académico y elogia los trabajos escolares de los destinatarios[34]. Sin embargo, la clave de la reforma educativa era la promulgación de las *Institutiones* de Justiniano el 21 de noviembre del 533. Triboniano y dos profesores de las escuelas de Beirut y Constantinopla fueron designados para redactar el texto, que se dirigía "a la juventud deseosa de estudiar leyes". El emperador bautizó a estos jóvenes y entusiastas estudiantes del primer año de leyes como "nuevos Justinianos"[35]. Estructuradas principalmente con base en dos textos escritos por Gayo, maestro del siglo II, las Instituciones debían apoyar a los estudiantes

---

[33] *Historia Secreta*, 14.
[34] LIEBS, D., *op. cit.*, 253-258 brinda una panorámica detallada.
[35] Constitucion *Omnem rei publicae*, §2. El Derecho Romano de las Instituciones justinianeas se explora en METZGER, Ernest (ed.), *A companion to Justinian's Institutes*, Cornell University Press, Nueva York, 1998.

*para que los primeros rudimentos de las leyes podáis, no aprenderlos en las fabulosas obras antiguas, sino alcanzarlos en las del esplendor imperial... acometáis vosotros desde el principio, considerados dignos de tanto honor y de tal felicidad, que así el comienzo como el término de la instrucción de las leyes procedan para vosotros de la palabra imperial*[36].

Las Instituciones, promulgadas en latín, también dirigían la atención de los estudiantes específicamente a las más importantes innovaciones legislativas de Justiniano hasta la fecha. Por ejemplo, en la posesión a largo plazo[37]; en las formalidades para realizar el testamento[38], y en la sucesión estatutaria[39]. Este último ejemplo encapsula la tensión entre el antiguo derecho y el nuevo de Justiniano:

*Mas nosotros, siguiendo la Ley de las Doce Tablas y conservando en esta parte sus vestigios, alabamos ciertamente a los pretores por su humanidad, pero no juzgamos que remediaran por completo el mal... Por ello, completando e igualando dicha disposición al derecho de las Doce Tablas, sancionamos en una constitución nuestra...*

Una vez más, la innovación se enmarcaba como un regreso al pasado.

Las Instituciones de Justiniano fueron también cuidadosas en dirigir a los estudiantes hacia el Digesto y el *Codex* para buscar consejo respecto a puntos legales complicados[40]. También el derecho penal debía ser aprendido más tarde. Así, "los primeros rudimentos de las leyes" esperaban impacientemente a que los estudiantes del primer año fueran capaces de manejar el material ya aprendido.

Luego de cinco (largos) años de estudiar la obra jurídica de Justiniano, se esperaba que los estudiantes se volviesen

---

[36] *Inst., Const. Imp.* §3.
[37] *Inst.* 2, 6 pr.
[38] *Inst.* 2, 10, 10.
[39] *Inst.* 3, 2, 3.
[40] Por ejemplo, en tema de usucapión se dice al final de *Inst.* 4, 6, 5: "cuyo género de acción lo acomoda también el pretor, movido por análogas razones de equidad a algunos otros casos, como puede verse en el más extenso volumen del Digesto o de las Pandectas"; y en tema de imposición de penas alzadas, se dice en *Inst.* 4, 6, 24: "lo que introdujo una constitución nuestra, que brilla en nuestro Código, según la cual, está fuera de duda que emana una acción condicticia de la ley".

*excelsos oradores, auxiliares de la justicia y tan excelentes defensores en los juicios como gobernadores dichosos en todo lugar y tiempo*[41].

Sin embargo, el historiador del siglo VI Menandro eligió un camino diferente:

> *Mi padre Eufratas, que era originario de Bizancio, no tuvo educación literaria. Mi hermano Heródoto comenzó a entrenarse en los estudios legales pero perdió el entusiasmo por dicha disciplina. Yo consideré que no debía abandonar el derecho y debía completar mis estudios, lo que realicé con el mejor de mis esfuerzos. Pero no ejercí la profesión para la cual me preparé, pues no tenía deseo de defender a nadie en juicio, o de encantar a la Estoa Real e impresionar a los demandantes con mi elocuencia. Por ende, descuidé mi carrera y me decanté por la vida escandalosa de un vago sin oficio*[42].

Menandro sigue diciendo que se dedicó a escribir historia para que su vida no fuera completamente fútil. No todos los egresados de la escuela de Derecho optaban por hacer carrera dentro y alrededor de los tribunales constantinopolitanos o las oficinas burocráticas palatinas. Como veremos, había otros derroteros para el talento legal.

### III. Las disposiciones de Justiniano y su aplicación en el siglo VI

La imagen mostrada en las Instituciones de Justiniano de los estudiantes de Beirut, Constantinopla y Roma meditando constantemente la legislación imperial puede ser corroborada por medio de textos legales ajenos al *corpus* justinianeo y relatos literarios contemporáneos. Juliano, profesor de Derecho en Constantinopla de mediados del siglo VI, cuidadosamente brindó a sus estudiantes una corta guía sobre cómo buscar tópicos jurídicos diversos en el Digesto, el *Codex* y Novelas específicas. A este texto se le conoce hoy como el *Dictatum de consiliariis*[43]. Brinda la impresión de la práctica legal

---

[41] Constitución *Omnem rei publicae*, §6.

[42] Menandro, *Historia* 1, 41.

[43] La única edición moderna del *Dictatum de consiliariis* de Juliano se halla en HÄNEL, G. (ed.), *Iuliani epitome latina novellarum Iustiniani*, Otto Zeller, Osnabrück, 1965, 198-

constantinopolitana como una actividad altamente profesional y enfocada a los textos. Juliano se refiere a los "maduros" textos del *Corpus* de Justiniano, junto a las nuevas leyes (*Novellae*) que el emperador continuó promulgando. Por ejemplo, Juliano declara:

> *Si se está buscando información sobre la presentación de testigos, léase Codex, libro 4, título 20, Digesto, libro 22, título 5, y en las Novelas, esa misma constitución que se halla bajo idéntico encabezado, Sobre los testigos. Pero si se les presenta un caso sobre testigos herejes, entonces lean la última constitución en Codex, libro 1, título 5. Sin embargo, lean también la constitución en las Novelas (aproximadamente la 60), en la que hallarán que los herejes de rango curial pueden brindar testimonio de cualquier manera.*

El dominio de un tema específico podría requerir el análisis de muchos textos justinianeos. Juliano consideraba al libro 9 del *Codex*, relativo a temas penales, especialmente importante, o difícil: declara que debería ser leído diariamente. También se aconseja una lectura meticulosa de las constituciones relativas al matrimonio en las Novelas, presumiblemente debido a las muchas innovaciones legales que contenían, la mayoría en favor de mujeres que tienen hijos o manejan dotes. Juliano también escribió resúmenes de 124 Novelas de Justiniano, conocidas hoy como el *Epitome Iuliani*, para un curso de latín en el año académico del 556-557. Al siguiente año académico, Juliano estaba enseñando las nuevas leyes de Justiniano, pero esta vez en griego[44]. La necesidad de una instrucción bilingüe surgió en parte de la legislación misma: del 535 en adelante, las leyes dirigidas a los funcionarios de las provincias orientales se redactaban principalmente en griego, mientras que las leyes dirigidas a los de Iliria y África permanecían en latín. Por todo el imperio las *Novellae* de Justiniano fueron parte crucial de la práctica legal.

Otros atisbos de la práctica legal de esta época pueden hallarse en relatos literarios del siglo VI. En algún punto de los primeros años del imperio de Justiniano, un individuo llamado Zacarías el Escolástco (o Zacarías el Abogado) escribió un relato hagiográfico de Severo, obispo de Antioquía, que cubre el periodo del 512 al 518 d. C. *La Vida de Severo* de Zacarías muestra un cuadro vívido de la vida estudiantil de

---

201.

[44] LIEBS, D., *op. cit.*, 252.

la famosa escuela de Derecho de Beirut[45]. Zacarías relata cómo él y Severo diseñaron un plan para asistir a las clases de sus profesores regularmente y para estudiar el Derecho Civil diligentemente todos los días: dejando las tardes de los sábados para leer textos sacros y los escritos de los Padres de la Iglesia, y el domingo para asistir a misa. En un alarde de jerga legal, Zacarías justifica así descansar del Derecho Civil el domingo: "El domingo es el día que las ordenanzas del Derecho Civil deberían ser consagradas a Dios". También describe cómo se ocupaba Severo estudiando las constituciones imperiales: "examinando y profundizando en todos los edictos imperiales de su época". Además, Severo, buscando obtener resultados más allá de lo normal, "hacía comparaciones entre ellos [los edictos imperiales] en forma de breves comentarios, y dejaba notas y anotaciones para las futuras generaciones, como si fueran cuadernos, los cuales eran un medio útil para erradicar errores de los archivos"[46]. Esta técnica comparativa había sido esencial en determinar la aplicación práctica de la legislación imperial. Justiniano había intentado deshacerse de un añejo problema en la interpretación de leyes imperiales declarando que toda su legislación, salvo que se declarase expresamente, tenía aplicación "general" en todo el imperio. Pese a la aseveración de Justiniano en sentido contrario, las leyes imperiales generales frecuentemente se contradecían entre sí. Un texto del jurista del siglo III, Modestino, declaraba que "las disposiciones posteriores valen más que las emitidas anteriormente"[47], a tal grado que son inconsistentes entre sí. El *Codex* exigía la aplicación de este mismo principio interpretativo. Sin embargo, nótese que ni Modestino ni la comisión justinianea pensaban en leyes nuevas simplemente para abrogar todas las leyes anteriores. Las nuevas leyes abrogaban las anteriores sólo hasta el grado de que entraran en conflicto o agregasen algo nuevo a ellas. Las técnicas que Severo había aprendido eran esenciales para los litigantes anteriores y posteriores al año 534.

Pese a la prohibición de Justiniano para no emitir comentarios jurídicos al *Codex*, el Digesto o las Instituciones, la práctica del derecho justinianeo exigía la aplicación de técnicas de análisis legales y retóricas

---

[45] KUGENER, M. A., *Vie de Sévère, par Zacharie le scholastique*, en GRAFFIN, R. *et al.* (eds.), *Patrologia Orientalis*, texto sirio-fránces, Firmin-Didot et Compagnie, París, 1907, vol. 2, 46-92.
[46] *Vie de Sévère*, 91.
[47] D. 1, 4, 4.

sobre la base del caso específico. Las dificultades interpretativas aparecen constantemente por igual en la legislación anterior y posterior a Justiniano. Por ejemplo, un caso resuelto en apelación en el año 535 brindó la iniciativa para la Novela 2 (fechada el 16 de marzo). Una mujer, Gregoria, había elevado una petición al emperador respecto a una larga y compleja disputa legal con su hija. Justiniano aceptó la apelación de la mujer y las llamó a Constantinopla. La hija reclamaba el patrimonio de su padre muerto, fundando su alegato en dos constituciones imperiales anteriores. Los jueces debieron haberse convencido en la primera instancia, porque la hija había ganado el caso. Sin embargo, ante Justiniano la madre alegó que

> *Tenía por muy crueles aquellas constituciones, y por indigna la clemencia de nuestros tiempos, pero se valió de la constitución dada por nosotros, diciendo que ésta no estaba subordinada a las constituciones anteriores...*[48]

De este modo, la madre se valía de una constitución más reciente promulgada por Justiniano, que ella invocaba para defender su apelación. La hija ya debió haber argumentado que esta nueva constitución no agregaba nada novedoso a las dos anteriores, pese a la interpretación de su madre. El emperador decidió emitir otra nueva constitución, para que tan difícil caso pudiera ser resuelto finalmente en favor de la madre (y que quizá influyó en el emperador por su retórico apelo a la "clemencia" de su época). Esta nueva disposición debía observarse en el caso que la había impulsado, así como en todos los litigios pendientes y futuros. Hermógenes, maestro de las oficinas imperiales, a quien iba dirigido el texto, debía comunicarlo a todas las ciudades del imperio. Sin embargo, tan sólo dos años después, Justiniano debió emitir otra nueva ley sobre la misma materia.

Los prefacios a las *Novellae* frecuentemente afirman que se necesitan nuevas leyes porque los casos concretos vienen arrastrando imperfecciones y complejidades de la legislación vigente. Los prefacios se incluían en la primera sección de cualquier ley imperial al momento de su promulgación. Exponían políticas legislativas generales y brindaban un giro imperial sobre cualesquiera acontecimientos relevantes. Esta información debía comunicarse a todo el imperio cuando los emisarios imperiales leían públicamente las leyes en las localidades a las que eran enviadas. Los prefacios a las *Novellae* quizá se

---

[48] *Nov.* 2, 1.

conservaron debido a que éste nunca emitió una colección de sus nuevas leyes; si lo hubiera hecho, los compiladores del volumen habrían desechado tales prefacios por ser verborrea superflua (como ya lo habían hecho en las ediciones del 529 y del 534 del *Codex*). De esta forma, las *Novellae* ofrecen una ventana única para apreciar las circunstancias concretas que motivaron la mayor parte de legislación imperial.

En los prefacios de las *Novellae* tenemos una imagen de un Justiniano juzgando constantemente casos, atendiendo apelaciones y peticiones para decidir puntos del Derecho por parte de magistrados imperiales. Las primeras frases de la Novela 99 (promulgada el 16 de diciembre del 539), describen esta actividad constante usando la típica retórica legislativa justinianea:

> *Las cosas que ciertamente permanecen lo mismo no necesitan leyes variadas, pues poseen siempre su simplicidad y algo que está exento de mezcla de diversidad alguna, y se rigen por leyes sempiternas y sagradas, no requiriendo ninguna corrección; pero lo que entre nosotros se halla comprendido en la perturbación de las reformas necesita de la sabiduría del gobierno, que por medio de las leyes se aplica a los negocios. Por lo cual, como no somos perezosos para juzgar en los muchos litigios de los que se nos dirigen, damos ciertamente remedio para cada uno, pero al comprender cada cuestión dudosa para nosotros y para nuestros jueces, exponemos por medio de leyes lo que en general se debe hacer en cada cuestión.*

La época de Justiniano es perpetuamente cambiante; sólo las leyes fijadas por Dios permanecen inmutables, mientras que la tarea del legislador humano es incesante, tenaz y frecuentemente le mantiene en vela por las noches. En las frases iniciales de la Novela 85 (del 539), el redactor del texto incluso se disculpa por las muchas referencias a estos motivos en las disposiciones imperiales:

> *Presentando en todas partes muchas novedades la naturaleza (y este proemio ha sido ya dicho muchas veces en las leyes, pero aun se dirá otra vez, mientras aquella haga lo que le es propio), nos obliga al trabajo de muchas leyes.*

En consecuencia, la labor jurídica justinianea no terminaba en la obra literaria. De cualquier magistrado, abogado, redactor de documentos legales o, a decir verdad, de cualquier individuo que deseara efectuar una transacción acorde a la ley vigente se esperaba que se mantuviese a la par del ritmo legislativo. La promulgación de la nueva legislación era imparable, particularmente en los años que van del 535 al 542, pero continua hasta el 565. Recordemos que Justiniano nunca publicó una compilación oficial de sus *Novellae*, y este hecho, junto con la convicción del emperador de que era constantemente necesario emitir nuevas disposiciones, aumentó la incertidumbre tiempo después en su reino respecto a la ley que se hallaba efectivamente en vigor, en especial en los campos cruciales de las sucesiones y la propiedad. A su vez, esto aumentó la cantidad de peticiones y apelaciones dirigidas al emperador y los tribunales de Constantinopla. Por supuesto, dichas apelaciones obligaron en consecuencia a emitir nuevas leyes, por lo que Justiniano se vio en la necesidad de promulgar constituciones en respuesta a problemas planteados en casos particulares. Sus súbditos se quejaron. El prefacio a la Novela 61 (del 537) adopta un tono defensivo en respuesta a esta crítica:

> *Porque es verosímil que algunos inculpen la multitud de leyes que en cada caso se añaden por nosotros, no considerando que por requerirlo siempre la necesidad nos vemos compelidos a establecer leyes concordantes con los casos, pues siempre surge algo inopinado, y que no puede ser remediado por lo que ya se halla establecido, como es alguna cosa que hace poco ha sido reconocida.*

El emperador bizantino León VI, llamado el Sabio, ocupado en promulgar su versión griega del *Corpus Iuris Civilis* (los *Basilika*) hacia el año 900 d. C., consideró a Justiniano un legislador fallido y defectuoso, precisamente porque no sabía cuándo detenerse. En opinión de León, Justiniano "arruinó su primera obra [el *Corpus Iuris Civilis*] sin saberlo"[49].

El proyecto de codificación justinianoea de los años 528-534 había intentado estabilizar y fijar las fuentes del Derecho bajo los auspicios del Dios cristiano, inmutable y eterno, pero en la práctica el Derecho Romano, quizá al igual que el propio imperio, demostró ser un terreno imposible de controlar.

---

[49] *Nov.* 1. El pasaje se halla en LOKIN, J. H. A., *The Novels of Leo & Justinian*, en *Journal of Juristic Papyrology*, David Brown Book Company, Connecticut, 1998, vol. 28, 138.

## IV. Formas de resolver disputas legales en época de Justiniano

Hasta ahora nos hemos enfocado principalmente en el emperador y Constantinopla como el centro de la práctica legal, como lo hizo en su momento Justiniano. En el año 531, consideraba indigno de su reino que una ley fuera obedecida de cierta forma en Constantinopla y de otra forma en las provincias:

> *Considerando que es indigno de nuestro tiempo que en esta regia ciudad se observe un derecho sobre tal materia, y que haya otro para nuestros habitantes de las provincias, mandamos que la misma constitución rija en todas las ciudades del imperio romano, y que todo sea procedente conforme a la disposición de la misma...*[50]

Igualmente, se esperaba que todos los tribunales del imperio siguieran tanto la costumbre escrita como la no escrita del tribunal del prefecto del pretorio en la capital. Sin embargo, sería erróneo suponer que todas las resoluciones tuvieran lugar según dicho modelo. Primero, había un complejo sistema de tribunales locales y de jurisdicciones variadas a lo largo del imperio. Segundo, existía la opción de resolver disputas de Derecho Privado y de casos en los que se veían involucrados monjes o clérigos ante las autoridades eclesiásticas. Tercero, había una gama de opciones extrajudiciales que iban del acuerdo informal al arbitraje formal. Examinemos cada una de ellas. En vez de considerar una como alternativa de la otra, estas tres formas eran usadas frecuentemente en la práctica como complementarias y ocasionalmente como medios conjuntos de obtener un caso apegado a Derecho.

Cuando un habitante de las provincias decidía ventilar su caso ante los tribunales, su primer recurso podría ser el magistrado local. El *defensor civitatis* (defensor de la ciudad) era otra opción cada vez más

---

[50] *Codex* 8, 10, 13. Cfr. *Digesto*, Constitución *Deo auctore*, §10: *"Pero si algunas leyes contenidas en los antiguos libros cayeron ya en desuso, de ningún modo les autorizamos su inclusión, pues deseamos que valga tan sólo lo que el uso más frecuente en los juicios mantuvo vigente, o que confirmó la inmemorial costumbre de esta insigne ciudad, según la opinión de Salvio Juliano, la cual indica que todas las ciudades deben seguir la costumbre de Roma, por ser capital del orbe terrestre, y no ella la de las otras ciudades. Mas por Roma debe entenderse no sólo la antigua ciudad, sino también nuestra real capital, fundada con los mejores auspicios y gracias a la protección de Dios".*

socorrida. La Novela 15 (del 535) detallaba las actividades legales de estos *defensores*: debían registrar todos los testamentos, donaciones y demás documentos redactados en su localidad, apoyar en la recaudación de impuestos y vigilar a personas conocidas por su mal comportamiento. También debían tener autoridad judicial sobre casos cuya cuantía fuera menor a trescientos *aurei* (piezas de oro). La parte final del texto reconoce que los litigantes (o sus abogados) intentarán evitar el texto de esa ley estimando fraudulentamente que la propiedad en disputa tenía un valor superior a los trescientos *aurei*, lo que les permitiría llevar su pretensión directamente ante el gobernador de provincia. Una opción local posterior, especialmente para áreas rurales, eran los *iudices pedanei* (jueces pedáneos o itinerantes). Justiniano justificaba la estructura de estos tribunales errantes entre el 539 y el 541[51]. También reconocía los desafíos que representaban los bajos niveles de educación y la falta de notarios hábiles, especialmente en el campo[52].

El siguiente nivel de tribunales eran los gobernadores de provincia: las reformas judiciales de Justiniano otorgaban a todos los nuevos procónsules y pretores el rango de *spectabiles*, y a todos los magistrados de este rango se les concedía el derecho de decisión final en casos inferiores a los quinientos *aurei*, cantidad rápidamente elevada a setecientos cincuenta. A algunos incluso se les concedió la facultad de apelar sobre una provincia vecina[53]. Los ciudadanos asistían ante los magistrados provinciales para resolver disputas de Derecho Privado, así como casos relativos a acusaciones criminales. Los magistrados también eran responsables de mantener el orden público y aparentemente se apoyaban en una red muy temida de informantes que les apoyaban en sus tareas. Llevar un caso a través de los diversos tribunales era invariablemente un proceso costoso y tardado, pese a los intentos de Justiniano para abatir estos obstáculos. Si un caso se iba a la apelación, era común que las costas procesales excediesen el valor de la propiedad en disputa.

También había tribunales particulares para clases sociales específicas y tipos especiales de casos, así como disposiciones que regulaban las decisiones sobre las que el tribunal tenía jurisdicción en

---

[51] MAAS, Michael, *John Lydus & the roman past*, op. cit., 34.

[52] *Nov.* 76, 8-9.

[53] Para detalles posteriores sobre las complejas reformas judiciales de Justiniano y sus modificaciones al derecho de apelar, *vid.* JONES, Arnold Hugh Martin, *op. cit.*, 279-282.

un determinado caso[54]. En los años 535 y 539, Justiniano estableció dos nuevos jueces sólo para Constantinopla (el pretor de la plebe y el *quaesitor*); eran responsables de peticiones menores, orden público y asegurarse de que todos los casos terminados en Constantinopla para apelación volvieran a su lugar de origen[55].

Además de crear nuevos cargos burocráticos, el emperador también podía delegar su autoridad en determinado individuo que actuaba como juez en un caso particular. Las Historias de Agatías el Escolástico pretenden describir un acontecimiento de este tipo, un juicio "teatral" que se desarrolló según el Derecho Romano y siguiendo el procedimiento constantinopolitano habitual en la lejana tierra de la tribu colchi. El juicio se idealiza indudablemente en la narración de Agatías; declara que

> … *una corte digna de las tradiciones de la Roma Imperial y de la Atenas democrática se instituyó a los pies del Cáucaso*[56].

Sin embargo, el historiador concibió los detalles del procedimiento para sonar fidedigno antes su público contemporáneo. Agatías declara que el juez, enviado especialmente desde Constantinopla por Justiniano, portaba las túnicas de los más altos magistrados civiles y colocó su asiento en una tribuna elevada. Taquígrafos experimentados estaban a la espera, así como los funcionarios constantinopolitanos que estaban "especialmente versados en las finezas del procedimiento". Estaban presentes los heraldos, encargados del orden con látigos e individuos especialmente asignados a la responsabilidad de administrar tortura (traían collares de acero y potros, así como otros instrumentos de tortura). El acusado tomaba su lugar a la izquierda del juez, los demandantes a la derecha, y el juicio comenzaba con éstos últimos solicitando una lectura formal del mandato imperial. Luego venía el discurso de la parte acusadora. En este punto, Agatías señala que la multitud de colquianos no podían entender los términos de los demandantes ni apreciar sus habilidades retóricas, pero

---

[54] *Vid.* liebs, *op. cit.*, 240-241.
[55] *Nov.* 13 y 80.
[56] Agatías, *Historias* 4, 1, 2-11, 3. La cita aparece en 4, 1, 8.

*apoyaban con entusiasmo los esfuerzos del fiscal haciendo eco de su entonación e imitando sus gestos*[57].

La habilidad de los defensores por influir en la multitud (y en el juez) era un aspecto cotidiano antes y después de la época de Justiniano. Luego venía el turno de la defensa, brindando un discurso compuesto por pruebas, inferencias y deducciones, tres técnicas esenciales al presentar un caso enseñadas en las escuelas de retórica. El magistrado escuchaba a ambas partes antes de iniciar su inquisición judicial[58]. Luego de haber dado un veredicto por escrito, los condenados eran paseados por las calles sobre mulas. Un heraldo proclamaba "con voz clara y fuerte una exhortación general a respetar las leyes y evitar cometer homicidio"[59]. La decapitación de los condenados marcaba el final del proceso. Lo que destaca del relato de Agatías, además de los detalles sobre el modo en que se desarrolla un juicio en el siglo VI, es el recordatorio de que los juicios podían ser espectáculos públicos. Los casos ventilados ante funcionarios judiciales, especialmente los de alto rango, podían volverse ocasiones teatrales para invocar la ley[60].

La iglesia cristiana desarrolló rápidamente sus reivindicaciones a favor de un cuerpo propio de leyes, lo que hoy podríamos denominar "derecho canónico", durante el reinado de Justiniano. El emperador tomó el papel de ejecutor de este derecho eclesiástico: la Novela 131 (publicada el 18 de marzo del 545) confirmaba en su capítulo 1 los cánones de la Iglesia como disposiciones civiles. Justiniano incluso dijo ser la fuente de la jurisprudencia secular y eclesiástica en el preámbulo de la novela 9 (del 14 de abril del 535, dirigida a Juan, arzobispo y patriarca de Roma). Las sentencias de anatema y destitución emitidas por obispos reunidos en concilio eran ratificadas por Justiniano, como si hubieran emanado de la propia *res publica*[61]. De hecho, el colocar textos jurídicos canónicos junto a textos del Derecho Romano se volvió un aspecto importante y particular de la práctica legal en el imperio bizantino tardío[62].

---

[57] *Ibíd.*, 4, 7, 1.

[58] *Ibíd.*, 4, 11, 1.

[59] *Ibíd.*, l., 11, 3.

[60] *Vid.* DAVIES, W., *Local participation & legal ritual in early medieval texts*, en COSS, P. (ed.), *The moral world of the law*, Cambridge University Press, Nueva York, 2000. Sin embargo, el ensayo no ahonda en la época de Justiniano.

[61] *Nov.* 42 (6 de agosto del 536).

La Iglesia también estaba consolidando su estructura burocrática, lo que incluía tribunales eclesiásticos, concejos y un sistema de apelación judicial para casos donde estuviesen involucrados monjes o clérigos. Se permitía a los obispos escuchar casos relevantes para el Derecho Romano privado desde época de Constantino, y Justiniano reforzó esta práctica al tiempo que extendía su control sobre ella. Someter un caso de adjudicación ante la corte por parte de un obispo indudablemente garantizaba la promesa de un medio de resolución de disputas más rápido y barato -aunque todavía debían pagarse propinas (*sportulae*) a los heraldos, estenógrafos y asesores legales del obispo.

Justiniano utilizó a clérigos cristianos en muchos y variados contextos legales. Se esperaba que los obispos asegurasen que judíos, paganos o maestros de herejía liberasen a los cristianos esclavos sin precio; se les ordenaba que escuchasen (ciertos) casos donde la neutralidad o confianza del juez provincial había sido cuestionada. Del mismo modo, podían presenciar juicios por encima de los propios jueces provinciales e informar al emperador cuando fuera necesario; también se esperaba que juzgasen casos en ciudades o pueblos donde no había magistrados[63].

Los *defensores ecclesiae* (defensores de la iglesia), por otro lado, tenían un mandato imperial específico para intervenir en causas civiles y penales. El principal propósito de los defensores era proteger los intereses legales de la iglesia a la que estaban adscritos. Durante el reinado de Justiniano hay pruebas de egresados de las escuelas de derecho que elegían carreras eclesiásticas. Zacarías el Escolástico menciona a cuatro de sus contemporáneos de la escuela de Beirut (incluyendo a Severo de Antioquía) quienes cambiaron la toga por el hábito monacal, dejando los libros jurídicos por la sagrada escritura[64]. Sin embargo, los conversos de la ley a la teología no dejaban atrás su entrenamiento legal; lo aplicaban sirviendo a las instituciones eclesiásticas. El historiador Evagrio estudió derecho durante el reinado de Justiniano y más tarde se unió al personal de Gregorio, patriarca de Antioquía (570-592)[65].

---

[62] Para ejemplos de mediados a fines del siglo VI, *vid.* el capítulo introductorio a VAN DER WAL, N., *et al.*, *Collectio tripartita: justinian on religious & ecclesiastical affairs*, Brill, Leiden, 1994.

[63] *Codex* 1, 3, 56 (54), 3.

[64] *Vida de Severo*, 92.

[65] *Ecc. Hist.*, 14.

La imposibilidad de dividir el imperio de Justiniano en discretas unidades de iglesia y estado vale tanto para los textos legales como para las instituciones y los individuos. Se esperaba que los obispos leyesen las leyes imperiales a sus congregaciones, y en la Novela 8, Justiniano ordena que esta ley sea depositada en la Santa Iglesia "como dedicada a Dios mismo, y escrita para la seguridad de los hombres creados por Él". Más aún, dicho texto debía conservarse en planchas de piedra y colocarse en los portales de la Santa Iglesia, para que así todos tuvieran la oportunidad de leerla. La legislación imperial debía colocarse en las iglesias cristianas y los textos de los Evangelios debían albergarse en los tribunales romanos. En el 531 Justiniano se convirtió en el primer emperador en ordenar que antes de que cualquier proceso comenzase, todos los participantes -litigantes y funcionarios judiciales por igual-debían emitir un juramento de fe cristiana, mientras tocaban una copia de los Evangelios[66]. Convenientemente, Justiniano ya había ordenado en el año 530 que los Evangelios debían colocarse en todos los tribunales. Declaraba que la presencia de los textos sagrados garantizaba la presencia de Dios en cualquier audiencia legal[67]. Esta innovación radical es uno de los aspectos más asombrosos de la práctica legal justinianea.

Sin embargo, no todas las disputas legales se ventilaban en los tribunales. Los ciudadanos podían solicitar que los magistrados designasen personas para decidir sobre controversias, o podían designar entre ellos a alguien en particular. La forma tradicional del arbitraje requería que ambas partes jurasen mutuamente antes de comenzar el caso, y por ende acordar someterse al resultado. Una constitución del 529 aconseja que incluso cuando dichos arbitrajes fuesen realizados con menos formalidad, el acuerdo final de las partes debe jurarse cumplir y luego redactarse para que nadie tenga excusa de posterior incumplimiento[68]. Los árbitros no necesariamente debían tener conocimientos jurídicos. Justiniano lamenta verse hostigado frecuentemente por personas que eligieron árbitros absolutamente ignorantes de la ley y sin experiencia sobre cómo decidir respecto a lo que es justo. Habiendo jurado acatar la decisión, estas personas consideran posteriormente que obtuvieron una sentencia irregular y apelan para que su caso sea revisado, y con ello cometen calumnia[69].

---

[66] *Codex* 2, 58, 2 pr.
[67] *Codex* 3, 1, 14, 1-2.
[68] *Codex* 2, 55, 4.

Una forma de superar este problema, desde la perspectiva de las partes en litigio, era incluir elaboradas cláusulas en la *dialyseis*, documentos que constataban el arreglo arbitral de su disputa. Un papiro de la colección Michigan, fechado hacia el 527-538 d. C. y que conserva una *dyalisis* de la sede egipcia de Afrodita, incluye la siguiente cláusula:

> *Este acuerdo general ha sido concluido entre <las partes en litigio> para eliminar y concluir totalmente la disputa legal entre ellas y, atendiendo a este arreglo, cada parte reconoce a las demás y a cada una por separado de no tener ninguna acción pendiente contra la otra respecto a cualquier asunto, menor o mayor, escrito o verbal, meditado o no meditado, recordado o no recordado, dicho o no dicho, juzgado o no juzgado, y que en lo futuro no incoarán ni proseguirán litigio alguno en cualquier tribunal del país ni en ninguna corte foránea, ni de forma extrajudicial, ni personalmente o a través de representante o gestor de cualquier tipo... porque han acordado todos los puntos relativos a la citada decisión escrita y cada parte ha jurado cumplir todas sus cláusulas[70].*

El propósito de este documento era no sólo hacer constar un acuerdo por arbitraje, sino también evitar cualquier amenaza de litigio futuro. Tales cláusulas son también comunes en archivos papirológicos de transacciones negociales y contratos.

En una ley emitida en el 531, Justiniano prohibía a las mujeres fungir como árbitros; debían proteger su modestia y confirnarse a los papeles que la naturaleza les había impuesto[71]. Sin embargo, es evidente por este texto que las mujeres estaban fungiendo como árbitros y desempeñando actividades judiciales. De hecho, las mujeres aparecen frecuentemente como ruidosas participantes legales en papiros egipcios de los siglos V y VI[72].

---

[69] *Nov.* 82, 11.

[70] Mich. 8, 659. El texto puede consultarse en la página https://www.lib.umich.edu/papyrology-collection/advanced-papyrological-information-system-apis

[71] *Codex* 2, 56, 6: "*mandamos, que acordándose las mujeres de su decoro y de las funciones que la naturaleza les permitió, así como de las que les mandó abstenerse, se separen de toda contienda judicial, aún cuando gozando de la más alta y de la mejor reputación hubieren aceptado un arbitraje, o aunque, si fueran patronas, hubieren interpuesto su conocimiento arbitral entre sus libertos, de suerte que en virtud de su elección se considere nula la pena, y nula la excepción de pacto contra los que con justicia las desacatan*".

[72] *Vid.* KEENAN, J. G., *Eypgt*, en CAMERON, Averil *et al.* (eds.), *op. cit.*, 612-637; GAGOS, Traianos *et al.*, *Settling a dispute: towards a legal anthropology of late Antique Egypt*,

Claro, los ciudadanos podían solucionar sus disputas entre ellos. Este tipo de "negociación" privada seguía necesitando de la ley vigente. Un ejemplo lo brinda el papiro de la colección Oxirrinco, fechado el 17 de marzo del 545[73]. Hace constar un contrato relativo a las negociaciones privadas sobre la propiedad de un bien. Cierto individuo había hipotecado su hacienda ante un monasterio cercano a Oxirrinco; pero sin saberlo el monasterio, también había hipotecado previamente la misma propiedad ante un importante terrateniente local y senador constantinopolitano. El estafador murió, y cuando los monjes trataron de reclamar su propiedad, se hallaron imposibilitados para hacerlo. Sin embargo, algunos representantes del monasterio viajaron a Constantinopla y rogaron al senador y a sus herederos que les concediera la propiedad, apelando a su piedad (y prometiéndoles orar por sus almas). El senador y sus herederos accedieron a compensar al monasterio. Sin embargo, como punto de partida los herederos exigieron a los representantes del monasterio que jurasen no ventilar a futuro algún aspecto de esta disputa en los tribunales. Dicha promesa fue redactada por el mismo notario que, al parecer, fue responsable de dejar constancia del acuerdo en el 545. Los monjes juraron no intentar oponerse a este acuerdo

*en un tribunal local o alguno allende las fronteras, ni de forma extrajudicial, ni por medio de petición dirigida a nuestro victorioso señor [es decir, Justiniano], y no realizarán acusaciones entre amigos, ni impugnarán los términos o partes <del acuerdo>, ya sea ante tribunales o en las sacrosantas iglesias, ni declararán haber sufrido fraude o perjuicio alguno, toda vez que con fundamento en la razón y en las leyes vigentes están enterados de no guardarse acción o recurso legal futuros.*

Aquí podemos ver cómo los particulares podían dirimir controversias de forma extrajudicial, reconociendo la legislación imperial vigente y alcanzando una resolución amigable, aunque ésta fuera contraria a la letra estricta de la ley.

---

University of Michigan Press, Michigan, 1994.
[73] Oxy 63, 4397.

## V. Conclusión

Podemos concluir diciendo que cualquier intento por entender el ambiente jurídico de la época de Justiniano necesita ir más allá de las páginas del *Codex*, del Digesto y de las Instituciones, compaginando la legislación imperial y las fuentes legales que se conservan fuera del *Corpus Iuris Civilis*, leyendo extractos de procedimientos judiciales y transacciones jurídicas en papiros del siglo VI, así como valorando los testimonios literarios de la actividad legal conservados en diferentes fuentes del mismo siglo. Lo que emerge de todo esto es una relación altamente compleja entre la ley y la sociedad, entre el legislador de la capital imperial, Constantinopla, y un conjunto de variados litigantes que aplican, evaden y negocian los textos jurídicos de Justiniano en los diversos escenarios jurídicos del siglo VI, teniendo como referencia las disposiciones imperiales y, en especial, el Digesto, en donde podían hallar conceptos, opiniones y reflexiones que normasen el criterio jurídico del estudiante y del litigante por igual para resolver casos y controversias sometidos a su consideración.

# NOTA SOBRE LA PRESENTE EDICIÓN

La *editio princeps* publicada en 1583 por *Dionysius Godofredus*, quien forjó también el nombre de la compilación justinianea (*Codex, Digesta, Institutiones* y *Novellae*) tal como lo conocemos hoy, *Corpus Iuris Civilis*, fue la primera edición académica de la codificación de Justiniano, incluyendo el Digesto, que siguió siendo la edición estándar hasta el siglo XIX. Pese a que dedicaremos posteriormente sendos estudios a la transimisión en Occidente de esta obra jurídica, podemos citar cronológicamente las ediciones de Kriegel y Osenbrüggen (*Corpus Iuris Civilis*, Leipzig, 1872) y de Pothier (*Pandectae Justinianae in Novum Ordinem Digestae*, París, 1818-1823) como primeros intentos de establecer una edición "moderna" del Digesto; sin embargo, fue hasta mediados del siglo XIX que el método estemático de Lachmann brindó a los estudiosos las técnicas necesarias para manejar los problemas editoriales a nivel de las grandes obras del Derecho Romano.

Por otro lado, en el mundo de habla hispana han sido pocos, aunque loables, los intentos por acercar el *Digesta Iustiniani* a los estudiosos del Derecho. El primero del que se tiene memoria es "El Digesto del emperador Justiniano", obra publicada en Madrid entre 1872 y 1874 y traducida por Don Bartolomé Agustín Rodríguez de Fonseca, todavía publicada como una excepcional rareza histórica, aunque con un idioma español ya arcaico y anacrónico para nuestros días. Posteriormente hallamos la edición de Ildefonso García del Corral, publicada en Barcelona por Jaime Molinas en 1889, aún publicada y distribuida, aunque con obstáculos filológicos insalvables y giros lingüísticos ya en desuso. Finalmente, hallamos una versión más contemporánea realizada, entre otros, por el eminente romanista español Álvaro D'Ors y publicada por Aranzadi en 1968, hoy prácticamente inhallable y reducido su escaso tiraje a una elitista comunidad romanista que literalmente "encerró" los ejemplares en las

31

estanterías de algunas bibliotecas universitarias, haciendo prácticamente inaccesible esta obra al mundo jurídico. Además, la versión de D'Ors en ocasiones peca de una traducción demasiado "libre", alejándose del sentido originario del texto latino.

Así, pues, la presente edición, inédita para Hispanoamérica, que busca mantener el apego al texto latino, pero con un lenguaje moderno accesible a todo estudioso del Derecho, y a todo interesado en la cultura clásica, toma como fuente principal la siguiente versión de trabajo en cuanto al texto latino:

- La obra *Corpus Iuris Civilis*, *Editio Stereotypa Quinta*, a cargo de Theodore Mommsen, publicada en Berlín, Weidmann, 1889, Vol. I.

# SOBRE LA FORMA DE CITAR
# Y CONSULTAR EL DIGESTO

El "Digesto" del Emperador Justiniano contiene extractos de escritos de los jurisconsultos de la época clásica (126 a. C. a 325 d. C.). Consta de 50 libros; éstos se dividen, a su vez, en títulos (excepto los libros 30 a 32); los títulos se dividen en fragmentos que se inician con una *inscriptio*, es decir, el nombre del autor y la obra de donde proceden. A partir de la Edad Media, los fragmentos más extensos fueron divididos en párrafos, el primer párrafo se denomina *principium*, cuya abreviación es "pr.", el segundo párrafo se numera con el "1" y así sucesivamente.

El modo de citar y consultar modernamente el Digesto, así como las demás fuentes de la antigüedad, es el filológico. La cita comienza con la inicial D. (*Digesta*); a continuación, se colocan los números correspondientes al libro, título, fragmento y párrafo, comenzando por el pr.; cuando nos hallamos ante párrafos numerados, éstos comienzan con el símbolo "§" (sección).

Por ejemplo, si en un texto aparece la siguiente cita, D. 9, 1, 1, 9, ésta se consultará en el Digesto del siguiente modo: Digesto; Libro 9; Título 1; Fragmento 1; Párrafo §9.

Si hallamos esta cita, D. 1, 2, 1 pr., se consultará del siguiente modo: Digesto; Libro 1; Título 2; Fragmento 1; *principium*, coloquialmente llamado "párrafo cero".

Si hallamos esta cita, D. 1, 1, 9, indica que el fragmento es corto y no tiene párrafos, por lo que se consultará de este modo: Digesto; Libro 1; Título 1; Fragmento 9.

| | |
|---|---|
| ## LIBER IV | ## LIBRO IV |
| ### TITULUS I<br>### DE IN INTEGRUM<br>### RESTITUTIONIBUS | ### TÍTULO I<br>### DE LAS<br>### RESTITUCIONES<br>### ÍNTEGRAS |

**1.** ULPIANUS *libro undecimo ad edictum. Utilitas huius tituli non eget commendatione, ipse enim se ostendit. Nam sub hoc titulo plurifariam praetor hominibus vel lapsis vel circumscriptis subvenit, sive metu sive calliditate sive aetate sive absentia inciderunt in captionem...*

**1.** ULPIANO *en el libro décimo primero de los comentarios al edicto.* La utilidad de este título no necesita de recomendación pues él mismo se recomienda. Porque en este título el pretor auxilia de muchos modos a los que son víctimas del error, o del engaño, y en el que han caído por intimidación, malicia, o bien por la edad o por ausencia,

**2.** PAULO *libro primo sententiarum. ... sive per status mutationem aut iustum errorem.*

**2.** PAULO *en el libro primero de las sentencias.* ... o por cambio de estado o por excusable error.

**3.** MODESTINUS *libro octavo pandectarum. Omnes in integrum restitutiones causa cognita a praetore promittuntur, scilicet ut iustitiam earum causarum examinet, an verae sint, quarum nomine singulis subvenit.*

**3.** MODESTINO *en el libro octavo de las pandectas.* Todas las restituciones íntegras son prometidas por el pretor previo conocimiento de causa, esto, una vez analizadas la rectitud de las causas si fuesen justas, por las que auxilia a cada cual según los hechos alegados.

**4.** CALLISTRATUS *libro primo edicti monitorii. Scio illud a quibusdam observatum, ne propter satis minimam rem vel summam, si maiori rei vel summae praeiudicetur,*

**4.** CALISTRATO *en el libro primero del edicto monitorio.* Sé que algunos han observado el no oír al que desea ser restituido íntegramente por una cosa o cantidad de muy

*audiatur is qui in integrum restituí postulat.*

ínfimo valor si se perjudicare una cosa o suma mayor.

**5.** *PAULUS libro septimo ad edictum. Nemo videtur re exclusus, quem praetor in integrum se restiturum polliceatur.*

**5.** PAULO *en el libro séptimo de los comentarios al edicto.* Nadie debe ser privado de la cosa si el pretor promete que habrá de restituirle íntegramente.

**6.** *ULPIANUS libro tertio decimo ad edictum. Non solum minoris, verum eorum quoque, que rei publicae causa afuerunt, item ómnium, qui ipsi potuerunt restitui in integrum, successores in integrum restitui possunt, et ita saepissime est constitutum. Sive igitur heres sit sive is cui hereditas restituta est sive filii familias militis successor, in integrum restitui poterit. Proinde et si minor in servitutem redigatur vel ancilla fiat, dominis eorum dabitur non ultra tempus statutum in integrum restitutio. Sed et si forte hic minor erat captus in hereditate quam adierit, Iulianus libro septimo decimo digestorum scribit abstinendi facultatem dominum posse habere non solum aetatis beneficio, verum et si aetas non patrocinetur: quia non apiscendae hereditatis gratia legum beneficio usi sunt, sed vindictae gratia.*

**6.** ULPIANO *en el libro décimo tercero de los comentarios al edicto.* Pueden restituirse íntegramente no sólo los sucesores de un menor, sino también los sucesores de los ausentes por causa pública, e igualmente los de todos aquellos que pudieron ser restituidos íntegramente; así se ha dispuesto muchísimas veces. Por lo tanto, podrá restituírsele íntegramente al heredero, al fideicomisario de la herencia y al sucesor de un hijo de familia militar. Por esto, cuando un menor sea reducido a la esclavitud, o una menor se vuelva esclava, se otorgará a sus dueños la restitución íntegra que les corresponda, pero no después del plazo establecido. Pero si este menor hubiese sido engañado sobre la cuantía de la herencia que aceptó, escribe Juliano en el libro décimo séptimo de su Digesto que el dueño puede tener facultad de abstenerse de la herencia, no sólo por el beneficio de la edad, sino aunque la edad no requiera protección; porque no se entiende que usaron del beneficio de las leyes para obtener la herencia, sino como castigo.

*7. MARCELLUS libro tertio digestorum. Divus Antoninus Marcio Avito praetori de sucurrendo ei, qui absens rem amiserat, in hanc sententiam rescripsit: 'etsi mihi facile mutandum est ex sollemnibus, tamen ubi aequitas evidens poscit, subveniendum est. Itaque si citatus non respondit et ob hoc more pronuntiatum est, confesetim autem pro XXXribunal te sedente adiit: existimari potest non sua culpa, sed parum exaudita voce praeconis defuisse, ideoque restituí potest'.*

§1. *Nec intra has solum species consistet huius generis auxilium: etenim deceptis sine culpa sua, maxime si fraus ab adversario intervenerit, succurri oportebit, cum etiam de dolo malo actio competere soleat, et boni praetoris est potius restituere litem, ut et ratio et aequitas postulabit, quam actionem famosam constituere, ad quam tunc demum descendendum est, cum remedio locus esse non potest.*

7. MARCELO *en el libro tercero del Digesto.* El divino Antonino Pío declaró con esta resolución por escrito al pretor Marcio Avito el modo de socorrer al que, estando ausente, había perdido un litigio: 'aunque nada de las solemnidades judiciales debe alterarse con facilidad, no obstante, ha de brindarse auxilio cuando la evidente equidad así lo exigiere[74]. Y así, si el citado no respondió, y por ello se pronunció sentencia según la costumbre, pero al instante se te presentó estando tú todavía sentado en el tribunal sin haber levantado sesión, puede considerarse que faltó no por su culpa, sino por no haber oído bien la voz del pregonero, y por ello puede ser restituido'.

§1. Este tipo de auxilio no se limita a tales casos, porque convendrá que también se socorra a los engañados sin culpa suya, sobre todo si hubiere mediado fraude por la parte contraria, soliendo competer en este caso la acción de dolo malo. Y es lo propio de un buen pretor restituir el litigio, como la razón y la equidad demandaren, en lugar de dar ocasión a una acción infamante como es la de dolo, a la que sólo debe acudirse cuando no pueda darse algún otro remedio.

---

[74] D. 4, 1, 7 = D. 50, 17, 183.

**8.** *MACER libro secundo de appellationibus. Inter minores viginti quinque annis et eos qui rei publicae causa absunt hoc interest, quod minores annis etiam qui per tutores curatoresve suos defensi sunt, nihilo minus in integrum contra rem publicam restituuntur, cognita scilicet causa: ei vero qui rei publicae causa ábsit, ceteris quoque qui in eadem causa habentur, si per procuratores suos defensi sunt, hactenus in integrum restitutione subveniri solet, ut appellare his permittatur.*

**8.** MÁCER *en el libro segundo de las apelaciones.* Entre los menores de veinticinco años y los ausentes por causa pública hay esta diferencia: que a los menores de edad, incluso los defendidos por sus tutores o curadores, no obstante ello se les restituye íntegramente contra la República, previo conocimiento de causa; en tanto que el ausente por causa pública, y también a los demás que estuvieren en el mismo caso, si fueron defendidos por sus procuradores, se les suele proteger con la restitución íntegra sólo para permitirles apelar.

## *TITULUS II*
## *QUOD METUS*
## *CAUSA GESTUM ERIT*

## TÍTULO II
## CUANDO SE HAYA
## ACTUADO POR CAUSA
## DE INTIMIDACIÓN

**1.** *ULPIANUS libro undecimo ad edictum. Ait praetor: 'quod metus causa gestum erit, ratum non habebo'. Olim ita edicebatur 'quod vi metusve causa': vis enim fiebat mentio propter necessitatem impositam contrariam voluntati: metus instantis vel futuri periculii causa mentis trepidatio. Sed postea detracta est vis mentio ideo, quia quodcumque vi atroci fit, id metu quoque fieri videtur.*

**1.** ULPIANO *en el libro décimo primero de los comentarios al edicto.* Dice el pretor: 'no tendré por válido lo que se hubiere hecho por intimidación'. En otro tiempo se decía: 'lo que por violencia o intimidación', porque se mencionaba la violencia refiriéndose a la coacción de la voluntad; y a la intimidación por la claudicación del juico debido a un peligro inminente o futuro. Pero después se suprimió la mención de la violencia, porque lo hecho por violencia atroz parece que se hace también por intimidación.

**2.** *PAULUS libro primo sententiarum. Vis autem est maioris rei ímpetus, qui repelli non potest.*

**2.** PAULO *en el libro primero de las sentencias.* La violencia es una presión más grave que no se puede repeler.

**3.** *ULPIANUS libro undécimo ad edictum. Continet igitur haec clausula et vim et metum, et si quis vi compulsus aliquid fecit, per hoc edictum restituitur.*

**3.** ULPIANO *en el libro décimo primero de los comentarios al edicto.* En esta cláusula se incluye tanto a la violencia como a la intimidación; y si alguien hizo alguna cosa orillado por la violencia es reintegrado en virtud de este edicto.

*§1. Sed vim accipimus atrocem et eam, quae adversus bonos mores fiat, non eam quam magistratus recte intulit, scilicet iure licito et iure honoris quem sustinet. Ceterum si per iniuriam quid fecit populi Romani magistratus vel provinciae praeses, Pomponius scribit hoc edictum locum habere: si forte, inquit, mortis aut verberum terrore pecuniam alicui extorserit.*

§1. Entendemos por violencia la muy grave y la realizada contra las buenas costumbres, no la que justamente ejercita el magistrado, es decir, con derecho y debido al cargo que ejerce. Por lo demás, escribe Pomponio que, si un magistrado del pueblo romano o un gobernador de provincia obrase injustamente, tiene aplicación este edicto; por ejemplo, añade, si hubiere obtenido dinero de alguien bajo amenaza de muerte o de azotes.

**4.** *PAULUS libro undecimo ad edictum. Ego puto etiam servitutis timorem similiumque admittendum.*

**4.** PAULO *en el libro décimo primero de los comentarios al edicto.* Yo opino que también se debe admitir el temor a la esclavitud y a otras cosas semejantes.

**5.** *ULPIANUS libro undecimo ad edictum. Metum accipiendum Labeo dicit non quemlibet timorem, sed maioris malitatis.*

**5.** ULPIANO *en el libro décimo primero de los comentarios al edicto.* Labeón afirma que por temor ha de entenderse no un temor cualquiera, sino el de un mal mayor.

**6.** *GAIUS libro quarto ad edictum provinciale. Metum non autem non vani hominis, sed qui merito et in homine constantissimo cadat, ad hoc edictum pertinere dicemus.*

**6.** GAYO *en el libro cuarto de los comentarios al edicto provincial.* Diremos que este edicto se refiere no al temor de un hombre apocado, sino el que experimenta con motivo suficiente un hombre muy constante de carácter.

**7.** *ULPIANUS libro undecimo ad edictum. Nec timorem infamiae hoc edicto contineri Pedius dicit libro septimo, neque alicuius vexationis timorem per hoc edictum restitui. Proinde si quis meticulosus rem nulla frustra timuerit, per hoc edictum non restituitur, quoniam neque vi neque metus causa factum est.*

**7.** ULPIANO *en el libro décimo primero de los comentarios al edicto.* Dice Pedio en su libro séptimo que en este edicto no se incluye el temor a la infamia, y que no se restituye por este edicto el temor de alguna vejación. Por tanto, si alguien medroso hubiere temido sin fundamento una cosa imaginaria, no es restituido por este edicto, porque nada se hiso por violencia ni por intimidación.

*§1. Proinde si quis in furto vel adulterio deprehensus vel in alio flagitio vel dedit aliquid vel se obligavit, Pomponius libro vicensimo octavo recte scribit posse eum ad hoc edictum pertinere: timuit enim vel mortem vel vincula. Quamquam non omnem adulterum liceat occidere, vel furem, nisi se telo defendat: sed potuerunt vel non iure occidi, et ideo iustus fuerit metus. sed et si, ne prodatur ab eo qui deprehenderit, alienaverit, succurri ei per hoc edictum videtur, quoniam si proditus esset, potuerit ea pati quae diximus.*

§1. Por ello, Pomponio escribe acertadamente en su libro vigésimo octavo que si alguien fue sorprendido robando o cometiendo adulterio u otro delito, y dio alguna cosa o se obligó, puede comprenderse en este edicto, porque temió la muerte o la prisión. Aunque no sea lícito matar a todo adúltero o ladrón, a no ser que se defendiera con armas, pudieron ser asesinados aun sin derecho, y por lo tanto habría sido justo su miedo. Pero si hubiere enajenado alguna cosa para que no le delatase aquel que lo hubiere sorprendido, se entiende que también debe protegerle este edicto, porque si hubiere sido delatado habría podido sufrir lo que hemos dicho.

**8.** *PAULUS libro undécimo ad edictum. Isti quidem et in legem Iuliam incidunt, quod pro conperto stupro acceperunt. Praetor tamen etiam ut restituant intervenire debet: nam et gestum est malo more, et prator non respicit, an adulter sit qui dedit, sed hoc solum, quod hic accepti metu mortis illato.*

**8.** PAULO *en el libro décimo primero de los comentarios al edicto.* Incurren también en la Ley Julia sobre violencia los que recibieron algo por un estupro no descubierto. Pero el pretor debe intervenir para que restituyan lo que recibieron, pues se obró con mala costumbre, y el pretor no mira si es adúltero quien dio, sino solamente que se cobró mediante coacción por el temor de la pena de muerte que infundió.

*§1. Si is accipiat pecuniam, qui instrumenta status mei interversurus est nisi dem, non dubitatur quin maximo metu compellat, utique si iam in servitutem petor et illis instrumentis perditis liber pronuntiari non possum.*

§1. Si recibiese dinero el que habría de quuitarme los documentos relativos a mi estado si yo no se lo diera, no hay duda de que el edicto me compete por coacción grave; mayormente si ya he sido reclamado como esclavo y no puedo ser declarado libre al perder aquellos documentos.

*§2. Quod si dederit ne stuprum patiatur vir seu mulier, hoc edictum locum habet, cum viris bonis iste metus maior quam mortis esse debet.*

§2. Este edicto tiene aplicación si un hombre o una mujer hubieren dado algo para no sufrir estupro, porque para los hombres rectos este temor debe ser mayor que el de la muerte.

*§3. Haec, quae diximus ad edictum pertinere, nihil interest in se quis veritus sit an in liberis suis, cum pro affect parentes magis in liberis terreaentur.*

§3. Estas cosas que hemos mencionado como previstas en el edicto, lo mismo da que uno las haya temido en su persona o en la de sus hijos, ya que por amor los padres se aterrorizan más tratándose de sus hijos.

**9.** *ULPIANUS libro undecimo ad edictum. Metum autem praesentem*

**9.** ULPIANO *en el libro décimo primero de los comentarios al edicto.* Por intimidación debemos entender el

*accipere debemus, non suspicionem inferendi eius: it ita Pomponius libro vicensimo octavo scribit. Ait enim metum illatum accipiendum, id est si illatus est timor ab aliquo. Denique tractat, si fundum meum dereliquero audito, quod quis cum armis veniret, an huic edicto locus sit? Et refert Labeonem existimare edicto locum non esse et unde vi interdictum cessare, quoniam non videtur vi deiectus, qui deici non expectavi sed profugi. Aliter atque si, posteaquam armati ingressi sunt, tunc discessi: huic enim edicto locum facere. Idem ait, et si forte adhibita manu in meo solo per vim aedifices, et interdictum quod vi aut clam et hoc edictum locum habere, scilicet quoniam metu patior id te facere. Sed et si per vim tibi possessionem tradidero, dicit Pomponius hoc edicto locum esse.*

miedo presente, no la sospecha del que pudiere ocurrir. Y así lo escribe Pomponio en el libro vigésimo octavo de los comentarios al edicto, porque dice que la intimidación ha de entenderse como ya infundida, es decir, si alguien atemorizó. Finalmente pregunta si tendrá aplicación este edicto cuando yo hubiere abandonado mi fundo por haber oído que alguien venía con armas, y refiere que Labeón consideraba que no, ni que se aplicaría el interdicto *unde vi* (de donde por la violencia), porque no parece que haya arrojado con violencia, pues no esperé a ser expulsado, sino que huí con anticipación. Es muy distinto si me marché después que entraron hombres armados, porque entonces sí se aplica este interdicto. El mismo Pomponio dice que si reuniste gente para edificar por la fuerza en suelo mío también tienen lugar el interdicto *quod vi aut clam* (por lo que con violencia o de forma oculta) y este edicto; a saber, porque tolero que hagas esto por temor. Y si debido a la violencia te hubiere entregado la posesión, dice Pomponio que también procede este edicto.

*§1. Animadvertendum autem, quod praetor hoc edicto generaliter et in rem loquitur nec adicit a quo gestum: et ideo sive singularis sit persona, quae metum intulit, vel populus vel curia vel collegium vel corpus, huic edicto locus erit. Sed licet vim factam a*

§1. Se debe advertir, sin embargo, que en este edicto el pretor habla en términos generales y objetivamente, y no añade quién obró con violencia; y por tanto, ya sea un particular el que provocó la intimidación, ya el pueblo o la curia,

*quocumque praetor conplectatur, eleganter tamen Pomponius ait, si quo magis te de vi hostium vel latronum vel populi tuerer vel liberarem, aliquid a te accepero vel te obligavero, non debere me hoc edicto teneri, nisi ipse hanc tibi vim summisi: ceterum si alienus sum a vi, teneri me non debere, ego enim operae potius meae mercedem accepisse videor.*

*§2. Idem Pomponius scribit quosdam bene putare etiam servi manumissionem vel aedificii depositionem, quam quis coactus fecit, ad restitutionem huius edicti porrigendam esse.*

*§3. Sed quod praetor ait ratum se non habiturum, quatenus accipiendum est videamus. Et quidem aut imperfecta res est, licet metus intervenerit, ut puta stipulationem numeratio non est secuta, aut perfecta, si post stipulationem et numeration facta est aut per metum accepto debitor liberatus est vel quid simile contigerit quod negotium perficeret. Et Pomponius scribit in negotiis quidem perfectis et exceptionem interdum et actionem competere, in imperfectis autem solam exceptionem. Sed ex facto scio, cum Campani metu cuidam illato extorsissent cautionem pollicitationis, rescriptum esse ab imperatore nostro posse eum a*

ya un colegio o una corporación, tendrá lugar este edicto. Pero aunque el pretor tenga en cuenta la violencia hecha por culquiera, dice elegantemente Pomponio que si yo hubiere recibido algo de ti o te hubiere obligado para defenderte o librarte de la violencia de enemigos, de ladrones o de un pueblo, no debo quedar sujeto a este edicto salvo que yo enviase secretamente esta fuerza contra ti; pero si soy ajeno a la violencia no debo quedar obligado, porque parece que recibí el pago de mi trabajo.

§2. El mismo Pomponio escribe que acertadamente opinan algunos que también debe comprenderse en la restitución ordenada por este edicto la manumisión de un esclavo o la demolición de un edificio que alguien hizo bajo coacción.

§3. Pero veamos cómo debe entenderse lo que dice el pretor de que él no lo considerará 'válido'. Y puede darse que el negocio no se llevó a cabo, aunque haya habido intimidación, por ejemplo, si la entrega del dinero no siguió a la estipulación, o se llevase a cabo, por ejemplo, si después de la estipulación se verificó también el pago, o si por intimidación se canceló la deuda por aceptilación o hubiere acontecido algo semejante que perfeccionase el negocio. Y escribe Pomponio que en los negocios totalmente realizados compete a veces tanto la excepción como la acción, pero en los no

*praetore in integrum restitutionem postulare, et praetorem me adsidente interlocutum esse, ut sive actione vellet adversus Campanos experiri, esse propositam, sive exceptione, adversus petentes non deesse exceptionem. Ex qua constitutione colligitur, ut, sive perfecta sive imperfecta res sit, et actio et exception detur.*

realizados sólo la excepción. Pero sé de un caso donde, habiendo los campanos arrancado por miedo a uno el documento de una promesa pública, nuestro emperador Caracala resolvió en una respuesta escrita que podía solicitar la restitución íntegra al pretor; y éste, siendo yo su asesor, decidió por sentencia interlocutoria que si quería reclamar a los campanos estaba la acción propuesta en ekl edicto, y si quería hacer valer una excepción contra los que reclamaban, no faltaba la excepción. De cuya constitución se desprende que se otorga tanto acción como excepción, haya sido o no realizado el negocio.

*§4. Volenti autem datur et in rem actio et in personam rescissa acceptilatione vel alia liberation.*

§4. Al que lo quiere se le concede tanto la acción real como la personal, una vez rescindida la aceptilación u otra forma de liberación.

*§5. Iulianus libro tertio digestorum putat eum, cui res metus causa tradita est, non solum reddere, verum et de dolo repromittere debet.*

§5. Juliano opine en el libro tercero de su Digesto que aquel a quien se entregó una cosa por causa de intimidación, no sólo debe devolverla sino también garantizar el dolo.

*§6. Licet tamen in rem actionem dandam existimemus, quia res in bonis est eius, qui vim passus est, verum non sine ratione dicetur, si in quadruplum quis egerit, finiri in rem actionem vel contra.*

§6. Pero aunque estimemos que debe concederse la acción real porque la cosa sigue estando entre los bienes del que sufrió la violencia, no sin razón se dirá que si alguien hubiere ejercitado acción por la intimidación al cuádruplo, se extingue la acción real y viceversa.

*§7. Ex hoc edicto restitution talis facienda est, id est in integrum, officio*

§7. Según este edicto, se ha de hacer la restitución íntegra por ministerio

*iudicis, ut, si per vim tradita est, retradatur et de dolo sicut dictum est repromittatur, ne forte deterior res sit facta. Et si acceptilatione liberatio intervenit, restituenda erit in pristinum statum obligatio, usque adeo, ut Iulianus scribat libro quarto digestorum, si pecunia debita fuit, quae accepta per vim facta est, nisi vel solvatur vel restituta obligatione iudicium accipiatur, quadruplo eum condemnandum. Sed et si per vim stipulanti promisero, stipulatio accepto facienda erit. Sed et si usus fructus vel servitutes amissae sunt, restituendae erunt.*

*§8. Cum autem haec actio in rem sit scripta nec personam vim facientis coerceat, sed adversus omnes restitui velit quod metus causa factum est: non immerito Iulianus a Marcello notatus est scribens, si fideiussor vim intulit, ut accepto liberetur, in reum non esse restituendam actionem, sed fideiussorem, nisi adversus reum quoque actionem restituat, debere in quadruplum condemnari. Sed est verius, quod Marcellus notat: etiam adversus reum competere hanc actionem, cum in rem sit scripta.*

del juez, de modo que si se entregó una cosa por medio de la violencia, se devuelva y se dé, como se ha dicho antes, garantía por dolo, por si la cosa se hubiere deteriorado. Y si medió liberación por aceptilación, se habrá de restituir la obligación a su estado primitivo, según escribe Juliano en su libro cuarto del Digesto, de tal modo que si se debió una cantidad que por causa de violencia se dio por recibida, si no se paga o no se contestase la demanda habiéndose declarado subsistente la obligación, habrá de condenarse al cuádruplo. Pero también si yo hubiere prometido al estipulante coaccionado por la violencia, se habrá de dar por cumplida la estipulación. Pero si se hubieren perdido el usufructo o las servidumbres, también deberán ser restituidos.

§8. Pero como esta acción se refiere a la cosa, y no castiga sólo al que ejerce violencia, sino que se da contra todos para obtener la restitución de lo que se hizo debido a intimidación, no sin razón es corregido Juliano en sus notas por Marcelo cuando escribe que si un fiador empleó la violencia para que se le libere por aceptilación, no se ha de restituir la acción contra el deudor sino que el fiador debe ser condenado por el cuádruplo, a no ser que restituya también la acción contra el deudor. Pero es más cierto lo que señala Marcelo: que esta acción también procede contra el deudor principal, por ser una acción establecida sobre la cosa.

**10.** *GAIUS libro quarto ad edictum provinciale. Illud verum est, si ex facto debitoris metum adhibentis fideiussores acceptilatione liberati sunt, etiam adversus fideiussores agi posse, ut se reponant in obligationem.*

**10.** GAYO *en el libro cuarto de los comentarios al edicto provincial.* Es cierto que si los fiadores quedaron libres por aceptilación pues el deudor principal infundió temor, puede también reclamarse a los fiadores para que se repongan en la obligación.

*§1. Si metu a te coactus acceptam tibi stipulationem fecerim, arbitratu iudicis, apud quem ex hoc edicto agitur, non solum illud continetur, ut in tua persona redintegretur obligatio, sed ut fideiussores quoque vel eosdem vel alios non minus idoneos adhibeas: praeterea ut et pignora quae dederas in eandem causam restituas.*

§1. Si coaccionado por ti hubiere yo considerado cumplida una deuda estipulada, se comprende en la sentencia arbitral del juez, ante quien se reclama en virtud de este edicto, no solo que se reintegre en tu persona la obligación, sino que brindes también los mismos fiadores u otros no menos idóneos; y además, deberás restituir también las mismas prendas que habías dado.

**11.** *PAULUS libro cuarto IULIANI digestorum notat. Si quis alius sine malitia fideiussoris ut fideiussori accepto fieret vim fecit, non tenebitur fideiussor, ut rei quoque obligationem restituat.*

**11.** PAULO en su nota al libro cuarto del Digesto de Juliano. Si alguien ejerció violencia para liberar al fiador de la deuda sin malicia de éste, el fiador no quedará obligado a restituir también la obligación del deudor principal.

**12.** *ULPIANUS libro undécimo ad edictum. Sed et partum ancillarum et fetus pecorum et fructus restitui et omnem causam oportet: nec solum eos qui percepti sunt, verum si plus ego percipere potui et per metum impeditus sum, hoc quoque*

**12.** ULPIANO *en el libro décimo primero de los comentarios al edicto.* Deben restituirse también los hijos de las esclavas, las crías de los ganados, los frutos y cualquier otro accesorio, y no sólo los frutos que se percibieron, sino que si pude percibir más y por intimdación se

45

*praestabit.*

*§1. Quaeri poterit, an etiam ei qui vim fecerat passo vim restitui praetor velit per hoc edictum ea quae alienavit. Et Pomponius scribit libro vicensimo octavo non oportere ei praetorem open ferre: nam cum liceat, inquit, vim vi repellere, quod fecit passus est. quare si metu te coegerit sibi promittere, mox ego eum coegero metu te accepto liberare, nihil esse quod ei restituatur.*

*§2. Iulianus ait eum, qui vim adhibuit debitori suo ut ei solveret, hoc edicto non teneri propter naturam metus causa actionis quae damnum exigit: quamvis negari non possit in Iuliam eum de vi incidisse et ius crediti amisisse.*

**13.** *CALLISTRATUS* libro *quinto de cognitionibus. Exstat enim decretum divi Marci in haec verba: 'optimum est, ut, si quas putas te habere petitiones, actionibus experiaris. Cum Marcianus diceret: vim nullam feci, Caesar dixit: tu vim putas esse solum, si homines vulnerentur? Vis est et tunc, quotiens*

me impidió, también se me restituirá esto.

§1. Se podrá preguntar: ¿acaso quiere el pretor que se le restituyan por este edicto las cosas que enajenó a aquél que había ejercido violencia habiéndola sufrido antes? Y escribe Pomponio en el libro vigésimo octavo de los comentarios al edicto que el pretor no debe auxiliarle, porque siendo lícito, dice, repeler la violencia con la violencia, sólo hizo lo mismo que había padecido. Por lo cual, si él te hubiere obligado por intimidación a hacer la promesa y después yo te hubiere coaccionado a que le liberes por aceptilación, no hay nada que restituirle.

§2. Dice Juliano que quien ejerció violencia sobre su deudor para que le pagase no está obligado en razón de este edicto, por la naturaleza de la acción a causa de intimidación, la cual exige que se haya provocado daño, aunque no puede negarse que el acreedor incurrió en la Ley Julia sobre la violencia y que perdió su derecho de crédito.

**13.** CALISTRATO *en el libro quinto de las jurisdicciones*. Porque hay un decreto del divino Marco Aurelio concebido en estos términos: 'es mejor que ejercites las acciones oportunas si juzgas que tienes algunas peticiones que hacer'. Cuando Marciano alegó 'no ejercí ninguna violencia', el César dijo: '¿crees tú que solamente hay

*quis id, quod deberi sibi putat, non per iudicem reposcit. Quisquis igitur probatus mihi fuerit rem ullam debitoris vel pecuniam debitam non ab ipso sibi sponte datam sine ullo iudice temere possidere vel accepisse, isque sibi ius in eam rem dixisse: ius crediti non habebit'.*

violencia si los hombres resultasen heridos? También hay violencia cuando alguien exige lo que cree que se le debe sin intervención del juez. Así pues, si se me probase que alguien posee temerariamente o recibió alguna cosa de su deudor, o una cantidad adeudada que voluntariamente no le pagó el mismo deudor, sin intervención del juez, y que se administró justicia sobre este asunto, perderá su derecho de crédito'.

**14.** *ULPIANUS libro undecimo ad edictum. Item si, cum exceptione adversus te perpetua tutus essem, coegero te acceptum mihi facere, cessare hoc edictum, quia nihil tibi abest.*

**14.** ULPIANO *en el libro décimo primero de los comentarios al edicto.* Del mismo modo, si estando yo protegido contra ti por excepción perpetua te hubiere coaccionado a que me cancelases por aceptilación la deuda, deja de aplicarse este edicto porque nada has perdido.

*§1. Si quis non restituat, in quadruplum in eum iudicium pollicetur: quadruplabitur autem omne quodcumque restitui oportuit. Satis clementer cum reo praetor egit, ut daret ei restituendi facultatem, si vult poenam evitare. Post annum vero in simplum actionem pollicetur, sed non semper, sed causa cognita.*

§1. Si alguien obligado por este edicto no restituyera, el pretor promete contra él acción por el cuádruplo. Por tanto, se cuadruplicará todo lo que debió restituirse. Con bastante clemencia actuó el pretor en favor del demandado dándole la facultad de restituir si quiere evitarse la pena. Pero después del año el pretor promete acción por lo debido, aunque no siempre, sino con previo conocimiento de causa.

*§2. In causae autem cognitione versatur, ut, si alia actio non sit, tunc haec detur: et sane cum per metum facta iniuria anno et quidem utili exoleverit, idonea esse causa debet, ut*

§2. Pero en el conocimiento de la causa se trata de ver si no hubiera otra acción parea que se otorgue esta; y a decir verdad, luego de transcurrido un año, ciertamente

*post annum actio hace dari debeat. Alia autem action esse sic potest: si is cui vis admissa est decesserit, heres eius habet hereditatis petitionem, quoniam pro possessore qui vim intulit possidet: propter quod heredi non erit metus causa actio, quamvis, si annus largiretur, etiam heres in quadruplum experiri possit. Ideo autem successoribus datur, quoniam et rei habet persecutionem.*

útil, hubiere quedado olvidado el perjuicio provocado por la intimidación, debe haber causa suficiente para que haya de darse esta acción pasado el año. Pero puede haber otra acción en estos casos: si hubiere fallecido aquel que sufrió violencia, su heredero tiene la acción de petición de la herencia, porque la petición de herencia puede dirigirse contra quien empleó la violencia pues posee como poseedor; por ello el heredero no tendrá la acción por razón de intimidación, aunque si no hubiera transcurrido el año el heredero también puede demandar por el cuádruplo. Por ello esta acción se otorga a los sucesores, porque también busca perseguir la cosa.

*§3. In hac actione non quaeritur, utrum is qui convenitur an alius metum fecit: sufficit enim hoc docere metum sibi illatum vel vim, et ex hac re eum qui convenitur, etsi crimine caret, lucrum tamen sensisse. Nam cum metus habeat in se ignorantiam, merito quis non adstringitur ut designet, quis ei metum vel vim adhibuit: et ideo ad hoc tantum actor adstringitur, ut doceat metum in causa fuisse, ut alicui acceptam pecuniam faceret vel rem traderet vel quid aliud faceret. Nec cuiquam iniquum videtur ex alieno facto alium in quadruplum condemnari, quia non statim quadrupli est actio, sed si res non restituatur.*

§3. En esta acción no se discute si el demandado u otra persona provocaron la intimidación, porque basta probar que se provocó intimidación o violencia a alguien y que por ello el demandado experimentó una ganancia aunque no tenga culpa, pues como la intimidación conlleva en sí misma ignorancia, con razón nadie está obligado a designar quién le provocó intimidación o violencia; por ello el actor está obligado únicamente a probar que la intimidación fue la causa de que diese por recibido de alguien el dinero, de que entregase algo o de que hiciese alguna otra cosa. Y a nadie debe parecerle injusto que por el acto de uno otro sea

§4. *Haec autem actio cum arbitraria sit, habet reus licentiam usque ad sententiam ab arbitrio datam restitutionem, secundum quod supra diximus, rei facere: quod si non fecerit, iure meritoque quadruple condemnationem patietur.*

§5. *Aliquando tamen et si metus adhibitus proponatur, arbitrium absolutionem adfert. Quid enim si metum quidem Titius adhibuit me non conscio, res autem ad me pervenit, et haec in rebus humanis non est sine dolo malo meo: nonne iudicis officio absolvar? Aut si servus in fuga est, aeque, si cavero iudicis officio me, si in meam potestatem pervenerit, restituturum, absolvi debebo. Unde quidam putant bona fide emptorem ab eo qui vim intulit comparantem non teneri nec eum qui dono accepit vel cui res legata est. sed rectissime Viviano videtur etiam hos teneri, ne metus, quem passus sum, mihi captiosus sit. Pedius quoque libro octavo scribit arbitrium iudicis in restituenda re tale esse, ut eum quidem qui vim admisit iubeat restituere, etiamsi ad alium res pervenit, eum autem ad quem pervenit, etiamsi alius metum fecit: nam in alterius praemium verti alienum metum non oportet.*

condenado al cuádruplo, porque la acción por el cuádruplo no procede inmediatamente, sino cuando no se restituye la cosa.

§4. Pero como esta acción es arbitraria, el demandado tiene la facultad de restituir la cosa hasta que el árbitro pronuncie sentencia, según lo expuesto anteriormente; pero si no lo hubiere hecho, con derecho y fundadamente sufrirá la condena del cuádruplo.

§5. Sin embargo, algunas veces, aunque se alegue que hubo intimidación, la sentencia arbitral absuelve al demandado. Porque ¿qué sucederá si Ticio causó realmente intimidación ignorándolo yo, pero la cosa llegó a mi poder y ya no existe sin haber mediado dolo malo mío? ¿Acaso no seré absuelto por ministerio del juez? O si el esclavo se fugó, igualmente deberé ser absuelto si ante el juez diere caución de que lo restituiré si volviere a mi poder. Por ello algunos consideran que no queda obligado por este edicto el comprador de buena fe que adquirió una cosa del que ejerció la violencia, ni tampoco quien la recibió por causa de donación o de legado. Pero Viviano opina muy acertadamente que también estos quedan obligados para que no me perjudique la intimidación que padecí. También escribe Pedio en su libro octavo de los comentarios al edicto que la resolución del juez sobre la restitución de la cosa sea tal que disponga que la restituya quien efectivamente empleó la violencia, aunque la cosa haya pasado a otro, y aquel a cuyo poder fue, aunque otro haya causado la intimidación, porque la intimidación causada por uno no debe convertirse en utilidad de otro.

*§6. Labeo ait, si quis per metum reus sit constitutus et fideiussorem volentem dederit, et ipse et fideiussor liberator: si solus fideiussor metu accessit, non etiam reus, solus fideiussor liberabitur.*

§6. Dice Labeón: si alguno se constituyó deudor por razón de la intimidación y hubiere dado como fiador a quien quiso serlo, tanto el deudor como el fiador quedan liberados por la excepción; si sólo el fiador lo fue por intimidación sólo el fiador quedará libre, no el deudor.

*§7. Quadruplatur autem id quanti ea res erit, id est cum fructibus et omni causa.*

§7. Se cuadruplica cuanto la cosa valiere, es decir, incluidos los frutos y todas las demás accesiones.

*§8. Si quis per vim sisti promittendo postea fideiussorem adhibeat, is quoque liberatur.*

§8. Si alguien prometió presentarse por razón de violencia a juicio y después dio un fiador, éste también queda libre.

*§9. Sed et si quis per vim stipulatus cum acceptum non faceret, fuerit in quadruplum condemnatus, ex stipulatu eum agentem adversus exceptionem replication adiuvari Iulianus putat, cum in quadruple et simplum sit reus consecutus. Labeo autem etiam post quadrupli actionem nihilo minus exceptione summovendum eum, qui vim intulit, dicebat: quod cum durum videbatur, ita temperandum est, ut tam tripli condemnatione plectatur, quam acceptilationem omnimodo facere compellatur.*

§9. Pero si habiendo alguno estipulado de otro por violencia, y no queriendo canelar la deuda por aceptilación hubiere sido condenado por el cuádruplo, opina Juliano que al demandar él en virtud de lo estipulado debe auxiliársele con la réplica contra la excepción del promitente, ya que el demandado, al haber recibido el cuádruplo, obtiene también el importe simple de lo estipulado que no llegó a pagar. Mas Labeón decía que aun después de ejercitar la acción por el cuádruplo, quien empleó la violencia debía ser

*§10. Quatenus autem diximus quadruplum simplum inesse, sic hoc disponendum est, ut in condemnatione quadrupli res quidem omnimodo contineatur et eius restitution fiat, poenae autem usque ad triplum stetur.*

*§11. Quid si homo sine dolo malo et culpa eius, qui vim intulit et condemnatus est, periit? In hoc casu a rei condemnatione ideo relaxabitur, si intra tempore iudicati actionis moriatur, quia tripli poena propter facinus satisfacere cogitur. Pro eo autem, qui in fuga esse dicitur, cautio ab eo ex torquenda est, quatenus et persequatur et omnimodo eum restituat: et nihilo minus in rem vel ad exhibendum vel si qua alia ei competit actio ad eum recipiendum integra ei qui vim passus est servabitur, ita ut, si dominus eum quoquo modo receperit, is qui ex stipulatione convenitur exceptione tutus fiat. Haec si post condemnationem: si autem ante sententiam homo sine dolo malo et culpa mortuus fuerit, tenebitur, et hoc fit his verbis edicti 'neque ea res arbitrio iudicis restituetur'. Ergo si in fuga sit servus sine dolo malo et culpa eius cum quo agetur, cavendum est per*

repelido por la excepción; esto, pareciendo excesivamente duro, ha de moderarse de forma tal que quien coacciona sea condenado a pagar el triple, y se le obligue a hacer aceptilación de toda la deuda.

§10. Pero como ya hemos dicho que en el cuádruplo se comprende el importe simple, esto se ha de entender de modo que en la condena del cuádruplo se contenga ciertamente contenido el valor de la cosa, y se obtenga su restitución pero para que la pena llegue hasta el triple.

§11. ¿Qué se dirá si el esclavo murió sin dolo ni culpa del que empleó la violencia y por ello fue condenado? En este caso quedará relevado de la condena en cuanto al importe del esclavo si éste muriese dentro del plazo de la acción de lo juzgado, porque por el delito cometido se obliga a satisfacer la pena del triple. Pero si el esclavo se fugó, ha de exigirse caución tanto de que lo perseguirá como de que sin duda lo restituirá; no obstante ello, se reservará íntegra al que padeció la violencia la acción real, la exhibitoria u cualquier otra que le competa para recobrarl el esclavo; de suerte que si el dueño lo hubiere recobrado de algún modo, el que es demandado en virtud de la estipulación queda protegido con la excepción. Esto si fuere después de la condena, pero si antes de la sentencia el esclavo hubiere muerto sin dolo ni culpa de quien ejerció

*iudicem, ut eum servum persecutus reddat. Sed et si non culpa ab eo quocum agitur aberit, si tamen peritura res non fuit, si metum non adhibuisset, tenebitur reus: sicut in interdicto unde vi vel quod vi aut clam observatur. Itaque interdum hominis mortui pretium recipit, qui eum venditurus fuit, si vim passus non esset.*

violencia, quedará obligado éste último. Y se hace esto en atención a las palabras del edicto: 'si no restituyere la cosa por la sentencia arbitral del juez'. Por ende, si el esclavo se fugase sin dolo ni culpa del demandado, debe dar caución por medio del juez de que habiendo recobrado al esclavo lo devolverá. Pero si el esclavo estuviera fuera del poder del demandado, sin culpa de éste, y el esclavo no hubiera perecido si él no hubiese ejercido violencia, quedará obligado el demandado, como se observa en el interdicto *unde vi* (de donde por la violencia) o *quod vi aut clam* (por lo que con violencia o a ocultas). Y así, el dueño que debiera haber vendido el esclavo muerto a veces recibe el valor de éste si no hubiese padecido la violencia.

*§12. Qui vim intulit, cum possessione a me sit consecutus, fur non est: quamvis qui rapuit, fur improbior esse videatur, ut Iuliano placet.*

§12. Quien ejerció violencia para conseguir de mí la posesión no es ladrón, por más que quien arrebató con violencia se considere que comete un robo agravado, según lo aprueba Juliano.

*§13. Eum qui metum fecit et de dolo teneri certum est, et ita Pomponius, et consumi alteram actionem per alteram exceptione in factum opposita.*

§13. Es cierto que quien provocó intimdación está también obligado por la acción de dolo, y así lo cree Pomponio; y que una acción extingue a la otra mediante una excepción por el hecho.

*§14. Iulianus ait quod interest quadruplari solum, et ideo eum, qui ex causa fideicommissi quadraginta debebat, si trecenta promiserit per vim et solverit, ducentorum sexaginta quadruplum consecuturum: in his*

§14. Juliano dice que sólo se cuadruplica lo que interesa al coaccionado, y por tanto si quien debía cuarenta mil sestercios por razón de fideicomiso hubiere prometido y pagado por violencia

*enim cum effectu vim passus est.*

trescientos mil, deberá obtener el cuádruplo de doscientos sesenta mil, porque padeció efectivamente la intimidación de esa cantidad.

§15. *Secundum haec si plures metum adhibuerint et unus fuerit conventus, si quidem sponte rem ante sententiam restituerit, omnes liberati sunt: sed etsi id non fecerit, sed ex sententia quadruplum restituerit, verius est etiam sic peremi adversus ceteros metus causa actionem.*

§15. Según esto, si muchos sujetos hubieren ejercido intimidación y uno solo hubiere sido demandado, restituyendo espontáneamente la cosa antes de la sentencia, todos quedarán liberados. Pero aunque no hubiere hecho esto, si en virtud de la sentencia hubiere restituido el cuádruplo, es más cierto que también así se extingue contra los demás la acción por causa de intimidación.

**15**. *PAULUS libro undecimo ad edictum. Aut in id dabitur adversus ceteros actio, quod minus ab illo exactum sit.*

**15**. PAULO *en el libro décimo primero de los comentarios al edicto.* También se dará contra los demás la acción por lo que se haya exigido de menos al demandado.

**16**. *ULPIANUS libro undecimo ad edictum. Quod diximus sip lures metum admiserunt, idem dicendum erit et si ad alium res pervenit, alter metum adhibuit.*

**16**. ULPIANO *en el libro décimo primero de los comentarios al edicto.* Lo que hemos dicho para el caso en que muchos ejercieren intimidación habrá de decirse también para el caso que uno reciba el bien y otro cause la intimidación.

§1. *Sed si servi metum adhibuerint, noxalis quidem actio ipsorum nomine erit, poterit autem quis dominum ad quem res pervenerit convenire: qui conventus sive rem sive secundum quod iam dictum est quadruplum praestiterit, proderit et servis. Si vero noxali conventus maluerit noxae dedere, nihilo minus ipse poterit conveniri, si ad eum res pervenit.*

§1. Pero si los esclavos hubieren provocado la intimidación, ciertamente se dará contra los mismos la acción noxal, pero cualquiera podrá demandar al dueño de ellos que obtuvo provecho por la coacción; demandado éste, ya sea que restituya la cosa, ya sea que pague el cuádruplo, según lo ya dicho

previamente, favorecerá también a los esclavos y no habrá acción noxal. Pero si el dueño es demandado por la acción noxal y hubiere preferido entregar los esclavos en lugar de pagar el daño, no obstante ello podrá ser demandado el dueño con la acción por la intimidación si la cosa llegó a su poder.

*§2. Haec actio heredi ceterisque successoribus datur, quoniam rei habet persecutionem. In heredem autem et ceteros in id, quod pervenit ad eos, datur non inmerito: licet enim poena ad heredem non transeat, attamen quod turpiter vel scelere quaesitum est, ut est et rescriptum, ad compendium heredis non debet pertinere.*

§2. Esta acción se concede al heredero y demás sucesores, porque contiene la reclamación de la cosa. Mas no sin razón se concede contra el heredero y los demás según lo que adquirió, porque aunque la pena no pase al heredero, sin embargo lo que se adquirió inmoralmente o por razón de delito no debe redundar en beneficio del heredero, según consta también por respuesta escrita.

*17. PAULUS libro primo quaestionum. Videamus ergo, si heres, ad quem aliquid pervenerit, consumpserit id quod pervenit, an desinat teneri, an vero sufficit semel pervenisse? Et, si consumpto eo decesserit, utrum adversus heredem eius omnimodo competit actio, quoniam hereditariam suscepit obligationem, an non sit danda, quoniam ad secundum heredem nihil pervenit? Et melius est omnimodo competere in heredem heredis actionem: sufficit enim semel pervenisse ad proximum heredem, et perpetua action esse coepit: alioquin*

17. PAULO *en el libro primero de las cuestiones.* Veamos ahora este caso: si el heredero hubiere consumido alguna cosa que llegó a su poder obtenida por coacción, ¿deja de estar obligado o basta que haya llegado a su poder el bien? Y si tras consumirla hubiere fallecido, ¿procede de todos modos la acción contra su heredero por haber tomado a su cargo la obligación de la herencia, o no debe concederse porque nada llegó a poder del segundo heredero? Y es mejor que proceda la acción contra el heredero del heredero, porque basta que la cosa haya llegado una vez a

*dicendum erit nec ipsum, qui consumpsit quod ad eum pervenit, teneri.*

poder del primer heredero y que la acción comience a ser perpetua; de lo contrario, habrá de decirse que ni siquiera está obligado el mismo heredero que consumió lo que llegó a su poder.

**18.** *IULIANUS libro sexagensimo quarto digestorum. Si ipsa res, quae ad alium pervenit, interiit, non esse locupletiorem dicemus: sin vero in pecuniam aliamve rem conversa sit, nihil amplius quaerendum est, quis exitus sit, sed omnimodo locuples factus videtur, licet postea deperdat. Nam et imperator Titus Antoninus Claudio Frontino de pretiis rerum hereditariarum rescripsit ob id ipsum peti ab eo hereditatem posse, quia licet res quae in hereditate fuerant apud eum non sint, tamen pretium earum quo, locupletem eum vel saepius mutata specie faciendo, perinde obligat, ac si corpora ipsa in eadem specie mansissent.*

**18.** JULIANO *en el libro sexagésimo cuarto del digesto.* Si pereció la cosa misma que llegó a poder de otro no diremos que este es más rico, pero si fue convertida en dinero o en otra cosa no ha de preguntarse ya más cómo pereció, sino que de todos modos se entiende que se ha enriquecido, aunque después la pierda. Porque también el emperador Tito Antonino respondió por escrito a Claudio Frontino respecto a los precios de las cosas hereditarias, que se le puede reclamar la herencia, porque aunque las cosas que habían sido de la herencia ya no estén en su poder, sin embargo, al enriquecerse con el precio de ellas por haber las vendido, o como sucede frecuentemente, al transformarse en otra cosa se obliga de igual manera que si las mismas cosas hubieren quedado como estaban.

**19.** *GAIUS libro quarto ad edictum provinciale. Quod autem in heredem eatenus pollicetur actionem proconsul, quatenus ad eum pervenerit, intellegendum est ad perpetuo dandam actionem pertinere.*

**19.** GAYO *en el libro cuarto de los comentarios al edicto provincial.* La promesa del procónsul de conceder acción contra el heredero por cuanto hubiere llegado a su poder, ha de entenderse como que concede la acción perpetua.

**20.** ULPIANUS *libro undecimo ad edictum. Quantum autem ad heredem pervenerit, litis contestatae tempore spectabitur, si modo certum sit aliquid pervenisse. Idem et si ipsius qui vim intulit sic in corpus patrimonii pervenit aliquid, ut certum sit ad heredem perventurum, id est si debitor liberatus est.*

**20.** ULPIANO *en el libro décimo primero de los comentarios al edicto.* Al momento de contestar la demanda deberá estimarse cuánto llegó a poder del heredero, si fuera cierto que algo llegó a su poder. Lo mismo se dirá si alguna cosa entró en la masa del patrimonio de quien ejerció violencia y de ese modo haya de ir a poder del heredero, es decir, si el deudor fue declarado libre debido a la violencia ejercida.

**21.** PAULUS *libro undecimo ad edictum. Si mulier contra patronum suum ingrata facta sciens se ingratam, cum de suo statu periclitabatur, aliquid patrono dederit vel promiserit, ne in servitutem redigatur: cessat edictum, quia hunc sibi metum ipsa infert.*

**21.** PAULO *en el libro décimo primero de los comentarios al edicto.* Si una liberta que fue ingrata con su patrón, sabiendo que había incurrido en la ingratitud, hubiere dado o prometido algo al patrón porque peligraba su condición de liberta y podría verse reducida nuevamente a la esclavitud, no tiene aplicación el edicto porque ella misma se infunde este miedo.

*§1. Quod metus causa gestum erit, nullo tempore praetor ratum habebit.*

§1. El pretor nunca tendrá por válido lo que se hubiere hecho por causa de intimidar.

*§2. Qui possessionem non sui fundi tradidit, non quanti fundus, sed quanti possessio est, eius quadruplum vel simplum cum fructibus consequetur: aestimatur enim quod restitui oportet, id est quod abest: abest autem nuda possessio cum suis fructibus. Quod et Pomponius*

§2. Quien entregó por medio de coacción la posesión de un fundo que no era suyo obtendrá el cuádruplo o el importe simple con los frutos, no del valor del fundo, sino de la posesión, porque se estima lo que debe restituirse, es decir, lo que falta; y falta la nuda posesión con sus frutos. Esto también lo opina Pomponio.

*§3. Si dos metu promissa sit, non puto nasci obligationem, quia est verissimum nec talem promissionem*

§3. Si se prometió bajo intimidación la dote, no creo que nazca obligación, porque es cierto que tal

*dotis ullam esse.*

*§4. Si metu coactus sim ab emptione locatione discedere, videndum est, an nihil sit acti et antiqua obligation remaneat, an hoc simile sit acceptilationi, quia nulla ex bonae fidei obligatione possimus niti, cum finita sit dum amittitur: et magis est ut similis species acceptilationis sit, et ideo praetoria action nascitur.*

*§5. Si metu coactus adii hereditatem, puto me heredem effici, quia quamvis si liberum esset noluissem, tamen coactus volui: sed per praetorem restituendus sum, ut abstinendi mihi potestas tribuatur.*

*§6. Si coactus hereditatem repudiem, duplici via praetor mihi succurrit aut utiles actiones quasi heredi dando aut actionem metus causa praestando, ut quam viam ego elegerim, haec mihi pateat.*

**22.** *PAULUS* libro primo *sententiarum. Qui in carcerem quem detrusit, ut aliquid ei extorqueret, quidquid ob hanc causam factum est, nullius momenti est.*

**23.** *ULPIANUS* libro quarto

promesa es nula.

§4. Si por intimidación yo hubiere sido obligado a desistirme de una compra o de un arrendamiento, ha de verse si este acto es nulo y subsiste la antigua obligación o si tal desistimiento se asemeja a la aceptilación, porque no podemos apoyarnos en una obligación de buena fe nacida del contrato, ya que se extingue dicha obligación al desistirse. Y es mejor que se considere como una aceptilación, y por ello nace acción pretoria.

§5. Si por coacción acepté una herencia opino que me hago heredero, porque aunque yo no hubiera querido aceptar si hubiere tenido libertad, quise aceptarla aunque coaccionado; pero debo ser restituido por el pretor para que se me conceda la facultad de abstenerme.

§6. Si coaccionado repudiara una herencia, el pretor me auxilia por dos medios: dándome las acciones útiles como si fuera un heredero o concediéndome la acción por causa de intimidación, para que me quede expedita la vía que eligiera.

22. PAULO en el libro primero de las sentencias. Si alguien metió a otro en la cárcel para arrancarle alguna cosa por la fuerza, todo lo hecho por esta causa carece de valor.

23. ULPIANO en el libro quinto de las opiniones. No es verosímil que

*opinionum. Non est verisimile compulsum in urbe inique indebitum solvisse eum, qui claram dignitatem se habere praetendebat, cum potuerit ius publicum invocare et adire aliquem potestate praeditum, qui utique vim eum pati prohibuisset: sed huiusmodi praesumptioni debet apertissimas probationes violentiae opponere.*

*§1. Si iusto metu perterritus cognitionem, ad quam ut vinctus iret, potens adversarius minabatur, id quod habere licebat compulsus vendidit, res suae aequitati per praesidem provinciae restituitur.*

*§2. Si faenerator inciviliter custodiendo athletam et a certaminibus prohibendo cavere compulerit ultra quantitatem debitae pecuniae, his probatis competens iudex rem suae aequitati restitui decernat.*

*§3. Si quis, quod adversario non debebat, delegante eo per vim, apparitione praesidis interveniente, sine notione iudicis, coactus est dare, iudex inciviliter extorta restitui ab eo, qui rei damnum praestiterit, iubeat. Quod si debitis satisfecit simplici iussione et non cognitione habita, quamvis non extra ordinem exactionem fieri, sed civiliter oportuit, tamen quae solutioni debitarum ab eo quantitatium profecerunt, revocare*

quien ostentaba una dignidad ilustre haya sido forzado injustamente a pagar lo que no debía en la ciudad, porque habría podido invocar el derecho público y acudir a cualquiera investido de potestad, quien ciertamente habría impedido que padeciese la violencia; pero contra semejante presunción debe oponer evidentes pruebas de la violencia sufrida.

§1. Si ante la vista de un juicio al que un poderoso adversario le amenazaba con prisión, alguien, amedrentado con miedo fundado, vendió a la fuerza lo que le era lícito tener, el gobernador de la provincia restituirá íntegramente la cosa a su justo derecho.

§2. Si un usurero, deteniendo ilegalmente a un atleta e impidiéndole asistir a las luchas, le hubiere obligado a garantizar por escrito una cantidad mayor a la debida, probado que esto sea, el juez competente determinará que se restituya íntegramente la cosa a su justo derecho.

§3. Si alguien, apremiado por la violencia del adversario, con intervención del alguacil del gobernador pero sin conocimiento del juez, hubiere sido coaccionado a dar lo que no le debía, el juez mandará que quien hubiere dañado la cosa restituya lo injustamente obtenido por la fuerza. Pero si pagó lo que debía, por simple mandato, y sin haber mediado conocimiento de causa, aunque no debió hacerse el

*incivile est.*

apremio por vía extraordinaria, sino conforme a derecho, sin embargo, es contrario a derecho revocar lo que sirvió para pago de las cantidades debidas por él.

## TITULUS III
## DE DOLO MALO

## TÍTULO III
## DEL DOLO MALO

**1.** *ULPIANUS libro undecimo ad edictum. Hoc edicto praetor adversus varios et dolosos, qui aliis offuerunt calliditate quadam, subvenit, ne vel aliis malitia sua sit lucrosa vel istis simplicitas damnosa.*

**1.** ULPIANO *en el libro décimo primero de los comentarios al edicto.* El pretor buscó defender con este edicto contra los astutos y dolosos que con astuta malicia perjudicaron a otros, para que ni a los primeros les sea lucrativa su malicia ni a éstos perjudicial su ingenuidad.

*§1. Verba autem edicti talia sunt: 'quae dolo malo facta esse dicentur, si de his rebus alia actio non erit et iusta causa videbitur, iudicium dabo'.*

§1. Estas son las palabras del edicto: 'concederé acción por lo que se dijere hecho con dolo malo, si sobre tales casos no hubiere otra acción y pareciere que hay justa causa'.

*§2. Dolum malum Servius quidem ita definiit machinationem quandam alterius decipiendi causa, cum aliud simulatur et aliud agitur. Labeo autem posse et sine simulatione id agi, aliud simulari, sicuti faciunt, qui per eiusmodi dissimulationem deserviant et tuentur vel sua vel aliena: itaque ipse sic definiit dolum malum esse omnem calliditatem fallaciam machinationem ad circumveniendum fallendum decipiendum alterum adhibitam.*

§2. Servio definió así el dolo malo: cierta maquinación para engañar a otro, cuando se simula una cosa y se hace otra. Aunque Labeón dice que también puede obrarse sin simulación y engañar a alguien, así como puede hacerse sin dolo malo una cosa y simularse otra, como hacen los que con esta clase de simulación cuidan y defienden sus propios intereses o los ajenos. Y por ello así lo definió Labeón: dolo malo es toda malicia, engaño o maquinación empleada para sorprender, engañar o defraudar a

*§3. Labeonis definitio vera est. Non fuit autem contentus praetor dolum dicere, sed adiecit malum, quoniam veteres dolum etiam bonum dicebant et pro sollertia hoc nomen accipiebant, maxime si adversus hostem latronemve quis machinetur.*

*§4. Ait praetor: 'si de his rebus alia actio non erit'. Merito praetor ita demum hanc actionem pollicetur, si alia non sit, quoniam famosa action non temere debuit a praetore decerni, si sit civilis vel honoraria, qua possit experiri: usque adeo, ut et Pedius libro octavo scribit, etiamsi interdictum sit quo quis experiri, vel exceptio qua se tueri possit, cessare hoc edictum. Idem et Pomponius libro vicensimo octavo, et adicit: et si stipulatione tutus sit quis, eum actionem de dolo habere non posse, ut puta si de dolo stipulatum sit.*

*§5. Idem Pomponius ait et si actionem in nos dari non oporteat, veluti si stipulatio tam turpis dolo malo facta sit, ut nemo daturus sit ex ea actionem, non debere laborare, ut habeam de dolo malo actionem, cum nemo sit adversus me daturus actionem*

otro. La definición de Labeón es verdadera.

§3. Pero el pretor no se contentó con decir "dolo", sino que añadió "malo", porque los antiguos también decían que había dolo bueno, y daban este nombre a la astucia, especialmente si alguien maquinase algo contra el enemigo o un ladrón.

§4. Dice el pretor: 'si sobre tales casos no hubiere otra acción'. Con razón promete el pretor esta acción si no hubiere otra, porque el pretor no debió conceder temerariamente una acción infamante como la de dolo si existe una acción civil o pretoria por la cual pudiera reclamarse; hasta el punto de que Pedio escribe en su libro octavo de los comentarios al edicto que no tiene aplicación este edicto aunque sólo haya un interdicto con el cual poder reclamar o una excepción con la cual defenderse. Lo mismo dice también Pomponio en su libro vigésimo octavo de los comentarios al edicto, y añade que si alguien se asegurase con una estipulación, no puede tener la acción de dolo, como por ejemplo, si se estipuló por el dolo.

§5. El mismo Pomponio dice que cuando no convenga conceder acción contra nosotros, como cuando se hubiere hecho con dolo malo una estipulación tan torpe que nadie haya de dar acción por ella, no debo esforzarme por tener la acción de dolo malo, porque nadie

*§6. Idem Pomponius refert Labeonem existimare, etiam si quis in integrum restitui possit, non debere ei hanc actionem competere: et si alia actio tempore finita sit, hanc competere non debere, sibi imputaturo eo qui agere supersedit: nisi in hoc quoque dolus malus admissus sit ut tempus exiret.*

§6. Según el mismo Pomponio refiere, Labeón opina que si alguien puede ser restituido íntegramente, tampoco debe concedérsele esta acción; y que si la otra acción se hubiere extinguido por el paso del tiempo tampoco debe concedérsele la acción de dolo, pues fue su voluntad dejar de ejercitarla, a no ser que también se haya empleado dolo malo para que pasase el tiempo de la prescripción.

*§7. Si quis cum actionem civilem haberet vel honorariam, in stipulatum deductam acceptilatione vel alio modo sustulerit, de dolo experiri non poterit, quoniam habuit aliam actionem: nisi in amittenda actione dolum dolum malum passus est.*

§7. Si teniendo alguien una acción civil u honoraria la hubiere extinguido por la aceptilación previa novación estipulatoria, o por cualquier otro modo, no podrá reclamar por la acción de dolo malo, pues tuvo otra acción, a menos que haya padecido dolo malo al perder la acción.

*§8. Non solum autem si adversus eum sit alia actio, adversus quem de dolo quaeritur,*

§8. Pero no sólo si hubiera otra acción contra aquel a quien se demanda por la de dolo,

*2. PAULUS libro undecimo ad edictum. ... vela b eo res servari poterit,*

2. PAULO en el libro décimo primero de los comentarios al edicto. ... o si de él se pudiere obtener la cosa,

*3. ULPIANUS libro undecimo ad edictum. ...non habet hoc edictum locum, verum etiamsi adversus alium...*

3. ULPIANO en el libro décimo primero de los comentarios al edicto. ... no tendrá lugar ete edicto, sino tampoco si contra otro...

*4. PAULUS libro undecimo ad edictum. ... sit action vel si ab alio res mihi servari potest.*

4. PAULO en el libro décimo primero de los comentarios al edicto. ... hubiera acción, o si de otro puede obtenerse para mi la cosa.

**5.** *ULPIANUS libro undecimo ad edictum. Ideoque si quis pupillus a Titio, tutore auctore concludente, circumscriptus sit, non debere eum de dolo actionem adversus Tititum habere, cum habeat tutelae actionem, per quam consequatur quod sua intersit. Plane si tutor solvendo non sit, dicendum erit de dolo actionem dari ei.*

**5.** ULPIANO *en el libro décimo primero de los comentarios al edicto.* Por tanto, si algún pupilo hubiere sido engañado por Ticio con la intervención y la complicidad de su tutor, el pupilo no debe tener la acción de dolo contra Ticio, porque tiene la acción de tutela para conseguir con ella lo que le conviene. Pero si el tutor no fuera solvente, ha de decirse que se le concede la acción de dolo.

**6.** *GAIUS libro quarto ad edictum provinciale. Nam is nullam videtur actionem habere, cui propter inopiam adversarii inanis action est.*

**6.** GAYO *en el libro cuarto de los comentarios al edicto provincial.* Porque se estima que no tiene acción alguna aquel para quien la acción es inútil por la indigencia de su adversario.

**7.** *ULPIANUS libro undecimo ad edictum. Et eleganter Pomponius haec verba 'si alia action non sit' sic excipit, quasi res alio modo ei ad quem ea res pertinet salva esse non poterit. Nec videtur huic sententiae adversari, quod Iulianus libro quarto scribit, si minor annis viginti quinque consilio servi circumscriptus eum vendidit cum peculio emptorque eum manumisit, dandam in manumissum de dolo actionem (hoc enim sic accipimus carere dolo emptorem, ut ex empto teneri non possit) aut nullam esse venditionem, si in hoc ipso ut venderet circumscriptus est. Et quod minor proponitur, non inducit in integrum restitutionem: nam adversus manumissum nulla in integrum*

**7.** ULPIANO *en el libro décimo primero de los comentarios al edicto.* Pomponio interpreta elegantemente estas palabras, 'si no hubiere otra acción', de esta manera: si no pudiere conservar de otro modo la cosa aquel a quien pertenece. Y no parece que oponerse esta opinión a lo que escribe Juliano en su libro cuarto del digesto, que si un menor de veinticinco años engañado por el consejo de su esclavo lo hubiere vendido junto con su peculio, y el comprador lo hubiere manumitido, deberá darse contra el manumitido la acción de dolo (porque esto lo entendemos así, que no hay dolo en el comprador, de modo que no pueda quedar obligado por la compra) o es nula la venta si fue

*restitution potest locum habere.*

engañado precisamente para que el menor vendiera. Y el que sea un menor no trae como consecuencia la restitución íntegra; porque contra un manumitido no puede tener lugar ninguna restitución íntegra.

*§1. Secundum quae et si poenali actione indemnitati eius consuli possit, dicendum erit cessare de dolo actionem.*

§1. Según esto, aunque sea una acción penal la que pueda servir para indemnizar se habrá de decir que cesa la acción de dolo.

*§2. Pomponius autem, etiamsi popularis actio sit, cessare de dolo ait actionem.*

§2. Pomponio añade que aunque la acción sea popular cesa la acción de dolo.

*§3. Non solum autem si alia actio non sit, sed et si dubitetur an alia sit, putat Labeo de dolo dandam actionem et adfert talem speciem. Qui servum mihi debebat vel ex venditione vel ex stipulatu, venenum ei dedit et sic eum tradidit: vel fundum, et dum tradit, imposuit ei servitutem vel aedificia diruit, arbores excidit vel extirpavit: ait Labeo, sive cavit de dolo sive non, dandam in eum de dolo actionem, quoniam si cavit, dubium est, an competat ex stipulate action. Sed est verius, si quidem de dolo cautum est, cessare actionem de dolo, quoniam est ex stipulatu actio: si non est cautum, in ex empto quidem actione cessat de dolo actio, quoniam est ex empto, in ex stipulatu de dolo actio necessaria est.*

§3. Labeón opina que ha de darse la acción de dolo malo no sólo si no hubiera otra acción, sino también de si se dudara que la haya. Pone este ejemplo: quien me debía un esclavo por venta o por estipulación le dio un veneno y me lo entregó así; o me debía un fundo y mientras me lo entregaba le impuso una servidumbre o derribó los edificios, o cortó o arrancó los árboles; dice Labeón que tanto si dio caución de dolo como si no la dio, ha de otorgarse contra él la acción de dolo, porque si dio caución es dudoso que proceda acción por lo estipulado. Pero es más verdadero que si se dio caución de dolo cesa la acción de dolo, porque hay la acción por lo estipulado; si no se dio caución, cesa ciertamente la acción de dolo en la acción de compra, porque hay la de compra; en la de lo estipulado es necesaria la acción de dolo.

*§4. Si servum usuarium proprietarius occidit, legis Aquiliae actioni et ad*

§4. Si el propietario mató al esclavo cuyo uso pertenecía a otro queda

*exhibendum accedit, si possidens propietarius occidit, ideoque cessat de dolo actio.*

§5. *Item si servum legatum heres ante aditam hereditatem occiderit, quoniam priusquam factus sit legatarii, interemptus est, cessat legis Aquiliae actio: de dolo autem action, quocumque tempore eum occiderit, cessat, quia ex testamento actio competit.*

§6. *Si quadrupes tua dolo alterius damnum mihi dederit, quaeritur, an de dolo habeam adversus eum actionem. Et placuit mihi, quod Labeo scribit, si dominus quadrupedis non sit solvendo, dari debere de dolo, quamvis, si noxae deditio sit secuta, non puto dandam nec in di quod excedit.*

§7. *Idem Labeo quaerit, si compeditum servum meum ut fugeret solveris, an de dolo actio danda sit? Et ait Quintus apud eum notans: si non misericordia ductus fecisti, furti teneris: si misericordia, in factum actionem dari debere.*

§8. *Servus pactione pro libertate reum domino dedit ea condicione, ut post libertatem transferatur in eum obligatio: manumissus non patitur in*

sujeto a la acción de la Ley Aquilia y a la de exhibición si lo mató el propietario que lo poseía, cesando por tanto la acción de dolo.

§5. Igualmente, si el heredero hubiere matado antes de aceptar la herencia a un esclavo legado a otro, cesa la acción de la Ley Aquilia porque murió antes de que se hubiera hecho del legatario; pero cualquiera que sea el tiempo en que lo hubiere matado cesa también la acción de dolo, porque procede la acción del testamento.

§6. Si un cuarúpedo tuyo me hubiere causado daño por dolo de un tercero, se pregunta: ¿tendré acaso contra él la acción de dolo? Y me pareció bien lo que escribe Labeón, que si el dueño del cuadrúpedo no fuera solvente debe darse la acción de dolo, aunque si se hubiere entregadp al animal por el perjuicio causado, no considero que haya de darse, ni aun por aquello que excede.

§7. El mismo Labeón pregunta: si hubieres desatado a un esclavo mío que tenía encadenado para que huyese, ¿se dará la acción de dolo? Y dice Quinto Cervidio Escévola en sus notas a Labeón que si no lo hiciste motivado por la misericordia estás obligado por la acción de hurto; pero si medió misericordia debe darse la acción por el hecho.

§8. Un esclavo ofreció a su dueño una persona que se obligaba con pacto a cambio de su libertad, con la condición de una vez

se obligationem transferri. *Pomponius scribit locum habere de dolo actionem. Sed si per patronum stabit, quo minus obligatio transferatur, dicendum ait patronum exceptione a reo summovendum. Ego moveor: quemadmodum de dolo actio dabitur, cum sit alia actio? Nisi forte quis dicat, quoniam exceptione patronus summoveri potest, si agat cum reo, debere dici, quasi nulla actio sit quae exceptione repellitur, de dolo decernendam: atquin patronus tunc summovetur, si nolit expromissorem ipsum manumissum accipere. Expromissori plane adversus manumissum dari debebit de dolo: aut si non sit solvendo expromissor, domino dabitur.*

§9. *Si dolo malo procurator passus sit vincere adversarium meum, ut absolveretur, an de dolo mihi actio adversus eum qui vincit competat, potest quaeri. Et puto non competere, si paratus sit reus transferre iudicium sub exceptione hac 'si collusum est': alioquin de dolo actio erit danda, scilicet si cum procuratore agi non possit, quia non esset solvendo.*

manumitido él asumiría la obligación; ya manumitido, no quiso asumir la obligación. Pomponio dice que procede la acción de dolo; pero si dependiere del patrón que la obligación no se transfiera, añade que ha de decirse que el patrón será rechazado con excepción por el deudor demandado. Yo pregunto: ¿cómo se dará la acción de dolo habiendo otra acción? A no ser que diga alguien que como el patrón puede ser rechazado con excepción si demandara al deudor, debe afirmarse que, siendo nula la acción que es rechazada con excepción, ha de concederse la de dolo. Mas como el patrón es entonces rechazado cuando no quiere aceptar como obligado por novación al esclavo manumitido, deberá ciertamente darse al que al que se hizo deudor por novación la acción de dolo contra el esclavo manumitido, o si el deudor no fuere solvente se le concederá al dueño.

§9. Si mi procurador hubiere permitido con dolo malo que mi adversario venciese el juicio para quedar absuelto, ¿me compete la acción de dolo contra el que venció? Y opino que no, si el demandado estuviere dispuesto a transferir el juicio con esta excepción: 'si hubo colusión entre el procurador y el adveresario'; de lo contrario, sí deberá concederse la acción de dolo, siempre que no pudiera demandarse al procurador

§10. *Idem Pomponius refert Caecidianum praetorem non dedisse de dolo actionem adversus eum, qui adfirmaverat idoneum esse eum, cui mutua pecunia dabatur, quod verum est: nam nisi ex magna et evidente calliditate non debet de dolo actio dari.*

§10. El mismo Pomponio comenta que el pretor Cecidiano no concedió la acción de dolo contra uno que había afirmado que la persona a quien se daba el dinero prestado era solvente. Lo cual es verdad, porque la acción de dolo no debe concederse sino ante un engaño grande y evidente.

8. *GAIUS libro cuarto ad edictum provinciale. Quod si cum scires eum facultatibus labi, tui lucre gratia adfirmasti mihi idoneum esse, merito adversus te, cum mei decipiendi gratia alium falso laudasti, de dolo iudicium dandum est.*

8. GAYO *en el libro cuarto de los comentarios al edicto provincial.* Pero si sabiendo tú que él carecía de bienes afirmaste que era solvente con ánimo de lucro tuyo, con razón ha de darse contra ti la acción de dolo porque recomendaste falsamente a otro para engañarme.

9. *ULPIANUS libro undécimo ad edictum. Si quis adfirmavit minimam esse hereditatem et ita eam ab herede emit, non est de dolo actio, cum ex vendito sufficiat.*

9. ULPIANO *en el libro décimo primero de los comentarios al edicto.* Si alguien afirmó que una herencia era de escaso valor y así se la compró al heredero, no hay acción de dolo porque basta la de venta.

§1. *Su autem mihi persuasseris, ut repudiem hereditatem, quasi minus solvendo sit, vel ut optem servum, quasi melio eo in familia non sit: dico de dolo dandam, si callide hoc feceris.*

§1. Pero si me hubieres persuadido para que repudiase la herencia, como si esta fuera insolvente, o que optase por un determinado esclavo, como si no hubiere otro mejor que él entre los bienes de la herencia, digo que ha de concederse la acción de dolo si lo hubieres hecho maliciosamente.

§2. *Item si tabulae testamenti, ne de inofficioso diceretur, diu suppressae sint, mox mortuo filio prolatae, heredis filii adversus eos qui suppresserunt et lege Cornelia et de*

§2. Igualmente, si se hubieren ocultado por largo tiempo las tablillas testamentarias para que no fuese acusado de inoficioso el testamento, y se hubieren exhibido

porque no fuese solvente.

*dolo posse experiri.*

después de muerto el hijo, los herederos del hijo pueden demandar a los que las ocultaron tanto con la acción de la Ley Cornelia sobre falsedades como con la de dolo.

*§3. Labeo libro trigensimo septimo posteriorum scribit, si oleum quasi suum defendat Titius, et tu hoc oleum deposueris apud Seium, ut si hoc venderet et pretium servaret, donec inter vos deiudicetur cuius oleum esset, neque Titius velit iudicium accipere: quoniam neque mandati neque sequestraria Seium convenire potes nondum impleta condicione depositionis, de dolo adversus Titium agendum. Sed Pomponius libro vicensimo séptimo posse cum sequestre praescriptis verbis actione agi, vel si is solvendo non sit, cum Titio de dolo. Quae distinctio vera esse videtur.*

§3. Labeón escribe en el libro trigésimo séptimo de los posteriores que si Ticio recklamase como suyo aceite que fuese tuyo y tú lo hubieres depositado aceite en poder de Seyo, para que éste lo vendiese y guardase el precio hasta que se decidiese de quién de ustedes era el aceite, y Ticio no quisiera aceptar el juicio, ha de ejercitarse contra Ticio la acción de dolo, porque no puedes demandar a Seyo ni con la acción de mandato ni con la secuestraria, por no haberse cumplido aún la condición del depósito. Pero Pomponio dice en su libro vigésimo séptimo de los comentarios al Edicto que puede reclamarse al secuestrario por la acción *praescriptis verbis* (de palabras prescritas), o si éste no fuere solvente, contra Ticio por la de dolo; distinción esta que parece ser cierta.

*§4. Et si servum pigneratum noxae mihi dederis per iudicem et sis absolutus: de dolo teneris, si apparuerit esse eum pigneri datum.*

§4. Si por medio del juez me hubieres dado un esclavo que estaba en prenda por causa de delito y así fueres absuelto de mi reclamación penal, quedarás obligado por la acción de dolo si hubiere resultado que el esclavo había sido dado en prenda.

*§4a. Haec de dolo actio noxalis erit: ideo Labeo quoque libro trigensimo praetoris peregrini scribit de dolo*

§4a. Esta acción de dolo será noxal. Y por ello también escribe Labeón en el libro trigésimo del edicto del

67

*actionem servi nomine interdum de peculio, interdum noxalem dari. Nam si ea res est, in quam dolus commissus est, ex qua de peculio daretur action, et nunc in peculio dandam: sin vero ea sit, ex qua noxalis, hoc quoque noxale futurum.*

*§5. Merito causae cognitionem praetor inseruit: neque enim passim haec action indulgenda est. nam ecce in primis, si modica summa sit,*

**10.** *PAULUS libro undecimo ad edictum. ... id est usque ad duos aureos,*

**11.** *ULPIANUS libro undecimo ad edictum. ... non debet dari.*

*§1. Et quibusdam personis non dabitur, ut puta liberis vel libertis adversus parentes patronosve, cum sit famosa. Sed nec humili adversus eum qui dignitate excellet debet dari: puta plebeio adversus consularem receptae auctoritatis, vel luxurioso atque prodigo aut alias vili adversus hominem vitae emendatoris. Et ita Labeo. Quid ergo est? In horum persona dicendum est in factum verbis temperandam actionem dandam, ut bonae fidei mentio fiat,*

pretor peregrino que se concede la acción de dolo en nombre del esclavo unas veces como acción de peculio y otras como noxal. Porque si el acto en el cual se cometió el dolo es de aquellos por los que se daría la acción de peculio, también en este caso ha de concederse dicha acción; pero si fuere una por la que correspondiese la acción noxal, también la acción habrá de ser noxal.

§5. Con razón añadió el pretor el previo conocimiento de causa, porque no debe concederse esta acción de manera indiscriminada, pues en primer lugar, si la cantidad fuese módica,

**10.** PAULO *en el libro décimo primero al edicto.* ... es decir, hasta de dos áureos,

**11.** ULPIANO *en el libro décimo primero de los comentarios al edicto.* ... no debe concederse la acción.

§1. Por ser infamante, la acción no se concederá a ciertas personas, por ejemplo, a los hijos o a los libertos contra sus ascendientes o patronos. Pero tampoco debe darse al de clase baja contra el que destaca por su dignidad, por ejemplo, al plebeyo contra un consular de autoridad reconocida, o al vicioso, al pródigo o al de otra manera vil de vivir contra hombre de vida más ordenada. Y así opina Labeón. ¿Qué hacer en este caso? De estas personas debe decirse que se concederá la acción por el hecho con palabras moderadas, de modo que en ella se mencione la buena fe,

**12.** *PAULUS libro undecimo ad edictum. ... ne ex dolo suo lucrentur.*

**12.** PAULO *en el libro décimo primero de los comentarios al edicto.* ... para no lucrar con su dolo.

**13.** *ULPIANUS libro undecimo ad edictum. Heredibus tamen harum personarum, item adversus heredes de dolo actio erit danda.*

*§1. Item in causae cognitione versari Labeo ait, ne in pupillum de dolo detur actio, nisi forte nomine hereditario conveniatur. Ego arbitror et ex suo dolo conveniendum, si proximus pubertati est, maxime si locupletior ex hoc factus est.*

**13.** ULPIANO *en el libro décimo primero de los comentarios al edicto.* Se deberá conceder la acción de dolo tanto a los herederos como contra los herederos de estas personas.

§1. Labeón también dice que en el conocimiento de la causa se cuidará el no dar la acción de dolo contra un pupilo, a no ser que sea demandado como heredero. Yo opino que también debe demandársele por su dolo si está próximo a la pubertad, y principalmente si con ello se enriqueció.

**14.** *PAULUS libro undécimo ad edictum. Quid enim, si impetraverit a procuratore petitoris, ut ab eo absolveretur, vel si de tutore mentitus pecuniam acepit, vel alia similia admisit, quae non magnam machinationem exigunt?*

**14.** PAULO *en el libro décimo primero de los comentarios al edicto.* ¿Qué se dirá si el pupilo hubiere conseguido del procurador del demandante que fuese absuelto, o si habiendo mentido respecto del consentimiento de su tutor recibió dinero, o si realizó otra cosa semejante de las que no requieren mucha maquinación?

**15.** *ULPIANUS libro undecimo ad edictum. Sed et ex dolo tutoris, si factus est locupletior, puto in eum dandam actionem, sicut exceptio*

**15.** ULPIANO *en el libro décimo primero de los comentarios al edicto.* Pero si se enriqueció, opino que también ha de concederse contra él acción por el dolo del tutor, como pasa

*datur.*

*§1. Sed an in municipes de dolo detur action, dubitatur. Et puto ex suo quidem dolo non posse dari: quid enim municipes dolo facere possunt? Sed si quid ad eos pervenit ex dolo eorum, qui res eorum administrant, puto dandam. De dolo autem decurionum in ipsos decuriones dabitur de dolo actio.*

*§2. Item si quid ex dolo procuratoris ad dominum pervenit, datum in dominum de dolo actio in quantum ad eum pervenit: nam procurator ex dolo suo procul dubio tenetur.*

*§3. In hac actione designari oportet, cuius dolo factum sit, quamvis in metu non sit necesse.*

**16.** *PAULUS libro undecimo ad edictum. Item exigit praetor, ut comprehendatur, quid dolo malo factum sit: scire enim debet actor, in qua re circumscriptus sit, nec in tanto crimine vagari.*

**17.** *ULPIANUS libro undecimo ad edictum. Si plures dolo fecerint et unus restituerit, omnes liberantur: quod si unus quanti ea res est praestiterit, puto adhuc ceteros liberari.*

con la excepción.

§1. Se duda si puede concederse acción de dolo contra los munícipes. Y considero que ciertamente no puede darse por su dolo, porque ¿cómo pueden actuar con dolo los munícipes? Pero si han obtenido algún lucro por el dolo de los que administran sus bienes, juzgo que sí debe concederse la acción. Sin embargo, por el dolo de los decuriones se dará la acción contra los mismos decuriones.

§2. Igualmente, si por el dolo del procurador el represntado consiguió algún provecho, se da contra éste la acción de dolo por el provecho obtenido, porque el procurador sin duda alguna queda obligado por su dolo.

§3. En esta acción debe designarse al que obró con dolo, aunque esto no sea necesario respecto a la acción de intimdación.

**16.** PAULO *en el libro décimo primero de los comentarios al edicto.* El pretor también exige que se exprese lo que se haya hecho con dolo malo, porque el actor debe saber en qué cosa ha sido engañado y no divagar respecto a tan gran delito.

**17.** ULPIANO *en el libro primero décimo de los comentarios al edicto.* Si varios hubieren obrado con dolo y uno solo hubiere restituido, todos quedan liberados; pero si uno hubiere satisfecho el valor de la cosa, opino que también los demás

§1. *Haec action in heredem et ceteros successores datur dumtaxat de eo quod ad eos pervenit.*

quedan libres.
§1. Esta acción se concede contra el heredero y los demás sucesores solamente por aquello en que se vieron enriquecidos.

**18.** *PAULUS libro undecimo ad edictum. Arbitrio iudicis in hac quoque actione restitution comprehenditur: et nisi fiat restitutio, sequitur condemnation quanti ea res est. ideo autem et hic et in metus causa actione certa quantitas non adicitur, ut possit per contumaciam suam tanti reus condemnari, quanti actor in litem iuraverit: sed officio iudicis debet in utraque actione taxatione iusiurandum refrenari.*

**18.** PAULO *en el libro décimo primero de los comentarios al edicto.* En esta acción también se comprende la restitución al arbitrio del juez, y si no se hiciere la restitución, procede la condena por el valor de la cosa. Por esto, ni en esta acción ni en la acción por causa de miedo se expresa cantidad cierta para que el demandado pueda ser condenado por su contumacia en cuanto el actor hubiere jurado como estimación del litigio; pero por ministerio del juez se debe moderar el juramento en una y otra acción estableciendo límite a la estimación.

§1. *Non tamen semper in hoc iudicio arbitrio iudicis dandum est: quid enim si manifestum sit restituí non posse (veluti si servus dolo malo traditus defunctus sit) ideoque protinus condemnari debeat in di quod intersit actoris?*

§1. No siempre ha de concederse en este juicio la restitución según el arbitrio del juez. Porque ¿de qué serviría concederse si fuera evidente que no puede restituirse (como en el caso de que el esclavo entregado con dolo malo haya muerto) y por esto deba condenarse desde luego en el valor del interés del actor?

§2. *Si dominus proprietatis insulam, cuius usus fructus legatus erat, incenderit, non est de dolo actio, quoniam aliae ex hoc oriuntur actiones.*

§2. Si el dueño de la propiedad hubiere incendiado la casa cuyo usufructo había sido legado, no hay acción de dolo, porque de esta conducta nacen otras acciones.

§3. *De eo qui sciens commodasset pondera, ut venditor emptori merces adpenderet, Trebatius de dolo dabat actionem. Atquin si maiora pondera*

§3. Trebacio daba la acción de dolo contra el que a sabiendas hubiese prestado pesas falsas para que el vendedor pesase las mercancías al

*commodavit, id quod amplius mercis datum est repeti condictione potest, si minora, ut reliqua merx detur ex empto agi potest: nisi si ea condicione merx venit, ut illis ponderibus traderetur, cum ille decipiendi causa adfirmasset se aequa pondera habere.*

comprador. Pero si prestó pesas que pesaban más de lo indicado, la mercancía dada en exceso puede reclamarse con la condicción; y si el peso era menor al indicado, por la acción de compra puede reclamarse la mercancía faltante, a no ser que la mercancía se vendiese con la condición de que se entregaría pesada con aquellas pesas, porque el vendedor hubiese afirmado dolosamente que tenía pesas exactas.

*§4. Dolo cuius effectum est, ut lis temporibus legitimis transactis pereat: Trebatius ait de dolo dandum iudicium, non ut arbitrio iudicis res restituatur, sed ut tantum actor consequatur, quanti eius interfuerit id non esse factum, ne aliter observantibus lex circumscribatur.*

§4. Por el dolo de aquel que hizo que se perdiese el pleito debido al transcurso de los términos legales, dice Trebacio que ha de concederse la acción de dolo, no para que se restituya la cosa litigiosa según arbitrio del juez, sino para que el actor consiga tanto lo que le hubiere importado lo que no se hubiese dejado transcurrir los plazos, y que no se eluda la ley por los que proceden de otra manera.

*§5. Si servum, quem tu mihi promiseras, alius occiderit, de dolo malo actione in eum dandam plerique recte putant, quia tu a me liberatus sis: ideoque legis Aquiliae actio tibi denegabitur.*

§5. Si alguien mató al esclavo que tú me habías prometido, con razón juzga la mayoría que se ha de conceder contra él la acción de dolo malo, porque tú te liberaste de la obligación respecto de mí; y por lo tanto se te negará la acción de la Ley Aquilia.

**19.** *PAPINIANUS libro trigensimo septimo quaestionum. Si fideiussor promissum animal ante moram occiderit, de dolo actionem reddi adversus eum oportere Neratius*

**19.** PAPINIANO *en el libro trigésimo séptimo de las cuestiones.* Si antes de incurrir en mora el fiador hubiere matado al animal prometido, Neracio Prisco y Juliano respondieron que debe darse contra

*Priscus et Iulianus responderunt, quoniam debitore liberato per consequentias ipse quoque dimittitur.*

él la acción de dolo, porque una vez liberado el deudor principal de la obligación, también el fiador queda libre.

**20.** *PAULUS libro undecimo ad edictum. Servus tuus cum tibi deberet nec solvendo esset, hortatu tuo pecuniam mutuam a me accepit et tibi solvit: Labeo ait de dolo malo actionem in te dandam, quia nec de peculio utilis sit, cum in peculio nihil sit, nec in rem domini versum videatur, cum ob debitum dominus acceperit.*

**20.** PAULO *en el libro décimo primero de los comentarios al edicto.* Debiéndote una cantidad tu esclavo, y no siendo solvente, por tu consejo recibió de mí dinero prestado y te pagó; Labeón dice que ha de concederse contra ti la acción de dolo malo, pues ni la de peculio es útil ya que nada ya en el peculio, ni parece que el dinero recibido benefició al dueño, pues éste recibió el dinero en calidad de adeudo.

*§1. Si persuaseris mihi nullam societatem tibi fuisse cum eo cui heres sum, et ob id iudicio absolvi te passus sim: dandam mihi de dolo actionem Iulianus scribit.*

§1. Si me hubieres convencido de que no tuviste ninguna sociedad con aquel de quien soy heredero, y por ello permití que fueras absuelto en el juicio de sociedad, escribe Juliano que debe concedérseme la accion de dolo contra ti.

**21.** *ULPIANUS libro undécimo ad edictum. Quod si deferente me iuraveris et absolutus sis, postea periurium fuerit adprobatum, Labeo ait de dolo actionem in eum dandam: Pomponius autem per iusiurandum transactum videri, quam sententiam et Marcellus libro octavo digestorum probat: stari enim religioni debet.*

**21.** ULPIANO *en el libro décimo primero de los comentarios al edicto.* Pero si te ofreciere yo que jures que no me debías y hubieres sido absuelto, y después se hubiere probado el perjurio, dice Labeón que contra ti ha de darse la acción de dolo, aunque Pomponio opina que parece haberse dado una transacción por el juramento. Cuyo parecer aprueba también Marcelo en el libro octavo de su digesto, porque debe respetarse el acuerdo de decidir juramento.

**22.** *PAULUS libro undecimo ad edictum. Nam sufficit periurii poena.*

**22.** PAULO *en el libro décimo primero de los comentarios al edicto.* Porque basta la pena del perjurio.

**23.** *GAIUS libro quarto ad edictum provinciale. Si legatarius, cui supra modum legis Falcidiae legatum est, heredi adhuc ignoranti substantiam hereditatis ultro iurando vel quadam alia fallacia persuaserit, tamquam satis abundeque ad solida legata solvenda sufficiat hereditas, atque eo modo solida legata fuerit consecutus: datur de dolo actio.*

**23.** GAYO *en el libro cuarto de los comentarios al edicto provincial.* Si el legatario a quien se dejó un legado que excedía a la Ley Falcidia hubiere persuadido al heredero, quien ignoraba la cuantía de la herencia, por medio de juramento espontáneo o por cualquier otro engaño, de que la herencia era suficiente para pagar íntegros los legados, y de este modo los hubiere conseguido íntegros, se concede la acción de dolo contra él.

**24.** *ULPIANUS libro undecimo ad edictum. Si dolo acciderit eius, qui verba faciebat pro eo qui de libertate contendebat, quo minus praesente adversario secundum libertatem pronuntietur, puto statim de dolo dandam in eum actionem, quia semel pro libertate dictam sententiam retractari non oportet.*

**24.** ULPIANO *en el libro décimo primero de los comentarios al edicto.* Si hubiere acontecido que por dolo del que defendía al esclavo que litigaba su libertad, se pronunciase sentencia a favor de la libertad estando ausente el adversario, opino que desde luego se ha de conceder contra el defensor la acción de dolo, porque una vez pronunciada sentencia a favor de la libertad no debe ser revocada.

**25.** *PAULUS libro undecimo ad edictum. Cum a te pecuniam peterem eoque nomine iudicium acceptum est, falso mihi persuasisti, tamquam eam pecuniam servo meo aut procuratori solvisses, eoque modo consecutus es, ut consentiente me absolvereris: quaerentibus nobis, an in te doli*

**25.** PAULO *en el libro décimo primero de los comentarios al edicto.* Habiéndote reclamado cierta cantidad, y habiendo aceptado tú el litigio, me persuadiste falsamente de que habías pagado aquella cantidad a mi esclavo o a mi procurador, y así lograste ser absuelto con mi consentimiento; preguntando

*iudicium dari debeat, placuit de dolo actionem non dari, quia alio modo mihi succurri potest: nam ex integro agere possum et si obiciatur exceptio rei iudicatae, replicatione iure uti potero.*

nosotros si debería darse contra ti acción de dolo, se decidió que no procedía porque se me puede auxiliar de otro modo, pues puedo reclamar la restitución íntegra, y si se me opusiera la excepción de cosa juzgada, podré usar justamente réplica.

**26.** *GAIUS libro quarto ad edictum provinciale. In heredem eatenus daturum se eam actionem proconsul pollicetur, quatenus ad eum pervenerit, id est quatenus ex ea re locupletior ad eum hereditas venerit...*

**26.** GAYO *en el libro caurto de los comentarios al edicto provincial.* El procónsul promete que concederá esta acción contra el heredero tan sólo por el provecho alcanzado, es decir, en cuanto la herencia adquirida se haya enriquecido ...

**27.** *PAULUS libro undecimo ad edictum. ... dolove malo eius factum est, quo minus pervenerit.*

**27.** PAULO *en el libro décimo primero de los comentarios al edicto.* ...o se evitó dicho enriquecimiento por su dolo malo.

**28.** *GAIUS libro quartum ad edictum provinciale. Itaque si accepto lata sit tibi pecunia, omnimodo cum herede tuo agetur. At si res tibi tradita sit, si quidem mortuo te ea res extitit, agetur cum herede tuo, si minus, non agetur. Sed itaque in heredem perpetuo dabitur, quia non debet lucrari ex alieno damno. Cui conveniens est, ut et in ipso qui dolo commiserit in id quod locupletior esset perpetuo danda sit in factum actio.*

**28.** GAYO *en el libro cuarto de los comentariso al edicto provincial.* Y así, si por tu dolo se te consideró recibida una cantidad debida, de todas maneras se dirigirá la acción contra tu heredero. Pero si alguien te hubiere entregado una cosa con dolo de tu parte y después de tu muerte todavía existiere la cosa, se ejecutará la acción contra tu heredero, pero si no existiese ya, no se ejercitará. Contra el heredero se dará la acción perpetua, porque no debe lucrar con el daño ajeno. Por ende, también contra el mismo que hubiere obrado con dolo se dará perpetuamente acción por el hecho por cuanto hubiere enriquecido.

**29.** *PAULUS libro undecimo ad edictum. Sabinus putat calculi ratione potius quam maleficii heredem conveniri, denique famosum non fieri: ideoque in perpetuum teneri oportere.*

**29.** PAULO *en el libro décimo primero de los comentarios al edicto.* Sabino opina que el heredero es demandado por razón de la cuantía y no por el delito, y así no se hace infame; por lo mismo debe quedar obligado a perpetuidad.

**30.** *ULPIANUS libro undecimo ad edictum. Neque causae cognitio in heredis persona erit necessaria*

**30.** ULPIANO *en el libro décimo primero de los comentarios al edicto.* Y no será necesario el conocimiento de causa respecto a la persona del heredero.

**31.** *PROCULUS in libro secundo epistularum. Cum quis persuaserit familiae meae, ut de possessione decedat, possessio quidem non amittitur, sed de dolo malo iudicium in eum competit, si quid damni mihi accesserit.*

**31.** PRÓCULO *en el libro segundo de las epístulas.* Cuando alguno hubiere persuadido a mis esclavos para que dejen de poseer, en verdad no se pierde la posesión, sino que puedo ejercitar contra él la acción de dolo malo si me hubiere ocasionado algún daño.

**32.** *SCAEVOLA libro secundo digestorum. Filius legatum sibi servum per praeceptionem rogatus manumittere post certum tempus, posteaquam rationes ipsi et coheredibus fratribus reddidisset, ante diem et ante redditas rationes ad libertatem vindicta manumittendo perduxerat: quaesitum est, an ex fideicommisso fratribus tenetur, ut rationes eorum pro portionibus redderet. Respondi, cum liberum fecisset, ex causa quidem fideicommissi non teneri: verum si ideo properasset manumittere, ne*

**32.** ESCÉVOLA *en el libro segundo del digesto.* Habiéndose pedido a un hijo que manumitiera por fideicomiso, pasado cierto tiempo, al esclavo que se le prelegó después que hubiese rendido cuentas entre él y sus hermanos coherederos, manumitió al esclavo por la vindicta antes del día señalado y antes de rendir cuentas; se preguntó: ¿está obligado a sus hermanos por razón del fideicomiso para que rinda cuentas por las respectivas porciones hereditarias? Respondí que una vez liberado el esclavo no estaba obligado por causa del fideicomiso,

*rationes fratribus redderet, posse de dolo actionem in eum exercere.*

pero que si se hubiere apresurado a manumitirlo para así no rendir cuentas a sus hermanos, podía ejercitarse contra él la acción de dolo.

**33.** *ULPIANUS libro quarto opinionum. Rei, quam venalem possessor habebat, litem proprietatis adversarius movere coepit et posteaquam opportunitatem emptoris, cui venundari potuit, peremit, destituit: placuit possessori hoc nomine actionem in factum cum sua indemnitate competere.*

**33.** ULPIANO *en el libro cuarto de las opiniones.* Sobre la propiedad de una cosa que el poseedor tenía en venta comenzó el adversario a promover litigio, y desistió del mismo después que haber hecho perder la oportunidad de un comprador a quien pudo ser vendida; se decidió que por tal motivo compete al poseedor acción por el hecho con la indemnización pertinente.

**34.** *IDEM libro quadragensimo secundo ad Sabinum. Si, cum mihi permisisses saxum ex fundo tuo eicere vel cretam vel harenam fodere, et sumptum in hanc rem fecerim, et non patiaris me tollere: nulla alia quam de dolo malo actio locum habebit.*

**34.** EL MISMO *en el libro cuadragésimo segundo de los comentarios al edicto.* Si habiéndome permitido tú sacar piedra de tu terreno, o extraer greda o arena, yo hubiere hecho gastos para extraerlas, y no me permitieras llevármelas, la única acción que tendrá lugar será la de dolo malo.

**35.** *IDEM libro trigensimo ad edictum. Si quis tabulas testamenti apud se depositas post mortem testatoris delevit vel alio modo corruperit, heres scriptus habebit adversus eum actionem de dolo. Sed et his, quibus legata data sunt, danda erit de dolo actio.*

**35.** EL MISMO *en el libro trigésimo de los comentarios al edicto.* Si después de la muerte del testador alguien borró o de algún modo alteró las tablillas testamentarias depositadas en su poder, el heredero instituido en testamento tendrá contra él la acción de dolo. Pero también debe concederse a aquellos a los legatarios designados en testamento.

**36.** *MARCIANUS libro secundo regularum. Si duo dolo malo fecerint, invicem de dolo non agent.*

**36.** MARCIANO en el libro segundo de las reglas. Si dos personas hubieren obrado con dolo malo, no podrán ejercitar uno contra otro la acción de dolo.

**37.** *ULPIANUS libro qudragensimo quarto ad Sabinum. Quod venditor ut commendet dicit, sic habendum, quasi neque dictum neque promissum est. si vero decipiendi emptoris causa dictum est, aeque sic habendum est, ut non nascatur adversus dictum promissumve actio, sed de dolo actio.*

**37.** ULPIANO *en el libro cuadragésimo cuarto de los comentarios a Sabino.* Lo que dice el vendedor al recomendar su mercancía ha de entenderse como que no lo dijo ni lo prometió. Pero si lo dijo con ánimo de engañar al comprador, ha de entenderse también de modo que no nazca acción por lo dicho o lo prometido, sino la acción de dolo.

**38.** *IDEM libro quinto opinionum. Quidam debitor epistulam quasi a Titio mitti creditori suo effecit, ut ipse liberetur: hac epistula creditor deceptus Aquiliana stipulatione et acceptilatione liberavit debitorem: postea epistula falsa vel inani reperta creditor maior quidem annis viginti quinque de dolo habebit actionem, minor autem in integrum restituetur.*

**38.** EL MISMO *en el libro quinto de las opiniones.* Cierto deudor hizo que se enviase a su acreedor una carta como si fuera de Ticio para quedar él liberado de la obligación; engañado el acreedor por esta carta, liberó al deudor de la obligación mediante estipulación aquiliana y aceptilación. Habiéndose descubierto después que la carta era falsa y sin valor, el acreedor, si es mayor de veinticinco años, tendrá la acción de dolo; si es menor, se le restituirá íntegramente.

**39.** *GAIUS libro vicensimo septimo ad edictum provinciale. Si te Titio optuleris de ea rem quam non possidebas in hoc ut alius usucapiat, et iudicatum solvi satisdederis: quamvis absolutus sis, de dolo malo tamen teneberis: et ita Sabino placet.*

**39.** GAYO *en el libro vigésimo séptimo de los comentarios al edicto.* Si te hubieres ofrecido para reclamar de Ticio una cosa que no poseías y así otro la adquiera por usucapión, y hubieres dado caución de pagar la condena, aunque hayas sido absuelto quedarás obligado por la acción de dolo malo; y esto parece correcto a Sabino.

**40.** *FURIUS ANTHIANUS libro primo ad edictum. Is, qui decepit aliquem, ut hereditatem non idoneam adiret, de dolo tenebitur, nisi fortasse ipse creditor erat et solus erat: tunc enim sufficit contra eum dolo mali exceptio.*

**40.** FURIO ANTIANO *en el libro primero de los comentarios al edicto.* Quien engañó a alguien para que aceptase una herencia no solvente, quedará obligado por la acción de dolo, a no ser que él fuera único acreedor, porque en tal caso basta ejercer contra él la excepción de dolo malo si reclama.

# TITULUS IIII
# DE MINORIBUS VIGINTI QUINQUE ANNIS

# TÍTULO IIII
# DE LOS MENORES DE VEINTICINO AÑOS

**1.** ULPIANUS *libro undecimo ad edictum. Hoc edictum praetor naturalem aequitatem secutus proposuit, quo tutelam minorum suscepit. Nam cum inter omnes constet fragile esse et infirmum huiusmodi aetatium consilium et multis captionibus suppositum, multorum insidiis expositum: auxilium eis praetor hoc edicto pollicitus est et adversus captiones opitulationem.*
*§1. Praetor edicit: 'Quod cum minore quam viginti quinque annis natu gestum esse dicetur, uti quaeque res erit, animadvertam'.*

*§2. Apparit minoribus annis viginti quinque eum opem polliceri: nam post*

**1.** ULPIANO *en el libro décimo primero de los comentarios al edicto.* El pretor propuso este edicto siguiendo la equidad natural, tomando a su cargo la protección de los menores, porque a todos consta que es frágil y débil el juicio a esta edad y como está sujeto a muchos engaños y expuesto a las asechanzas de muchos, el pretor les prometió auxilio y protección contra tales engaños en este edicto.
§1. Dice el pretor en su edicto: 'según el caso lo exigiere, conoceré sobre el negocio que se dijese realizado con un menor de veinticinco años de edad'.

§2. Se destaca que promete auxilio a los menores de veinticinco años,

*hoc tempus compleri virilem vigorem constat. Et ideo hodie in hanc usque aetatem adulescentes curatorum auxilio reguntur, nec ante rei suae administratio eis committi debebit, quamvis bene rem suam gerentibus.*

porque después de cumplida dicha edad se sabe que se completa la madurez. Y por tal razón hoy se conducen hasta esta edad a los adolescentes con el auxilio de los curadores, y no deberá confiárseles antes la administración de sus bienes, aunque administren bien su patrimonio.

**2.** *IDEM libro nono decimo ad legem Iuliam et Papiam. Nec per liberos suos rem suam maturius a curatoribus recipiat. Quod enim legibus cavetur, ut singuli anni per singulos liberos remittantur, ad honores pertinere divus Severus ait, non ad rem suam recipiendam.*

**2.** EL MISMO *en el libro décimo noveno de los comentarios a la Ley Julia y Papia.* Ni siquiera por razón de tener hijos debe recibir de sus curadores la administración de sus bienes antes de tiempo. Porque lo que se dispone en las leyes matrimoniales de que se dispense un año por cada hijo, dice el divino Septimio Severo que se refiere la capacidad para ejercer cargos, no a recuperar la administración de sus bienes.

**3.** *IDEM libro undecim ad edictum. Denique divus Severus et imperator noster huiusmodi consulum vel praesidum decreta quasi ambitiosa esse interpretati sunt, ipsi autem perraro, minoribus rerum suarum administrationem extra ordinem indulserunt: et eodem iure utimur.*

**3.** EL MISMO *en el libro décimo primero de los comentarios al edicto.* Por lo demás, el divino Septimio Severo y nuestro emperador Antonino Caracala declararon abusivos los decretos de los cónsules o los gobernadores que concedían dispensas a los menores y que ellos les concedieron rarísimas veces la administración de sus bienes de forma extraordinaria; y este mismo derecho observamos actualmente.

*§1. Si quis cum minore contraxerit et contractus inciderit in tempus quo maior efficitur: utrum initium spectamus an finem? Et placet, ut est*

§1. Si alguien hubiere contratado con un menor y el contrato se hubiere prolongado hasta el tiempo en que se hace mayor, ¿atendemos

*et constitutum, si quis maior factus conprobaverit, quod minor gesserat, restitutionem cessare. Unde illus non ineleganter Celsus epistularum libro undecimo et digestorum secundo tractat, ex facto a Flavio Respecto praetore consultus. Minor annis viginti quinque, annos forte viginti quattor agens, iudicium tutelage heredi tutoris dictaverat: mox factum ut (non finite iudicio iam eo maiore effecto viginti quinque annis) tutoris heres absolutus proponeretur: in integrum restitution desiderabatur. Celsus igitur Respecto suasit non facile hunc quondam minorem in integrum restitui, sed si ei probaretur calliditate adversarii id actum, ut maiore eo facto liberaretur: neque enim extremo, inquit, iudicii die videtur solum deceptus hic minor, sed totum hoc structum, ut maiore eo facto liberaretur. Idem tamen confitetur, si levior sit suspicio adversarii quasi dolose versati, non debere hunc in integrum restitui.*

al primer momento o al último? Y según lo establecido, se admitió que si una vez hecho mayor de edad uno hubiere aprobado lo que había hecho siendo menor, dejaba de tener lugar la restitución. De ello trata elegamentemente Celso en el libro décimo primero de sus epístolas y en el segundo de su digesto, consultado por el pretor Flavio Respecto sobre este caso: un menor de veinticinco años, quizá teniendo veinticuatro, había promovido juicio de tutela al heredero de su tutor; después se alegó el hecho de que, no habiendo concluido el litigio y habiendo alcanzado ya los veinticinco años, fue absuelto el heredero del tutor; se solicitaba la restitución íntegra. Celso aconsejó a Respecto que no se restituyera íntegramente al que fue menor con toda facilidad, sino sólo si se probase que se había actuado con engaño del adversario para liberarse de la obligación una vez que aquél se hubiere hecho mayor. Pues dice Celso que parece que este menor no fue engañado solamente en el último día del litigio sino que todo fue tramado con objeto de que el adversario quedase libre de la obligación cuando el menor se hubiese hecho mayor de edad. Pero también señala Celso que si fuese leve la sospecha de que el adversario procedió con dolo, no debe ser restituido íntegramente el que antes era menor.

*§2. Scio etiam illud aliquando*

§2. Sé que algunas veces también ha

*incidisse. Minor viginti quinque annis miscuerat se paternae hereditati maiorque factus exegerat aliquid a debitoribus paternis, mox desiderabat restitui in integrum, quo magis abstineret paterna hereditate: contradicebatur ei, quasi maior factus comprobasset, quod minori sibi placuit: putavimus tamen restituendum in integrum initio inspecto. Idem puto, et si alienam adiit hereditatem.*

*§3. Minorem autem viginti quinque annis natu videndum, an etiam die natalis sui adhuc dicimus ante horam qua natus est, ut si captus sit restituatur? Et cum nondum compleverit, ita erit dicendum, ut a momento in momentum tempus spectetur. Proinde et si bissexto natus est, sive priore sive posteriore die Celsus scripsit nihil referre:nam id biduum pro uno die habetur et posterior dies kalendarum intercalatur.*

*§4. Sed utrum solis patribus familiarum an etiam filiis familiarum succurri debeat, videndum. Movem dubitationem, quod, si quis dixerit etiam filiis familiarum in re peculiari*

ocurrido esto: un menor de veinticinco años había intervenido en la herencia paterna; al llegar a la mayoría de edad había reclamado algo de los deudores de su padre y después pretendía la restitución íntegra para luego abstenerse de la herencia paterna; se le objetaba el que ya siendo mayor hubiese aprobado lo que aceptó siendo menor; mas juzgamos que debía ser restituido íntegramente, atendiéndose al inicio de su actuación cuando era menor. Lo mismo opino también si aceptó la herencia de un extraño.

§3. Pero ha de verse si también llamamos menor de veinticinco años a uno en el día de su cumpleaños, antes de la hora en que nació, de modo que si entonces resulta perjudicado se le restituya. Y no habiendo aún cumplido la mayoría de edad, se habrá de decir que sí, de modo que se compute el tiempo de momento a momento. Y por consiguiente, si nació en día bisiesto, escribió Celso que nada importa si fue en el calendario de César el día primero o el segundo veinticuatro de febrero, porque estos dos días se cuentan por uno solo, y se intercala el día posterior a las calendas, el veinticuatro de febrero.

§4. Pero también ha de considerarse si sólo debe auxiliarse a los menores cabeza de familia o también a los hijos de familia. Esta duda la motiva el hecho de que si alguno dijere que

*subveniendum, efficiet, ut per eos etiam maioribus subveniatur, id est patribus eorum: quod nequaquam fuit praetori propositum: praetor enim minoribus auxilium promisit, non maioribus. Ego autem verissimam arbitror sententiam existimantium, filium familias minorem annis in integrum restitui posse ex his solis causis quae ipsius intersint, puta si sit obligatus. Proinde si iussu patris obligatus sit, pater utique poterit in solidum conveniri: filius autem cum et ipse possit vel in potestate manens conveniri, vel etiam emancipatus vel exheredatus in id quod facere potest, et quidem in potestate manens etiam invito patre ex condemnatione conveniri: auxilium impretrare debebit, si ipse conveniatur. Sed an hoc auxilio patri quoque prosit, ut solet interdum fideiussori eius prodesse, videamus: en non puto profuturum. Si igitur filius conveniatur, postulet auxilium: si patrem conveniat creditor, auxilium cessat: excepta mutui datione: in hanc enim si iussu patris mutuam pecuniam accepit, non adiuvatur. Proinde et si sine iussu patris contraxit et captus est, si quidem pater de peculio conveniatur, filius non erit restituendus: si filius conveniatur, poterit restitui. Nec eo movemur, quasi intersit filii peculium habere: magis enim patris quam filii interest, licet aliquo casu ad filium peculium spectet: ut puta si patris eius bona a fisco propter debitum occupata sunt: nam peculium ei ex*

también ha de auxiliarse a los hijos de familia respecto a los bienes de su peculio, resultará que por medio de ellos también se favorezca a los mayores, es decir, a sus padres. Este propósito nunca lo tuvo en mente el pretor, porque el pretor prometió su auxilio a los menores, no a los mayores. Pero tengo por cierta la opinión de los que consideran que el hijo de familia menor de veinticinco años puede ser restituido íntegramente sólo por aquellas causas que a él mismo le interesen, por ejemplo, si se hubiere obligado. Por tanto, si el menor se hubiere obligado por mandato de su padre, éste podrá ser sin duda demandado por el todo; pero el hijo también puede ser demandado según su solvencia, ya estando bajo potestad, ya haya sido emancipado o desheredado, y hallándose bajo potestad puede ser demandado con motivo de una condena aun contra la voluntad de su padre, por lo que deberá solicitar el auxilio si él mismo fuere demandado. Pero veamos si dicho auxilio aprovecha también a su padre, como a veces suele aprovechar a su fiador, y no creo que le deba aprovechar. Si fuera pues demandado el hijo, reclamará el auxilio; si el acreedor demandase al padre cesa el auxilio excepto en el préstamo de un mutuo, porque en éste, si recibió el dinero prestado por mandato del padre no es auxiliado porque el padre se obliga directamente. Y por

*constitutione Claudii separatur.*

tanto, si el hijo contrató sin mandato del padre y fue engañado, si el padre fuere demandado por la accuión del peculio no habrá de restituírsele al hijo, pero si el hijo fuere demandado podrá ser restituido. Y no afirmamos esto porque interese al hijo tener peculio, pues más interesa al padre que al hijo, aunque en ocasiones el peculio pertenezca al hijo, como, por ejemplo, si los bienes de su padre fueron embargados por el fisco debido a una deuda, pues en virtud de la constitución del emperador Claudio se separa el peculio para el hijo.

*§5. Ergo etiam filiam familias in dote captam, dum patri consentit stipulanti dotem non statim quam dedit, vel adhibenti aliquem qui dotem stipularetur, puto restituendam, quoniam dos ipsius filiae proprium patrimonium est.*

§5. Por ende, opino que también debe ser restituida la hija de familia engañada en la dote, si convino con el padre al estipular éste sobre la dote en un momento posterior a la constitución de la misma, o al designar a alguien que estipulase sobre la dote, porque ésta es patrimonio de la hija.

*§6. Si quis minor viginti quinque annis adrogandum se dedit et in pisa adrogatione se circumventum dicat (finge enim a praedone eum hominem locupletem adrogatum): dico debere eum audiri in integrum se restituentem.*

§6. Si algún menor de veinticinco años se dio en arrogación y alegase que fue engañado en la misma arrogación (supón que siendo él un hombre rico fue arrogado por un ladrón), digo que debe ser oído si pide la restitución íntegra.

*§7. Si quid minori fuerit filio familias legatum post mortem patris vel fideicommissum relictum et captus est, forte dum consentit patri paciscenti, ne legatum peteretur: potest dici in integrum restituendum, quoniam ipsius interest propter spem*

§7. Si a un menor hijo de familia se le hubiere legado algo para después de la muerte de su padre, o se le hubiere dejado un fideicomiso, y resultase engañado, por ejmplo aceptando el pacto de su padre de que éste no pediría el legado, se

*legati, quod ei post mortem patris competit. Sed et si ei legatum sit aliquid quod personae eius cohaeret, puta ius militiae, dicendum est posse eum restitui in integrum: interfuit enim eius non capi, cum hanc patri non adquireret, sed ipse haberet.*

puede decir que debe ser restituido íntegramente porque le interesa por la esperanza del legado que le pertenece para cuando muera su padre. Pero también si se le hubiere legado alguna cosa inherente a su persona, por ejemplo, el derecho a ejercer un cargo civil, ha de decirse que puede ser restituido íntegramente, porque a él le importa no ser perjudicado, ya que tal derecho no lo adquirió para el padre, sino que era suyo.

*§8. Et si heres est institutus, si a patre in diebus centum sit emancipatus: mox patrem debuerit certiorari nec fecerit cum posset: qui eum emancipasset, si cognovisset: dicendum erit posse eum restitui in integrum parato patre eum emancipare.*

§8. Si el hijo hubiere sido instituido heredero con tal de que fuera emancipado por su padre dentro de cien días, y debiendo enterar al padre de ello, y pudiendo hacerlo no lo hubiere hecho, pudiendo el padre emanciparlo si lo hubiese sabido, se habrá de decir que puede ser restituido íntegramente el hijo, siempre que el padre esté dispuesto a emanciparlo.

*§9. Pomponius adicit ex his causis, ex quibus in re peculiari filii familias restituuntur, posse et patrem quasi heredem nomine filii post obitum eius impetrare cognitionem.*

§9. Pomponio añade que por aquellas causas por las que se les restituye íntegramente a los hijos de familia un negocio del peculio, el padre también puede solicitar al pretor que se conozca del asunto a nombre del hijo después de su muerte, como si fuese heredero de éste.

*§10. Si autem filius familias sit, qui castrense peculium habeat, procul dubio ex his, quae ad castrense peculium spectant, in integrum restituendus erit quasi in proprio patrimonio captus.*

§10. Pero si fuera un hijo de familia que tuviere peculio castrense, no hay duda que deberá ser restituido íntegramente como si hubiere sido perjudicado en su patrimonio.

*§11. Servus autem minor annis*

§11. El esclavo menor de

*viginti quinque nullo modo restitui poterit, quoniam domini persona spectatur, qui sibi debebit imputare, cur minori rem commisit. Quare et si per impuberem contraxerit, idem erit dicendum, ut et Marcellus libro secundo digestorum scribit. Et si forte libera peculii administratio minori servo sit concessa, maior dominus ex hac causa non restituetur.*

veinticinco años de ningún modo podrá obtener la restitución, porque se considera la persona del dueño, quien deberá sufrir las consecuencias de haber encomendado sus negocios a un menor. Por lo cual, si hubiere contratado por medio de un impúber, habrá de decirse lo mismo, según escribe Marcelo en el libro segundo de su digesto. Y si se hubiere concedido a un esclavo menor de edad la libre administración de su peculio, su dueño mayor de edad no será restituido por esta causa.

**4.** *AFRICANUS libro septimo quaestionum. Etenim quodcumque servus ita gerit, voluntate domini gerere intellegendus est. et magis hoc apparebit, si aut de institoria actione quaeretur, aut si proponatur maiorem annis viginti quinque negotium aliquod gerendum minori mandasse et illum in ea re deceptum est.*

**4.** AFRICANO en el libro séptimo de las cuestiones. Porque cualquier negocio que ejecuta un esclavo ha de entenderse que la ejecuta con la voluntad de su dueño. Esto será más evidente si se trata de la acción institoria, o si se dijera que un mayor de veinticinco años había encomendado la gestión de algún negocio a un menor, y que éste había sido engañado en tal negocio.

**5.** *ULPIANUS libro undécimo ad edictum. Si tamen is servus fuit, cui fideicommissaria libertas debebatur praesens, et fuit captus, cum re mora ei fit, poterit dicim praetorem ei succurrere oportere.*

**5.** ULPIANO en el libro décimo primero de los comentarios al edicto. Pero si fue un esclavo al que debía darse inmediatamente la libertad en virtud de un fideicomiso, y fue perjudicado por retraso en su asunto, podrá decirse que el pretor debe auxiliarle.

**6.** *IDEM libro decimo ad edictum.*

**6.** EL MISMO en el libro décimo de los comentarios al edicto. A los

*Minoribus viginti quinque annis subvenitur per in integrum restitutionem son solum, cum de bonis eorum aliquid minuitur, se etiam cum intersit ipsorum litibus et sumptibus non vexari.*

**7. IDEM** *libro undécimo ad edictum. Ait praetor: 'gestum esse dicetur'. Gestum sic accipimus qualiterqualiter, sive contractus sit, sive quid aliud contigit.*

*§1. Proinde si emit aliquid, si vendidit, si societatem coit, si mutuam pecuniam accepit, et captus est, ei succurretur.*

*§2. Sed et si ei pecunia a debitore paterno soluta sit vel proprio et hanc perdidit, dicendum est ei subveniri, quasi gestum sit cum eo. Et ideo si minor conveniat debitorem, adhibere debet curatores, ut ei solvatur pecunia: ceterum non ei compelletur solvere. Sed hodie solet pecunia in aedem deponi, ut Pomponius libro vicensimo octavo scribit, ne vel debitor ultra usuris oneretur vel creditor minor perdat pecuniam, aut curatoribus solvi, si sunt. Permittitur etiam ex constitutione principum debitori compellere adulescentem ad petendos sibi curatores. Quid tamen: si praetor decernat solvendam pecuniam minori sine curatoribus et solverit, an possit esse securus? Dubitari potest: puto autem, si allegans minorem esse*

menores de veinticinco años se les auxilia con la restitución íntegra no sólo cuando se pierde algo de su patrimonio, sino también cuando les interese no ser molestados con pleitos y gastos.

**7.** EL MISMO en el libro décimo primero de los comentarios al edicto. Dice el pretor: 'lo que se dijere haberse hecho'; por "hecho" se entiende de cualquier manera que se hubiere realizado, ya fuere por medio de un contrato, ya por cualquier otro acto.

§1. Por tanto, si el menor compró alguna cosa, o si la vendió, o si constituyó una sociedad, o si recibió dinero prestado y fue engañado, se le auxiliará.

§2. También si le hubiere pagado dinero un deudor de su padre o uno suyo y lo perdió, se habrá de decir que se le auxilia como si se hubiere contratado con él. Y por ello, si un menor demandase a su deudor, debe presentar a los curadores para que se le pague el dinero, de otro modo no se le obligará al deudor a pagar. Pero hoy suele depositarse el dinero en un templo, según escribe Pomponio en su libro vigésimo octavo de los comentarios al edicto, ya para que el deudor no se vea cargado con el pago de mayores intereses moratorios, ya para que el acreedor menor de edad no pierda el dinero, o bien pagar a los curadores, si los hay. Por una constitución de los príncipes

*compulsus sit ad solutionem, nihil ei imputandum: nisi forte quasi adversus iniuriam appellandum quis ei putet. Sed credo praetorem hunc minorem in integrum restitui volentem auditurum non esse.*

también se permite al deudor que exija al adolescente a que se le nombren curadores. Mas ¿qué diremos si el pretor decretase que se deba pagar el dinero al menor sin intervención de los curadores y se le hubiere pagado? Puede dudarse de si el deudor está seguro. Sin embargo, opino que si se le hubiere obligado al pago a pesar de alegar que el acreedor era menor de edad, nada debe imputársele, salvo si acaso alguien creyese que el deudor debió apelar como si fuese contra una injusticia. Pero creo que el pretor no deberá atender a este menor que solicitase la restitución íntegra.

*§3. Non sum autem in his ei succurritur, sed etiam in interventionibus, ut puta si fideiussorio nomine se vel rem suam obligavit. Pomponius autem videtur adquiescere distinguentibus: arbiter ad fideiussores probandos constitutus eum probavit an vero ipse adversarius? Mihi autem semper succurrendum videtur, si minor sit et se circumventum doceat.*

§3. Pero no solo se le auxilia en estos casos, sino también cuando interviene como garante, por ejemplo si se obligó en calidad de fiador o hipotecó sus bienes. Pero Pomponio parece aceptar a los que hacen esta distinción: ¿el árbitro nombrado le dio autorización para aceptar a los fiadores o lo hizo el mismo adversario? Pero me parece que si fuese menor siempre y probara que fue engañado, debe ser auxiliado en todo caso.

*§4. Sed et in iudiciis subvenitur, sive dum agit sive dum convenitur captus sit.*

§4. Pero también el menor es auxiliado si hubiere sido perjudicado en un juicio, ya siendo demandante, ya siendo demandado.

*§5. Sed et si hereditatem minor adiit minus lucrosam, succurritur ei ut se possit abstinere: nam et hic captus est. Idem et in bonorum possession vel alia successione. Non solum autem*

§5. Pero también se auxilia al menor si aceptó una herencia menos lucrativa para que pueda abstenerse de ella, porque también en este cso se vio perjudicado. Lo mismo

*filius, qui se miscuit paternae hereditati, sed et si aliquis sit ex necessariis minor annis, simile modo restitutionem impetrabit, veluti si servus sit cum libertate institutus: dicendum enim erit, si se miscuit, posse ei subveniri aetatis beneficio, ut habeant bonorum suorum separationem. Plane qui post aditam hereditatem restituitur, debet praestare, si quid ex hereditate in rem eius pervenit nec periit per aetatis imbecillitatem.*

§6. *Hodie certo iure utimur, ut et in lucro minoribus succurratur.*

§7. *Pomponius quoque libro vicensimo octavo scribit et si sine dolo cuiusquam legatum repudiaverit, vel in optionis legato captus sit dum elegit deteriorem, vel si duas res promiserit illam aut illam et pretiosiorem dederit, debere subveniri: et subveniendum est.*

§8. *Quaesitum est ex eo, quod in lucro quoque minoris subveniendum dicitur, si res eius venierit et existat qui plus liceactur, an in integrum propter lucrum restituendus sit? Et cottidie praetores eos restituunt, ut rursum admittatur licitatio. Idem*

sucede tanto en la posesión de bienes hereditarios como en otra clase de sucesión. Pero no sólo el hijo que intervino en la herencia paterna obrtendrá de igual modo la restitución, sino cualquier otro menor de edad entre los herederos necesarios, por ejemplo un esclavo instituido heredero con la libertad. Porque si intervino en la herencia habrá de decirse que puede ser auxiliado por el beneficio de la edad para que obtenga la separación de sus bienes. Ciertamente quien obtiene la restitución después de aceptada la herencia debe reintegrar lo que permitió el aumento de sus bienes y no se perdió por la inexperiencia de su edad.

§6. Hoy admitimos el derecho indudable de que también se auxilie a los menores en la adquisición de un lucro.

§7. Pomponio escribe en su libro vigésimo octavo de los comentarios al edicto que si el menor, sin dolo de nadie, hubiere repudiado un legado o se hubiese engañado en un legado de opción eligiendo la peor cosa, o si de dos cosas hubiere prometido una u otra y hubiere dado la de más valor, debe ser auxiliado.

§8. En eso que se dice que también se ha de auxiliar a los menores en la obtención de un lucro, se preguntó: si se hubiere vendido algo del menor y hubiere quien ofreciese más, ¿habrá de obtener el menor la restitución íntegra por el lucro que

*faciunt et in his rebus, quae servari eis debent. Quod circumspecte erit faciendum: ceterum nemo accedet ad emptionem rerum pupillarium, nec si bona fide distrahantur. Et districte probandum est in rebus, quae fortuitis casibus subiectae sunt, non esse minori adversus emptorem succurrendum, nisi aut sordes aut evidens gratia tutorum sive curatorum doceatur.*

deja de percibir? Los pretores les conceden la restitución todos los días para que se haga de nuevo la subasta. Lo mismo hacen también los pretores respecto a aquellas cosas que deben conservárseles. Lo que debe hacerse con cautela, de lo contrario nadie acudirá a comprar bienes de pupilos, ni aun cuando se vendan por contrato ordinario de buena fe. Y debe aprobarse prudentemente hacia aquellas cosas expuestas a casos fortuitos, que no ha de auxiliarse al menor contra el comprador a menos que se demuestre avaricia o evidente interés de los tutores o los curadores que autorizan el contrato.

*§9. Restitutus autem cum se hereditati misceat vel eam adeat quam repudiavit, rursus restitui poterit, ut se abstineat: et hoc et rescriptum et responsum est.*

§9. Pero si el menor que fue restituido interviene después en la herencia o acepta la que repudió, podrá obtener otra vez la restitución para abstenerse; y esto se decidió por respuesta escrita del emperador y por opinión jurisprudencial.

*§10. Sed quod Papinianus libro secundo responsorum ait minori substitutum servum necessariun repudiante quidem hereditate minore necessarium fore et, si fuerit restitutus minor, liberum nihilo minus remanere: si autem prius minor adiit hereditatem, mox abstentus est, substitutum pupillo servum cum libertate non posse heredem existere neque liberum esse: non per omnia verum est. Nam si non est solvendo hereditas, abstinente se herede et divus Pius rescripsit et imperator noster et*

§10. Pero lo que dice Papiniano en el libro segundo de sus respuestas no es del todo verdadero, que el esclavo sustituto, sería heredero necesario del menor si éste repudiase la herencia, y si el menor hubiere obtenido después la restitución el esclavo seguiría no obstante siendo libre; pero si el menor aceptó antes la herencia, frustrando con ello la sustitución, y luego se abstuvo en virtud de dicha sustitución, el esclavo instituido heredero con la libertad, al ser

*quidem in extraneo pupillo locum fore necessario substituto. Et quod ait liberum manere, tale est, quasi non et heres maneat, cum pupillus impetrate restitutionem posteaquam abstentus est: cum enim pupillus heres non fiat, sed utiles actiones habeat, sine dubio heres manebit, qui semel extitit.*

sustituto del menor, no podrá seguir siendo heredero ni hacerse libre. Porque si la herencia no es solvente y el heredero se abstiene de ella, tanto el divino Antonino Pío como nuestro emperador Antonino Caracala decidieron por respuesta escrita que debía llamarse al sustituto necesario, aunque ciertamente se trate del nombrado sustituto de un pupilo que no era hijo del testador. Y lo dicho por Papinano de que el esclavo 'permanece libre', debe entenderse como que no continúe siendo también heredero cuando el pupilo solicita la restitución tras abstenerse de la herencia; porque al no volverse heredero el pupilo, sino tan sólo obtener las acciones útiles, sin duda permanecerá siendo heredero el esclavo sustituto que alguna vez lo fue.

*§11. Item si non provocavit intra diem, subvenitur ut provocet: finge enim hoc desiderare.*

§11. Igualmente si el menor no apeló dentro del plazo debido, se le auxilia para que apele, en el supuesto de que lo pidiese.

*§12. Item et in eremodiciis ei subvenitur. Constat autem omnis aetatis hominibus restaurationem eremodicii praestari, si se doceant ex iusta causa afuisse.*

§12. También se le auxilia en los casos de incomparecencia por rebeldía, pero consta que se concede la reposición por falta de comparecencia a las personas de cualquier edad si probaren que estuvieron ausentes por una causa justificada.

*8. HERMOGENIANUS libro primo iuris epitormarum. Minor etiam si quasi contumax condenatus*

8. HERMOGENIANO *en el libro primero del epítome del derecho.* Aunque haya sido condenado como contumaz, el menor podría solicitar

91

*sit, in integrum restitutionis auxilium implorabit.*

**9.** *ULPIANUS libro undecimo ad edictum. Si ex causa iudicati pignora minoris capta sint et distracta, mox restitutus sit adversus sententiam praesidis vel procuratoris Caesaris, videndum, an ea revocari debeant, quae distracta sunt: nam illud certum est pecuniam ex causa iudicati solutam ei restituendam. Sed interest ipsius corpora potius habere: et puto interdum permittendum, id est si grande damnum sit minoris.*

*§1. In dotis quoque modo mulieri subvenitur, si ultra vires patrimonii vel totum patrimonium circumscripta in dotem dedit.*

*§2. Nunc videndum minoribus utrum in contractibus captis dumtaxat subveniatur, an etiam delinquentibus: ut puta dolo aliquid minor fecit in re deposita vel commodata vel alias in contractu, an ei subveniatur, si nihil ad eum pervenit? Et placet in delictis minoribus non subveniri. Nec hic itaque subvenietur. Nam et si furtum fecit vel damnum iniuria dedit, non ei subvenietur. Sed si, cum ex damno dato confiteri possit ne dupli teneatur, maluit negare: in hoc solum*

el auxilio de la restitución íntegra.

**9.** ULPIANO en el libro décimo primero de los comentarios al edicto. Si por causa de lo juzgado se hubieren embargado y vendido prendas del menor de veinticinco años, y luego hubiere obtenido la restitución contra la sentencia del gobernador o del procurador del César, ha de verse si deben restituirse las cosas vendidas, porque es cierto que se le ha de restituir el dinero pagado por causa de la sentencia. Pero al menor le interesa recuperar preferentemente las mismas cosas, y opino que a veces se le ha de permitir recuperarlas, es decir, si fuera grande el perjuicio sufrido por el menor.

§1. También respecto a la cuantía de la dote se auxilia a la mujer menor de edad, si habiendo sido engañada dio en dote más de lo que permitía su patrimonio o dio todo su patrimonio.

§2. Debemos ver ahora si se auxilia solamente a los menores cuando son perjudicados en los contratos o también cuando delinquen; por ejemplo, si el menor hizo algo con dolo en la cosa depositada, dada en comodato o en cualquier otro contrato, ¿se le auxiliará aunque no haya obtenido ganancia alguna? Y se considera adecuado que no se auxilie a los menores en los delitos, y así, ni en estos casos se les auxiliará. Porque tampoco se le

*restituendus sit, ut pro confesso habeatur. Ergo et si potuit pro fure damnum decidere magis quam actionem dupli vel quadrupli pati, ei subvenietur.*

*§3. Si mulier, cum culpa divertisset, velit sibi subveniri, vel si maritus, puto restitutionem non habendam: est enim delictum non modicum. Nam et si adulterium minor commisit, ei non subvenitur.*

*§4. Papinianus ait, si maior annis viginti, minor viginti quinque se in servitutem venire patiatur, id est si pretius participatus est, non solere restitui: sed hoc merito, quoniam res nec capit restitutionem cum statum mutat.*

*§5. Si in commissum incidisse vectigalis dicatur, erit in integrum restitution. Quod sic erit accipiendum, si non dolus ipsorum interveniat: ceterum cessabit restitution.*

*§6. Adversus libertatem quoque minori a praetor subveniri impossibile est,*

auxiliará si cometió un hurto o por causó un daño injusto sobre cosa ajena. Pero si pudiendo confesar respecto al daño causado prefirió negar para no obligarse por el duplo, se le ha de conceder la restitución solamente para que se le tenga por confeso. Por ende, también se le auxiliará si como ladrón pudo indemnizar el robo y no sufrir la acción del duplo o del cuádruplo.

§3. Si la mujer menor que culpablemente se hubiese divorciado, o el marido, quisiera que se le auxiliara con la restitución íntegra, opino que no debe obtenerla, porque este es un delito de importancia, ni tampoco se auxilia al menor que cometió adulterio.

§4. Papiniano dice que si el mayor de veinte años y menor de veinticinco se prestase a ser vendido como esclavo, es decir, si participó del precio obtenido, no suele obtener la restitución. Y esto es con razón, porque el acto que implica pérdida de libertad no admite restitución.

§5. Si se dijera que un menor había perdido un terreno que tenía en censo por no pagar tributos, tendrá lugar la restitución íntegra. Lo que habrá de entenderse así siempre que no mediase dolo de los menores; de lo contrario, cesará la restitución.

§6. Es imposible que el pretor también auxilie al menor para revocar el otorgamiento de libertad

93

a un esclavo,

**10**. *PAULUS libro undecimo ad edictum. ... nisi ex magna causa hoc a principe fuerit consecutus.*

**10**. PAULO *en el libro décimo primero de los comentarios al edicto.* ... a no ser que hubiere conseguido esto del príncipe por una causa grave.

**11**. *ULPIANUS libro undécimo ad edictum. Verum vel de dolo vel utilis actio erit in id quod minoris interfuit non manumitti: proinde quidquid hic haberet, si non manumisisset, id ei nunc praestabitur. Sed eo nomine earum rerum, quas dominicas servus manumissus supprimebat, competunt adversus eum actiones ad exhibendum et furti et condictio, videlicet quoniam et manumissus eas contrectabat, ceterum ex delicto in servitutem facto domino adversus eum post libertatem action non competit: et hoc rescripto divi Severi continetur.*

**11**. ULPIANO *en el libro décimo primero de los comentarios al edicto.* Pero se concederá la acción de dolo o la útil por cuanto interesó al menor que no se otorgara la manumisión de un esclavo, lo que tendría el menor si no hubiere manumitido. También por aquellas cosas que el esclavo manumitido quitaba a su dueño, se dan contra éste la acción exhibitoria, la de robo y la ejecutiva, porque las retenía luego de ser manumitido. Sin embargo, por delito cometido durante la esclavitud no se otorga al dueño menor de edad acción contra el esclavo después de obtenida la libertad; y así se consigna en la respuesta escrita del Divino Septimio Severo.

*§1. Quid si minor viginti quinque annis, maior viginti hac lege vendiderit, ut manumittatur? Ideo proposui maiorem viginti, quoniam et Scaevola scribit libro quarto decimo quaestionum et magis est, ut XXXentential constitutionis divi Marci ad Aufidium Victorinum hunc, id est minorem viginti annis non complectatur. Quare videndum, an maiori viginti annis subveniatur: et si quidem ante desideret, quam libertas competat, audietur: sin vero*

§1. ¿Qué se dirá si el menor de veintinco años y mayor de veinte hubiere vendido un esclavo con la condición de manumitirlo? Y he dicho mayor de veinte porque también lo escribe Escévola en el libro décimo cuarto de las cuestiones. Y es más cierto que el tenor de la constitución del divino Marco Aurelio dirigida a Aufidio Victoriano no se refiere a éste, es decir, al menor de veinte años. Por lo cual se ha de ver, ¿se auxiliará al

*postea, non possit. Item quaeri potest, si is qui emit hac lege minor sit, an restitui possit. Et si quidem nondum libertas competit, erit dicendum posse ei subveniri: sin vero posteaquam dies venit, voluntas maioris venditoris libertatem imponit.*

mayor de veinte años? A decir verdad, el menor si reclama antes de liberar al esclavo será oído; pero si lo hace después, no será oído. También puede preguntarse, ¿si el que compra con esta condición fuese menor podrá obtener la restitución? Y si aún no se libera al esclavo se habrá de decir que puede ser auxiliado; pero después del plazo, se impone la voluntad del vendedor mayor de edad y procede la libertad.

*§2. Ex facto quaesitum est: adulescentes quidam acceperant curatorem Salvianum quendam nomine: hic cum curam administrasset, beneficio principis urbicam procurationem erat adeptus et apud praetorem se a cura adulescentium excusaverat absentibus eius: adulescentes adierant praetorem desiderantes in integrum adversus eum restitui, quod esset contra constitutions excusatus. Cum enim susceptam tutelam non alii soleant deponere, quam qui trans mare rei publicae causa absunt vel hi qui circa principem sunt occupati, ut in consiliarii Menandri Arrii persona est indultum, meruisset autem Salvianus excusationem, adulescentes quasi capti in integrum restitui a praetore desideraverant. Aetrius Severus quia dubitabat, ad imperatorem Severum rettulit: ad quam consultationem successor eius Venidio Quieto rescripsit nullas partes esse praetoris: neque enim contractum proponi cum minore annis*

§2. Se preguntó sobre este caso: unos adolescentes tenían por curador a alguien llamado Salviano; habiendo administrado éste la curatela, obtuvo la administración de la ciudad por concesión del príncipe, y debido a la ausencia de éstos se había excusado de la curatela de los menores ante el pretor; los adolescentes se dirigieron al pretor solicitando contra él la restitución íntegra pues se había excusado contra lo dispuesto en las constituciones, porque no es costumbre que dejen la tutela ya aceptada, salvo aquellos que están ausentes al otro lado del mar por causa pública, o los que están empleados cerca del príncipe, como se concedió al consejero Menandro Arrio, y no obstante se logró excusar Salviano, los adolescentes perjudicados habían solicitado al pretor que les restituyera íntegramente. El pretor Etrio Severo, teniendo dudas en este caso, consultó al emperador

*viginti quinque: des principes intervenire et reducere hunc ad administrationem, qui perperam esset a praetore excusatus.*

Septimio Severo, a cuya consulta respondió por escrito su sucesor a Benidio Quieto que esto no correspondía al pretor, porque ni siquiera se decía que se había contratado con un menor de veinticinco años, y que debían intervenir los príncipes y reintegrar la administración de la curatela a aquel que indebidamente había sido excusado por el pretor.

*§3. Sciendum est autem non passim minoribus subveniri, sed causa cognita, si capti esse proponantur.*

§3. Ha de saberse que no debe auxiliarse en todos los casos a los menores, sino con conocimiento de causa del pretor, si alegasen haber sido perjudicados.

*§4. Item non restituetur, qui sobrie rem suam administrans occasione damni non inconsulte accidentis, sed fato velit restitui: nec enim eventus damni restitutionem indulget, sed inconsulta facilitas. Et ita et Pomponius libro vicensimo octavo scripsit. Unde Marcellus apud Iulianum notat, si minor sibi servum necessarium comparaverit, mox decesserit, non debere eum restitui: neque enim captus est emendo sibi rem pernecessariam, licet mortalem.*

§4. Asimismo, no será restituido el menor que administrando prudentemente sus bienes quisiera ser restituido con motivo de un daño sobrevenido no por imprudencia, sino por fatalidad; porque la restitución no se basa en que sobrevenga un daño, sino en la falta de juicio del menor; y así lo escribió también Pomponio en su libro vigésimo octavo de los comentarios al edicto. Por esto observa Marcelo en sus notas a Juliano que si un menor hubiere comprado un esclavo que le era necesario, y después éste hubiere fallecido, no debía concederse la restitución; porque el menor no resultó perjudicado al comprar para él una cosa muy necesaria aunque mortal.

*§5. Si locupleti heres extitit et subito hereditas lapsa sit (puta praedia fuerunt quae chasmate perierunt,*

§5. Si un menor heredó de un rico y súbitamente hubiere perecido la herencia (por ejemplo, si hubo

*insulae exustae sunt, servi fugerunt aut decesserunt): Iulianus quidem libro quadragensimo sexto sic loquitur, quasi possit minor in integrum restitui. Marcellus autem apud Iulianum notat cessare in integrum restitutionem: neque enim aetatis lubrico captus est adeundo locupletem hereditatem, et quod fato contingit, cuivis patri familias quamvis diligentissimo possit contingere. Sed haec res adferre potest restitutionem minori, si adiit hereditatem, in qua res eran multae mortales vel praedia urbana, aes autem alienum grave, quod non prospexit posse evenire, ut demoriantur mancipia, praedia ruant, vel quod non cito distraxerint haec, quae multis casibus obnoxia sunt.*

fincas que desaparecieron por un terremoto, o si se quemaron las casas, o si huyeron o fallecieron los esclavos), Juliano dice en su libro cuadragésimo sexto de los comentarios al edicto que el menor puede ser restituido íntegramente; pero Marcelo en sus notas a Juliano dice que no procede la restitución íntegra, porque el menor no fue engañado por inmadurez al aceptar una herencia cuantiosa, y lo que sucede por fatalidad puede ocurrirle a cualquier padre de familia, incluso al más diligente. Pero en este caso puede restituirse al menor si aceptó una herencia en la que había muchas cosas perecederas o predios urbanos, y también grandes deudas, porque no previó que pudieran morirse los esclavos o se derrumbassen las casas, o por no haber vendido pronto aquellas cosas sujetas a muchas eventualidades.

*§6. Item quaeritur, si minor adversus minorem restitui desiderat, an si audiendus. Et Pomponius simpliciter scribit non restituendum. Puto autem inspiciendum a praetore, quis captus sit: proinde si ambo capti sunt, verbi gratia minor minori pecuniam dedit et ille perdidit, melior est causa secundum Pomponium eius, qui accepit et vel dilapidavit vel perdidit.*

§6. También se pregunta esto: si un menor quisiera ser restituido contra otro menor, ¿deberá ser oído? Y Pomponio escribe sin más que no debe ser restituido. Mas yo opino que el pretor debe examinar quién resultó perjudicado; por ende, si un menor dio dinero a otro menor y éste lo perdió, según Pomponio es mejor la condición de quien lo recibió y lo dilapidó o lo perdió.

*§7. Plane si minor annis cum filio familias maiore contraxerit, et Iulianus libro quarto digestorum et Marcellus libro secundo digestorum*

§7. Si un menor de edad hubiere prestado dinero a un hijo de familia mayor de edad, tanto Juliano en el libro cuarto de su Digesto como

*scribit posse in integrum restitui, ut magis aetatis ratio quam senatus consulti habeatur.*

Marcelo en el libro segundo del Digesto escriben que puede ser restituido íntegramente, de modo que se tenga más en cuenta protección debido a la edad que la prohibición de prestar del senadoconsulto Macedoniano.

**12.** *GAIUS libro quarto ad edictum provinciale. Si apud minorem mulier pro alio intercesserit, non este i actio in mulierem danda, sed perinde atque ceteri per exceptionem summoveri debet: scilicet quia communi iure in priorem debitorem ei actio restituitur. Haec si solvendo sit prior debitor: alioquin mulier non utetur senatus consulti auxilio.*

**12.** GAYO *en el libro cuarto de los comentarios al edicto provincial.* Si una mujer hubiere salido fiadora de otro ante un menor, no se concederá acción a éste último contra la mujer, sino que debe ser rechazado con la excepción del mismo modo que los demás acreedores, porque por el derecho común a todos ellos se le restituye la acción contra el primer deudor; esto siempre que el deudor principal fuese solvente, porque de lo contrario la mujer no disfrutará del beneficio del senadoconsulto Veleyano.

**13.** *ULPIANUS libro undecimo ad edictum. In cause cognitione versabitur, utrum soli ei succurrendum sit, an etiam his qui pro eo obligati sunt, ut puta fideiussoribus. Itaque si cum scirem minorem et ei fidem non haberem, tu fideiusseris pro eo, non est aequum fideiussori in necem meam subveniri, sed potius ipsi deneganda erit mandati actio. In suma perpendendum erit praetori, cui potius subveniat, utrum creditori an fideiussori: nam minor captus neutri tenebitur. Facilius in mandatore*

**13.** ULPIANO *en el libro décimo primero de los comentarios al edicto.* En el conocimiento de causa se examinará si debe auxiliarse sólo al menor o también a los que por él se obligaron, por ejemplo, a los fiadores. Y así, si sabiendo yo que mi deudor era menor, y no teniendo confianza en él tú hubieres salido fiador por él, no es justo que se auxilie al fiador en perjuicio mío, sino que se habrá de negar al fiador la acción de mandato en regreso contra el menor. En suma, el pretor deberá considerar a quien auxiliará preferentemente, si al acreedor al

*dicendum erit non debere ei subvenire: hic enim velut adfirmator fuit et suasor, ut cum minore contraheretur. Unde tractari potest, minor in integrum restitutionem utrum adversus creditorem an et adversus fideiussorem implorare debeat. Et puto tutius adversus utrumque: causa enim cognita et praesentibus adversariis vel si per contumaciam desint in integrum restitutiones perpendendae sunt.*

*§1. Interdum autem restitution et in rem datur minori, id est adversus rei eius possessorem, licet cum eo non sit contractum. Ut puta rem a minore emisti et alii vendidisti: potest desiderare interdum adversus possessorem restitui, ne rem suam perdat vel re sua careat, et hoc vel cognitione praetoria vel rescissa alienatione dato in rem iudicio. Pomponius quoque libro vicensimo octavo scribit Labeonem existimasse, si minor viginti quinque annis fundum vendidit et tradidit, si emptor rursus eum alienavit, si quidem emptor sequens scit rem ita gestam, restitutionem adversus eum faciendam: si ignoravit et prior emptor solvendo esset, non esse faciendam: sin vero non esset solvendo, aequius esse minori succurri etiam adversus ignorantem, quam vis bona fide emptor est.*

fiador, porque el menor perjudicado no quedará obligado a ninguno de los dos. Respecto del mandante de garantía con mayor facilidad se dirá que no debe auxiliársele porque fue su garante y persuadió para contratar con el menor. Por lo que puede preguntarse: ¿debe el menor solicitar la restitución íntegra contra el acreedor o también contra el fiador? Y considero más seguro que la solicite contra ambos, porque las restituciones íntegras han de examinarse detenidamente con conocimiento de causa y hallándose presentes los adversarios, a no ser que por contumacia estén ausentes.

§1. A veces se concede también al menor la restitución íntegra sobre la cosa, es decir, contra el poseedor de ésta aunque no se haya contratado con él, por ejemplo, si compraste del menor una cosa y la vendiste a otro puede pretender algunas veces el menor la restitución contra el poseedor para no perder la cosa o privarse de ella, y esto con conocimiento del pretor o rescindida la enajenación con la acción reivindicatoria. También escribe Pomponio en su libro vigésimo octavo de su digesto que, según Labeón, cuando un menor de veinticino años vendió y entregó un fundo, si el comprador lo enajenó a su vez y el siguiente comprador sabe cómo había sido el negocio, ha de hacerse la restitución contra el segundo comprador; si lo ignoró y el primer comprador fuese solvente,

99

no ha de hacerse; pero si el primer comprador no fuese solvente es más equitativo que se auxilie al menor contra el que lo ignoraba, aunque sea comprador de buena fe.

**14.** *PAULUS libro undecimo ad edictum. Plane quamdiu in qui a minore rem accepit aut heres eius idoneus sit, nohil novi constituendum est in eum, qui rem bona fide emerit, idque et Pomponius scribit.*

**14.** PAULO *en el libro décimo primero de los comentarios al edicto.* A decir verdad, mientras aquel que recibió la cosa del menor, o su heredero, sea solvente, nada nuevo ha de establecerse contra quien hubiere comprado la cosa de buena fe, y esto también lo afirma Pomponio.

**15.** *GAIUS libro quarto ad edictum provinciale. Sed ubi restitution datur, posterior emptor reverti ad auctorem suum poterit: per plures quoque personas si emptio ambulaverit, idem iuris est.*

**15.** GAYO *en el libro cuarto de los comentarios al edicto provincial.* Pero cuando se concede la restitución el último comprador podrá dirigirse contra quien le vendió la cosa. El mismo derecho valdrá si la compra hubiere pasado por muchas personas.

**16.** *ULPIANUS libro undecimo ad edictum. In causae cognitione etiam hoc versabitur, num forte alia actio possit competere citra in integrum restitutionem. Nam si communi auxilio et mero iure munitus sit, non debet ei tribui extraordinarium auxilium: ut puta cum pupillo contractum est sine tutoris auctoritate nec locupletior factus est.*

**16.** ULPIANO *en el libro décimo primero de los comentarios al edicto.* En el conocimiento de causa también se examinará si puede proceder otra acción aparte de la restitución íntegra. Porque si el menor estuviera amparado por la defensa común y el derecho ordinario no debe brindársele el auxilio extraordinario, por ejemplo, si se contrató con el pupilo sin la autorización del tutor y aquél no se enriqueció con ello.

§1. *Item relatum est apud Labeonem, si minor circumscriptus societatem coierit vel etiam donationis causa,*

§1. También se dice en Labeón que si un menor hubiere constituido sociedad por medio del engaño, o

*nullam essem societatem nec inter maiores quidem et ideo cessare partes praetoris: idem et Ofilius respondit: satis enim ipso iure munitus est.*

bien a causa de donación, es nula la sociedad incluso si se contrató con mayores de edad, y por tanto dejaba de intervenir el pretor. Lo mismo respondió también Ofilio, porque el menor está totalmente amparado por el mismo derecho.

*§2. Pomponius quoque refert libro vicensimo octavo, cum quidam heres rogatus esset fratris filiae complures res dare ea condicione, ut, si sine liberis decessisset, restitueret eas heredi et haec defuncto herede heredi eius cavisset se restituturam, Aristonem putasse in integrum restituendam. Sed et illud Pomponius adicit, quod potuit incerti condici haec cautio etiam a maiore: non enim ipso iure, sed per condictionem munitus est.*

§2. También refiere Pomponio en su libro vigésimo octavo de los comentarios al edicto que habiendo sido rogado cierto heredero para que diese varias cosas a la hija menor de su hermano con la condición de que, si falleciese sin hijos, las restituyese al heredero, así como ella, una vez fallecido el heredero, diese caución de que se las restituiría al heredero del heredero, había opinado Aristón que la hija menor debía ser restituida íntegramente. Pero Pomponio añade que también un mayor de edad podría solicitar la devolución de la caución mediante la condicción de cosa incierta porque está amparada no de propio derecho sino por la condicción.

*§3. Et generaliter probandum est, ubi contractus non valet, pro certo praetorem se non debere interponere.*

§3. Y en general ha de admitirse que cuando el contrato no es válido, ciertamente no debe interponerse el pretor.

*§4. Idem Pomponius ait in pretio emptionis et venditionis naturaliter licere contrahentibus se circumvenire.*

§4. El mismo Pomponio reconoce que en el precio de la compraventa naturalmente es lícito engañarse a los contratantes.

*§5. Nunc videndum, qui in integrum restituere possunt. Et tam praefectus urbi quam alii magistratus pro iurisdictione sua restituere in integrum possunt, tam in aliis causis quam*

§5. Ahora veamos quiénes pueden dar la restitución íntegra. Y así, tanto el prefecto de la ciudad como los demás magistrados, según su jurisdicción, pueden conceder la

101

*contra sententiam suam.*

restitución íntegra tanto en causas falladas por otros magistrados como contra sentencia propia.

**17.** *HERMOGENIANUS libro primo iuris epitomarum. Praefecti etiam praetorio ex sua sententia in integrum possunt restituere, quamvis appellari ab his non possit. Haec idcirco tam varie, quia appellation quidem iniquitatis sententiae querellam, in integrum vero restitutio erroris proprii veniae petitionem vel adversarii circumventionis allegationem continet.*

**17.** HERMOGENIANO *en el libro primero del epítome del derecho.* También los prefectos del pretorio pueden conceder la restitución íntegra, aunque no pueda apelarse ante ellos. Y tal diferencia depende de que la apelación contiene una reclamación contra la injusticia de la sentencia, mientras que la restitución íntegra contiene una petición de perdonar el error propio o una alegación del engaño del contrario.

**18.** *ULPIANUS libro undecimo ad edictum. Minor autem magistratus contra sententiam maiorum non restituet.*

**18.** ULPIANO *en el libro décimo primero de los comentarios al edicto.* El magistrado inferior no concederá la restitución contra sentencia de magistrados superiores.

*§1. Si autem princeps sententiam dixit, perraro solet permittere restitutionem et iudici in auditorium suum eum, qui per infirmitatem aetatis captum se dicat, dum ea, quae pro causa sunt, dicta non allegat vela b advocatis proditum queratur. Denique Glabrionem Acilium divus Severus et imperator Antoninus non adierunt incolorate restitui desiderantem adversus fratrem post speciem in auditorio eorum finitam.*

§1. Si el príncipe pronunció sentencia rarísimas veces suele permitir la restitución y que se admita en audiencia imperial al que dijere que había sido perjudicado por la inmadurez de su edad, a no ser que no alegue lo ya dicho en la causa o se querelle de haber sido engañado por sus abogados. Por lo demás, el divino Septimio Severo y el Emperador Antonino Caracala no dieron audiencia a Glabrión Acilio que pretendía sin justa causa la restitución contra su hermano, después de terminado el juicio ante la audiencia imperial.

*§2. Sed et Percennio Severo contra res*

§2. Pero el divino Septimio Severo

*bis iudicatas in integrum restitui divus Severus et imperator Antoninus permiserunt in auditorio su examinari.*

*§3. Idem imperator Licinnio Frontoni rescripsit insolitum esse post sententiam vice sua ex appellatione dicta aliud in integrum restitutionem tribuere nisi solum principem.*

*§4. Sed et si ab imperatore iudex datus cognoscat, restitution ab alio nisi a principe, qui iudicem destinavit, non fiet.*

*§5. Non solum autem minoribus, verum successoribus quoque minorum datum in integrum restitutio, etsi sint ipsi maiores.*

**19**. *IDEM libro tertio decimo ad edictum. Interdum tamen successori plus quam annum dabimus, u test edicto expresum, si forte aetas ipsius subveniat: nam post annum vicensimum quantum habebit legitimum tempus. Hoc enim ipso deceptus videtur, quod, cum posset restitui intra tempus statutum ex persona defuncti, hoc non fecit. Plane si defunctus ad in integrum restitutionem modicum tempus ex anno utili habuit, huic heredi minori post annum vicensimum quintum completum non totum statutum tempus dabimus ad in integrum*

y el emperador Antonino permitieron a Percenio Severo que se examinase en audiencia imperial si si debía restituírsele íntegramente contra lo juzgado en dos sentencias.

§3. El mismo emperador Antonino Caracala respondió por respuesta escrita a Licinio Frontón que era insólito que otro juez aparte del Príncipe concediese la restitución íntegra después de proferir sentencia de apelación en su nombre de éste.

§4. Pero si conociera del litigio un juez nombrado por el emperador no concederá la restitución otro juez, sino sólo el príncipe que designó al juez.

§5. No sólo se concede la restitución íntegra a los menores sino también a sus sucesores, aunque ellos sean mayores.

**19**. EL MISMO *en el libro décimo tercero de los comentarios al edicto.* A veces daremos al sucesor del menor un plazo superior a un año, como está expresado en el edicto, cuando le favorece su edad, pues sólo después de los veinticinco años tendrá la edad legal, ya que parece que dicho menor fue perjudicado precisamente en que pudiendo ser restituido a causa del difunto dentro del plazo establecido no lo hizo. Sin embargo, si el difunto tuvo poco tiempo del año útil para hacer la restitución íntegra, a este heredero menor, después de cumplidos los veinticinco, no daremos todo el

restitutionem, sed id dumtaxat tempus, quod habuit is cui heres extitit.

tiempo establecido para la restitución íntegra, sino tan sólo el tiempo que le faltaba al causante de la herencia.

**20.** *IDEM libro undecimo ad edictum. Papinianus libro secundo responsorum ait exuli reverso non debere prorogari tempus in integrum restitutionis statutum, quia afuit, cum potuerit adire praetorem per procuratorem, nec dixit, vel praesidem ubi erat. Sed quod idem dicit et indignum esse propter irrogatam poenam, non recte: quod enim commune habet delictum cum venia aetatis?*

**20.** EL MISMO *en el libro décimo primero de los comentarios al edicto.* Dice Papiniano en el libro segundo de sus respuestas que no se le debe prorrogar al desterrado que ha regresado el plazo establecido para la restitución íntegra debido a que estuvo ausente, ya que hubiera podido acudir ante el pretor por medio de un procurador y no lo hizo, o ante el presidente de donde el desterrado se hallaba. Pero lo dicho por Papiniano de que el desterrado también es indigno por la pena que se le impuso, no es acertado, porque, ¿qué tienen en común el delito y la venia de la edad?

**§1.** *Si quis tamen maior viginti quinque annis intra tempus restitutionis statutum contestatus postea destiterit, nihil ei proficit ad in integrum restitutionem contestatio, ut est saepissime rescriptum.*

**§1.** Pero si alguien mayor de veinticinco años, habiendo contestado la demanda dentro del plazo establecido para la restitución, hubiere desistido después, en nada le beneficia la contestación para que se le restituya, según se ha decidido por respuesta escrita mucísimas veces.

**21.** IDEM *libro decimo ad edictum. Destitisse autem is videtur non qui distulit, sed qui liti renuntiavit in totum.*

**21.** EL MISMO *en el libro décimo de los comentarios al edicto.* Se considera que desistió no quien difirió el litigio, sino quien renunció totalmente a éste.

**22.** IDEM *libro undecimo ad edictum. In integrum vero restitutione postulata adversus aditionem a minore factam, si quid legatis ad expensum est, vel pretia eorum qui ad libertatem aditione eius pervenerunt, a minore refundenda non sunt. Quemadmodum per contrarium cum minor restituitur ad adeundam hereditatem, quae antea gesta errant per curatorem bonorum decreto praetoris ad distrahenda bona secundum iuris formam constitutum, rata esse habenda Calpurnio Flacco Severus et Antoninus rescripserunt.*

**22.** EL MISMO *en el libro décimo primero de los comentarios al edicto.* Pero solicitada la restitución íntegra contra la aceptación de herencia por parte de un menor de edad, no debe ser abonarse lo gastado en pagar legados ni en el precio de los esclavos manumitido por testamento que alcanzaron la libertad por la aceptación del menor. Así como, por el contrario, cuando un menor obtiene la restitución para aceptar una herencia, los emperadores Septimio Severo y Antonino Caracala contestaron por respuesta escrita a Calpurnio Flaco que ha de considerarse válido lo que el curador de los bienes del menor hubiere hecho antes de la restitución, nombrado aquél por decreto del pretor para vender los bienes.

**23.** PAULUS *libro undecimo ad edictum. Cum mandato patris filius familias res administraret, non habet beneficium restitutionis: nam et si alius ei mandasset, non succurreretur, cum eo modo maiori potius consuleretur, cuius damno res sit cessura. Sed si eventu damnum minor passurus sit, quia quod praestiterit servare ab eo cuius negotia gessit non potest, quia is non erit solvendo, sine dubio praetor interveniet. Si autem ipse dominus minor sit, procurator vero maioris aetatis, non potest facile dominus audire, nisi si mandatu eius*

**23.** PAULO *en el libro décimo primero de los comentarios al edicto.* Cuando un hijo de familia administrase los bienes por mandato del padre no tiene el beneficio de la restitución, porque tampoco sería auxiliado si otro se lo hubiere mandado, pues de este modo se protegería al mayor perjudicado en la gestión. Pero si el menor va a padecer algún perjuicio porque no puede recuperar lo que pagó de aquel cuyos negocios administró porque éste no fuese solvente, sin duda interventrá el pretor. Mas si el mismo interesado fuese menor de edad y el

*gestum erit nec a procuratore servari res possit. Ergo et si procuratorio nomine minor circumscriptus sit, imputari debet hoc domino, qui tali commisit sua negotia. Idque et Marcello placet.*

procurador mayor, no puede ser fácilmente oído el dueño del negocio a menos que se hubiere administrado por su mandato y no pueda conseguirse la cosa del procurador. Y si también hubiere sido engañado el menor siendo procurador, debe imputársele esto al dueño, que encomendó sus negocios a tal persona; y esto también a Marcelo le parece correcto.

**24.** *PAULUS libro primo sententiarum. Quod si minor sua sponte negotiis maioris intervenerit, restituendus erit, ne maiori damnum accidat. Quod si hoc facere recusaerit, tunc si conventus fuerit negotiorum gestorum, adversus hanc actionem non restituitur: sed compellendus est sic ei cedere auxilio in integrum restitutionis, ut procuratorem eum in rem suam faciat, ut possit per hunc modum damnum sibi propter minorem contingens resarcire.*

**24.** PAULO *en el libro primero de las sentencias.* Pero si un menor hubiere intervenido espontáneamente en los negocios de un mayor, habrá de obtener la restitución para que no sobrevenga perjuicio al mayor. Pero si el menor se negase a solicitar la restitución, entonces, si lo hubieren demandado por la gestión de negocios no obtiene la restitución contra esta acción, sino que el menor ha de ser obligado a cederle al interesado en el negocio el auxilio de la restitución íntegra para que lo haga procurador en interés propio, y de este modo pueda resarcirse el daño que sobrevenga por causa del menor.

*§1. Non semper autem ea, quae cum minoribus geruntur, rescindenda sunt, sed ad bonum et aequum redigenda sunt, ne magno incommodo huius aetatis homines adficiantur nemine cum his contrahente et quodammodo commercio eis interdicetur. Itaque nisi aut manifesta circumscriptio sit aut tam neglegenter in ea causa versati*

§1. No siempre debe rescindirse los negocios hechos con los menores, sino que deben reducirse a lo bueno y justo para que los hombres de esta edad no sean perjudicados con la grave consecuencia de que nadie contrate con ellos, y en cierto modo se les prive del derecho de comercio a los menores. Y así, no

*sunt, praetor interponere se non debet.*

debe interponerse el pretor a menos que el engaño sea evidente o que se hayan conducido en aquel asunto con extrema negligencia.

*§2. Scaevola noster aiebat: si quis iuvenili levitate ductus omiserit vel repudiaverit hereditatem vel bonorum possessionem, si quidem omni in integro sint, omnímodo audiendus est: si verum iam distracta hereditate et negotiis finitis ad paratam pecuniam laboribus substituti veniat, repellendus est: multoque parcius ex hac causa heredem minoris restituendum esse.*

§2. Decía nuestro Escévola que si alguien, llevado de su juvenil ligereza, hubiere dejado de aceptar o hubiere repudiado una herencia o posesión de bienes hereditarios, siempre qu e las cosas hereditarias continuasen íntegras, desde luego ha de ser oído; pero si ya vendida la herencia y concluidos los negocios hereditarios el menor reclamase el dinero obtenido por el trabajo del heredero sustituto, debe ser rechazado; y con mayor mesura se ha de conceder la restitución al heredero del menor por esta causa.

*§3. Si servus vel filius familias minorem circumscripserit, pater dominusve quod ad eum pervenerit restituere iubendus est, quod non pervenerit ex peculio eorum praestare: si ex neutro satisfiet et dolus servi intervenerit, aut verberibus castigandus aut noxae dedendus erit. Sed et si filius familias hoc fecit, ob dolum suum condemnabitur.*

§3. Si un esclavo o un hijo de familia hubiere engañado a un menor, ha de mandarse que el padre o el dueño restituyan lo que hubiere llegado a su poder, y pagar del peculio del esclavo o del hijo lo que al menor no hubiere llegado; si no satisficieren ni por lo uno ni por lo otro, y hubiere mediado dolo del esclavo, éste habrá de ser castigado con azotes o entregado por el delito. Pero también si un hijo de familia hizo esto será condenado por su dolo.

*§4. Restitutio autem ita facienda est, ut unusquisque integrum ius suum recipiat. Itaque si in vendendo fundo circumscriptus restituetur, iubeat praetor emptorem fundum cum fructibus reddere et pretium recipere, nisi si tunc dederit, cum eum*

§4. La restitución ha de hacerse de modo que cada uno recobre íntegro su derecho. Y así, si fuere restituido el engañado por vender un fundo, el pretor debe ordenar que el comprador restituya el fundo con los frutos y recupere el precio

*perditurum non ignoraret: sicuti facit in ea pecunia, quae ei consumpturo creditur, quod facere necesse est, credere autem non est necesse. Nam et si origo contractus ita constitit, ut infirmanda sunt, si tamen necesse fuit pretium solvi, non omnimodo emptor damno adficiendus est.*

pagado, a no ser que lo hubiere dado sabiendo que el menor había de perderlo, como sucede con el dinero que se presta a quien lo ha de gastar. Pero en la venta se procede con más cautela, porque se paga al menor una deuda que es necesario pagarle pero que no es necesario prestar dinero. Porque aunque el origen del contrato debe anularse, sin embargo, siendo necesario pagar el precio, de ningún modo debe ser perjudicado el comprador.

*§5. Ex hoc edicto nulla propria actio vel cautio proficiscitur: totum enim hoc pendet ex praetoris cognitione.*

§5. De este edicto no procede ninguna acción específica o caución, porque todo depende de que conozca el pretor del caso.

**25.** *GAIUS libro quarto ad edictum provinciale. Illud nullam habet dubitationem, quin minor si non debitum solverit ex ea causa, ex qua iure civil repetitio non est, danda sit et utilis actio ad repetendum: cum et maioribus viginti quinque annis iustis ex causis dari solet repetitio.*

**25.** GAYO *en el libro cuarto de los comentarios al edicto privincial.* No existe duda de que si un menor hubiere pagado lo que no debía por alguna causa en virtud de la cual no procede la repetición por derecho civil, tendrá una acción útil para reclamarlo, puesto que en estos casos también suele concederse a los mayores de veinticinco años la repetición por causas justificadas.

*§1. Si talis interveniat iuvenis, cui praestanda sit restitutio, ipso postulante praestari debet aut procuratori eius, cui id ipsum nominatim mandatum sit: qui vero generale mandatum de universis negotiis gerendis alleget, non debet audiri.*

§1. Si se presentase un joven al que deba concedérsele la restitución, pidiéndola él mismo, se le debe dar a él o al procurador a quien se lo hubiere encomendado expresamente; pero el procurador que alegase mandato general para todos los negocios del menor, no debe ser oído.

**26.** *PAULUS libro undecimo ad edictum. Quod si de speciali mandatu dubitetur, cum restitutio postuletur, interpósita stipulatione ratam rem dominum habiturum rei potest mederi.*

*§1. Quod si is, qui circumscripsisse dicitur, absit, defensor eius satis iudicatum solvi dare debebit.*

**27.** *GAIUS libro quarto ad edictum provinciale. Patri pro filio omnimodo praestanda restitutio est, licet filius restitui nolit, quia patris periculum agitur cui de peculio tenetur. Ex quo apparet ceteros cognatos vel adfines alterius esse condicionis, nec aliter audiri oportere, quam si ex voluntate adulescentis postulent aut eius vitae sit iste adulescens, ut merito etiam bonis et debeat interdici.*

*§1. Si pecuniam, quam mutuam minor accepit, dissipavit, denegaret debere proconsul creditori adversus eum actionem. Quod si egenti minor crediderit, ulterius procedendum non est, quam ut iubeatur iuvenis actionibus suis, quas habet adversus eum cui ipse credidisset, cedere creditori suo. Praedium quoque si ex ea pecunia pluris quam oporteret emit, ita temperanda res erit, ut iubeatur venditor reddito pretio*

**26.** PAULO *en el libro décimi primero de los comentarios al edicto.* Si se dudase del mandato especial cuando se reclamase la restitución, puede ponerse remedio al caso interponiendo la estipulación de que el interesado habrá de ratificar la cosa.

§1. Pero si aquel que se dice perjudicado estuviera ausente, su defensor deberá dar caución de pagar la condena que pueda recaer.

**27.** GAYO *en el libro cuarto de los comentarios al edictor provincial.* De todos modos se ha de conceder al padre la restitución en representación del hijo, aunque éste no quiera ser restituido porque se trata de un riesgo del padre que está obligado por la acción de peculio. En consecuencia, la condición de los agnados o afines es otra, y sólo deben ser oídos si reclamaran con la voluntad del adolescente, o que éste sea de tal modo de vida que hasta deba prohibírsele administrar sus bienes.

§1. Si un menor malgastó el dinero que recibió prestado, el procónsul debe negar al acreedor acción contra él. Pero si el menor hubiere prestado la cantidad a alguien que la necesitaba, bastará solicitar al joven que ceda a su acreedor las acciones que tiene contra aquél que es su mutuario. Si con este dinero compró un predio por un precio mayor al que convenía se habrá de arreglar la cosa ordenando que el

*reciperare praedium, ita ut sine alterius damno etiam créditor a iuvene suum consequatur. Ex quo scilicet simul intellegimus, quid observari oporteat, si sua pecunia pluris quam oportet emerit, ut tamen hoc et superiore casu venditor, qui pretium reddidit, etiam usuras, quas ex ea pecunia percepti aut percipere potuit, reddat, et fructus, quibus locupletior factus est iuvenis, recipiat. Item ex diverso si minore pretio quam oportet vendiderit adulescens, emptor quidem iuberi debebit praedia cum fructibus restituere, iuvenis autem eatenus ex pretio reddere, quatenus ex ea pecunia locupletior est.*

vendedor recupere el predio una vez devuelto el precio, de modo que sin perjuicio de nadie el acreedor también recupere del joven lo suyo. Por lo que al mismo tiempo entendemos que debe observarse si hubiere comprado con su dinero por un precio mayor del que conviene, pero de manera que tanto en este caso como en el anterior el vendedor que devolvió el precio devuelva también los intereses que percibió o pudo percibir, y reciba los frutos con que el joven se benefició. Asimismo, por el contrario, si el adolescente hubiere vendido por menos precio del debido, deberá ordenarse al comprador que restituya los predios con sus frutos y al menor que devuelva del precio percibido tan sólo la cantidad por la que se enriqueció.

*§2. Si minor annis viginti quinque sine causa deditori acceptum tulerit, non solum in ipsum, sed et in fideiussores et in pignora actio restitui debet. Et si ex duobus reis alteri acceptum tulerit, in utrumque restituenda est action.*

§2. Si un menor de veinticinco años hubiere liberado pora aceptilación a su deudor sin causa alguna, debe restituírsele la acción no sólo contra el deudor mismo, sino también contra los fiadores y con respecto a las prendas; y si de dos deudores solidarios hubiere liberado por aceptilación a uno, debe restituirse la acción contra ambos.

*§3. Ex hoc intellegimus, si damnosam sibi novationem fecerit, forte si ab idóneo debitore ad inopem novandi causa transtulerit obligationem, oportere eum in priorem debitorem restitui.*

§3. De aquí deducimos que si el menor hubiere hecho una novación perjudicial para él, por ejemplo, si por causa de novación hubiere transferido la obligación de un deudor solvente a otro insolvente, debe obtener la restitución contra el

*§4. Adversus eos quoque restitutio praestanda est, quoum de dolo agere non permittitur, nisi quaedam personae speciali lege exceptae sint.*

**28.** *CELSUS libro secundo digestorum. Cum minor quam quinque et viginti annis adversus eum, cum quo tutelae egit, restituitur, non ideo tutori contrarium tutelae iudicium restituendum est.*

**29.** *MODESTINUS libro secundo responsorum. Etiamsi patre eodemque tutore auctore pupillus captus probari possit, curatorem postea ei datum nomine ipsius in integrum restitutionem postulare non prohiberi.*

*§1. Ex causa curationis condemnata pupilla adversus unum caput sententiae restitui volebat, et quia videtur in ceteris litis speciebus relevata fuisse, actor maior aetate, qui adquievit tunc temporis sententiae, dicebat totam debere litem restaurari. Modestinus respondit, si species, in qua pupilla in integrum restitui desiderat, ceteris speciebus non cohaeret, nihil proponi, cur a tota sententia recedi actor postulans audiendus est.*

primer deudor.

§4. También debe concederse la restitución contra aquellos por cuyo dolo no se permite reclamar, salvo que sean personas exceptuadas por una ley especial.

**28.** CELSO *en el libro segundo del digesto.* Cuando un menor de veinticinco años obtiene la restitución contra aquel a quien demandó por la acción de tutela, no por esto debe restituírsele al tutor la acción de tutela contraria.

**29.** MODESTINO *en el libro segundo de las respuestas.* Aunque se pueda probar que el pupilo fue perjudicado cuando su padre y aun el mismo tutor autorizaron el acto, no se prohíbe que el curador nombrado posteriormente pida la restitución íntegra a nombre del pupilo.

§1. Habiendo sido condenada una pupila en el juicio contra el administrador de su tutela, quería obtener la restitución contra un punto de la sentencia, y como parece que había sido favorecida en los demás extremos del litigio, el demandante mayor de edad que en su momento estuvo de acuerdo con la sentencia decía que debía reponerse todo el litigio. Modestino respondió que si el punto respecto del cual la pupila solicita ser restituida por entero no tiene relación con los demás particulares, no hay razón para oír al actor que

*§2. Si hereditate patris aetatis beneficio in integrum rerstitutus abstinuit se nomine de creditoribus paternis praesente vel ad agendum a praeside evocato, an ea restitution recte facta videatur, quaeritur. Modestinus respondit, cum non evocatis creditoribus in integrum restitutionis decretum interpositum proponatur, minime id creditoribus praeiudicasse.*

pedía rescindir toda la sentencia.

§2. Si alguien se abstuvo de la herencia paterna habiendo obtenido la restitución íntegra por el beneficio de la edad, no hallándose presente ninguno de los acreedores de su padre o no habiendo sido citado ninguno por el gobernador para intervenir como parte, se pregunta si tal restitución podrá estar debidamente hecha. Modestino respondió que como se suponía que se había dado el decreto de restituir íntegramente sin haberse citado a los acreedores, de ningún modo había perjudicado a éstos.

**30.** *PAPINIANUS libro tertio quaestionum. Si filius emancipatus, contra tabulas non accepta possessione, post inchoatam restitutionis quaestionem, legatum ex testamento patris maio viginti quinque annis petisset, liti renuntiare videtur, cum et si bonorum possessionis tempus largiretur, electo iudicio defuncti repudiatum beneficium praetoris existimaretur.*

**30.** PAPINIANO *en el libro tercero de las cuestiones.* Si un hijo emancipado mayor de veinticinco años no había recibido la posesión de los bienes hereditarios contra el testamento, y después de incoada la petición de restituir hubiese reclamado un legado en virtud del testamento de su padre, se entiende que renuncia al litigio sobre restitución, pues aunque se le concediese tiempo para pedir la posesión de bienes hereditarios, como prefirió seguir la voluntad del difunto se estimaría que rechaza el beneficio del pretor.

**31.** *IDEM libro non responsorum. Si mulier, postquam heres extitit, propter aetatem abstinendi causa in integrum restituta fuerit, servos hereditarios ex fideicommisso ab ea*

**31.** EL MISMO *en el libro noveno de las respuestas.* Si después de hacerse heredera una mujer hubiere obtenido por razón de su edad la restitución íntegra para abstenerse de la herencia, respondí que los

*recte manumissos retinere libertatem respondi: nec erunt cogendi viginti aureos pro libertate retinenda dependeré, quam iure optimo consecuti videntur. Nam et si quidam ex creditoribus pecuniam suam ante restitutionem ab ea reciperassent, ceterorum querella contra eos qui acceperunt ut pecunia communicetur, non admittetur.*

esclavos de la herencia debidamente manumitidos por ella en virtud de fideicomiso conservaban su libertad; y dichos esclavos no habrán de ser obligados a pagar los veinte áureos para retener la libertad, porque se entiende que la obtuvieron de pleno derecho. Porque aunque algunos de los acreedores hubiesen recuperado de ella su dinero antes de la restitución, no se admitirá la reclamación de los demás acreedores contra los que cobraron para que se reparta el dinero.

**32.** *PAULUS libro primo quaestionum. Minor viginti quinque annis adito praeside ex aspectu corporis falso probavit perfectam aetatem: curatores cum intellexissent esse minore perseveraverunt in administratione: medio tempore post probatam aetatem ante impletum vicensimum quintum annum solutae sunt adulescenti pecuniae debitae easque male consumpsit. Quaero cuius sit periculum: et quid si curatores quoque in eodem errore perseverassent, ut putarent maiorem esse et abstinuissent se ab administratione, curationem etiam restituissent, an periculum temporis, quod post probatam aetatem cessit, ad eos pertineat? Respondi: hi qui debita exsolverunt liberati iure ipso non debent iterum conveniri. Plane curatores, qui scientes eum minorem esse perseveraverunt in eoduem officio,*

**32.** PAULO *en el libro primero de las cuestiones.* Habiéndose presentado ante el gobernador, un menor de veinticinco años probó falsamente que era mayor de edad por el aspecto de su cuerpo; sabiendo que era menor, los curadores continuaron la administración de sus bienes; entre tanto, después de probada la edad y antes de cumplidos los veinticinco años se pagaron al adolescente algunas cantidades adeudadas y las malgastó. Pregunto de quién será el riesgo ¿Y qué se dirá si también los curadores hubiesen caído en el mismo error de juzgar que era mayor y dejando de administrar también hubiesen devuelto la curatela? ¿Acaso deben sufrir los curadores el riesgo del tiempo transcurrido después de probada la edad? Respondí que quienes pagaron sus deudas no deben ser

non debuerunt eum pati accipere pecunias debitas et debebunt hoc nomine conveniri. *Quod si et ipsi decreto praesidis crediderunt et administrare cessaverunt vel etiam rationem reddiderunt, simles sunt ceteris debitoribus, ideoque non conveniuntur.*

demandados nuevamente al haber quedado libres de propio derecho; pero los curadores que perseveraron en el mismo cargo sabiendo que aquel era menor no debieron consentir que el menor recibiese las cantidades adeudadas y por ello deberán ser demandados. Pero si también ellos creyeron en el decreto del gobernador y dejaron de administrar, o incluso si rindieron cuentas, son semejantes a los demás deudores y por tanto no deben ser demandados.

**33.** *ABURNIUS VALENS libro sexto fideicommissorum. Si minor viginti quinque annis servum suum, qui pluris, quam in testamento ei legatum sit, manumittere rogatus fuerit et legatum acceperit, non cogendum praestare libertatem, si legatum reddere paratus sit, Iulianus respondit: ut quemadmodum maioribus liberum sit non accipere, si nolint manumittere, sic huic reddenti legatum necessitas manumittendi remittatur.*

**33.** ABURNIO VALENTE *en el libro sexto de los fideicomisos.* Si se hubiere rogado mediante fideicomiso a un menor de veinticinco años que manumita un esclavo suyo que vale más que lo legado en el testamento, y hubiere aceptado el legado, no se le obligará a conceder la libertad si estuviere dispuesto a devolver el legado; Juliano respondió que así como los mayores tienen libertad para no aceptar si no quisieran manumitir al esclavo, así se le dispensa a este menor que devuelve el legado la necesidad de manumitir.

**34.** *PAULU libro primo sententiarum. Si minor viginti quinque annis filio familias minori pecuniam credidit, melior est causa consumentis, nisi locupletior ex hoc inveniatur litis contestatae tempore is qui accepit.*

**34.** PAULO en el libro primero de las setencias. Si un menor de veinticinco años prestó dinero a un hijo de familia también menor, es mejor la situación de quien gasta el dinero, a no ser que el mutuario, al momento de contestar la demanda, se haya enriquecido con lo que recibió.

*§1. Minores si in iudicem compromiserunt et tutore auctore stipulati sunt, integri restitutionem adversus talem obligationem iure desiderant.*

§1. Si unos menores se comprometieron a someterse a la decisión de un juez y estipularon con autoridad del tutor, con derecho pueden pedir la restitución íntegra contra tal obligación.

**35.** *HERMOGENIAUS libro primo iuris epitomarum. Si in emptionem penes se collatam minor adiectione ab alio superetur, implorans in integrum restitutionem audietur, si eius interesse emptam ab eo rem fuisse adprobetur, veluti quod maiorum eius fuisset: tamen ut id, quod ex licitatione accessit, ipse offerat venditori.*

**35.** HERMOGENIANO *en el libro primero del epítome del derecho.* Si un menor fuese vencido en una subasta por otro comprador que hizo mejor oferta respecto a una cosa ya adjudicada al menor, si implora la restitución íntegra será oído, si se probare que le interesaba haber comprado la cosa, por ejemplo, porque había sido de sus antepasados, con tal que ofrezca al vendedor lo que pujó en la subasta.

**36.** *PAULUS libro quinto sententiarum. Minor viginti quinque annis omissam allegationem per in integrum restitutionis auxilium repetere potest.*

**36.** PAULO *en el libro quinto de las sentencias.* El menor de veinticinco años puede repetirla presentación en juicio de la alegación que hubiere omitido usando el beneficio de la restitución íntegra.

**37.** *TRYPHONINUS libro tertio disputationum. Auxilium in integrum restitutionis exsecutionibus poenarum paratum non est: ideoque iniuriarum iudicium semel ommissum repeti non potest.*
*§1. Sed et in sexaginta diebus praeteritis, in quibus iure mariti sine calumnia vir accusare mulierem adulterii potest, denegatur ei in integrum restitutio: quod ius omissum*

**37.** TRIFONINO *en el libro tercero de las respuestas.* El beneficio de la restitución íntegra no se concede para ejecutar una pena, y por tanto, una vez abandonada la acción de injurias no puede pedirse después.
§1. Transcurridos los sesenta días durante los cuales el marido puede, por derecho marital, acusar de adulterio a su mujer sin calumnia, se le deniega también al marido que es

*si nunc repetere vult, quid aliud quam delicti veniam, id est calumniae deprecatur? Et cum neque in delictis neque in calumniatoribus praetorem succurrere oportere certi iuris sit, cessabit in integrum restitutio. In delictis autem minor annis viginti quinque non meretur in integrum restitutionem, utique atrocioribus. Nisi quatenus interdum miseratio aetatis ad mediocrem poenam iudicem produxerit. Sed ut ad legis Iuliae de adulteriis coercendis praecepta veniamus, utique nulla deprecatio adulterii poenae est, si se minor annis adulterum fateatur. Dixi, nec si quid eorum commiserit, quae pre adulterio eadem lex punit, veluti si adulterii damnatam sciens uxorem duxerit, aut in adulterio deprehensam uxorem non dimiserit, quaestumve de adulterio uxoris fecerit, pretiumve pro comperto stupro acceperit, aut domum praebuerit ad stuprum adulteriumve in eam committendum: et non sit aetatis excusatio adversus praecepta legum ei, qui dum leges invocat, contra eas committit.*

menor la restitución íntegra; porque al abandonar este derecho que tenía, si ahora quiere volver a intentarlo, ¿qué otra cosa pide sino el perdón de un delito, es decir, el de calumnia por reclamar fuera del plazo? Y como es de derecho cierto que el pretor no debe auxiliar en los delitos ni respecto de los calumniadores, dejará de tener lugar la restitución íntegra. El menor de veinticinco años no merece la restitución íntegra en los delitos, incluso en los más atroces, a no ser que alguna vez la conmiseración por la edad hubiere llevado al juez a aminorar la pena. Pero viniendo a los preceptos de la Ley Julia sobre castigo de los adulterios, no hay ciertamente lugar a ninguna disminución de la pena del adulterio si el menor de edad se confesase adúltero. Dije que tampoco si hubiere cometido alguna de las faltas que la misma ley castiga como adulterio, por ejemplo, si sabiéndolo se hubiere casado con una mujer condenada por adulterio, o no hubiere repudiado a su mujer sorprendida en adulterio, o hubiere negociado con el adulterio de su mujer, o hubiere recibido precio por un estupro manifiesto, o hubiere facilitado una casa para que en ella se cometiera un estupro o un adulterio: no debe haber excusa de la edad contra los preceptos de las leyes para quien infringe las leyes mientras las invoca.

**38.** *PAULUS libro primo decretorum. Aemilius Larianus ab Ovinio fundum Rutilianum lege commissoria emerat data parte pecuniae, ita ut, si intra duos menses ab emptione reliqui pretii partem dimidiam non solvisset, inemptus esset, ítem si intra alios duos menses reliquum pretium non numerasset, similiter esset inemptus. Intra priores duos menses Lariano defuncto Rutiliana pupillaris aetatis successerat, cuius tutores in solutione cessaverunt. Venditor denuntiationibus tutoribus saepe datis post annum eandem possessionem Claudio Telemacho vendiderat. Pupilla in integrum restitui desiderabat: victa tam apud praetorem quam apud prefectum urbi provocaverat. Putabam bene iudicatum, quod pater eius, non ipsa contraxerat: imperator autem motus est, quod dies committendi in tempus pupillae incidisset eaque effecisset, ne pareretur legis venditionis. Dicebam posse magis et ratione restitui eam, quod venditor denuntiando post diem, quo placuerat esse commissum, et pretium petendo recessisse a lege sua videretur: non me moveri quod dies postea transisset, non magis quam si creditor pignus distraxisset, post mortem debitoris die solutionis finita. Quia tamen lex commissoria displicebat ei, pronuntiavit in integrum restituendam. Movit etiam illud imperatorem, quod priores tutores, qui non restitui desiderassent,*

**38.** PAULO *en el libro primero de los decretos.* Habiendo dado parte del dinero, Emilio Lariano había comprado con pacto comisorio el fundo Rutiliano a Ovinio, conviniendo que, si no pagaba la cantidad restante dentro de los dos meses después de la compra, se tuviese por no comprado el fundo, y lo mismo si no pagaba el resto dentro de los otros dos meses siguiente; fallecido Lariano dentro de los dos primeros meses, le sucedió Rutiliana, de edad pupilar, cuyos tutores dejaron de pagar; habiendo requerido muchas veces a los tutores, el vendedor vendió después de un año la misma posesión a Claudio Telémaco. La pupila deseaba ser restituida íntegramente; vencida en litigio ante el pretor y ante el prefecto de la ciudad, decidió apelar. Yo opinaba que se había juzgado bien porque había contratado su padre, no ella. Pero el emperador se inclinó a otro parecer, porque el plazo en que se cumplía la condición había vencido en el tiempo en que el fundo era de la pupila, y ésta había hecho que no se cumpliese el pacto de la venta. Decía yo que más bien ella podía ser restituida porque el vendedor, requiriendo después del plazo en que se había convenido que se resolviese la venta y por ello pedir el precio, parecía que había dejado sin efecto su propio pacto; y no me movía el que después hubiese vencido el plazo de la muerte del

*suspecti pronuntiati erant.*

comprador, que es como si el acreedor hubiese enajenado la prenda tras la muerte del deudor y una vez transcurrido el plazo para el pago de la deuda; pero como al emperador le desagradaba el pacto comisorio, sentenció que debía ser restituida íntegramente. Movió también al emperador el que los primeros tutores, que no habían solicitado ser restituidos, habían sido declarados sospechosos.

*§1. Quod dicitur non solere filius familias post emancipationem adhuc minoribus succurri in his, quae omissisent manentes in potestate, tunc recte dicitur, cum patri adquirere possunt.*

§1. Lo que se dice de que no suele auxiliarse a los hijos de familia emancipados pero aún menores para aquellos negocios que hubiesen dejado de raelizar cuando estaban bajo potestad, se dice con razón cuando pueden adquirir para el padre.

**39.** *SCAEVOLA libro secundo digestorum. Intra utile tempus restitutionis apud praesidem petierunt in integrum restitutionem minores et de aetate sua provaberunt: dicta pro aetate sententia adversarii, ut impedirent cognitionem praesidis, ad imperatorem appellaverunt: praeses in eventum appellationis cetera cognitionis distulit. Quaesitum est: si finita appellationis apud imperatorem cognition et iniusta appellatione pronuntiata egressi aetatem deprehendatur, an cetera negotii implere pssunt, cum per eos non steterit, quo minus res finem accipiat? Respondi secundum ea quae proponuntur perinde cognosci atque si*

**39.** ESCÉVOLA *en el libro segundo del digesto.* Dentro del tiempo útil para la restitución, unos menores pidieron al gobernador la restitución íntegra, y probaron su menor edad; pronunciada sentencia a favor de los menores, sus adversarios, para impedir el conocimiento del gobernador, apelaron ante el emperador; el gobernador aplazó el conocimiento de los demás detalles del pleito hasta el resultado de la apelación. Se preguntó si, habiendo superado los menores la mayoría de edad, y habiendo concluido el conocimiento de la apelación ante el emperador siendo declarada injusta la apelación, ¿puede acaso

*nunc intra aetatem essent.*

concluirse el conocimiento de los demás detalles del pleito, no habiendo sido por los menores que el litigio no llegase a su término? Respondí que según lo que se presenta, se debía conocer del pleito igual que si estuviesen todavía dentro de la minoría de edad.

*§1. Vendentibus curatoribus minoris fundum emptor extitit Lucius Titius et sex fere annis possedit et longe longeque rem meliorem fecit: quaero, cum sint idonei curatores, an minor adversus Titium emptorem in integrum restitui possit. Respondi ex omnibus quae proponerentur vix esse eum restituendum, nisi si maluerit omnes expensas, quas bona fide emptor fecisse adprobaverit, ei praestare, maxime cum site i paratum promptum auxilium curatoribus eius idoneis constitutis.*

§1. Vendiendo los curadores de un menor un fundo de éste, quedó Lucio Ticio como comprador; lo poseyó durante casi seis años y lo mejoró grandemente. Pregunto: siendo solventes los curadores, ¿podrá el menor solicitar la restitución íntegra contra el comprador Ticio? Respondí que por todo lo que se planteaba difícilmente habría de ser restituido el menor, a no ser que hubiere preferido pagar al comprador de buena fe todos los gastos que éste hubiere probado haber hecho en el fundo, especialmente teniendo a su disposición pronto remedio por ser solventes sus curadores y poder reclamar contra ellos.

*40. ULPIANUS libro quinto opinionum. Minor annis viginti quinque, cui fidecommissum solvi pronuntiatum erat, caverat id se accepisse et cautionem eidem debitor quasi creditae pecuniae fecerat. In integrum restitui potest, quia partam ex causa iudicati persecutionem novo contractu ad initium alterius petitionis redegerat.*

**40.** ULPIANO *en el libro quinto de las opiniones.* Un menor de veinticinco años, a cuyo favor se había dado sentencia para que se le pagara un fideicomiso, había declarado en documento el haberlo recibido, y el deudor fiduciario le había extendido al mismo otro documento como si hubiere recibido dinero prestado. El menor puede ser restituido íntegramente, porque con el nuevo contrato había convertido en nueva acción la reclamación ejecutiva nacida de la sentencia.

§1. *Praedia patris sui minor annis viginti quinque ob debita rationis tutelae aliorum, quam pater administraverat, in solutum inconsulte dedit: ad suam aequitatem per in integrum restitutionem revocanda res est, usuris pecuniae, quam constiterit ex tutela deberi, reputatis et cum quantitate fructum perceptorum compensatis.*

§1. Un menor de veinticinco años dio imprudentemente unos predios de su padre en pago de lo adeudado por las cuentas de la tutela de otros pupilos que su difunto padre había administrado; esto debe revocarse justamente por medio de la restitución íntegra, una vez computados los intereses del dinero que hubiere constado deberse por la tutela y compensados con la cantidad de los frutos percibidos.

**41.** *IULIANUS libro quadragensimo quinto digestorum. Si iudex circumvento in venditione adulescenti iussit fundum restitui eumque pretium emptori reddere, et hic nolit uti hac in integrum restitutione paenitentia acta, exceptionem utilem adversus petentem pretium quasi ex causa iudicati adulescens habere poterit, quia unicuique licet contemnere haec, quae pro se introducta sunt. Nec queri poterit venditor, si restitutus fuerit in eam causam, in qua se ipse constituit et quam mutare non potuisset, si minor auxilium praetoris non implorasset.*

**41.** JULIANO *en el libro cuadragésimo quinto del digesto.* Si el juez ordenó que se restituyese un fundo al adolescente engañado en una venta y que él devolviese el precio al comprador, si arrepintiéndose de lo hecho el menor no quisiese hacer uso de esta restitución íntegra, podrá tener una excepción útil contra el comprador que reclame el precio por razón de cosa juzgada, porque es lícito renunciar a aquello que se estableció en su favor. Y el vendedor no podrá quejarse si hubiere sido restituido a aquel estado en que él mismo se puso al vender, y que no habría podido mudar si el menor no hubiese solicitado el auxilio del pretor.

**42.** *ULPIANUS libro secundo de officio proconsulis. Praeses provinciae minorem in integrum restituere potest*

**42.** ULPIANO *en el libro segundo del cargo de procónsul.* El gobernador de provincia puede restituir íntegramente al menor de edad aun

*etiam contra suam vel decessoris sui sententiam: quod enim appellatio interpósita maioribus praestat, hoc beneficio aetatis consequuntur minores.*

contra su propia sentencia o la de su antecesor, porque lo que la apelación interpuesta concede a los mayores lo consiguen los menores por beneficio de su edad.

**43.** *MARCELLUS libro primo de officio praesidis. De aetate eius, qui se maiorem annis viginti quinque dicit, causa cognita probandum est, quia per eam probationem in integrum restitutioni eiusdem adulescentis et aliis causis praeiudicatur.*

**43.** MARCELO *en el libro primero del cargo de gobernador.* Ha de probarse en el conocimiento de causa la edad del que afirma ser mayor de veintinco años, porque por esta prueba se prejuzga contra la restitución íntegra del mismo adolescente y contra otros posibles derechos.

**44.** *ULPIANUS libro quinto opinionum. Non omnia, quae minores annis viginti quinque erunt, irrita sunt, sed ea tantum, quae causa cognita eiusmodi deprehensa sunt, vel ab aliis circumventi vel sua facilitate decepti aut quod habuerunt amiserunt, aut quod adquirere emolumentum potuerunt omiserint, aut se oneri quod non suscipere licuit obligaverunt.*

**44.** ULPIANO *en el libro quinto de las opiniones.* No todos los negocios que ejecutan los menores de veinticinco años son nulos, sino sólo aquellos que, previo conocimiento de causa, se considere que son negocios en los que fueron engañados por otros, o defraudados por su propia imprudencia, o perdieron lo que tenían, o hubieren dejado de obtener la ganancia que pudieron adquirir, o se obligaron a un gravamen que no les era lícito imponerse.

**45.** *CALLISTRATUS libro primo edicti monitorii. Etiam ei, qui priusquam nasceretur usucaptum amisit, restituendam actionem Labeo scribit.*

**45.** CALISTRATO *en el libro primero del edicto monitorio.* Escribe Labeón que también a aquel que antes de nacer perdió alguna cosa que otro adquirió por usucapión debe restituírsele la acción.

*§1. Imperator Titus Antoninus rescripsit eum, qui fraude tutorem adversarium suum diceret absolutum*

§1. El emperador Tito Antonino Pío contestó por escrito que quien dijese que su adversario había sido

*et agere cum eo ex integro vellet, licentiam habere prius cum tutore agere.*

absuelto por fraude de propio su tutor, y quisiera reclamar contra dicho adversario en virtud de la restitución íntegra, puede reclamar primeramente contra su tutor.

**46.** *PAULUS libro secundo responsorum. Eum, qui ex sua voluntate minorem annis in iudicio defendit et condemnatus est, ex causa iudicati posse conveniri nec eius quem defendit aetatem ad restitutionem impetrandam ei prodesse, cum causam iudicati recusare non possit. Ex quo apparet nec eum, cuius nomine condemnatus est, auxilium restitutionis propter eam sententiam implorare posse.*

**46.** PAULO *en el libro segundo de las respuestas.* Aquel que por su propia voluntad defendió en juicio a un menor de edad y fue condenado, consta que puede ser demandado por causa de la sentencia, y no le sirve para solicitar la restitución la edad de aquel a quien defendió, ya que no puede rechazar la acción ejecutiva. De lo cual se deduce que tampoco el menor en cuyo nombre fue condenado el procurador puede solicitar contra esa sentencia el auxilio de la restitución.

**47.** *SCAEVOLA libro primo responsorum. Tutor urguentibus creditoribus rem pupillarem bona fide vendidit, denuntiante tamen matre emptoribus: quaero, cum urguentibus creditoribus distracta sit nec de sordibus tutoris merito quippiam dici potest, an pupillus in integrum restitui potest. Respondi cognita causa aestimandum, nec idcirco, si iustum sit restitui, denegandum id auxilium, quod tutor delicto vacaret.*

**47.** ESCÉVOLA *en el libro primero de las respuestas.* Un tutor vendió de buena fe a los acreedores que le apremiaban una cosa de su pupilo, pero manifestando la madre su oposición a él y a los acreedores. Pregunto: habiéndose vendido la cosa porque apremiaban los acreedores, y no pudiéndose hablar con motivo nada sobre la menor venalidad del tutor, ¿puede ser restituido íntegramente el pupilo? Respondía que esto debía apreciarse previo conocimiento de causa, para que si fuese justo que se restituya, no se deba negar dicho auxilio al menor, solamente porque el tutor no estuviese en falta.

*§1. Curator adulescentium praedia*

§1. El curador de unos adolescentes

*communia sibi et his, quorum curam administrabat, vendidit: quaero, si decreto praetoris adulescentes in integrum restitui fuerint, an eatenus venditio rescindenda sit, quatenus adulescentium pro parte fundus communis fuit? Respondi eatenus rescindi, quod partem empturus non esset. Item quaero, emptor utrum a Seio et Sempronio pupillis pretium cum usuris recipere deberet an vero ab herede curatoris? Respondi heredes quidem curatoris teneri, verum in Seium et Sempronium pro parte, qua eorum fundus fuit, actiones dandas: utique si ad eos accepta pecunia pro eadem parte pervenisset.*

vendió unos predios comunes a él y a aquellos cuya curatela administraba. Pregunto: si los adolescentes hubieren sido restituidos íntegramente por decreto del pretor, ¿debe rescindirse la venta sólo en aquella parte en que el fundo era propiedad de los adolescentes? Respondí que la venta se rescinde sólo por en esa parte, salvo que el comprador quisiese desistirse de todo el contrato, porque no habría comprado sólo una parte. También pregunto: ¿debería el comprador recibir el precio con los intereses de los pupilos Seyo y Sempronio o del heredero del curador? Respondí que ciertamente los herederos del curador quedan obligados, pero que contra Seyo y Sempronio habían de concederse las acciones por la parte que cada uno tenía en el fundo, si en la misma proporción hubiese llegado a ellos el dinero recibido.

**48.** *PAULUS libro primo sententiarum. Minor se in id, quod fideiussit vel mandavit, in integrum restituendum reum principalem non liberat.*

**48.** PAULO *en el libro primero de las sentencias.* Cuando el menor es restituido íntegramente respecto del negocio que afianzó o mandó en garantía, no libera de la obligación al deudor principal.

*§1. Minor ancillam vendidit: si eam emptor manumiserit, ob hoc in integrum restitui non poterit, sed adversus emptorem quanti sua interest actionem habebit.*

§1. Un menor vendió una esclava; si el comprador la hubiese manumitido, no podrá ser restituido íntegramente por ello, pero tendrá contra el comprador una acción por cuanto vale la esclava.

*§2. Mulier minor viginti quinque*

§2. La mujer casada menor de

*annis, si pactione dotis deterior condijo eius fiat et tale pactum inierit, quod numquam maioris aetatis constitutae paciscerentur, atque ideo revocare velit, audienda est.*

veinticinco años debe ser oída, si por el pacto de la dote se agravó su condición y hubiere convenido un pacto que nunca realizarían las mayores de edad, y por esto quisiera revocarlo.

**49.** *ULPIANUS libro trigensimo quinto ad edictum. Si res pupillaris vel adulescentis distracta fuerit, quam lex distrahi non prohibet, venditio quidem valet, verumtamen si grande damnum pupilli vel adulescentis versatur, etiamsi collusio non intercessit, distractio per in integrum restitutionem revocatur.*

**49.** ULPIANO *en el libro trigésimo quinto de los comentarios al edicto.* Si se hubiere vendido un bien de un pupilo o de un menor que la ley no prohíbe vender, la venta será sin duda válida; no obstante, si con ella se provocase grave perjuicio al pupilo o adolescente, aunque no haya mediado complicidad con el tutor o curador se revoca la enajenación mediante la restitución íntegra.

**50.** *POMPONIUS libro nono epistularum et variarum lectionum. Iunius Diophantus Pomponio suo salutem. Minor viginti quinque annis novandi animo intercessit pro eo, qui temporali actione tenebatur, tunc cum adhuc supererant decem dies, et postea in integrum restitutus est: utrum restitutio, quae creditori adversus priorem debitorem datur, decem dierum sit an plenior? Ego didici ex tempore in integrum restitutionis tantundem temporis praestandum, quantum supererat: tu quid de eo putas velim rescribas. Respondit: sine dubio, quod de temporali actione, in qua intercessit minor, sensisti, puto verius esse: ideoque et pignus, quod dederat prior debitor, manet*

**50.** POMPONIO *en el libro noveno de las epístolas y doctrinas de autores varios.* Junio Diofanto saluda a su amigo Pomponio. Un menor de veinticinco años, con ánimo de hacer novación, asumió la deuda de uno que estaba obligado por acción temporal cuando todavía restaban diez días para poder ejercitar la acción, y después fue restituido por el todo. ¿La restitución que se da al acreedor contra el primer deudor será por los diez días o por más? Yo aprendí que respecto de la restitución íntegra debía concederse solamente por el tiempo que restaba; querría que me contestaras qué opinas de esto. Respondió: juzgo que sin duda es más cierto lo que opinaste respecto a la acción

*obligatum.*

temporal en la que intervino el menor, y por esto sigue obligada también la prenda que había dado el primer deudor.

## TITULUS V
## DE CAPITE MINUTIS

## TÍTULO V
## DE LOS REDUCIDOS EN CUANTO A CAPACIDAD JURÍDICA

**1.** *GAIUS libro quarto ad edictum provinciale. Capitis minutio est status permutatio.*

**1.** GAYO *en el libro cuarto de los comentarios al edicto provincial.* La la reducción de capacidad jurídica es la variación de estado de las personas.

**2.** *ULPIANUS libro duodecimo ad edictum. Pertinet hoc edictum ad eas capitis deminutiones, quae salva civitate contingunt. Ceterum sive ammissione civitatis sive libertatis amissione contingat capitis deminutio, cessabit edictum neque possunt hi penitus conveniri: dabitur plane actio in eos, ad quos bona pervenerunt eorum.*

**2.** ULPIANO *en el libro décimo segundo de los comentarios al edicto.* Este edicto se refiere a aquellas reducciones de capacidad jurídica que no afectan la ciudadanía. De otro modo, si la reducción de capacidad implicase la pérdida de la ciudadanía o de la libertad dejará de aplicarse el edicto, y los afectados de ningún modo pueden ser demandados; pero en tal caso se dará acción contra aquellos a quienes fueron a parar sus bienes.

*§1. Ait praetor: 'qui quaeve, posteaquam quid cum his actum contractumve sit, capite deminuti deminutae esse dicentur, in eos easve perinde, quasi id factum non sit, iudicium dabo'.*

§1. Dice el pretor: 'contra aquellos o aquellas que se dijere que han sido reducidos o reducidas en cuanto a capacidad jurídica después de que con ellos se gestionó o contrató algún negocio, daré acción como si no la hubieren tenido.

*§2. Hi qui capite minuuntur ex his causis, quae capitis deminutionem*

§2. Quienes son reducidos en cuanto a capacidad jurídica

*praecesserunt, manent obligati naturaliter: ceterum si postea, imputare quis sibi debebit cur contraxerit, quantum ad verba huius edicti pertinet. Sed interdum, si contrahantur cum his post capitis deminutionem, danda est actio. Et quidem si adrogatus sit, nullus labor: nam perinde obligabitur ut filius familias.*

permanecen obligados naturalmente por aquellas causas que precedieron a su reducción; pero si fueron causas posteriores, por cuanto respecta a las palabras de este edicto, cada cual deberá sufrir las consecuencias por haber contratado con ellos. Pero a veces, si se contrata con estos después de la reducción de su capacidad jurídica, se concederá acción. Y si fuere un arrogado, no hay dificultad; porque se obligará igual que un hijo de familia.

*§3. Nemo delictis exuitur, quamvis capite minutus sit.*

§3. Nadie se libera de la responsabilidad por sus delitos aunque haya sido reducido en cuanto a capacidad jurídica.

*§4. Ei, qui debitorem suum adrogavit, non restituitur actio in eum, postquam sui iuris fiat.*

§4. Al que arrogó a su deudor no se le restituye la acción contra el segundo después que éste se vuelva jurídicamente autónomo.

*§5. Hoc iudicium perpetuum est et in heredes et heredibus datur.*

§5. Esta acción es perpetua, y se da tanto contra los herederos como en favor de los herederos.

**3.** PAULUS *libro undecimo ad edictum. Liberos qui adrogatum parentem sequuntur placet minui caput, cum in aliena potestate sint et cum familiam mutaverint.*

**3.** PAULO *en el libro décimo primero de los comentarios al edicto.* Se ha establecido que los hijos que siguen al padre arrogado sean reducidos en cuanto a su capacidad jurídica, pues se hallan bajo potestad ajena y han cambiado de familia.

*§1. Emancipato filio et ceteris personis capitis minutio manifesto accidit, cum emancipari nemo possit nisi in imaginariam servilem causam deductus: aliter atque cum servus manumittitur, quia servile caput nullum ius habet ideoque nec minui*

§1. Al ser emancipado un hijo, manifiestamente sobreviene también a las demás personas la reducción de capacidad jurídica, porque nadie puede ser emancipado si no ha sido reducido a una esclavitud imaginaria. De distinto

*potest:*

modo es cuando se manumite a un esclavo, porque la persona del esclavo no tiene ningún derecho, y por tanto no puede ser reducida en cuanto a capacidad jurídica,

**4.** *MODESTINUS libro primo pandectarum. ... hodie enim incipit statum habere.*

**4.** MODESTINO *en el libro primero de las pandectas.* ...porque desde el día de su manumisión comienza a tener estado.

**5.** *PAULUS libro undecimo ad edictum. Amissione civitatis fit capitis minutio, ut in aqua et igni interdictione.*

**5.** PAULO en el libro décimo primero de los comentarios al edicto. Se produce la reducción de capacidad jurídica debido a la pérdida de la ciudadanía, como sucede en la interdicción del agua y del fuego.

*§1. Qui deficiunt, capite minuuntur (deficere autem dicuntur, qui ab his, quorum sub imperio sunt, desistunt et in hostium numerum se conferunt: sed et hi, quos senatus hostes iudicavit vel lege lata): utique usque eo, ut civitatem amittant.*

§1. Los que desertan se reducen en cuanto a capacidad jurídica; se dice que desertan los que abandonan a los jefes bajo cuyo mando están y se pasan a los enemigos; también son desertores los que el senado o una ley promulgada declararon enemigos, es decir, en tanto que deban perder la ciudadanía.

*§2. Nunc respiciendum, quae capitis deminutione pereant: et primo de ea capitis deminutione, quae salva civitate accidit, per quam publica iura non interverti constat: nam manere magistratum vel senatorem vel iudicem certum est.*

§2. Ahora veamos qué se pierde con la reducción de capacidad jurídica; en primer lugar, respecto de aquella reducción que deja a salvo la ciudadanía, por la cual es sabido que no se pierden los derechos públicos; pues es cierto que con ella se sigue siendo magistrado, senador o juez.

**6.** *ULPIANUS libro quinquagensimo primo ad Sabinum.*

**6.** ULPIANO *en el libro quincuagésimo primero de los comentarios a Sabino.* Porque tampoco se extinguen con

*Nam et cetera officia quae publica sunt, in eo non finiuntur: capitis enim minutio private hominis et familiae eius iura, non civitatis amittit.*

ella los demás cargos públicos, pues la reducción de capacidad jurídica hace perder los derechos privados del hombre y de su familia, no los de ciudadanía.

**7.** *PAULUS libro undécimo ad edictum. Tutelas etiam non amittit capitis minutio exceptis his, quae in iure alieno personis positis deferuntur. Igitur testamento dati vel ex lege vel ex senatus consulto erunt nihilo minus tutores: sed legitimae tutelae ex duodecim tabulis intervertuntur eadem ratione, qua et hereditates exinde legitimae, quia adgnatis deferuntur, qui desinunt esse familia mutati. Ex novis autem legibus et hereditates et tutelae plerumque sic deferuntur, ut personae naturaliter designentur: ut ecce deferunt hereditatem senatus consulta matri et filio.*

**7.** PAULO *en el libro décimo primero de los comentarios al edicto.* La reducción de capacidad jurídica tampoco hace perder las tutelas, excepto las que se refieren a personas puestas bajo la potestad de otro. Así pues, los tutores nombrados en testamento, por ley o senadoconsulto serán tutores no obstante el cambio de estado. Pero según lo establecido en las Doce Tablas se pierden las tutelas legítimas por la misma razón por la que desde el momento de cambio de estado se pierden también las herencias legítimas, porque se defieren a los agnados y éstos dejan de serlo al cambiar de familia. En virtud de las nuevas leyes, tanto las herencias como las tutelas se defieren la mayoría de ocasiones de modo que se designan a las personas atendiendo a los vínculos naturales; por ejemplo, los senadoconsultos que defieren la herencia a la madre y al hijo.

*§1. Iniuriarum et actionum ex delicto venientium obligatione cum capite ambulant.*

§1. Las obligaciones por injurias y por acciones derivadas de un delito persiguen siempre al individuo.

*§2. Si libertate adempta capitis deminutio subsecuta sit, nulli restitutioni adversus servum locus est, quia nec praetoria iurisdictione ita servus obligatur, ut cum eo actio sit: sed utilis actio adversus dominum*

§2. Si habiéndose quitado la libertad vino en consecuencia la reducción de capacidad jurídica, no tiene lugar ninguna restitución contra el esclavo, porque ni siquiera por la jurisdicción pretoria se obliga el

*danda est, ut Iulianus scribit, et nisi in solidum defendatur, permittendum mihi est in bona quae habuit mitti.*

esclavo de modo que haya acción contra él. Pero se ha de dar una acción útil contra el dueño del esclavo, como escribe Juliano, y si no fuere defendido totalmente, se me ha de permitir que entre en posesión de los bienes que tuvo.

*§3. Item cum civitas amissa est, nulla restitutionis aequitas est adversus eum, qui amissis bonis et civitate relicta nudus exulat.*

§3. Asimismo, cuando se ha perdido la ciudadanía, ninguna razón de justicia hay para conceder la restitución contra el que va al destierro despojado de todo tras perder los bienes y la ciudadanía.

**8.** *GAIUS libro cuarto ad edictum provinciale. Eas obligationes, quae naturalem praestationem habere intelleguntur, palam est capitis deminutione non perire, quia civilis ratio naturalia iura corrumpere non potest. Itaque de dote actio, quia in bonum et aequum concepta est, nihilo minus durat etiam post capitis deminutionem,*

**8.** GAYO *en el libro cuarto de los comentarios al edicto provincial.* Es evidente que aquellas obligaciones que contienen una prestación natural no se extinguen con la reducción de capacidad jurídica, porque el derecho civil no puede destruir los derechos naturales. Y así, la acción de dote subsiste aun después de la reducción de capacidad jurídica, porque está creada en razón de lo bueno y lo equitativo,

**9.** *PAULUS libro undecimo ad edictum. ... ut quandoque emancipata agat.*

**9.** PAULO *en el libro décimo primero de los comentarios al edicto.* ... para que algún día pueda ejercitarla la mujer emancipada.

**10.** *MODESTINUS libro octavo differentiarum. Legatum in annos singulos vel menses singulos relictum, vel si habitatio legetur, morte quidem legatarii legatum intercidit, capitis deminutione tamen interveniente*

**10.** MODESTINO *en el libro octavo de las diferencias.* El legado dejado para cada año o para cada mes, o si se legase el uso de una vivienda, se extingue ciertamente con la muerte del legatario, pero subsiste aunque éste sufra reducción de capacidad

*perseverat: videlicet quia tale legatum in facto potius quam in iure consistit.*

jurídica, porque tal legado consiste más en un hecho que en un derecho.

**11.** *PAULUS libro secundo ad Sabinum. Capitis deminutionis tria genera sunt, maxima media minima: tria enim sunt quae habemus, libertatem civitatem familiam. Igitur cum omnia haec amittimus, hoc est libertatem et civitatem et familiam, maximam esse capitis deminutionem: cum vero amittimus civitatem, libertatem retinemus, mediam esse capitis deminutionem: cum et libertas et civitas retinetur, familia tantum mutatur, minimam esse capitis deminutionem constat.*

**11.** PAULO *en el libro segundo de los comentarios a Sabino.* Hay tres tipos de reducción de capacidad jurídica: máxima, media y mínima, porque tres son los estados que tenemos: libertad, ciudadanía y familia. Es sabido que cuando perdemos los tres estados la reducción de capacidad es máxima; cuando perdemos la ciudadanía pero conservamos la libertad, la reducción es media; y cuando se conserva la libertad y la ciudadanía y sólo se cambia el estado de familia, la reducción es mínima.

## TITULUS VI
## EX QUIBUS CAUSIS MAIORES VIGINTI QUINQUE ANNIS IN INTEGRUM RESTITUUNTUR

## TÍTULO VI
## POR QUÉ RAZONES SON RESTITUIDOS ÍNTEGRAMENTE LOS MAYORES DE VEINTICINCO AÑOS

**1.** *ULPIANUS libro duodecimo ad edictum. Huius edicti causam nemo non iustissimam esse confitebitur: laesum enim ius per id tempus, quo quis rei publicae operam dabat vel adverso casu laborabat, corrigitur, nec non et adversus eos succurritur, ne vel obsit vel prosit quod evenit.*

**1.** ULPIANO *en el libro décimo segundo de los comentarios al edicto.* Nadie dejará de reconocer que es justísima la causa de este edicto, porque con él se repara el derecho lesionado durante el tiempo en que uno prestaba servicio a la república o padecía las consecuencias de un suceso adverso, y se brinda también remedio contra éstos, para que lo

*§1. Verba autem edicti talia sunt: 'su cuius quid de bonis, cum is metus aut sine dolo malo rei publicae causa abesset, inve vinculis servitute hostiumque potestate esset: sive cuius actionis eorum cui dies exisse dicetur: ítem si quis quid usu suum fecisset, aut quod non utendo amisit, consecutus, actioneve qua solutus ob id, quod dies eius exierit, cum absens non defenderetur, inve vinculis esset, secumve agenti potestatem non faceret, aut cum eum invitum in ius vocari non liceret neque defenderetur: cumve magistratus de ea re appellatus esset sive cui pro magistratu sine dolo ipsius actio exempta esse dicetur: earum rerum actionem intra annum, quo primum de ea re experiundi potestas erit, item si qua alia mihi iusta causa esse videbitur, in integrum restituam, quod eius per leges plebis cita, senatus consulta edicta decreta principum licebit'.*

sucedido ni les dañe ni les aproveche.

§1. Estas son las palabras del edicto: 'si se hubiere causado algún daño en los bienes de alguien, cuando éste se hallase ausente sin dolo malo por causa pública o por miedo, o cuando estuviese preso, retenido como esclavo o en poder de los enemigos; o si se dijere que con posterioridad había transcurrido el plazo de la acción contra alguno de ellos; también si alguien hubiese adquirido por usucapión alguna cosa, o recuperado la que se perdió por falta de uso, o se hubiese librado de alguna acción porque hubiere transcurrido el plazo de ella, porque el ausente no se defendió, o porque estuviese preso, o porque no hubo medio de litigar contra él, o porque no fuera lícito que contra su voluntad fuese él citado a juicio y no se defendiese, siempre que se hubiese apelado al magistrado sobre dicho asunto; o si se dijere que ante el magistrado se había privado de una acción a alguien sin dolo malo del primero; por todas estas razones daré una acción dentro del primer año en que hubiere posibilidad de reclamar; y si también alguna otra causa me pareciere justa, restituiré íntegramente lo que de la misma fuere lícito conforme a las leyes, plebiscitos, senadoconsultos, edictos y decretos de los príncipes'.

**2.** *CALLISTRATUS libro secundo edicto monitorii. hoc edictum, quod ad eos pertinet, qui ei continentur, minus in usu frequentatur: huiusmodi enim personis extra ordinem ius dicitur ex senatus consultis et principalibus constitutionibus.*

*§1. Hoc autem capite adiuvantur in primis hi, qui metus causa afuissent: scilicet si non supervacuo timore deterriti afuissent.*

**3.** *ULPIANUS libro duodecimo ad edictum. Metus autem causa abesse videtur, qui iusto timore mortis vel cruciatus corporis conterritus abest: et hoc ex affectu eius intelligitur. Sed non sufficit quolibet terrore abductum timuisse, sed huius rei disquisitio iudicis est.*

**4.** *CALLISTRATUS libro secundo edicti monitorii. Item hi, qui rei publicae causa sine dolo malo afuissent. Dolum malum eo pertinere accepi, ut qui reverti potest neque reverteretur, in eo, quod per id tempus adversus eum factum est, non adiuvetur: veluti si alterius grandis commodi captandi grati id egerit, ut rei publicae causa abesset, et revocatur*

**2.** CALISTRATO *en el libro segundo del edicto monitorio.* Este edicto se usa poco por lo que respecta a las personas que en el mismo se comprenden; porque a tales personas se les administra justicia por vía extraordinaria con arreglo a senadoconsultos y a constituciones de los príncipes.

§1. Mas por este capítulo se auxilia en primer lugar a los que hubiesen estado ausentes por causa de intimidación, es decir, si no se hubiesen ausentado amedrentados por vano temor.

**3.** ULPIANO *en el libro décimo segundo de los comentarios al edicto.* Se entiende que está ausente por intimidación quien se ausenta aterrado por justo temor de muerte o de tortura corporal; y esto se aprecia por el temperamento personal de cada uno. Pero no basta que se haya amedrentado por un terror cualquiera, sino que corresponde al juez averiguar este particular.

**4.** CALISTRATO *en el libro segundo del edicto monitorio.* También los que hubiesen estado ausentes sin dolo malo por causa pública. He entendido que el dolo malo se refiere a que quien puede volver y no vuelve no sea auxiliado en aquello que durante aquel tiempo se hizo contra él; por ejemplo, si por obtener un gran beneficio se hubiere ausentado oficiosamente

*ab isto privilegio,*

por causa pública, es privado también de este privilegio,

**5.** *ULPIANUS libro duodécimo ad edictum. ... et qui data opera et sine lucro hoc affectaverit: vel qui maturius profectus est: vel litis gratia coepit rei publicae causa abesse. Sed haec adiectio doli mali ad rei publicae causa absentes refertur, non etiam ad eum, qui metus causa: quoniam nullus metus est, si dolus intercedit.*

**5.** ULPIANO *en el libro décimo segundo de los comentarios al edicto.* ... y también quien hubiere estado ausente por propia iniciativa y sin remuneración, quien se ausentó antes de tiempo, o que comenzó a ausentarse por causa pública para atender un pleito propio. Pero esta acción del dolo malo se refiere a los ausentes por causa pública, no al que lo está por causa de intimidación, porque no existe intimidación si incurre en dolo quien la sufre.

*§1. Sed qui Romae rei publicae causa operam dant, re publicae causa non absunt,*

§1. Pero lo que en Roma prestan servicios por causa pública, no están ausentes por dicha causa,

**6.** *PAULUS libro duodecimo ad edictum. ... ut sunt magistratus.*

**6.** PAULO *en el libro décimo segundo de los comentarios al edicto.* ...como sucede con los magistrados.

**7.** *ULPIANUS libro duodecimo ad edictum. Milites plane, qui Romae militant, pro rei publicae causa absentibus habentur.*

**7.** ULPIANO *en el libro décimo segundo de los comentarios al edicto.* A decir verdad, los militares que prestan servicio en Roma se consideran ausentes por causa pública.

**8.** *PAULUS libro tertio brevium. Legatis quoque municipiorum succurritur ex principum Marci et Commodi constitutione.*

**8.** PAULO *en el libro tercero de los breves.* También se concede dicha restitución a los legados de los municipios en virtud de una constitución de los príncipes Marco Aurelio y Cómodo.

**9.** *CALLISTRATUS* libro *secundo edicti monitorii. Succurritur etiam ei, qui in vinculis fuisset. Quod non solum ad eum pertinet, qui publica custodia coercetur, sed ad eum quoque, qui a latronibus aut praedonibus vel potentiore vi oppressus vinculis coercebatur. Vinculorum autem appellatio latius accipitur: nam etiam inclusos veluti lautumiis vinctorum numero haberi placet, quia nihil intersit, parietibus an compedibus teneatur. Custodiam autem solam publicam accipi Labeo putat.*

**9. CALISTRATO** *en el libro segundo del edicto monitorio.* Asimismo, se concede la restitución al que hubiese estado preso. Esto se refiere no sólo a quien está detenido en cárcel pública, sino también al que estaba preso a la fuerza por ladrones, salteadores o por persona prepotente. Pero el vocablo 'prisiones' se toma en el sentido más amplio porque, por ejemplo, también a los encerrados en las canteras se les debe considerar entre los presos, pues nada importa que estén retenidos con paredes o con grilletes. Pero Labeón opina que por cárcel sólo se entiende la pública.

**10.** *ULPIANUS* libro *duodecimo ad edictum. In eadem causa sunt et qui a militibus statoribusque vel a municipalibus ministeriis adservantur, si probentur rei suae superesse non potuisse. In vinculis autem etiam eos accipimus, qui ita alligati sunt, ut sine dedecore in public parere non possint.*

**10. ULPIANO** *en el libro décimo segundo de los comentarios al edicto.* También se hallan en idéntica situación los que están custodiados por soldados y alguaciles de Roma o por funcionarios municipales, si se probare que no pudieron atender sus negocios. Pero entendemos que también están en prisión los atados de modo tal que no pueden aparecer en público sin vergüenza.

**11.** *CALLISTRATUS* libro *secundo edicti monitorii. Ei quoque succurritur, qui in servitute fuerit, sive bona fide serviat homo liber, sive detentus sit.*

**11. CALISTRATO** *en el libro segundo del edicto monitorio.* También se auxilia a quien hubiere sido retenido en esclavitud, o bien haya sido esclavo de buena fe pero sea hombre libre, o bien haya estado retenido a la fuerza en dicha condición.

**12**. *ULPIANUS libro duodecimo ad edictum. Is autem, qui de statu suo litigat, ex quo lis incoata est hco edicto non continetur: tamdiu igitur in servitute esse videtur, quamdiu non est eiusmodi lis coepta.*

**12**. ULPIANO *en el libro décimo segundo de los comentarios al edicto.* El esclavo que litiga sobre su estado no es comprendido en el edicto desde que empezó el litigio, pues se considera que está sometido a esclavitud mientras no se haya iniciado el litigio.

**13**. *PAULUS libro duodecimo ad edictum. Recte Labeo ait eum non contineri, qui liber et heres institutus sit, antequam sit heres, quia nec bona habeat et praetor de liberis hominibus loquatur.*

**13**. PAULO *en el libro décimo segundo de los comentarios al edicto.* Con razón dice Labeón que no se haya comprendido en el edicto el esclavo instituido libre y heredero por testamento, antes que sea heredero, porque no dispone de los bienes y el pretor habla de hombres libres.

*§1. Puto tamen filium familias in castrensi peculio pertinere ad hoc edictum.*

§1. Sin embargo, opino que el hijo de familia está comprendido en el edicto con respecto a su peculio castrense.

**14**. *CALLISTRATUS libro secundo edicto monitorii. Item ei succurritur, qui in hostium potestate fuit, id est ab hostibus captus. Nam transfugis nullum credendum est beneficium tribui, quibus negatum est postliminium. Poterant tamen, qui in hostium potestate essent, illa parte edicti contineri, qua loquitur de his qui in servitute fuerint.*

**14**. CALISTRATO *en el libro segundo del edicto monitorio.* También se auxilia a quien estuvo en poder de los enemigos, es decir, al que fue capturado por éstos; pero no se concede beneficio alguno a los desertores, a los cuales se les niega el derecho de postliminio. Pero los que estuviesen en poder de los enemigos podían ser comprendidos en aquella parte del edicto que habla de quienes hubieren estado bajo esclavitud.

**15**. *ULPIANUS libro duodecimo ad edictum. Ab hostibus autem captis postliminio reversis succurritur aut ibi*

**15**. ULPIANO *en el libro décimo segundo de los comentarios al edicto.* Pero a los capturados por los enemigos, una vez que volvieron, o a los que

*mortuis, quia nec procuratorem habere possunt: cum aliis supra scriptis etiam per procuratorem possit subveniri praetor eos, qui in servitute detinentur. Ego autem etiam nomine eius, qui hostium potitus est, si curator (ut plerumque) fuerit bonis constitutes, auxilio competere existimo.*

*§1. Non minus autem ab hostibus capto quam ibi nato, qui postiliminium habet, succursum videtur.*

*§2. Si damni infecti missus sit in aedes militis, si quidem praesente eo iussit praetor possideri, non restituitur, sin vero absente eo, dicendum subveniri ei debere.*

*§3. Sed quod simpliciter praetor edixit 'posteave' ita accipiendum est, ut, si inchoata sit bonae fidei possessoris detentatio ante absentiam, finite autem reverso, restitutionis auxilium locum habeat non quandoque, sed ita demum, si intra modicum tempus quam rediit hoc contigit, id est dum hospitium quis conducit, sarcinulas componit, quaerit advocatum: nam eum, qui differt restitutionem, non esse audiendum Neratius scribit.*

murieron en poder de ellos, se les auxilia por derecho de postliminio, porque ni procurador pueden tener, siendo que a los arriba expresados puede auxiliarse por medio de procurador, excepto los que se hallan retenidos en la esclavitud. Pero yo juzgo que este auxilio también procede en nombre de aquel que cayó en poder de los enemigos, si se hubiere nombrado un curador de los bienes, como muchas veces sucede.

§1. Parece que puede auxiliarse tanto al capturado por los enemigos como al nacido en poder de ellos, el cual tiene el derecho de postliminio.

§2. Si por razón de daño temido alguien hubiere sido autorizado a entrar en posesión de las casas de un militar, no es restituido íntegramente si el pretor mandó que fueran poseídas hallándose él presente; pero si estaba ausente, ha de decirse que debe ayudársele.

§3. Las palabras "o después" que el pretor consignó en el edicto deben entenderse en el sentido que si la detentación del poseedor de buena fe hubiere comenzado antes de la ausencia del propietario, y hubiese concluido el plazo adquisitivo después del regreso, tendrá lugar el recurso de la restitución, pero no siempre, sino sólo si esto aconteció dentro de un corto plazo después que volvió, es decir, mientras alguien alquila una vivienda, arregla el equipaje y busca abogado. Porque Neracio escribe que quien difiere la

solicitud de restitución no debe ser ya atendido.

**16. *PAULUS* libro duodecimo ad edictum.** *Non enim neglegentibus subvenitur, sed necessitate rerum impeditis. Totumque istud arbitrio praetoris temperabitur, id est ut ita demum restituat, si non neglegentia, sed temporis angustia non potuerunt litem contestari.*

**16. PAULO *en el libro décimo primero de los comentarios al edicto*.** Porque no se auxilia a los negligentes, sino a los impedidos por fuerza mayor. Y todo esto se moderará bajo el arbitrio del pretor, es decir, de modo que conceda la restitución solamente cuando, no por negligencia, sino por imposibilidad de acudir, no pudieron contestar el litigio.

**17. *ULPIANUS* libro duodecimo ad edictum.** *Iulianus libro quarto scribit non solum adversus possessorem hereditatis succurrendum militi, verum adversus eos quoque, qui a possessore emerunt, ut vindicari res possint, si miles hereditatem adgnoverit: quod si non adgnoverit, ex post facto usucapionem processisse manifestatur.*

**17. ULPIANO *en el libro décimo segundo de los comentarios al edicto*.** Escribe Juliano en el libro cuarto del digesto que se ha de auxiliar al militar no sólo contra el poseedor de la herencia, sino también contra los que la compraron del poseedor, para que pueda reivindicar los bienes si el militar hubiere aceptado la herencia; pero si no la hubieren aceptado se manifiesta que procedió la usucapión en virtud de hecho posterior.

*§1. Eum quoque cui sic legatum sit: 'vel in annos singulos, quibus in Italia esset', restituendum, ut capiat, atque si in Italia fuisset, et Labeo scribit et Iulianus libro quarto et Pomponius libro trigensimo primo probant: non enim dies actionis exit, ubi praetoris auxilium necessarium erat, sed condicio in causa est.*

§1. Escribe Labeón, y Juliano en su libro cuarto y Pomponio en el libro trigésimo primero lo confirman, que aquel a quien se hubiese hecho un legado de este modo: 'o para cada año que estuviese en Italia', ha de ser restituido para que lo adquiera como si hubiese estado en Italia; porque no pasó el plazo de la acción, dentro del cual era necesario el auxilio del pretor, sino que la condición de hallarse en Italia está

implícita en la causa del derecho del legatarioi.

**18.** *PAULUS libro duodecimo ad edictum. Sciendum est, quod in his casibus restitutionis auxilium maioribus damus, in quibus rei dumtaxat persequendae gratia queruntur, non cum et lucri faciendi ex alterius poena vel damno auxilium sibi impertiri desiderant.*

**18.** PAULO *en el libro décimo primero de los comentarios al edicto.* Ha de saberse que damos a los mayores el auxilio de la restitución en aquellos casos en que sólo demandan para recuperar lo suyo, no cuando pretenden que se les conceda el auxilio para conseguir también un lucro a consecuencia de la pena o del daño de otro.

**19.** *PAPINIANUS libro tertio quaestionum. Denique si emptor, priusquam per usum sibi adquireret, ab hostibus captus sit, placet interruptam possessionem postliminio non restitui, quia haec sine possessione non constitit, possession autem plurimum facti habet: causa vero facti non continetur postliminio.*

**19.** PAPINIANO *en el libro tercero de las cuestiones.* Por lo demás, si el comprador hubiere sido capturado por los enemigos antes de que adquiriese la propiedad de una cosa por usucapión, se halla establecido que la usucapión interrumpida no se puede restituir por derecho de postliminio, porque la usucapión no se verifica sin la posesión, y la posesión sobre todo un hecho, y la situación de hecho no se contiene en el derecho de postliminio.

**20.** *IDEM libro tertio decimo quaestionum. Nec utilem actionem ei tribui oportet, cum sit iniquissimum auferre domino, quod usus non abstulit: neque enim intellegitur amissum, quod ablatum alteri non est.*

**20.** EL MISMO *en el libro décimo tercero de las cuestiones.* Tampoco conviene que se le otorgue acción útil, porque es muy injusto quitar al dueño lo que la usucapión no le quitó, pues tampoco se entiende que el poseedor ha perdido lo que a otro no quitó la usucapión.

**21.** *ULPIANUS libro duodecimo ad edictum. 'Item', ait praetor, 'si*

**21.** ULPIANO *en el libro décimo segundo de los comentarios al edicto.* También dice el pretor: 'si alguien

*quis usu suum non fecisset, aut quod non utendo sit amissum consecutus, actioneve qua solutus ob id, quod dies eius exierit, cum absens non defenderetur'. Quam clausulam praetor inseruit, ut, quemadmodum succurrit supra scriptis personis, ne capiantur, ita et adversus ipsas succurrit, ne capiant.*

*§1. Et erit notandum, quod plus praetor expressit, cum adversus eos restituit, quam cum ipsis subvenit: nam hic non certas personas enumeravit adversus quas subvenit, ut supra, sed adiecit clausulam, qua omnes qui absentes non defenduntur complexus est.*

*§2. Haec autem restitutio locum habet, sive per se sive per subiectas sibi personas usu adquisierunt, qui absentes non defendebantur, et ita, si nemo eorum erat defensor. Nam si fuit procurator, cum habueris quem convenias, non debet inquietari. Ceterum si non existebat defensor, aequissimum erat subveniri, eo potius, quod eorum qui non defenduntur, si quidem latitent, praetor ex edicto pollicetur in bona eorum mittere, ut si res exegerit etiam distrahantur, si vero non latitent, licet non defendantur, in bona tantum mitti.*

hubiese adquirido por usucapión alguna cosa, o recuperado la que se perdió por falta de uso, o se hubiese librado de alguna acción porque hubiere transcurrido el plazo de ella, porque el ausente no se defendió'. Esta cláusula la insertó el pretor para que así como socorre a las personas indicadas a fin de que no sean perjudicadas, así también auxilia contra las mismas para que ellas no perjudiquen a nadie.

§1. Y se debe resaltar que el pretor se expresó en términos más amplios cuando restituye contra ellos que cuando les auxilia; porque aquí no enumeró determinadas personas contra las que auxilia, como antes señaló, sino que añadió dicha cláusula edictal para incluir a todos los ausentes que no se defienden.

§2. Esta restitución tiene lugar tanto si los ausentes que no se defendían en juicio adquirieron ellos mismos por usucapión como por personas bajo su potestad; y esto si nadie era defensor judicial de ellos. Porque si tenían procurador, como entonces tendrías a quien demandar, el ausente no debe inquietarse. Pero si no había defensor judicial, era muy justo que fuese auxiliado, con mayor razón si respecto a los que no son defendidos en juicio porque se ocultan, el pretor promete en su edicto poner al adversario en posesión de sus bienes para que, si el caso lo exigiere, también sean vendidos; y si no se ocultasen pero no se defienden en juicio, tan sólo se pone al adversario en la posesión de los bienes.

*§3. Defendi autem non is videtur, cuius se defensor ingerit, sed qui requisitus ab actore non est defensioni defuturus, plenaque defensio accipietur, si et iudicium non detrectetur et iudicatum solvi satisdetur.*

§3. No se entiende que se defiende aquel cuyo defensor interviene en el litigio, sino quien, al ser citado por el actor, no falta a su defensa; y se considerará suficiente la defensa cuando no se rehusa el juicio y se diese fianza de pagar la condena.

**22.** *PAULUS libro duodecimo ad edictum. Ergo sciendum est non aliter hoc edictum locum habere, quam si amici eius interrogati fuerint, an defendant, aut si nemo sit, qui interrogari potest. Ita enim absens defendi non videtur, si actor ultro interpellat nec quisquam defensioni se offerat: eaque testatione complecti oportet.*

**22.** PAULO *en el libro décimo segundo de los comentarios al edicto.* Ha de saberse, pues, que este edicto no aplica más que si hubiesen sido interrogados los amigos del ausente sobre si le defenderán en juicio, o si no hubiese nadie que pudiera ser interrogado. Así pues, no se considera que el ausente se defiende si el actor requiere la defensa voluntariamente y nadie se ofreciera a la defensa del ausente; esto conviene que se justifique con testigos.

*§1. Sicut igitur damno eos adfici non vult, ita lucrum facere non patitur.*

§1. Así como el pretor no desea que los ausentes sean perjudicados, tampoco permite que lucren por estar ausentes.

*§2. Quod edictum etiam ad furiosos et infantes et civitates pertinere Labeo ait.*

§2. Dice Labeón que este edicto aplica también a los dementes, a los infantes y a las ciudades que no se defienden judicialmente.

**23.** *ULPIANUS libro duodecimo ad edictum. Ait praetor: 'inve vinculis esset, secumve agendi potestatem non faceret'. Haec persona merito adiecta est: fieri enim poterat, ut quis in vinculis praesens esset, vel in publica*

**23.** ULPIANO *en el libro décimo segundo de los comentarios al edicto.* Dice el pretor: 'o porque estuviese preso, o porque no hubo medio de litigar contra él'. Con razón se añadió esta hipótesis, porque podía suceder que alguno estuviese presente aun

*vel in privata vincula ductus: nam et eum qui in vinculis est, si modo non sit in servitute, posse usu adquirere constat. Sed et is qui in vinculis est si defendatur, cessat restitution.*

estando preso, por haber sido llevado a prisión pública o privada; porque es cierto que también quien está preso, si no estuviera en esclavitud, puede adquirir por usucapión. Pero también si quien está preso fuese defendido, deja de aplicarse la restitución.

*§1. Is autem, qui apud hostes est, nihil per usum sibi adquirere potest cen coeptam possessionem poterit implere, dum est apud hostes: hoc amplius nec postliminio reversus reciperabit per usum dominii adquisitionem.*

§1. Pero quien está en poder de los enemigos nada puede adquirir por usucapión, ni tampoco podrá completar la posesión comenzada; más aun, ni por derecho de postliminio recuperará por usucapión la adquisición de la propiedad después de haber vuelto.

*§2. Item ei, qui per captivitatem fundi possessionem vel usus fructus quasi possessionem amisit, succurrendum esse Papinianus ait, et fructus quoque medio tempore ab alio ex usu fructu perceptos debere captive restitui aequum putat.*

§2. Dice Papiniano que también debe auxiliarse al que perdió la posesión de un fundo o la cuasi posesión de un usufructo por esatr prisionero de los enemigos; también considera justo que deban devolverse al cautivo los frutos del fundo en usufructo percibidos por otro durante el tiempo intermedio.

*§3. Hi plane, qui fuerunt in potestate captivi, usu rem adquirere possunt ex re peculiari: et aequum erit ex hac clausula praesentibus, id est qui non sunt in captivitate, subveniri, si cum non defenderentur usucaptum quid sit. Sed et si dies actionis, quae adversus captivum competebat, exierit, succurretur adversus eum.*

§3. Ciertamente quienes estuvieron bajo la potestad del cautivo pueden adquirir por usucapión una cosa obtenida con su peculio; y será justo que por dicha cláusula edictal se auxilie a los presentes, es decir, a quienes no están en cautiverio, si no siendo representados en juicio se hubiere usucapido por parte de otro alguna cosam de su patrimonio. Pero también si hubiere transcurrido el plazo de la acción que procedía contra el cautivo se dará auxilio contra él.

*§4. Deinde adicit praetor: 'secumve*

§4. Luego añade el pretor: 'o

*agendi potestatem non faceret', ut si, dum hoc faciat, per usum adquisitio impleta vel quid ex supra scriptis contigit, restitutio concedatur: merito, nec enim sufficit semper in possessionem bonorum eius mitti, quia ea interdum species esse potest, ut in bonis latitantis mitti non possit aut non latitet: finge enim, dum advocationes postulat, diem exisse, veld um alia mora iudicii contingit.*

porque no hubo medio de litigar contra él' para que si se completó la adquisición por usucapión mientras tanto, o sucedió alguna cosa de las ya mencionadas, se conceda la restitución íntegra. Y ello con razón, porque no hasta que se ponga siempre al adversario en posesión de los bienes del ausente, pues a veces puede darse el caso de que no se pueda poner en posesión de los bienes del que se oculta, o bien que no se oculte; porque supón que transcurrió el proceso mientras pide la inervención del abogado, o mientras sobreviene otro aplazamiento del juicio.

**24.** *PAULUS libro duodecimo ad edictum. Sed et ad eos pertinet, qui conventi frustrantur et qualibet tergiversatione et sollertia efficiunt, ne cum ipsis agi possit.*

**24.** PAULO *en el libro décimo segundo de los comentarios al edicto.* El pretor también se refiere a aquellos que habiendo sido demandados no hacen caso, y con alguna tergiversación o astucia hacen que no se pueda ejercitar una acción contra ellos.

**25.** *GAIUS libro quarto ad edictum provinciale. Quod quidem simili modo ad eum quoque pertinere dicemus, qui non frustrandi gratia id faceret, sed quod multitudine rerum distringeretur.*

**25.** GAYO *en el libro cuarto de los comentarios al edicto provincial.* Lo que ciertamente diremos que también se refiere a quien no hiciera esto con ánimo de eludir el juicio, sino por estar ocupado con multitud de negocios.

**26.** *ULPIANUS libro duodecimo ad edictum. Sed et si per praetorem stetit, restitution indulgebitur.*

**26.** ULPIANO *en el libro décimo segundo de los comentarios al edicto.* Pero también si esto se debió al pretor se concederá la restitución.

*§1. Adversus relegatum restitutionem*

§1. Dice Pomponio que ha de

*faciendam ex generali clausula Pomponius ait: sed non et ipsi concedendam, quia potuit procuratorem relinquere: ex causa tamen puto etiam ipsi succurrendum.*

§2. *Ait praetor: 'aut cum eum invitum in ius vocare non liceret neque defenderetur'. Haec clausula ad eos pertinet, quos more maiorum sine fraude in ius vocare non licet, ut consulem praetorem ceterosque, qui imperium potestatemve quam habent. Sed nec ad eos pertinet hoc edictum, quos praetor prohibet sine permissu suo vocari, quoniam aditus potuit permittere: patronos puta et parentes.*

§3. *Deinde adicit 'neque defenderetur': quod ad omnes supra scriptos pertinet praeterquam ad eum, qui absens quid usu cepit: quoniam plene supra de eo cautum est.*

§4. *Ait praetor: 'sive cui per magistratus sine dolo malo ipsius actio exempta esse dicetur'. Hoc quo? Ut, si per dillationes iudicis effectum sit, ut action eximatur, fiat restitution. Sed et si magistratus copia non fuit, Labeo ait restitutionem faciendam. Per magistratus autem factum ita accipiendum est, si ius non dixit: alioquin si causa cognita denegavit actionem, restitutio cessat: et*

brindarse la restitución contra él al deportado en virtud de la cláusula general, pero que no debe concedérsele al mismo deportado porque pudo dejar procurador; pero mediando causa, opino que también ha de auxiliársele.

§2. Dice el pretor: 'o porque no fuera lícito que contra su voluntad fuese él citado a juicio y no se defendiese'. Esta cláusula del edicto se refiere a aquellos que, según la costumbre de los antepasados, no es lícito citarlos a juicio sin fraude, como al cónsul, al pretor y a los demás magistrados que tienen imperio o alguna potestad. Pero este edicto tampoco se refiere a aquellos que el pretor prohíbe que sean citados sin su permiso, porque pudo permitirlo acudiendo a él; por ejemplo, a los patrones y a los ascendientes.

§3. Después añade: 'y no se defendiese', refiriéndose a todos los anteriormente citados, excepto aquel que estando ausente usucapió alguna cosa, porque para él se ha dispuesto debidamente líneas arriba.

§4. Dice el pretor: 'o si se dijere que ante el magistrado se había privado de una acción a alguien sin dolo malo del primero'. ¿Esto para qué? Para que se otorgue la restitución si por las dilaciones del juez se hubiese perdido la acción. También si no hubo magistrado competente ante quien acudir, dice Labeón que debe darse la restitución. Debe entenderse hecho por magistrado

*ita Servio videtur. Item per magistratus factum videtur, si per gratiam aut sordes magistratus ius non dixerit: et haec pars locum habebit, nec non et superior 'secumve agenda potestatem non faciat': nam id egit litigator, ne secum agatur, dum iudicem corrumpit.*

que no administró justicia, porque si negó la acción con conocimiento de causa, deja de tener lugar la restitución; y así le parece correcto a Servio. También se entiende como hecho por magistrado si por favor o por soborno el magistrado no hubiere administrado justicia; en cuyo caso tendrá lugar esta parte del edicto así como también la anterior: 'o porque no hubo medio de litigar contra él', porque el litigante logró que no se ejercite acción contra él corrompiendo al juez.

*§5. Action exempta sic erit accipienda, si desiit agere posse.*

§5. 'Se había privado de una acción' habrá de entenderse como que dejó de poder ejercitar la acción.

*§6. Et adicitur: 'sine dolo malo ipsius', videlicet ut, si dolus eius intervenit, ne ei succurratur: ipsis enim delinquentibus praetor non subvenit. Proinde si, dum vult apud sequentem praetorem agere, tempus frustratus est, non ei subvenietur. Sed et si, dum decreto praetoris non obtemperat, iurisdictionem ei denegaverit, non esse eum restituendum Labeo scribit. Idemque si ex alia iusta causa non fuerit ab eo auditus.*

§6. Y se añade: 'sin dolo malo del primero', es decir, para que no se le auxilie si intervino dolo por parte suya, pues el pretor no los auxilia si son delincuentes. Por tanto, si queriendo ejercitar la acción ante el pretor sucesivo dejó transcurrir el plazo, no se le auxiliará. Pero tampoco si se le hubiere negado justicia por no obedecer el decreto del pretor, escribe Labeón que no ha de ser restituido; y lo mismo si por otra causa justa no hubiere sido oído por el pretor.

*§7. Si feriae extra ordinem sint indicate, ob res puta prospere gestas vel in honorem principis, et propterea magistratus ius non dixerit, Gaius Cassius nominatim edicebat restiturus se, quia per praetorem videbatur factum: sollemnium erim feriarum rationem haberi non debere, quia prospicere eas potuerit et debuerit*

§7. Si se hubieren declarados fiestas extraordinarias, por ejemplo, por actividades públicas prósperamente culminadas, o en honor del Príncipe, y por esta razón el magistrado no hubiera administrado justicia, Cayo Casio disponía expresamente en el edicto que él habría de conceder la restitución,

*actor, ne in eas incidat. Quod verius est, et ita Celsus libro secundo digestorum scribit. Sed cum feriae tempus eximunt, restitutio dumtaxat ipsorum dierum facienda est, non totius temporis. Et ita Iulianus libro quarto digestorum scribit: ait enim rescissionem usucapionis ita faciendam, ut hi dies restituantur, quibus actor agere voluit et interventu feriarum impeditus est.*

*§8. Quotiens per absentiam quis non toto tempore aliquem exclusit, ut puta rem tuam possedi uno minus die statuto in usucapionibus tempore, deinde rei publicae causa abesse coepi, restitutio adversus me unius diei facienda est.*

*§9. 'Item', inquit praetor, 'si qua alia mihi iusta causa videbitur, in integrum restituam'. Haec clausula edicto inserta est necessario: multi enim casus evenire potuerunt, qui defferent restitutionis auxilium, nec singillatim enumerari potuerunt, ut, quotiens aequitas restitutionem suggerit, ad hanc clausulam erit descendendum. Ut puta legatione quis pro civitate functus est: aequissimum est eum restitui, licet rei publicae causa non absit: et saepissime*

porque esto parecía hecho por el pretor; pues no debían tenerse en cuenta las fiestas solemnes, porque el actor pudo y debió haberlas previsto para no caer en ellas, lo cual es más verdadero, y así lo escribe Celso en el libro segundo del digesto. Pero cuando las fiestas quitan tiempo hábil, se han de restituir tan sólo los mismos días, no de todo el tiempo. Y así lo escribe Juliano en el libro cuarto del digesto; porque dice que la rescisión de la usucapión debe hacerse de modo tal que se restituyan aquellos días en que el actor quiso ejercitar la acción y se vio impedido por la coincidencia de las fiestas.

§8. Siempre que la ausencia de alguien no privó a otro de todo el tiempo, por ejemplo, si poseí una cosa tuya un día menos del tiempo establecido para las usucapiones, y después comencé a estar ausente por una causa pública, ha de darse contra mí la restitución de un solo día.

§9. Dice el pretor: 'si también alguna otra causa me pareciere justa, restituiré íntegramente'. Esta cláusula se insertó por necesidad en el edicto, porque pudieron ocurrir muchos casos que den lugar al auxilio de la restitución, y no pudieron enumerarse individualmente, de modo que siempre que la equidad haya aconsejado la restitución, habrá de recurrirse a esa cláusula; por ejemplo, si alguien desempeñó una

*constitutum est adiuvari eum debere, sive habuit procuratorem sive non. Idem puto, et si testimonii causa sit evocatus ex qualibet provincia vel in urbem vel ad principem: nam et huic saepissime est rescriptum subveniri. Sed et his, qui cognitionis gratia vel appellationis peregrinati sunt, similiter subventum. Et generaliter quotienscumque quis ex necessitate, non ex voluntate afuit. Dici oportet ei subveniendum.*

legación en interés de la ciudad es muy justo que sea restituido, aunque no esté ausente por causa pública; y repetidísimas veces se ha dispuesto que éste debe ser auxiliado, haya tenido o no procurador. Lo mismo opino también si para prestar una declaración hubiere sido llamado de cualquier provincia a la ciudad o ante el príncipe, porque también en estos casos se ha resuelto muchísimas veces por respuesta escrita que se preste auxilio. Pero análogamente se ha auxiliado también a aquellos que viajaron por causa del conocimiento o de la apelación de un pleito. Y en general, siempre que alguien estuvo ausente por necesidad, no por voluntad, debe decirse que ha de auxiliársele.

**27**. *PAULUS libro duodecimo ad edictum. Et sive quid amiserit vel lucratus non sit, restitutio facienda est, etiamsi non ex bonis quid amissum sit.*

**27**. PAULO *en el libro décimo segundo de los comentarios al edicto.* Y ya sea que haya perdido alguna cosa, ya que no la haya ganado, se debe hacer la restitución, aunque no se haya perdido nada de los bienes.

**28**. *ULPIANUS libro duodecimo ad edictum. Nec non et si quis de causa probabili afuerit, deliberare debet praetor, an ei subveniri debeat, puta studiorum causa, forte procuratore suo defuncto: ne decipiatur per iustissimam absentiae causam.*

**28**. ULPIANO *en el libro décimo segundo de los comentarios al edicto.* También si el pretor debe deliberar si deberá auxiliar a alguien que hubiere estado ausente por una causa justificada, por ejemplo, si fue por causa de estudios y falleció su procurador, para que no sea perjudicado por una justísima causa de ausencia.

§1. *Item si quis nec in custodia nec in vinculis sit, sed sub fideiussorum satisdatione et, dum propter hoc recedere non potest, captus sit, restituetur et adversus eum dabitur restitutio.*

§2. *'Quod eius' inquit praetor 'per leges plebis cita senatus consulta edicta decreta principum licebit'. Quae clausula non illud pollicetur restituturum, si leges permittant, sed si leges non prohibeant.*

§3. *Si quis saepius rei publicae causa afuit, ex novissimo reditu tempus restitutionis esse ei computandum Labeo putat. Sed si omnes quidem absentiae annum colligant, singulae minus anno, utrum annum ei damus ad restitutionem an vero tantum temporis, quantum novissima eius absentia occupavit, videndum: et puto annum dandum.*

§4. *Si cum in provincia domicilium haberes, esses autem in urbe, an mihi annus cedat, quasi experiundi potestatem habeam? Et ait Labeo non cedere. Ego autem puto hoc ita verum, si ius revocandi domum adversarius habuit: si minus, videri esse experiundi potestatem, quia et Romae contestari litem potuit.*

§5. *Exemplo rescissoriae actionis etiam exceptio ei, qui rei publicae*

§1. También si alguien no estuviese en custodia ni en prisión, sino bajo garantía de fiadores, y no pudiendo por ello trasladarse, hubiere sido perjudicado en algo, será restituido y se dará contra él la restitución.

§2. Dice el pretor: 'lo que de la misma fuere lícito conforme a las leyes, plebiscitos, senadoconsultos, edictos y decretos de los príncipes'. Esta cláusula promete, no que se restituirá si las leyes lo permiten expresamente, sino si las leyes no lo prohíben.

§3. Si alguno se ha ausentado varias veces por causa pública, opina Labeón que se le ha de computar el tiempo de la restitución desde el último regreso. Y si todas las ausencias sumadas compusieran un año, y cada una es menor a un año, se ha de ver si le damos un año para la restitución o tanto tiempo cuanto duró su última ausencia; y opino que ha de dársele un año.

§4. Si teniendo tu domicilio en una provincia estuvieses sin embargo en la ciudad, ¿me correrá el año como si tuviera posibilida de ejercitar la acción? Labeón opina que no corre. Pero yo considero que esto será así si el adversario tuvo el derecho de ser citado ante el tribunal en su domicilio; de lo contrario se entiende que hay la facultad de ejercitar la acción, porque también en Roma pudo contestar la demanda.

§5. A imitación de la acción rescisoria fundada en la restitución

*causa afuit, competit: forte si res ab eo possessionem nancto vindicentur.*

íntegra, compete también la excepción a quien estuvo ausente por causa pública si se reivindicasen contra él los bienes cuya posesión logró.

*§6. In actione rescissoria, quae adversus militem competit, aequissimum esse Pomponius ait eius quoque temporis, quo absens defensus non est, fructus eum praestare: ergo et militia debebunt restitui: utrimque action erit,*

§6. En la acción rescisoria que procede contra un militar, dice Pomponio que es muy justo que éste entregue también los frutos del tiempo en que el ausente no fue defendido. Así, pues, también los militares deberán ser restituidos de esos frutos, pues la acción será recíproca,

**29.** *AFRICANUS libro septimo quaestionum. … videlicet ne cui officium publicum vel damno vel compendio sit.*

**29.** AFRICANO *en el libro séptimo de las cuestiones.* … es decir, para que un cargo público no sirva a nadie para perjudicar o beneficiarse.

**30.** *PAULUS libro duodecimo ad edictum. Cum miles cui usucapiebat decesserit et heres impleverit usucapionem, aequum est rescindi quod postea usucaptum est, ut eadem in heredibus, qui in usucapionem succedunt, servanda sit: quia possession defuncti quasi iniuncta descendit ad heredem et plerumque nondum hereditate adita completur.*

**30.** PAULO en el libro décimo segundo de las cuestiones. Cuando hubiere fallecido el militar que usucapía, y su heredero hubiere completado el tiempo de la usucapión, es justo que se rescinda lo que se usucapió después, de modo que se observe lo mismo respecto a los herederos que suceden en la usucapión, porque el tiempo de la posesión del difunto se suma al de la del heredero, y la mayoría de veces se completa cuando todavía no se ha aceptado la herencia.

*§1. Si is, qui rei publicae causa afuit, usucepit et post usucapionem alienaverit rem, restitution facienda erit, et licet sine dolo afuerit et usuceperit, lucro eius occurri oportet.*

§1. Si usucapió quien estuvo ausente por causa pública, y después de compleetar la usucapión hubiere enajenado la cosa, deberá hacerse la restitución; y aunque

*Item ex reliquis omnibus causis restitutio facienda erit, veluti si adversus eum pronuntiatum sit.*

hubiere estado ausente y usucapido sin dolo malo, conviene impedir su lucro. También se habrá de hacer la restitución por todas las demás causas, como si contra él se hubiere pronunciado sentencia.

**31.** *IDEM libro quinquagensimo tertio ad edictum. Si is, cuius rem usucepit rei publicae causa absens, possessionem suae rei ab illo usucaptae nanctus sit, etsi postea amiserit, non temporalem, sed perpetuam h habet actionem.*

**31.** EL MISMO *en el libro quincuagésimo tercero de los comentarios al edicto.* Si aquel cuya cosa usucapió quien estaba ausente por causa pública hubiere adquirido la posesión de su propia cosa usucapida por el ausente, aunque después la hubiere perdido, tiene una acción perpetua, no temporal.

**32.** *MODESTINUS libro nono regularum. Abesse rei publicae causa intellegitur et is, qui ab urbe profectus est, licet nondum provinciam excesserit: sed et is qui excessit, donec in urbem revertatur. Et hoc ad proconsules legatosque eorum et ad eos, qui provinciis praesunt, procuratoresve principum, qui in provinciis tenentur, pertinet, et ad tribunos militum et praefectos et comites legatorum, qui ad aerarium delati aut in commentarium principis delati sunt.*

**32.** MODESTINO *en el libro noveno de las reglas.* Se entiende que está ausente por causa pública también el que partió de la ciudad, aunque todavía no hubiere llegado a la provincia, y quien hubiere salido de su provincia hasta que regrese a la ciudad. Y esto afecta a los procónsules y a sus legados, y a los que gobiernan las provincias, o a los procuradores de los príncipes que residen en las provincias; también a los tribunos militares, los prefectos y los oficiales de los legados que están afectos al erario o al registro del príncipe.

**33.** *IDEM libro singulari de enucleatis casibus. Inter eos, qui ex generali clausula adiuvantur, et fisci patronus connumeratur.*

**33.** EL MISMO *en el libro único de los casos ilustrados.* Entre aquellos que son auxiliados en virtud de la cláusula general del edicto se incluye también al abogado del fisco.

§1. *Eos, qui notis scribunt acta praesidum, rei publicae causa non abesse certum est.*

§2. *Militum medici, quoniam officium quod gerunt et publice prodest et fraudem eis adferre non debet, restitutionis auxilium implorare possunt.*

34. *IAVOLENUS libro quinto decimo ex Cassio. Miles commeatu accepto si domo sua est, rei publicae causa abesse non videtur.*

§1. *Qui operas in publico, quod vectigalium causa locatum est, dat, rei publicae causa non abest.*

35. *PAULUS libro tertio ad legem Iuliam et Papiam. Qui mittuntur, ut milites ducerent aut reducerent aut legend curarent, rei publicae causa absunt.*

§1. *Hi quoque, qui missi sunt ad gratulandum principi.*

§2. *Item procurator Caesaris, non solum cui rerum provinciae cuiusque procuratio mandata erit, sed et is, cui rerum quamvis non omnium. Itaque plures ibi procuratores diversarum rerum rei publicae causa abesse intelleguntur.*

§3. *Praefectus quoque Aegypti rei*

§1. Es cierto que los escribanos oficiales de los gobernadores no están ausentes por causa pública.

§2. Los médicos militares pueden solicitar el auxilio de la restitución, porque el cargo que ejercen beneficia al público y no debe acarrearles perjuicio.

34. JAVOLENO *en el libro décimo quinto de la doctrina de Casio.* Una vez dado de baja, no se entiende que el soldado se halla ausente por causa pública si está en su casa.

§1. Quien trabaja en un servicio público que se arrendó con motivo de los impuestos no está ausente por causa pública.

35. PAULO *en el libro tercero de los comentarios a la Ley Julia y Papia.* Los comisionados para llevar o traer soldados o para cuidar de los que serán reclutados están ausentes por causa pública.

§1. También lo están los que han sido enviados para cumplimentar al príncipe.

§2. Asimismo el procurador del César, no sólo aquel a quien se hubiere encomendado la administración de los bienes de cualquier provincia, sino también el administrador de algunos bienes, aunque sea general. Y así, se entiende que al mismo tiempo y en un mismo lugar están ausentes por causa pública muchos procuradores de diversas cosas.

§3. También el prefecto de Egipto

*publicae causa abest, quive aliam ob causam rei publicae causa extra urbem aberit.*

*§4. Sed et in urbanicianis militibus idem divus Pius constituit.*

*§5. Quaesitum est de eo qui ad compescendos malos homines missus est, an rei publicae causa abesset: et placuit rei publicae causa eum abesse.*

*§6. Item paganum, qui in expeditione consularis iussu transierat ibique in acie ceciderat: heredi enim eius succurrendum est.*

*§7. Qui rei publicae causa Romam profectus est, abesse rei publicae causa videtur. Sed et si extram patriam suam rei publicae causa profectus sit, etiam, si per urbem ei iter competit, rei publicae causa abest.*

*§8. Similiter qui in provincia est, ut primum aut domo sua profectus est aut, cum in eadem provincia degit rei publicae administrandae causa, simul agere rem publicam coepit, ad similitudinem absentis habetur.*

*§9. Et dum eat in castra et redeat, rei publicae causa abest, quod et eundum sit in castra militaturo et redeundum. Vivianus scribit Proculum respondisse militem, qui commeatu absit, dum domum vadit aut redit, rei publicae causa abesse, dum domi sit, non abesse.*

está ausente por causa pública, y cualquiera que por otra causa estuviere ausente fuera de la ciudad en interés de la república.

§4. Pero el divino Antonino Pío estableció lo mismo respecto de los soldados de la guarnición de Roma.

§5. Respecto de quien fue comisionado para castigar a unos malhechores se preguntó: ¿estaría ausente por causa pública? Y se determinó que sí lo estaba.

§6. También el paisano que por mandato del cónsul hubiese ido a una expedición militar y hubiese muerto en en el frente, se ha de auxiliar a su heredero.

§7. Quien por causa pública fue a Roma se entiende que está ausente por causa pública. Pero también lo está si por idéntica causa hubiese marchado fuera de su patria y el camino le hiciere pasar por Roma.

§8. Igualmente es considerado ausente quien está en una provincia desde que partió de su casa o desde que comenzó a gobernar como administrador de la república viviendo en la misma provincia.

§9. Y mientras el militar vaya al campamento y vuelva de él está ausente por causa pública, porque el que está en la milicia debe ir al campamento y volver de él. Escribe Viviano que Próculo respondió que el militar que estuviese ausente con licencia mientras va a su casa y vuelve está ausente por causa pública, pero no mientras estuviese en su casa.

**36**. *ULPIANUS libro sexto ad legem Iuliam et Papiam. Rei publicae causa abesse eos solos intellegimus, qui non sui commodi causa, sed coacti absunt.*

**36**. ULPIANO en el libro sexto de los comentarios a la Ley Julia y Papia. Consideramos que están ausentes por causa pública solamente aquellos que lo están no por conveniencia, sino por obligación.

**37**. *PAULUS libro tertio ad legem Iuliam et Papiam. Hi, qui in provincia sua ultra tempus a constitutionibus concessum adsident, publica causa abesse non intelleguntur.*

**37**. PAULO *en el libro tercero de los comentarios a la Ley Julia y Papia.* No se entiende que estén ausentes por causa pública quienes fungen de asesores en su provincia más tiempo del permitido por las constituciones.

**38**. *ULPIANUS libro sexto ad legem Iuliam et Papiam. Si cui in provincia sua princeps adsidere speciali beneficio permiserit, puto eum rei publicae causa abesse: quod si non ex permissu hoc fecerit, consequenter dicemus, cum crimen admisit, non habere eum privilegia eorum, qui rei publicae causa absunt.*

**38**. ULPIANO *en el libro sexto de los comentarios a la Ley Julia y Papia.* Si por beneficio especial del príncipe se hubiere permitido a alguien que fuera asesor en su propia provincia, opino que está ausente por causa pública; pero si no hubiere hecho esto con permiso, diremos por consiguiente que no tiene los privilegios de los que están ausentes por causa pública al haber cometido un delito.

*§1. Tamdiu rei publicae causa abesse quis videbitur, quamdiu officio aliquo praeest: quod si finitum fuerit officium, iam desinit abesse rei publicae causa. Sed ad revertendum illi tempora computabimus statim atque desiit rei publicae causa abesse ea quibus reverti in urbem potuit: et erit moderatum tempora ei dare, quae lex revertentibus praestitit. Quare si quo deflexerit suae rei causa, non*

§1. Se entenderá que alguien está ausente por causa pública tanto tiempo cuanto dura el cargo, porque si hubiera concluido éste deja de estar ausente. Para el regreso le computaremos desde que dejó de estar ausente por dicha causa, el tiempo necesario para volver a la ciudad; y será justo que se le dé el tiempo que la ley concedió para regresar. Por lo que

*dubitamus id tempus ei non proficere, habitaque dinumeratione temporis, quo reverti potuit, statim eum dicemus desisse rei publicae causa abesse. Plane si infirmitate impeditus continuare iter non potuit, habebitur ratio humanitatis, sicuti haberi solet et hiemis et navegationis et ceterorum quae casu contingunt.*

si se hubiere desviado algo del camino por atender algún asunto suyo, no dudamos que este tiempo no le beneficia, y hecho el cómputo del tiempo en que pudo volver, diremos que desde entonces dejó de estar ausente por causa pública. Pero si no pudo continuar el camino impedido por alguna enfermedad, se tendrá en cuenta esta razón de humanidad, así como suele tenerse en cuenta una tempestad, los accidentes de navegación y demás casos fortuitos que acontecen.

**39.** *PAULUS libro primo sententiarum. Is qui rei publicae causa afuturus erat, si procuratorem reliquerit, per quem defendi potuit, in integrum volens restitui non auditur.*

**39.** PAULO *en el libro primero de las sentencias.* Quien había de estar ausente por causa pública no es oído si pretende ser restituido íntegramente habiendo dejado procurador que le pudiera defender en juicio.

**40.** *ULPIANUS libro quinto opinionum. Si qua militi accusatio competat tempore, quo rei publicae operam dedit, non peremitur.*

**40.** ULPIANO *en el libro quinto de las opiniones.* Si compete al militar una acusación, ésta no se extingue por el lapso en que prestó servicio a la república.

*§1. Quod eo tempore, quo in insula aliquis fuit ex poena ei irrogata, cuius restitutionem impetravit, ab alio usurpatum ex bonis, quae non erant adempta, probatum fuerit, suae causae restituendum est.*

§1. Si se hubiere probado que durante el tiempo en que alguien estuvo en una isla por pena de destierro que se le impuso, y cuya revocación obtuvo, otro le había usurpado bienes que no le habían sido confiscados, ha de ser restituido a su anterior estado.

**41.** *IULIANUS libro trigensimo*

**41.** JULIANO *en el libro trigésimo quinto del digesto.* Si alguien hubiere

quinto digestorum. *Si quis Titio legaverit, si mortis suae tempore in Italia esset, aut in annos singulos, quod in Italia esset, et ei succursum fuerit, quia ob id, quod rei publicae causa afuit, exclusus fuerit a legato: fideicommissum ab eo relictum praestare cogitur. MARCELLUS notat: quis enim dubitabit salva legatorum et fideicommissorum causa militi restitui hereditatem, quam ob id perdidit, quod rei publicae causa afuit?*

hecho un legado a Ticio para el caso de que estuviese en Italia al tiempo de su muerte o para cada año de cuantos estuviese en Italia, y se hubiere auxiliado al legatario por haber quedado excluido del legado debido a una ausencia por causa pública, el heredero se obliga a pagar el fideicomiso dejado por el legatario. Marcelo observa esto: pues ¿quién ha dudado que dejando salva la causa de los legados y de los fideicomisos se restituye al militar la herencia que perdió por haber estado ausente por causa pública?

**42.** *ALFENUS libro quinto digestorum. Non vere dicitir rei publicae causa abesse eum, qui sui privati negotii causa in legatione est.*

**42.** ALFENO *en el libro quinto del digesto.* No se dice con certeza que está ausente por causa pública quien está en una legación a causa de un negocio particular.

**43.** *AFRICANUS libro septimo quaestionum. Si quis stipulatus sit in annos singulos, quoad in Italia esset vel ipse vel promissor, et alteruter rei publicae causa abesse coeperit, officium praetoris est introducere utilem actionem. Eadem dicemus et si ita concepta stipulatio fuerit: 'si quinquennio proximo Romae fuerit', vel ita: 'si Romae non fuerit, centum dare spondes?'*

**43.** AFRICANO *en el libro séptimo de las cuestiones.* Si alguien hubiese estipulado para cada año que él o el promitente estuviese en Italia, y uno u otro hubiere comenzado a estar ausente por causa pública, es obligación del pretor conceder acción útil. Lo mismo diremos si la estipulación se sido concebido así: "si el próximo quinquenio hubiere estado en Roma", o así: "si no hubiere estado en Roma, ¿prometes darme cien mil sestercios?"

**44.** *PAULUS libro secundo ad Sabinum. Is, qui rei publicae causa abest, in aliqua re laesus non*

**44.** PAULO *en el libro segundo de los comentarios a Sabino.* Si resulta perjudicado en una cosa quien está ausente por causa pública, no es

restituitur, in qua, etiamsi rei publicae causa non afuisset, damnum erat passurus.

restituido en aquello en que debió sufrir el perjuicio aunque no hubiese estado ausente por dicha causa.

**45**. *SCAEVOLA libro primo regularum. Milites omnes, qui discedere signis sine periculo non possunt, rei publicae causa abesse intelleguntur.*

**45**. ESCÉVOLA en el libro primero de las reglas. Todos los militares que no pueden apartarse sin riesgo de las banderas se considera que están ausentes por causa pública.

**46**. *MARCIANUS libro secundo regularum. Qui rei publicae causa afuit, etiam adversus eum, qui pariter rei publicae causa afuerit, restituendus est, si aliquid damni iuste queritur.*

**46**. MARCIANO en el libro segundo de las reglas. Quien estuvo ausente por causa pública ha de ser restituido aun contra aquel que hubiere estado igualmente ausente por la misma causa si con justicia se querella por algún daño.

## TITULUS VII
## DE ALIENATIONE IUDICII MUTANDI CAUSA FACTA

## TÍTULO VII
## DE LA ENAJENACIÓN REALIZADA CON ÁNIMO DE VARIAR LAS PARTES DEL JUICIO

**1**. *GAIUS libro quarto ad edictum provinciale. Omnibus modis proconsul id agit, ne quis deterior causa fiat ex alieno facto: et cum intellegeret iudiciorum exitum interum duriorem nobis constitui opposito nobis alio adversario, in eam quoque rem prospexit, ut, si quis alienando rem alium nobis adversarium suo loco substituerit idque data opera in fraudem nostram fecerit, tanti nobis*

**1**. GAYO *en el libro cuarto de los comentarios al edicto provincial.* El procónsul procura por todos los medios que la causa de cualquiera no empeore por la conducta de otros. Y entendiendo que el resultado de los juicios se nos hace a veces más gravoso si se nos opone otro adversario, previno también este caso, para que si alguien se hiciera sustituir por otro adversario en un juicio ante

*in factum actione teneatur, quanti nostra intersit alium adversarium nos non habuisse.*

nosotros enajenando una cosa, y hubiere hecho esto expresamente en nuestro fraude, nos quede obligado por la acción por el hecho en cuanto nos importe no haber tenido nosotros otro adversario.

*§1. Itaque si alterius provinciae hominem aut potentiorem nobis opposuerit adversarium, tenebitur:*

§1. Y así, si nos hubiere opuesto como adversario una persona de otra provincia, u otra más poderoso, quedará obligado por aquella acción,

*2. ULPIANUS libro tertio decimo ad edictum. … aut alium, qui vexaturus sit adversarium:*

2. ULPIANO *en el libro décimo tercero de los comentarios al edicto.* … u otro adversario que nos pueda perjudicar,

*3. GAIUS libro quarto ad edictum provinciale. … quia etiamsi cum eo, qui alterius provinciae sit, experiar, in illius provincia experiri debeo et potentiori pares esse non possumus.*

3. GAYO en el libro cuarto de los comentarios al edicto provincial. … porque aunque yo litigue con quien es de otra provincia, debo hacerlo en la provincia de él y no podemos igualarnos con quien es más poderoso.

*§1. Sed et si hominem quem petebamus manumiserit, durior nostra condijo fit, quia praetores faveant libertatibus.*

§1. Pero también si hubiere manumitido al esclavo que pedíamos se empeora nuestra condición, porque los pretores favorecen las libertades por manumisión.

*§2. Item si locum, in quo opus feceris, cuius nomine interdicto quod vi aut clam vel actione aquae pluviae arcendae tenebaris, alienaveris, durior nostra condijo facta intellegitur, quia, si tecum ageretur, tuis impensis id opus tollere deberes, nunc vero cum incipiat mihi adversus alium actio esse quam qui fecerit, compellor meis impensis id tollere, quia qui ab alio*

§2. También si hubiere enajenado el terreno en el que hubieres hecho alguna obra por la cual quedabas obligado por el interdicto quod vi aut clam (por lo que con violencia o clandestinamente), o por la acción aquae pluviae arcendae (de contención de agua pluvial), se entiende empeorada nuestra situación, porque si se litigase

*factum possidet, hactenus istis actionibus tenetur, ut patiatur id opus tolli.*

contigo deberías demoler a tu costa aquella obra; pero ahora al tener yo acción contra persona distinta de la que hubiera hecho la obra, se me obliga a demolerla a mi costa, porque quien posee la obra hecha por otro está obligado por estas acciones tan sólo a permitir que se destruya aquella obra.

*§3. Opus quoque novum si tibi nuntiaverim tuque eum locum alienaveris et emptor opus fecerit, dicitur te hoc iudicio teneri, quasi neque tecum ex operis novi nuntiatione agere possim, quia nihil feceris, neque cum eo cui id alienaveris, quia ei nuntiatum non sit.*

§3. También si yo te hubiere denunciado una obra nueva, y tú hubieres enajenado aquel terreno, y el comprador hubiere hecho la obra, se dice que quedas obligado por este juicio, pues yo no podría litigar la denuncia de obra nueva contra ti porque ninguna obra habías hecho, ni contra aquel a quien habías enajenado el terreno, porque a él no se le denunció.

*§4. Ex quibus apparet, quod proconsul in integrum restituturum se pollicetur, ut hac actione officio tantum iudicis consequatur actor, quantum eius intersit alium adversarium non habuisse: forte si quas impensas fecerit aut si quam aliam incommoditatem passus erit alio adversario substituto.*

§4. De cuyos términos del edicto resulta que el procónsul promete la restitución íntegra para que mediante tal acción el actor consiga por ministerio del juez cuanto le interese no haber tenido otro adversario, por ejemplo, si hubiere hecho algunos gastos, o si hubiere sufrido alguna otra incomodidad por habérsele sustituido otro adversario.

*§5. Quid ergo est, si is, adversus quem talis actio competit, paratus sit utile iudicium pati perinde ac si possideret? Recte dicitur denegandam esse adversus eum ex hoc edicto actionem.*

§5. ¿Y qué sucede si aquel contra quien procede tal acción estuviese dispuesto a soportar la acción útil del mismo modo que si poseyese? Se dice con razón que se negará contra él la acción proveniente de este edicto.

**4.** *ULPIANUS libro tertio decimo ad edictum. Ítem si res fuerint usucaptae ab eo cui alienatae sint nec peti ab hoc possint, locum habet hoc edictum.*

*§1. Itemque fieri potest, ut sine dolo malo quidem possidere desierit, verum iudicii mutandi causa id fiat. Sunt et alia complura talia. Potest autem aliquis dolo malo desinere possidere nec tamen iudicii mutandi causa fecisse nec hoc edicto teneri: neque enim alienat, qui dumtaxat omittit possessionem. Non tamen eius factum improbat praetor, qui tanti habuit re carere, ne propter eam saepius litigare (haec enim verecunda cogitatio eius, qui lites exsecratur, non est vituperanda), sed eius dumtaxat, qui cum rem habere vult, litem ad aliud transfert, ut molestum adversarium pro se subiciat.*

*§2. Pedius libro nono non solum ad dominii translationem hoc edictum pertinere ait, verum ad possessionis quoque: alioquin cum quo in rem agebatur, inquit, si possessione cessit, non tenebitur.*

*§3. Si quis autem ob valetudinem aut aetatem aut occupationes necessarias*

**4.** ULPIANO *en el libro décimo tercero de los comentarios al edicto.* Asimismo tiene lugar este edicto si las cosas hubieren sido usucapidas por aquel a quien se le hubieren enajenado y no pudieran ser reclamdas de él.

§1. Y también puede suceder que haya dejado de poseer ciertamente sin dolo malo, pero que haga esto con el objeto de alterar el juicio. Hay que distinguir muchos de estos casos semejantes. Pero alguien puede dejar de poseer con dolo malo, y no haberlo hecho, sin embargo, con objeto de alterar el juicio, y no queda obligado por este edicto, porque tampoco enajena quien solamente abadona la posesión[75]. Pero el pretor no reprueba el hecho del que prefirió carecer de la cosa para no litigar más por ella (porque no se ha de vituperar el honrado propósito del que rechaza los pleitos), sino tan sólo el de aquel que, deseando tener la cosa, transfiere a otro el litigio para poner en su lugar un adversario molesto.

§2. Dice Pedio en el libro noveno de los comentarios al edicto que este edicto corresponde no sólo a la transferencia de dominio, sino también a la de la posesión; por lo demás, añade, si aquel contra quien se ejercitaba una acción real cedió la posesión, no quedará obligado.

§3. Si alguien hubiere transferido a otro el pleito por razón de

---

[75] D. 4, 7, 4, 1 = D. 50, 17, 119.

*litem in alium transtulerit, in ea causa non est, ut hoc edicto teneatur, cum in hoc edicto doli mali fiat mentio. Ceterum erit interdictum et per procuratores litigare dominio in eos plerumque ex iusta causa translato.*

enfermedad, de edad o de ocupaciones necesarias, no está en la hipótesis de quedar obligado por este edicto, ya que en éste se menciona el dolo malo. De otro modo, también estaría prohibido litigar por medio de procuradores, a quienes se transfiere la mayoría de las veces la propiedad con justa causa.

*§4. Ad iura etiam praediorum hoc edictum pertinet, modo si dolo malo fiat alienatio.*

§4. Este edicto se refiere también a las servidumbres de los predios, si la enajenación del fundo se hace con dolo malo.

*§5. Haec actio in id quod interest competit. Proinde si res non fuit petitoris aut si is qui alienatus est sine culpa decessit, cessat iudicium, nisi si quid actoris praeterea interfuit.*

§5. Compete esta acción por aquello que interesa al demandante; por ende, si la cosa no fue del demandante, o si el esclavo que fue enajenado pereció sin culpa, cesa la acción, a no ser que importase al actor alguna otra cosa.

*§6. Haec actio non est poenalis, sed rei persecutionem arbitrio iudicis continet, quare et heredi dabitur: in heredem autem...*

§6. Esta acción no es penal, sino que contiene la persecución de la cosa según el arbitrio del juez, por lo que se dará también al heredero, pero contra el heredero...

**5.** *PAULUS libro undecimo ad edictum. ... vel similem...*

**5.** PAULO *en el libro décimo primero de los comentarios al edicto.* ... u otra persona semejante...

**6.** *ULPIANUS libro tertio decimo ad edictum. ... vel post annum non dabitur,*

**6.** ULPIANO *en el libro décimo tercero de los comentarios al edicto.* ... no se concederá después del año,

**7.** *GAIUS libro quarto ad edictum provinciale. ... quia pertinet quidem ad rei persecutionem, videtur autem ex delicto dari.*

**7.** GAYO *en el libro cuarto de los comentarios al edicto provincial.* ... porque se refiere sin duda a la persecución de la cosa, pero se entiende que se concede por causa de delito.

**8.** *PAULUS libro duodecimo ad edictum. Ex hoc edicto tenetur et qui rem exhibet, si arbitratu iudicis pristinam iudicii causam non restituit.*

**§1.** *Ait praetor: 'quaeve alienatio iudicii mutandi causa facta erit': id est si futuri iudicii causa, non eius quod iam sit.*

**§2.** *Alienare intellegitur etiam qui alienam rem vendidit.*

**§3.** *Sed heredem instituendo vel legando si quis alienet, huic edicto locus non erit.*

**§4.** *Si quis alienaverit, deinde receperit, non tenebitur hoc edicto.*

**§5.** *Qui venditori suo redhibet, non videtur iudicii mutandi causa abalienare,*

**9.** *PAULUS libro primo ad edictum aedilium curulium. ... quia redhibito homine omnia retro aguntur: et ideo non videtur iudicii mutandi causa alienare qui redhibet: nisi si propter hoc ipsum redhibet non redhibiturus alias.*

**8.** PAULO *en el libro décimo segundo de los comentarios al edicto.* En virtud de este edicto está obligado también quien exhibe la cosa, si conforme al arbitrio del juez no restituye el objeto del juicio a la situación anterior.

**§1.** Dice el pretor: 'o se hubiese hecho alguna enajenación con objeto de alterar las partes del juicio', es decir, de un juicio futuro, no de uno que ya exista.

**§2.** Se entiende que también enajena quien vendió una cosa de otro.

**§3.** Pero si alguien enajenase instituyendo un heredero, o haciendo un legado, no habrá lugar a este edicto.

**§4.** Si alguien hubiere enajenado y después recobrado, no quedará obligado por este edicto.

**§5.** Quien devuelve la cosa a su vendedor a causa de redhibición, no se entiende que enajena con ánimo de alterar el juicio,

**9.** PAULO *en el libro primero de los comentarios al edicto de los ediles curules.* ... porque al devolver un esclavo por causa de redhibición todas las cosas se retrotraen al momento anterior a la compra. Por lo tanto, no se entiende que el comprador que devuelve enajena con objeto de alterar el juicio, a no ser que devuelva con ese fin lo que de otro modo no hubiera devuelto.

**10.** *ULPIANUS libro duodecimo ad edictum. Nam et si obligatus solvero quod a me petere velles, huic edicto locus non erit.*

*§1. Si tutor pupilli vel adgnatus furiosi alienaverint, utilis actio competit, quia consilium huius fraudis inire non possunt.*

**11.** *IDEM libro quinto opinionum. Cum miles postulabat suo nomine litigare de possessionibus, quas sibi donatas esse dicebat, responsum est, si iudicii mutandi causa donatio facta fuerit, priorem dominum experiri oportere, ut rem magis quam litem in militem transtulisse credatur.*

**12.** *MARCIANUS libro quarto decimo institutionum. Si quis iudicii communi dividundo evitando causa rem alienaverit, ex lege Licinia ei interdicitur, ne communi dividundo iudicio experiatur: verbi gratia ut potentior emptor per licitationem vilius eam accipiat et per hoc iterum ipse recipiat. Sed ipse quidem qui partem alienaverit communi dividundo iudicio si agere velit, non audietur: is vero qui emit si experiri velit, ex illa parte edicti vetatur, qua cavetur, ne qua alienatio iudicii mutandi causa fiat.*

**10.** ULPIANO *en el libro décimo segundo de los comentarios al edicto.* Si estando yo obligado hubiere pagado lo que querías reclamarme, no habrá lugar a este edicto.
§1. Si el tutor del pupilo o el curador agnado del demente hubieren enajenado, compete una acción útil, porque no pueden tener tal intención fraudulenta.

**11.** EL MISMO *en el libro quinto de las opiniones.* Pretendiendo un militar litigar a su nombre sobre unas posesiones que decía le habían sido donadas, se respondió que si la donación hubiera sido hecha con objeto de alterar el juicio, debía litigar el primitivo dueño para que se entienda que transfirió al militar la propiedad, no el litigio.

**12.** MARCIANO *en el libro décimo cuarto de las instituciones.* Si para alterar el juicio de división de una cosa común alguien hubiere enajenado su parte, se le prohíbe por la Ley Licinia que reclame por la acción de división de lo común; por ejemplo, para que un comprador más poderoso la adquiera por subasta a más bajo precio, y por este medio la vuelva a recuperar él mismo. Pero, a decir verdad, el que hubiere enajenado su parte, si quisiese ejercitar la acción de división de lo común, no será oído. Pero si quien la compró quisiera ejercitar acción de compra, se le prohíbe en virtud de aquella parte del edicto donde se dispone que no se haga enajención alguna con ánimo de alterar el juicio.

## *TITULUS VIII DE RECEPTIS: QUI ARBITRIUM RECEPERINT UT SENTENTIAM DICANT*

## TÍTULO VIII DE LAS RESPONSABILIDADES ASUMIDAS: QUE DICTEN SENTENCIA LOS QUE ACEPTARON UN ARBITRAJE

**1**. *PAULUS libro secundo ad edictum. Compromissum ad similitudinem iudiciorum redigitur et ad finiendas lites pertinet.*

**1**. PAULO *en el libro segundo de los comentarios al edicto*. El compromiso se acomoda a semejanza de los juicios, y tiene por objeto resolver los pleitos.

**2**. *ULPIANSU libro quarto ad edictum. Ex compromisso placet exceptionem, non nasci, sed poenae petitionem.*

**2**. ULPIANO *en el libro cuarto de los comentarios al edicto*. Se ha establecido que del compromiso no nace excepción, sino una petición de la pena convenida.

**3**. *IDEM libro tertio decimo ad edictum. Labeo ait, si compromiso facto sententia dicta est, quo quis a minore viginti quinque annis tutelae absolveretur, ratum id a praetore non habendum: neque poenae eo nomine commissae petitio dabitur.*

**3**. EL MISMO *en el libro décimo tercero de los comentarios al edicto*. Dice Labeón que si se emitió sentencia en virtud del compromiso contraído para que alguien fuese absuelto de la tutela por la sentencia de un menor de veinticinco años, esto no debe ser ratificado por el pretor, ni se dará la petición de la pena en que por este motivo se haya incurrido.

*§1. Tametsi neminem praetor cogat arbitrium recipere, quoniam haec res et soluta est et extra necessitatem iurisdictionis posita, attamen ubi semel quis in se receperit arbitrium, ad curam et sollicitudinem suam hanc rem pertinere praetor putat: non tantum quod studeret lites finiri, verum quoniam non deberent decipi, qui eum quasi virum bonum disceptatorem inter se elegerunt. Finge enim post causam iam semel atque iterum tractatam, post nudata utriusque intima et secreta negotii aperta, arbitrium vel gratiae dantem vel sordibus corruptum vel alia qua ex causa nolle sententiam dicere: quisquamne potest negare aequissimum fore praetorem interponere se debuisse, ut officium quod in se recepit impleret?*

§1. Aunque el pretor no obligue a nadie a aceptar la facultad de ser árbitro, porque ésta es cosa libre e independiente y puesta fuera de la coacción del magistrado, sin embargo, en cuanto alguien hubiere aceptado el arbitraje, el pretor juzga que la cosa corresponde a su cuidado y solicitud, no tanto porque procure que los pleitos se resuelvan, sino porque no sean defraudados lo que le eligieron, como hombre bueno, para ser árbitro entre ellos. Porque supongamos que después de examinada la causa una y dos veces, y de descubrir las intimidades de ambas partes, y de haber conocido los secretos del negocio, el árbitro, cediendo al favor o corrompido con venalidad, o por cualquier otra causa no quisiera pronunciar sentencia, ¿quién negará que sería muy justo que el pretor hubiere debido interponerse para que el árbitro cumpliera el encargo que aceptó?

*§2. Ait praetor: 'Qui arbitrium pecunia compromissa receperit'. Tractemus de personis arbitrantium.*

*§3. Et quidem arbitrum cuiuscumque dignitatis coget officio quod susceperit perfungi, etiamsi sit consularis: nisi forte sit in aliquot magistratu positus vel potestate, consul forte vel praetor, quoniam in hoc imperium non habet.*

§2. Dice el pretor: 'quien hubiere aceptado un arbitraje habiéndose fijado una cantidad como pena'.

§3. Tratemos de las personas de los árbitros. Y a decir verdad el pretor obligará al árbitro de cualquier nivel social, aunque sea consular, para que desempeñe la función que aceptó, a menos que estuviere colocado en alguna magistratura o potestad, como cónsul o pretor, porque el pretor no tiene poder sobre estos magistrados.

**4.** PAULUS *libro tertio decimo ad edictum. Nam magistratus superiore aut pari imperio nullo modo possunt cogi: nec interest ante an in ipso magistrate arbitrium susceperint. Inferiores possunt cogi.*

**4.** PAULO *en el libro décimo tercero de los comentarios al edicto.* Porque los magistrados de imperio superior o similar de ningún modo pueden ser obligados, y no importa que hubieren aceptado el arbitraje antes o estando ya en la misma magistratura, pero los magistrados inferiores pueden ser obligados.

**5.** ULPIANUS *libro tertio decimo ad edictum. Sed et filius familias compelletur.*

**5.** ULPIANO *en el libro décimo tercero de los comentarios al edicto.* Pero también el hijo de familia podrá ser obligado.

**6.** GAIUS *libro quinto ad edictum provinciale. Quin etiam de re patris dicitur filium familias arbitrum esse posse: nam et iudicem eum esse posse plerisque placet.*

**6.** GAYO *en el libro quinto de los comentarios al edicto provincial.* Porque también se dice que el hijo de familia puede ser árbitro en un asunto de su padre, pues a la mayoría le parece correcto que también pueda ser juez en tal caso.

**7.** ULPIANUS *libro tertio decimo ad edictum. Pedius libro nono et Pomponius libro trigensimo tertio scribunt parve referre, ingenuus quis an libertinus sit, integrae famae quis sit arbiter an ignominiosus. In servum Labeo compromitti non posse libro undecimo sicribit: et est verum.*

**7.** ULPIANO *en el libro décimo tercero de los comentarios al edicto.* Escriben Pedio en el libro noveno del digesto y Pomponio en el libro trigésimo tercero del digesto que importa poco que el árbitro sea ingenuo o liberto, de buena o de mala fama. Labeón escribe en su libro décimo primero de los comentarios al edicto que no puede contraerse compromiso para que un esclavo sea árbitro, y eso es verdadero.

*§1. Unde Iulianus ait, si in Titium et servum compromissum sit, nec Titium cogendum sententiam dicere,*

§1. Por lo que dice Juliano que si se hubiese contraído el compromiso para que Ticio y un esclavo sean

*quia cum alio receperit: quamvis servi, inquit, arbiterium nullum sit. Quod tamen si dixerit sententiam Titius? Poena non committitur, quia non, ut receperit, dixit sententiam.*

árbitros, ni a Ticio se le debe obligar a dictar sentencia, porque asumió el compromiso con otro, aparte de que, como añade Juliano, es nulo el arbitraje del esclavo. ¿Y qué sucederá si Ticio hubiese dictado sentencia? No se incurre en la pena si no se cumple, porque la sentencia no se dictó conforme se había aceptado el arbitraje.

**8.** *PAULUS libro tertio decimo ad edictum. Sed si ita compromissum sit, ut vel alterutrius sententia valeat, Titium cogendum.*

**8.** PAULO *en el libro décimo tercero de los comentarios al edicto.* Pero si el compromiso hubiese sido para que la sentencia de uno o de otro sea válida, se debe obligar a Ticio a dictarla.

**9.** *ULPIANUS libro tertio decimo ad edictum. Sed si in servum compromittatur et liber sententiam dixerit, puto, si liber factus fecerit consentientibus partibus, valere.*

**9.** ULPIANO *en el libro décimo tercero de los comentarios al edicto.* Si se contrajese el compromiso para que un esclavo sea árbitro, y liberado éste hubiere pronunciado la sentencia, opino que si siendo ya libre lo hubiere hecho, ésta es válida si lo consienten las partes.

*§1. Sed neque in pupillum neque in furiosum aut surdum aut mutum compromittetur, ut Pomponius libro trigensimo tertio scribit.*

§1. Pero según escribe Pomponio en el libro trigésimo tercero del digesto, no se contraerá compromiso para que sea árbitro un pupilo, un demente, un sordo o un mudo.

*§2. Si quis iudex sit, arbitrium recipere eius rei, de qua iudex est, inve se compromitti iubere prohibetur lege Iulia: et si sententiam dixerit, non est danda poenae persecutio.*

§2. Si alguien fuese juez, por la Ley Julia sobre juicios se le prohíbe que admita la facultad arbitral sobre un asunto del que es juez, o que autorice que se contraiga tal compromiso, y se hubiere pronunciado sentencia no se concederá la acción para reclamar la

*§3. Sunt et alii, qui non coguntur sententiam dicere, ut puta si sordes aut turpitude arbitri manifesta sit.*

§3. También hay otros a quienes no se les obliga a pronunciar sentencia, por ejemplo, si fuese manifiesta la inmoralidad o corrupción del árbitro.

*§4. Iulianus ait, si eum infamaverunt litigatores, non omnimodo praetorem debere eum excusare, sed causa cognita.*

§4. Dice Juliano que si los litigantes infamaron al árbitro, el pretor no debe excusarlo sin más, sino con conocimiento de causa.

*§5. Idemm et si spreta auctoritate eius ad iudicium...*

§5. Asimismo, dice que si la autoridad del árbitro es desacatada y acuden al juicio ordinario...

**10.** PAULUS *libro tertio decimo ad edictum. ... vel alium arbitrum...*

**10.** PAULO *en el libro décimo tercero de los comentarios al edicto.* ... o a otro árbitro...

**11.** ULPIANUS *libro tertio decimo ad edictum. ... litigatores ierint, mox ad eundem arbitrum redierint, praetorem non debere eum cogere inter eos disceptare, qui ei contumeliam hanc fecerunt, ut eum spernerent et ad alium irent.*

**11.** ULPIANO *en el libro décimo tercero de los comentarios al edicto.* ... los litigantes, y después hubieren vuelto al mismo árbitro, el pretor no debe obligar a decidir entre aquellos litigantes que le hicieron la injuria de despreciarlo y acudir a otro.

*§1. Arbitrum autem cogendum non esse sententiam dicere, nisi compromissum intervenerit.*

§1. No ha de ser obligado el árbitro a emitir sentencia si no hubiere mediado compromiso entre las partes.

*§2. Quod ait praetor: 'pecuniam compromissam', accipere nos debere, non si utrimque poena nummaria, sed si et alia res vice poenae, si quis arbitri sententia non steterit, promissa sit: et ita Pomponius scribit. Quid ergo, si res apud arbitrum depositae sunt eo pacto, ut ei daret qui vicerit, vel ut eam rem daret, si non pareatur sententiae, an cogendus sit sententiam*

§2. Lo que dice el pretor, 'que se haya fijado una cantidad como pena', debemos entenderlo no en el sentido de que una y otra parte se hubiesen prometido recíprocamente una pena pecuniaria, sino también si se hubiesen prometido otra cosa a modo de pena si alguien no hubiere acatado la sentencia del árbitro; y así lo escribe Pomponio.

*dicere? Et puto cogendum. Tantundem et si quantitas certa ad hoc apud eum deponatur. Proinde et si alter rem, alter pecuniam stipulanti promiserit, plenum compromissum est et cogetur sententiam dicere.*

¿Qué se dirá, pues, si las cosas hubieren sido depositadas en poder del árbitro con el pacto de que las diera al que hubiere vencido, o de que entregase aquella cosa si no se obedeciese la sentencia? ¿Habrá de ser obligado el árbitro a pronunciar sentencia? Y yo opino sí, y lo mismo también si se depositase en su poder una cantidad cierta para tal fin. Por lo tanto, también si uno hubiere prometido al estipulante una cosa y otro dinero, el compromiso es válido, y el árbitro se obligará a pronunciar sentencia.

*§3. Interdum, ut Pomponius scribit, recte nudo pacto fiet compromissum, ut puta si ambo debitores fuerunt et pacti sunt, ne petat quod sibi debetur qui sententiae arbitri non paruit.*

§3. A veces, como escribe Pomponio, se hará válidamente el compromiso por nudo pacto; por ejemplo, si ambos fueron deudores y pactaron que quien no haya cumplido la sentencia del árbitro no pida lo que se le debe.

*§4. Item Iulianus scribit non cogendum arbitrum sententiam dicere, si alter promiserit, alter non.*

§4. También escribe Juliano que no debe obligarse al árbitro a emtir sentencia si uno hubiere prometido y el otro no.

*§5. Idem dicit, et si sub condicione fuerit poena compromissa, veluti 'si navis ex Asia venerit, tot milia': non enim prius arbitrum cogendum sententiam dicere, quam condicio exstiterit: ne sit inefficax deficient condicione. Et ita Pomponius libro trigensimo tertio ad edictum scribit.*

§5. Lo mismo dice también si se hubiere fijado la pena bajo condición, por ejemplo, 'tantos miles de sestercios si la nave hubiere llegado de Asia'; porque no debe obligarse al árbitro a emitir sentencia antes que se hubiere cumplido la condición para que no resulte ineficaz la sentencia si se frustra la condición, y así lo escribe Pomponio en el libro trigésimo tercero de los comentarios al edicto.

**12.** PAULUS *libro tertio decimo ad edictum. Quo casu ad praetorem pertinebit in eo forsitan solo, ut, si possit dies compromissi proferri, proferatur.*

**13.** ULPIANUS *libro tertio decimo ad edictum. Pomponius ait, et si alteri accepto lata sit poena compromissi, non debere eum compelli sententiam dicere.*

*§1. Idem Pomponius scribit, si de meis solis controversiis sit compromissum et de te poenam sim stipulatus, videndum ne non sit compromissum. Sed cui rei moveatur, non video: nam si ideo, quia de unius controversiis solum compromissum est, nulla ratio est: licet enim et de una re compromittere: si vero ideo, quia ex altera dumtaxat parte stipulatio intervenit, est ratio. Quamquam si petitor fuit qui stipulatus est, possit dici plenum esse compromissum, quia is qui convenitur tutus est veluti pacti exceptione, is qui convenit, si arbitro non pareatur, habet stipulationem. Sed id verum esse non puto: neque enim sufficit exceptionem habere, ut arbiter sententiam dicere cogatur.*

*§2. Recepisse autem arbitrium videtur, ut Pedius libro nono dicit,*

**12.** PAULO *en el libro décimo tercero de los comentarios al edicto.* En cuyo caso, y tal vez sólo en éste, corresponderá al pretor que se prorrogue el día del compromiso si pudiera prorrogarse.

**13.** ULPIANO *en el libro décimo tercero de los comentarios al edicto.* Dice Pomponio que aunque se haya dado por recibida la pena a uno de los compromisarios, el árbitro no debe ser obligado a pronunciar sentencia.

§1. El mismo Pomponio escribe: si el compromiso fuese sólo sobre controversias mías, y yo hubiese estipulado de ti la pena, debe verse si no vale el compromiso. Aunque no veo por qué se suscite esta duda, pues si se suscita precisamente porque el compromiso es sólo sobre las controversias de uno de los compromisarios, no hay razón alguna para dudar, porque es lícito contraer compromiso también sobre un solo asunto; pero si es porque intervino esta estipulación únicamente por una de las partes, sí hay razón, aunque si estipuló algún demandante, puede decirse que el compromiso es pleno, porque el demandado ya está seguro mediante la excepción del pacto, y quien demanda tiene la estipulación a su favor si no se obedeciera al árbitro. Pero no creo que esto sea verdadero, porque no basta tener excepción para que el árbitro sea obligado a pronunciar sentencia.

§2. Según dice Pedio en el libro noveno del digesto, se entiende que

*qui iudicis partes suscepit finemque se sua sententia controversiis impositurum pollicetur. Quod si, inquit, hactenus intervenit, ut experiretur, an consilio suo vel auctoritate discuti litem paterentur, non videtur arbitrium recepisse.*

aceptó el arbitraje quien aceptó las funciones de juez y promete que con su sentencia habrá de poner fin a las controversias. Pero añade que si el árbitro interviene solamente para ver si consentirían que el pleito se terminase por su consejo o autoridad, no se entiende que aceptó el arbitraje.

*§3. Arbiter ex compromisso his diebus non cogitur sententiam dicere, quibus iudex non cogetur, nisi diez compromissi exitura sit nec proferri possit.*

§3. En virtud del compromiso, el árbitro no está obligado a dictar sentencia en aquellos días en que el juez no lo está, a menos que deba transcurrir el plazo del compromiso y no pudiera prorrogarse.

*§4. Proinde si forte urgueatur a praetore ad sententiam, aequissimum erit, si iuret sibi de causa nondum liquere, spatium ei ad pronuntiandum dari.*

§4. Por tanto, si acaso fuese apremiado por el pretor para la sentencia, será muy justo que si jura que aún no estaba bastante clara la causa para él, se le conceda tiempo para sentenciar.

**14.** POMPONIUS *libro undecimo ad Quintum Mucium. Sed si compromissum sine die confectum est, necesse est arbitro omnimodo dies statuere, partibus scilicet consentientibus, et ita causam disceptari: quod si hoc praetermiserit, omni tempore cogendus est sententiam dicere.*

**14.** POMPONIO *en el libro décimo primero de los comentarios a Quinto Mucio.* Pero si se hizo el compromiso sin fijar plazo, es absolutamente necesario para el árbitro fijar uno consintiéndolo por supuesto las partes, y que de este modo se resuelva la cuestión; porque si dejara de hacer esto, en cualquier momento ha de ser obligado a pronunciar sentencia.

**15.** ULPIANUS *libro tertio decimo ad edictum. Licet autem praetor destricte edicat sententiam se arbitrum dicere coacturum, attamen interdum rationem eius habere debet*

**15.** ULPIANO *en el libro décimo tercero de los comentarios al edicto.* Pero aunque el pretor diga terminantemente que obligará al árbitro a dictar sentencia, a veces debe tener en cuenta la razón de

*et excusationem recipere causa cognita: ut puta si fuerit infamatus a litigatoribus, aut si inimicitiae capitales inter eum et litigatores aut alterum ex litigatoribus intercesserint, aut si aetas aut valetudo quae postea contigit id ei munus remittat, aut occupatio negotiorum propriorum vel profectio urguens aut munus aliquod rei publicae: et ita Labeo:*

aquél y admitir su excusa con conocimiento de causa; por ejemplo, si hubiere sido difamado por los litigantes, o si hubieren surgido enemistades insalvables entre él y los litigantes o uno de ellos, o si la edad o una enfermedad que sobrevino después, o la ocupación de negocios propios, o un viaje urgente, o algún cargo público le dispensara de su cargo; y así lo dice Labeón;

**16.** *PAULUS libro tertio decimo ad edictum. … et si qua alia incommoditas ei post arbiterium susceptum incidat. Sed in causa valetudinis similibusve causa cognita diferre cognitur.*

**16.** PAULO *en el libro décimo tercero de los comentarios al edicto.* … y si le ocurriera algún otro impedimento después de aceptado el arbitraje. Pero en el caso de enfermedad, o en otros semejantes, el árbitro está obligado a prorrogarlo con conocimiento de causa.

*§1. Arbiter iudicii sui nomine, quod publicum aut privatum habet, excusatus esse debet a compromisso, utique si des compromissi proferri non potest: quod si potest, quare non cogat eum, cum potest, proferre? Quod sine ulla distinctione ipsius interdum futurum est. Si tamen uterque velit eum sententiam dicere, an, quamvis cautum non sit de die proferenda, non alias impetret, quia iudicium habet, ne cogatur, quam si consentiat denuo in se compromitti? Haec scilicet si dies exitura est.*

§1. El árbitro debe ser excusado del compromiso por razón de un juicio propio que tenga pendiente, sea público o privado, pero solamente si no puede prorrogarse el plazo del compromiso; porque si se puede, ¿por qué no obligaría a prorrogarlo pudiendo hacerlo? Lo que algunas veces debe hacerse sin ningún distingo de su parte. Mas si ambas partes quisiesen que él pronuncie sentencia aunque no se haya convenido sobre la prórroga del plazo, ¿no conseguirá el árbitro que no se le apremie teniendo pendiente como tiene un juicio, más que consintiendo que se renueve el compromiso para que sea él árbitro? Esto se entenderá si

estuviera a punto de transcurrir el plazo.

**17.** *ULPIANUS libro tertio decimo ad edictum. Item si unus ex litigatoribus bonis suis cedat, Iulianus libro quarto digestorum scribit non esse cogendum arbitrum sententiam dicere, cum neque agere neque conveniri possit.*

*§1. Si multo post revertantur ad arbitrum litigatores, non esse cogendum sententiam dicere Labeo scribit.*

*§2. Item si plures sunt qui arbitrium receperunt, nemo unus cogendus erit sententiam dicere, sed aut omnes aut nullus.*

*§3. Inde Pomponius libro trigensimo tertio quaerit, si ita sit compromissum, ut quod Titio disceptatori placet, id Seius pronuntiet, quis sit cogendus? Et puto tale arbitrium non valere, in quo libera facultas arbitri sententia non est futura.*

*§4. Sed si ita sit compromissum arbitratu Titii aut Seii fieri, Pomponius scribit et nos putamus compromissum valere: sed si erit cogendus sententiam dicere, in quem litigatores consenserint.*

*§5. Si in duos fuerit sic compromissum, ut, si dissentirent, tertium adsumant, puto tale compromissum non valere: nam in*

**17.** ULPIANO *en el libro décimo tercero de los comentarios al edicto.* Si uno de los litigantes cediera sus bienes, escribe Juliano en el libro cuarto del digesto, que el árbitro no debe ser obligado a pronunciar sentencia, como sea que el cedente ni puede demandar ni ser demandado.

§1. Si mucho tiempo después volvieran los litigantes al mismo árbitro, escribe Labeón que no debeobligársele a proferir sentencia.

§2. Asimismo, si son varios los árbitros que aceptaron el arbitraje, ninguno deberá ser obligado a pronunciar sentencia por él solo, sino todos o ninguno.

§3. Por lo que pregunta Pomponio en el libro trigésimo tercero del digesto, si el compromiso fuese que sentencie Seyo según el parecer del árbitro Ticio, ¿quién habrá ser obligado? Yo opino que no es válido el arbitraje donde no haya libertad para la sentencia del árbitro.

§4. Pero si el compromiso fuera que se hiciese según el arbitrio de Ticio o de Seyo, Pomponio escribe, e igualmente así opinamos, que este compromiso es válido; pero deberá obligarse a pronunciar sentencia aquel que hubieren convenido los litigantes.

§5. Si se hubiere contraído el compromiso de que en caso de discrepar se elija un tercero, opino que tal compromiso no vale,

171

*adsumendo possunt disentire. Sed si ita sit, ut eis tertius adsumeretur Sempronius, valet compromissum, quoniam in adsumendo dissentire non possunt.*

*§6. Principaliter tamen quaeramus, si in duos arbitros sit compromissum, an cogere eos praetor debeat sententiam dicere, quia res fere sine exitu future est propter naturalem hominum ad dissentiendum facilitatem. In impair enim numero idcirco compromissum admittitur, non quoniam consentire omnes facile est, sed quia etsi dissentiant, invenitur pars maior, cuius arbitrio stabitur. Sed usitatum est etiam in duos compromitti, et debet praetor cogere arbitros, si non consentiant, tertiam certam eligere personam, cuius auctoritati pareatur.*

*§7. Celsus libro secundo digestorum scribit, si in tres fuerit compromissum, sufficere quidem duorum consensum, sed si praesens fuerit et tertius: alioquin absente eo licet duo consentiant, arbitrium non valere, quia in plures fuit compromissum et potuit praesentia eius trahere eos in eius sententiam:*

**18.** *POMPONIUS libro septimo decimo epistolarum et variorum lectionum. … sicuti tribus iudicibus*

porque al elegirlo pueden disentir. Pero si se dijese que se tomase como tercer árbitro a Sempronio, el compromiso es válido, porque no pueden ya discrepar en la elección.

§6. Pero veamos primero cuando el compromiso fuese para dos árbitros, si deberá acaso obligarles el pretor a pronunciar sentencia, porque el asunto por lo común puede quedar sin éxito debido a la natural facilidad de los hombres para discrepar. Y por esto se admite el compromiso en número impar, no porque sea fácil que todos lleguen a un acuerdo, sino porque, aunque disientan, se encuentra una mayoría a cuyo arbitraje se estará. Pero también se acostumbra hacer compromiso para dos árbitros, y el pretor debe obligarles a elegir un tercero determinado cuya autoridad se acate si no se pusieran de acuerdo.

§7. Escribe Celso en el libro segundo del digesto que si el compromiso hubiese sido para tres árbitros, basta ciertamente la conformidad de dos si también el tercero hubiere estado presente; de lo contrario, estando él ausente, aunque dos estuvieren conformes, no es válido el arbitraje, porque el compromiso fue a favor de más personas, y pudo la presencia de aquél atraerlos a su parecer;

**18.** POMPONIO *en el libro décimo séptimo de las epístolas y doctrinas de autores varios. … así como cuando se nombran tres jueces, no es válido lo*

*datis quod duo ex consensu absente tertio iudicaverunt, nihil valet, quia id demum, quod maior pars omnium iudicavit, ratum est, cum et omnes iudicasse palam est.*

que de común acuerdo juzgaron dos estando ausente el tercero, porque sólo es válido lo que juzgó la mayoría de todos ellos cuando es evidente que todos juzgaron.

**19**. *PAULUS libro tertio decimo ad edictum. Qualem autem sententiam dicat arbiter, ad praetorem non pertinere Labeo ait, dummodo dicat quod ipsi videtur. Et ideo si sic fuit in arbitrum compromissum, ut certam sententiam dicat, nullum esse arbitrium, nec cogendum sententiam dicere Iulianus scribit libro quarto digestorum.*

**19**. PAULO *en el libro décimo tercero de los comentarios al edicto.* Dice Labeón que no incumbe al pretor cuál sea la sentencia que pronuncie el árbitro con tal que la pronuncie conforme a su parecer. Y por ello, si el compromiso se hizo para que el árbitro pronuncie sentencia en un determinado sentido, escribe Juliano en el libro cuarto del Digesto que el arbitraje es nulo, y que el árbitro no ha de ser obligado a pronunciar sentencia.

*§1. Dicere autem sententiam existimamus eum, qui ea mente quid pronuntiat, ut secundum id discedere eos a tota controversia velit. Sed si de pluribus rebus sit arbiterium receptum, nisi omnes controversias finierit, non videtur dicta sententia, sed adhuc erit a praetore cogendus.*

§1. Consideramos que emite sentencia el árbitro que pronuncia algún fallo con la intención de querer apartar a las partes de toda controversia. Pero si se hubiese aceptado el arbitraje sobre varias cuestiones, no se entiende pronunciada la sentencia a no ser que hubiere puesto término a todas las controversias; si no lo hace, deberá ser obligado a ello por el pretor.

*§2. Unde videndum erit, an mutare sententiam possit. Et alias quidem est agitatus, an mutare sententiam possit, et alias quidem est agitatum, si arbiter iussit dari, mox vetuit, utrum eo quod iussit en eo quod vetuit stari debeat. Et Sabinus quidem putavit posse. Cassius sententia magistri sui bene excusat et ait Sabinum non de*

§2. Por lo que habrá de verse, ¿podrá acaso cambiar la sentencia anterior sobre una de las controversias a él sometidas? Otras veces se ha discutido, para el caso de que el árbitro ordenase que se diera una cosa, y después lo negara, si deberá estarse a lo que mandó o a lo que prohibió. Y Sabino opinó

*ea sensisse sententia, quae arbitrium finiat, sed de praeparatione causae: ut puta si iussit litigatores calendis adesse, mox idibus iubeat; nam mutare eum dicem posse; ceterum si condemnavit vel absolvit, dum arbiter esse desierit, mutare se sententiam non posse,*

que el árbitro sí puede alterar su sentencia. Casio disculpa el parecer de su maestro, y dice que Sabino no pensaba en aquella sentencia que finalizase al arbitraje, sino en la preparación de la causa, por ejemplo, si mandó que los litigantes se presentasen el día de las calendas (primero del mes), y después mandara que el de los idus (día quince), porque puede él variar la fecha; de otro modo, si condenó o absolvió, al haber dejado de ser árbitro, no puede él alterar la sentencia,

**20**. *GAIUS libro quinto ad edictum provinciale. ... quia arbiter, etsi erraverit in sententia dicenda, corrigere eam non potest.*

**20**. GAYO *en el libro quinto de los comentarios al edicto provincial. ...* porque el árbitro, aunque se hubiere equivocado al pronunciar sentencia, no puede corregirla.

**21**. *ULPIANUS libro tertio decimo ad edictum. Quid tamen si de pluribus controversiis sumptus est nihil sibi communibus et de una sententiam dixit, de aliis nondum, numquid desiit esse arbiter? Videamus igitur, an in prima controversia possit mutare sententiam, de qua iam dixerat. Et multum interest, de omnibus simul ut dicat sententiam compromissum est, an non: nam si de omnibus, poterit mutare (nondum enim dixit sententiam): quod si et separatism, quasi plura sunt compromissa, et ideo quantum ad illam controversiam pertinent, arbiter esse desierat.*

**21**. ULPIANO *en el libro décimo tercero de los comentarios al edicto.* ¿Pero qué se dirá si fue nombrado para juzgar muchas controversias que no tuvieran entre sí nada de común, y emitió sentencia sobre una sola y todavía no sobre las otras? ¿Habrá dejado acaso de ser árbitro? Veamos, pues, si podrá cambiar la sentencia de la primera controversia en donde ya se había emitido. E importa mucho saber si el compromiso era para que dictara sentencia simultáneamente sobre todas, o no; porque si fue sobre todas, podrá cambiarla (pues aún no emitió sentencia total); pero si lo fue por separado, se entiende que

174

*§1. Si arbiter ita pronuntiasset nihil videri Titium debere Seio: tametsi Seium non vetuisset petere, tamen si quid petisset, videri contra sententiam arbitri fecisse, et id Ofilius et Trebatius responderunt.*

*§2. Solutioni diem posse arbitrum statuere puto: et ita et Trebatius videtur sentire.*

*§3. Pomponius ait inutiliter arbitrum incertam sententiam dicere, ut puta: 'quantum ei debes redde': 'divisioni vestrae stari placet': 'pro ea parte, quam creditoribus tuis solvisti, accipe'.*

*§4. Item si arbiter poenam ex compromisso peti vetuerit, in libro trigensimo tertio apud Pomponium scriptum habeo non valere: et habet rationem, quia non de poena compromissum est.*

*§5. Papinianus libro tertio quaestionum ait, si, cum dies compromissi finiretur, prolato die litigatores denuo in eum compromiserint nec secundi compromissi arbitrium receperit, non esse cogendum recipere, si ipse in mora non fuit, quo minus partibus suis fungeretur: quod si per eum factum est, aequissima esse cogi eum a praetore sequens recipere. Quae quaestio ita procedit, si nihil in priore*

son varios compromisos, y por esto ha dejado de ser árbitro en lo que respecta a aquella controversia.

§1. Si el árbitro hubiese sentenciado que nada debe Ticio a Seyo, aunque no hubiese prohibido que Seyo reclame, sin embargo, si éste hubiese pedido alguna cosa, se entiende que ha obrado contra la sentencia del árbitro; y así respondieron Ofilio y Trebacio.

§2. Considero que el árbitro puede fijar plazo para el pago; y así parece que opina también Trebacio.

§3. Pomponio dice que el árbitro pronncia inútilmente sentencia indeterminada en casos como estos: 'devuélvele cuanto le debes'; 'está bien que se observe la división hecha por ustedes'; 'cóbrate aquella parte que pagaste a tus acreedores'.

§4. Asimismo, si el árbitro hubiere prohibido reclamar la pena del compromiso, encuentro escrito en Pomponio en el libro trigésimo tercero del digesto que no es válido; y tiene razón, porque el compromiso no es sobre la pena.

§5. Dice Papiniano en el libro tercero de las cuestiones que si hubiese expirado el término del compromiso y luego se hubiese prorrogado, y los litigantes se hubieren comprometido de nuevo con el mismo árbitro, y éste no hubiere aceptado el arbitraje del segundo compromiso, no debe ser obligado a aceptarlo si él mismo no incurrió en mora para no desempeñar su cometido; pero si

*compromisso de die proferendo caveatur: ceterum si cavebatur et ipse protulit, mansit arbiter.*

hubiere incurrido, es muy justo que el pretor le obligue a aceptar el segundo arbitraje. Cuestión esta que sólo surge si en el primer compromiso nada se dispusiera sobre prórroga del término; de lo contrario, si él prorrogó, continúa siendo árbitro.

*§6. Plenum compromissum appellatur, quod 'de rebus controversiisve' compositum est: nam ad omnes controversias pertinet. Sed si forte de una re sit disputatio, licet pleno compromisso actum sit, tamen ex ceteris causis actiones superesse: id enim venit in compromissum, de quo actum est ut veniret. Sed est tutius, si quis de certa re compromissum facturus sit, de ea sola exprimere in compromisso.*

§6. Se llama compromiso pleno el que se constituyó 'para asuntos o controversias', porque se refiere a todas las controversias pendientes; pero si la disputa fuese sobre un solo asunto, aunque se haya hecho un compromiso pleno, subsisten, sin embargo, las acciones nacidas de las demás causas; porque corresponde al compromiso lo que se convino que lo fuera. Pero si alguien quiere formalizar compromiso sobre asunto determinado, es más seguro que sólo de él se haga mención en el compromiso.

*§7. Non debent autem obtemperare litigatores, si arbiter aliquid non honestum iusserit.*

§7. No deben obedecer los litigantes si el árbitro hubiere ordenado alguna cosa deshonesta.

*§8. Si intra diem compromissi aditus arbiter post diem compromissi adesse iusserit, poena non committetur.*

§8. Si se compareció ante el árbitro dentro del término del compromiso pero éste hubiese ordenado comparecer después de dicho término, no se incurrirá en pena.

*§9. Si quis ex litigatoribus ideo non adfuerit, quod valetudine vel rei publicae causa absentia impeditus sit aut magistratu aut alia iusta de causa, poenam committi Proculus et Atilicinus aiunt: sed si paratus sit in eundem compromittere, actionem denegari aut exceptione tutum fore.*

§9. Si alguno de los litigantes no hubiere comparecido por hallarse impedido debido a enfermedad, por ausencia debido a causa pública, por su magistratura o por otra causa justificada, dicen Próculo y Atilicino que se incurre en la pena estipulada; pero si estuviese dispuesto a otorgar

*Sed hoc ita demum verum erit, si arbiter recipere in se arbiterium fuerit paratus: nam invitum non esse cogendum Iulianus libro quarto digestorum recte scribit: ipse autem nihilo minus poena absolvitur.*

nuevo compromiso con el mismo árbitro, se niega la acción, o ha de quedar protegido por la excepción. Pero esto solamente será verdad si el árbitro estuviere dispuesto a asumir el arbitraje, porque acertadamente escribe Juliano en el libro cuarto del digesto que no puede ser obligado contra su voluntad; no obstante, el compromiso queda absuelto de la pena.

*§10. Si arbiter iussit puta in provincia adesse litigatores, cum Romae esset in eum compromissum, an ei impune non pareatur, quaeritur. Et est verius, quod Iulianus ait libro quarto, eum locum compromisso inesse, de quo actum sit, ut promitteretur: impune igitur ei non parebitur, si alio loci adesse iusserit. Quid ergo, si non appareat, de quo loco actum sit? Melius dicetur eum locum contineri, ubi compromissum est. Quid tamen si in eo loco, qui sit circa urbem, adesse iusserit? Pegasus admittit valere iussum. Quod puto ita verum esse, si et eius sit auctoritatis arbiter, ut in secessibus soleat agere, et litigatores facile eo loci venire possint.*

§10. Si el árbitro ordenó, por ejemplo, que los litigantes comparecieran en una provincia, habiéndose otorgado el compromiso que lo elegía en Roma, se pregunta si se puede dejar impunemente de obedecerle. Y es más acertado lo que dice Juliano en el libro cuarto del digesto, que se sobreentiende en el compromiso aquel lugar que se ha convenido para realizar el compromiso. Por tanto, impunemente puede dejar de obedecérsele si hubiere ordenado comparecer en otro lugar. ¿Y qué se dirá si no queda claro de qué lugar se trató? Lo mejor es decir que se sobreentiende aquel lugar en que se hizo el compromiso. ¿Pero y si hubiere ordenado que se compareciera en lugar cercano a la ciudad? Pegaso admite que es válido. Lo que considero cierto en caso de que el árbitro fuese de tal autoridad que acostumbre actuar en lugares alejados de la ciudad, y puedan los litigantes ir fácilmente a aquel lugar.

177

*§11. Sed si in aliquem locum inhonestum adesse iusserit, puta in popinam vel lupanarium, ut Vivianus ait, sine dubio impone ei non parebitur: quam sententiam et Celsus libro secundo digestorum probat. Unde eleganter tractat, si is sit locus, in quem alter ex litigatoribus honeste venire non possit, alter possit, et is non venerit, qui sine sua turpitudine eo venire possit, is venerit, qui inhoneste venerat, an comittatur poena compromissi an quasi opera non praebita. Et recte putat non committi: absurdum enim esse iussum in alterius persona ratum esse, in alterius non.*

§11. Pero si hubiere dispuesto que se presentasen en algún lugar deshonesto, como en una taberna o en un prostíbulo, como dice Viviano, sin duda puede desobecérsele impunemente. Opinión que aprueba también Celso en el libro segundo del digesto, quien examina con discreción esto: si el lugar fuera tal que no pudiere ir decorosamente á el uno de los litigantes, y el otro sí pudiera, pero no hubiere acudido quien sin desdoro pudiera ir, y sí hubiere acudido quien había ido contra su decoro, ¿se incurrirá en la pena del compromiso o se considerará como si nada se hubiera hecho? Y con razón opina Celso que no se incurre en la pena, porque es absurdo que la disposición sea válida respecto a una de las partes y no respecto a la otra.

*§12. Intra quantum autem temporis, nisi detur quod arbiter iusserit, committatur stipulatio, videndum est. et si quidem dies adiectus non sit, Celsus scribit libro secundo digestorum inesse quoddam modicum tempus: quod ibi praeterierit, poena statim peti potest: et tamen, inquit, et si dederit ante acceptum iudicium, agi ex stipulatu non poterit:*

§12. Pero ha de verse dentro de cuánto tiempo se incurrirá en la pena de la estipulación si no se da lo que el árbitro hubiere ordenado. Y si efectivamente no se agregó término, escribe Celso en el libro segundo del digesto que se implica cierto plazo moderado, y que una vez transcurrido éste se puede pedir inmediatamente la pena; sin embargo, añade que, si se hubiere dado antes de haberse aceptado el juicio, no podrá reclamarse por la acción de lo estipulado,

**22.** *PAULUS libro tertio decimo ad edictum.* ... *utique nisi eius interfuerit tunc solvi.*

**23.** *ULPIANUS libro tertio decimo ad edictum. Celsus ait, si arbiter intra kalendas Septembres dari iusserit nec datum erit, licet postea offeratur, attamen semel commissam poenam compromissi non evanescere, quoniam semper verum est intra kalendas datum non esse: sin autem oblatum accepit, poenam petere non potest doli exceptione removendus. Contra, ubi dumtaxat dare iussus est.*

*§1. Idem ait, si iusserit me tibi dare et valetudine sis impeditus, quo minus accipias, aut alia iusta ex causa, Proculum existimare poenam non committi, nec si post kalendas te parato accipere non dem. Sed ipse recte putat duo esse arbitri praecepta, unum pecuniam dari, aliud intra kalendas dari: licet igitur in poenam non committas, quod intra kalendas non dederit, quoniam per te non stetit, tamen committis in eam partem, quod non das.*

**22.** PAULO *en el libro décimo tercero de los comentarios al edicto.* ... naturalmente, si no le hubiere importado que se pague.

**23.** ULPIANO *en el libro décimo tercero de los comentarios al edicto.* Dice Celso que si el árbitro hubiere ordenado que se dé una cosa dentro de las calendas (primer día) de septiembre, y no se hubiere dado, aunque se ofrezca después, sin embargo, no desaparece la pena del compromiso una vez que se ha incurrido en ella, porque siempre es verdad que no se dio dentro de las calendas (primer día del mes). Pero si el otro aceptó lo ofrecido, no puede pedir la pena, debiendo ser rechazado por la excepción de dolo; no así, en cambio, cuando solamente se ordenó dar sin fijar fecha.

§1. Añade el mismo Celso que si el árbitro hubiere ordenado que yo te diera una cosa, y por enfermedad u otra causa justificada tú estuvieras impedido para recibirla, estima Próculo que no se incurre en la pena, ni aunque después de las calendas (primer día del mes) yo no te la diera y tú estés dispuesto a recibirla. Pero con razón opina el mismo Celso que son dos los preceptos del árbitro, uno, que se dé el dinero, otro, que se dé dentro de las calendas (primer día del mes), y así, aunque no incurras en la pena por no haber dado dentro de las calendas (primer día del mes), ya

*§2. Idem ait nihil aliud esse sententiae stare posse, quam id agere, quantum in ipso sit, ut arbitri pareatur sententiae.*

*§3. Idem Celsus ait, si arbiter me tibi certa die pecuniam dare iusserit, tu accipere noluisti, posse defendi ipso iure poenam non committi.*

**24.** *PAULUS libro tertio decimo ad edictum. Sed si postea ille paratus sic accipere, non impune me non daturum: non enim ante feceram.*

**25.** *ULPIANUS libro tertio decimo ad edictum. Labeo ait, si arbiter, cum in compromisso cautum esset, ut eadem die de omnibus sententiam diceret et ut posset diem proferre, de quibusdam rebus dicta sententia, de quibusdam non dicta diem protulit: valere prolationem sententiaeque eius posse impone non pareri. Et Pomponius probat Labeonis sententiam, quod et mihi videtur: quia officio in sentential functus non est.*

que por ti no quedó, infringes, sin embargo, el último precepto, porque no das.

§2. Dice el mismo Celso que cumplir la sentencia no es otra cosa que hacer todo lo que en uno mismo esté para que se obedezca la sentencia del árbitro.

§3. El mismo Celso dice que si el árbitro me hubiere ordenado que yo te diese una cantidad en un día determinado, y tú no la quisiste recibir, puede defenderse que de propio derecho no se incurre en la pena.

**24.** PAULO *en el libro décimo tercero de los comentarios al edicto.* Pero dice que si después él hubiese estado dispuesto a recibirla, no dejaré de darla impunemente, porque no lo había hecho antes.

**25.** ULPIANO *en el libro décimo tercero de los comentarios al edicto.* Dice Labeón que si el árbitro, habiéndose prevenido en el compromiso de que en un mismo día pronunciase sentencia sobre todas las cuestiones, y que pudiese prorrogar, emitiese sentencia sobre algunas cuestiones y sobre otras no, y prorrogó dicho plazo, es válida la prórroga, pero se puede desobedecer impunemente su sentencia, y Pomponio aprueba el dictamen de Labeón, el cual también a mí me pareció correcto, porque con la sentencia no cumplió su cometido.

*§1. Haec autem clausula 'diem compromissi proferre' nullam aliam dat arbitro facultatem quam diem prorogandi: et ideo condicionem primi compromissi neque minuere neque immutare potest: et ideo cetera quoque discutere et pro omnibus unam sententiam ferre debebit.*

§1. Pero la cláusula 'prorrogar el plazo del compromiso' no da al árbitro ninguna otra facultad que la de prorrogar el plazo; y por tanto, no puede disminuir ni alterar la situación del primer compromiso. Por ello deberá discutir también las demás cuestiones y emitir una sola sentencia sobre todas ellas.

*§2. Si per fideiussorem fuerit cautum in primo compromisso, et sequens similiter proferendum Labeo dicit. Sed Pomponius dubitat, utrum isdem an et aliis tam idoneis: quid enim, inquit, si idem fideiubere noluerint? Sed puto, si noluerint fideiubere, tunc alios non absimiles adhibendos,*

§2. Si se hubiere dado caución con fiador en el primer compromiso, dice Labeón que para el segundo igualmente se ha de otorgar otro semejante. Pero duda Pomponio si se afianzará con los mismos o con otros tan solventes, porque dice: ¿qué se hará si los mismos no hubieran querido ser fiadores? Pero considero que si no hubieren querido ser fiadores los mismos, entonces han de darse otros similares,

**26.** *PAULUS libro tertio decimo ad edictum. … ne in potestate sit fideiussorum postea se non obligantium, ut poena committatur. Idemque et si decesserint.*

**26.** PAULO *en el libro décimo tercero de los comentarios al edicto.* … para que no dependa de los fiadores que después no quieran obligarse el que se incurra en la pena. Y lo mismo también si hubieren fallecido.

**27.** *ULPIANUS libro tertio decimo ad edictum. Diem proferre vel praesens vel per nuntium vel per epistulam potest.*

**27.** ULPIANO *en el libro décimo tercero de los comentarios al edicto.* El árbitro puede prorrogar el plazo ya estando presente, por mensajero o por carta.

*§1. Si heredis mentio vel ceterorum facta in compromisso non fuerit, morte solvetur compromissum: nec utimur Labeonis sententia, qui existimavit, si arbiter aliquem pecuniam dare*

§1. Si en el compromiso no se hubiera mencionado al heredero o a los demás sucesores, el compromiso se extinguirá por la muerte; y no seguimos el parecer de

*iusserit et is decesserit antequam dare, poenam committi, licet heres eius paratus sit offerre.*

Labeón, quien estimó que si el árbitro hubiere ordenado que alguien diese una cantidad y éste muriese antes de darla, se incurre en la pena, aunque su heredero estuviera dispuesto a ofrecer la cantidad.

*§2. Stari autem debet sententiae arbitri, quam de ea re dixerit, sive aequa sive iniqua sit: et sibi imputet qui compromisit. Nam et divi Pii rescripto adicitur: 'vel minus probabilem sententiam aequo animo ferre debet'.*

§2. Debe cumplirse la sentencia que el árbitro hubiere pronunciado sobre la cuestión, sea justa o injusta; e que sufra las consecuencias quien se comprometió, porque en un rescripto del Divino Pío también se dice: 'y debe soportar con igual ánimo la sentencia menos aceptable'.

*§3. Si plures arbitri fuerint et diversas sententias dixerint, licebit sententia eorum non stari: sed si maior pars consentiat, ea stabitur, alioquin poena committetur. Inde quaeritur apud Iulianum, si ex tribus arbitris unus quindecim, alius decem, tertius quinque condemnent, qua sententia stetur: et Iulianus scribit quinque debere praestari, quia in hanc summam omnes consenserunt.*

§3. Si fueren muchos los árbitros, y hubieren pronunciado sentencias diversas, será lícito no seguir su sentencia; pero si la mayoría estuviese de acuerdo en una, se estará a ella y, de lo contrario, se incurrirá en pena. Por lo que se pregunta Juliano: si de tres árbitros uno condenase a quince mil sestercios, otro a diez mil y el tercero a cinco mil, ¿a qué sentencia se obedecerá? Y escribe Juliano que deben pagarse los cinco mil, porque todos convinieron en esta suma.

*§4. Si quis litigatorum defuerit, quia per eum factum est, quo minus arbitretur, poena committetur. Proinde sententiam quidem dicta non coram litigatoribus non valebit, nisi in compromissis hoc specialiter expressus sit, ut vel uno vel utroque absente sententia promatur: poenam autem is qui defuit committit, quia per eum factum est quo minus arbitretur.*

§4. Si hubiere estado ausente alguno de los litigantes, y por él dejase de emitirse sentencia arbitral, incurrirá en pena. Por tanto, la sentencia emitida no será válida si no están presentes los litigantes, a no ser que se haya señalado especialmente en los compromisos que se pronuncie sentencia aunque uno o los dos compromisarios estuviesen

§5. *Coram autem dicere sententiam videtur, qui sapientibus dicit: ceterum coram furioso vel demente non videtur dici: item coram pupillo non videri sententiam dictam, nisi tutor praesens fuit: et ita de his omnibus Iulianus libro quarto digestorum scribit.*

§6. *Et si quis praesens arbitrum sententiam dicere prohibuit, poena committetur.*

§7. *Sed si poena non fuisset adiecta compromisso, sed simpliciter sententia stari quis promiserit, incerti adversus eum foret actio.*

**28.** *PAULUS libro tertio decimo ad edictum. Non autem interest, certa an incerta summa compromissa sit, ut puta 'quanti ea res erit'.*

**29.** *ULPIANUS libro tertio decimo ad edictum. Adversus sententiam arbitri fit, si petatur ab eo a quo arbiter peti vetuit. Quid ergo si a fideiussore eius petatur, an poena committatur? Et puto committi, et ita Sabinus scribit: nam ty dunamei (re*

ausentes; pero quien faltó incurre en pena, porque de él dependió que no se emitiese sentencia arbitral.

§5. Se considera que pronunció sentencia ante las partes el árbitro que la emite ante quienes la entienden, pero no si es ante un demente. Tampoco se considera pronunciada la sentencia ante un pupilo si no estuvo presente su tutor. Y así escribe Juliano respecto de todos estos casos en el libro cuarto del Digesto.

§6. Si alguno de los compromisarios presentes impidió al árbitro emitir sentencia, se incurrirá también en la pena.

§7. Pero si no se hubiese agregado la estipulación penal al compromiso, sino que simplemente cualquiera hubiere prometido por estipulación que se cumpliría la sentencia, procedería contra él la acción de cosa incierta.

**28.** PAULO *en el libro décimo tercero de los comentarios al edicto.* No importa que se haya consignado en el compromiso una cantidad cierta o incierta, por ejemplo: 'cuanto valiera aquella cosa'.

**29.** ULPIANO *en el libro décimo tercero de los comentarios al edicto.* Se contraviene a la sentencia del árbitro cuando se reclama a aquél de quien el árbitro prohibió que se reclamara. ¿Pero qué diremos si se reclama del fiador? ¿Se incurrirá en la pena? Y yo opino que sí, y así lo

*ipsa) a reo petit. Sed si cum fideiussore compromisi et a reo petatur, nisi intersit fideiussoris, non committetur.*

escribe Sabino, porque, en efecto (en griego *ty dunamei*) reclama al deudor. Pero si se contrajo el compromiso con el fiador y se pidiera al deudor, no se incurrirá en la pena salvo que afecte al fiador.

**30.** *PAULUS libro tertio decimo ad edictum. Si quis rem, de qua compromissum sit, in iudicium deducat, quidam dicunt praetorem non intervenire ad cogendum arbitrum sententiam dicere, quia iam poena non potest esse, atque si solutum est compromissum. Sed si hoc optinuerit, futurum est, ut in potestate eius, quem paenittet compromisisse, sit compromissum eludere. Ergo adversus eum poena committenda est lite apud iudicem suo ordine peragenda.*

**30.** PAULO *en el libro décimo tercero de los comentarios al edicto.* Si alguien dedujese en juicio el asunto sobre el cual se hubiere dado compromiso, dicen algunos que no debe intervenir el pretor para obligar al árbitro a emitir sentencia, porque ya no puede haber pena, pues ya se ha disuelto el compromiso. Pero si esto fuera así, el que se arrepintiera de haberse comprometido podría eludir el compromiso. Por ende, se le impondrá la pena y deberá continuar el pleito por sus trámites ante el juez.

**31.** *ULPIANUS libro tertio decimo ad edictum. Ita demum autem committetur stipulatio, cum adversus eam quid fit, si sine dolo malo stipulantis factum est: sub hac enim condicione committitur stipulatio, ne quis doli sui praemium ferat. Sed si quidem compromisso adiciatur 'ut si quid dolo malo in ea re factum sit', ex stipulatu conveniri qui dolo fecit potest: et ideo si arbitrum quis corrupit vel pecunia vel ambitione, vel advocatum diversae partis, vel aliquem ex his, quibus causam suam comiserat, ex doli clausula poterit conveniri, vel si adversarium callide*

**31.** ULPIANO *en el libro décimo tercero de los comentarios al edicto.* Solamente se incurrirá en la pena estipulada cuando se incumple en algo la sentencia, si fue sin dolo malo del estipulante, pues se incurre en la estipulación bajo la condición de que nadie obtenga beneficio de su propio dolo. Pero si se añadiera en el compromiso esto: 'que si en aquel negocio se hubiese hecho algo con dolo', quien obró con dolo puede ser demandado por lo estipulado. Y por tanto, si alguien corrompió con dinero o con halagos al árbitro, al abogado de la parte contraria o a alguno a quien

*circumvenit, et omnino si in hac lite dolose versatus est, locum habebit ex stipulatu actio: et ideo si velit de dolo actionem exercere adversarius, non debebit, cum habeat ex stipulatu actionem. Quod si huiusmodi clausula in compromisso adscripta non est, tunc de dolo actio vel exceptio locum habebit. Hoc autem compromissum plenum est, quod et doli clausulae habet mentionem.*

hubiere encomendado su causa, podrá ser demandado por la cláusula del dolo, o si con astucia engañó a su adversario. De todos modos, si en este litigio obró con dolo, tendrá lugar la acción por lo estipulado; y por esto, si el adversario quisiera ejercer la acción de dolo, no deberá concederse, pues tiene la acción por lo estipulado. Pero si no se puso dicha cláusula en el compromiso, entonces tendrá lugar la acción de dolo, o la excepción. Es pleno el compromiso que también contiene la cláusula de dolo.

**32.** *PAULUS libro tertio decimo ad edictum. Non distinguemus in compromissis, minor an maior sit poena quam res de qua agitur.*

**32.** PAULO *en el libro décimo tercero de los comentarios al edicto.* No necesitamos distinguir en los compromisos si la pena es menor o mayor que el objeto de la demanda.

*§1. Non cogetur arbiter sententiam dicere, si poena commissa sit.*

§1. El árbitro no podrá ser obligado a pronunciar sentencia si se hubiere incurrido en la pena.

*§2. Si mulier alieno nomine compromittat, non erit pecunia compromissa propter intercessionem.*

§2. Si la mujer se comprometiera en nombre de otra persona, no valdrá la pena comprometida, por la razón de que está prohibida su intercesión como mujer.

*§3. Summa rei est, ut praetor si non interponat, sive initio nullum sit compromissum: sive sit, sed pendeat an ex eo poena exigi potest: sive postea deficiat poena compromisso soluto die morte acceptilatione iudicio pacto.*

§3. Lo más importante es que el pretor no intervenga en el asunto, ya si desde un inicio nadie se hubiese comprometido, ya si alguien lo hubiere hecho pero es inseguro si puede exigirse la pena, ya si después se frustra la pena por extinguirse el compromiso en virtud de plazo, de muerte, de aceptilación, de juicio o de pacto.

*§4. Sacerdotio obveniente videbimus an cogatur arbiter sententiam dicere: id enim non tantum honori personarum, sed et maiestati dei indulgetur, cuius sacris vacare sacerdotes oportet. Ceterum si postea suscepit, iste quoque omnimodo sententiam ferre debet.*

§4. Veamos si estará obligado a pronunciar sentencia el árbitro que se hace sacerdote, porque tal cargo se confiere no tanto para honrar a las personas, sino también por la majestad de Dios, a cuyo sagrado quehacer conviene que los sacerdotes se dediquen a pelnitud. Pero si aceptó el arbitraje después de hacerse sacerdote, también debe pronunciar sentencia de todos modos.

*§5. Item non est cogendus, si de negotio transactum est, vel homo mortuus est de quo erat compromisum: nisi si posteriore casu aliquid litigantium intersit.*

§5. Tampoco debe ser obligado el árbitro si se transigió sobre el negocio, o si falleció el esclavo al que se refería el compromiso, salvo si en este último caso afecta en algo a los litigantes.

*§6. Iulianus indistincte scribit: si per errorem de famoso delict ad arbitrum itum est, vel de ea re, de qua publicum iudicium sit constitutum, veluti de adulteriis sicariis et similibus, vetare debet praetor sententiam dicere nec dare dictae exsecutionem.*

§6. Escribe Juliano, sin hacer distinción alguna, que si se recurrió por error a un árbitro para que decida sobre algún delito cuya condena implica infamia, o sobre asunto sobre el cual existe alguna acción pública, por ejemplo, sobre adulterios, sicarios y otras cosas semejantes, el pretor impedirá que se pronuncie sentencia o que se ejecute la ya dictada.

*§7. De liberali causa compromisso facto recte non compelletur arbiter sententiam dicere, quia favor libertatis est, ut maiores iudices habere debeat. Eadem dicenda sunt, sive de ingenuitate sive de libertinitate quaestio sit et si ex fideicommissi causa libertas debere dicatur. Idem dicendum est in populari actione.*

§7. Cuando el compromiso versa sobre cuestión relativa a la libertad de un esclavo, con razón no se obligará al árbitro a pronunciar sentencia, porque el favor debido a la libertad exige que los jueces sean superiores. Lo mismo se dirá si la cuestión fuera sobre la condición de haber nacido ingenuo o no, o sobre la condición de liberto, y si se alegase que se debe la libertad por

razón de fideicomiso. Lo mismo se dirá sobre una acción popular.

*§8. Si servus compromiserit, non cogendum dicere sententiam arbitrum, nec si dixerit, poenae exsecutionem dandam de peculio putat Octavenus. Sed an, si liber cum eo compromiserit, exsecutio adversus liberum detur, videamus: sed magis est, ut non detur.*

§8. Si un esclavo hubiere contraído un compromiso, opina Octaveno que no debe obligarse al árbitro a emitir sentencia, y que si la hubiere dictado, no debe ejecutarse la pena con la acción de peculio. Pero si un hombre libre hubiere contraído compromiso con el esclavo, nos preguntamos si se ejecutará contra el libre; y hay más razones para que no.

*§9. Item si qui Romae compromiserit, mox Romam in legationem venerit: non est cogendus arbiter sententiam dicere, non magis quam cogeretur, si litem ante contestatus esset, nunc eam exercere: nec interest, tunc quoque in legatione fuerit an non. Sed si nunc in legatione compromittat, puto cogendum arbitrum sententiam dicere, quia et si iudicium sponte accepisset, cogeretur peragere. Sunt tame qui de isto non recte dubitant: qui utique nullo modo dubitabunt, si de ea re in legatione compromisit, quam in legatione contraxit: quia et iudicium eo nomine accipere cogeretur. Illud in prima specie potest dispici, an, si ante compromisit legatus, cogendus sit arbiter sententiam dicere, si ipse legatus postulet: quod prima ratione poterit videri iniquum, ut in ipsius potestate sit. Sed hoc tale erit, quale si actionem velit dictare, quod facere ei licet. Sed compromissum istud comparabimus ordinariae actioni, ut non alias audiatur desiderans ut arbiter sententiam dicat, quam si se*

§9. Asimismo, si alguien hubiere hecho un compromiso en Roma y hubiere venido después a Roma como legado, el árbitro no estará obligado a emitir sentencia, como tampoco lo estará a ejecutarla si aquél hubiese contestado antes el pleito; y no importa que también entonces hubiere estado como legado o no. Pero si otorgase el compromiso siendo ya legado, opino que el árbitro sí estará obligado a emitir sentencia, porque también si hubiese aceptado el juicio voluntariamente estaría obligado a concluirlo. Sin embargo, hay quienes dudan de esto sin motivo, y que ciertamente no dudarían si el legado otorgó compromiso sobre aquella obligación estando ya en el cargo, porque también estaría obligado a aceptar el juicio ordinario por dicha causa. En el primer caso se puede plantear esto: si se comprometió el legado antes, ¿habrá de ser obligado el árbitro a emitir sentencia si el

*defendat.*

mismo legado lo solicitase? A primera vista podría parecer injusto que dependa de él, pero será lo mismo que si quisiera intentar la acción, lo cual ciertamente le es lícito. Pero este compromiso lo equipararemos a una acción ordinaria, para que quien solicite que el árbitro pronuncie sentencia no sea oído más que si se defendiera personalmente él.

*§10. Si is faciat controversiam hereditatis, qui cum defuncto compromiserat, futurum est praeiudicium hereditati, si arbiter sententiam dicat: ergo interea inhibendus est arbiter.*

§10. Si quien había celebrado compromiso con el difunto promueve controversia sobre la herencia, se prejuzgaría acerca de la herencia si el árbitro emitiera sentencia; por ende, el árbitro debe ser frenado entretanto.

*§11. Dies compromissi proferri potest, non cum ex conventione, sed cum iussu arbitri eam proferri necesse est, ne poena comittatur.*

§11. El plazo del compromiso puede ser prorrogado, no por la convención, sino por mandato del árbitro, cuando es necesario que se prorrogue para que no se incurra en la pena.

*§12. Si arbiter esse celare temptaverit, praetor eum investigare debet, et si diu non paruerit, multa adversus eum dicenda est.*

§12. Si el árbitro hubiere intentado ocultarse, el pretor debe buscarlo, y si no apareciera durante largo tiempo deberá imponérsele multa.

*§13. Cum in plures compromissum est ea condicione, ut quilibet vel unus dixisset sententiam, eo staretur, absentibus ceteris nihilo minus qui praesens est cogetur: at si ea condicione, ut omnes dicant, vel quod de maioris partis sententia placuerit, non debet singulos separatim cogere, quia singulorum sententia ad poenam non facit.*

§13. Cuando se otorgó compromiso en favor de varios árbitros con la condición de que si uno cualquiera, o incluso uno solo, dicatse sentencia y a ello se atuvieran las partes aunque los demás estén ausentes, será obligado el árbitro que este presente. Pero si se otorgó con la condición de que todos dicten sentencia, o según el parecer de la mayoría, no debe obligar el pretor a cada uno por separado,

pues la sentencia de cada uno no sirve para efectos de la pena comprometida.

§14. *Cum quidam arbiter ex aliis causis inimicus manifeste apparuisset, testationibus etiam conventus, ne sententiam diceret, nihilo minus nullo cogente dicere perseverasset, libello cuiusdam id querentis imperator Antoninus subscribsit posse eum uti doli mali exceptione. Et ídem, cum a iudice consuleretur, apud quem poena petebatur, cum a iudice consuleretur, apud quem poena petebatur, rescripsit, etiamsi appellari non potest, doli mali exceptionem in poenae petitione obstaturam. Per hanc ergo exceptionem quaedam appellandi species est, cum liceat retractare de sententia arbitri.*

§14. Cuando uno de los árbitros resultase ser manifiestamente enemigo de una de las partes por otras causas, y es interpelado también con pruebas para que no emita sentencia, pero no obstante ello perseveró en dictarla sin apremiarle nadie, el emperador Antonino Caracala respondió por escrito al libelo de uno que se querellaba de esto en el sentido de que podía usar la excepción de dolo malo. Y siendo el mismo emperador consultado por un juez ante quien se pedía la pena en este supuesto, respondió por escrito que aun cuando no puede apelarse contra la sentencia del árbitro, podía oponerse a la petición de la pena la excepción de dolo malo. Así pues, por medio de dicha excepción hay cierta forma de apelación, pues es lícito revocar la sentencia del árbitro.

§15. *De officio arbitri tractantibus sciendum est omnem tractatum ex ipso compromisso sumendum: nec enim aliud illi licebit, quam quod ibi ut efficere possit cautum est: non ergo quod libet statuere arbiter poterit nec in qua re libet nisi de qua re compromissum est et quatenus compromissum est.*

§15. Quienes ejercen el cargo de árbitro deben saber que todos sus actos emanan del mismo compromiso, porque a ninguno le será lícito hacer más que lo allí previsto. Así pues, el árbitro no podrá resolver lo que quiera, ni sobre cualquier asunto, sino sólo del que trata el compromiso, y hasta donde el mismo alcanza.

§16. *Quaesitum est de sententia dicenda, et dictum non quamlibet, licet de quibusdam variatum sit. Et*

§16. Se ha discutido sobre qué sentencia debe emitirse, y se ha dicho que no debe ser cualquiera,

*puto vere non committi, si dicat ad iudicem de hoc eundem vel in se vel in alium compromittendum. Nam et Iulianus impune non pareri, si iubeat ad alium arbitrum ire, ne finis non sit: quod si hoc modo dixerit, ut arbitrio Publii Maevii fundus traderetur aut satisdatio detur, perendum esse sententiae. Idem Pedius probat: ne propagentur arbitria, aut in alios interdum inimicos agentium transferantur, sua sentential finem controversiae eum imponere oportet: non autem finiri controversiam, cum aut differatur arbitrium aut in alium transferatur: partemque sententiae esse, quemadmodum satisdetur, quibus fideiussoribus, idque delegari non posse, nisi ad hoc compromissum sit, ut arbiter statueret, suius arbitratu satisdaretur.*

aunque haya habido diferentes opiniones en algunos puntos; opino que no se incurre en la pena si el árbitro dijera que sobre este punto u otro debe acudirse al juez o se deberá hace otro compromiso para que él u otro sea árbitro. También Juliano dice que puede desobedecerse impunemente si dispone ir ante otro árbitro, pues no se terminaría nunca el asunto, pero si hubiese sentenciado que se entregue el fundo o se otorgue fianza según el arbitrio de Publio Mevio, debe obedecerse la sentencia. Y lo mismo aprueba Pedio: para que no se alarguen los juicios arbitrales ni se transfieran a otros enemigos de los litigantes, conviene que su sentencia finalice el pleito; pero no se pone fin a éste cuando se difiere el arbitraje o se transfiere a otro, y que es parte de la sentencia el cómo debe afianzarse y con qué fiadores; esto no puede delegarse si el compromiso no fuese para que el árbitro determine por arbitrio de quién se debía afianzar.

*§17. Item si iubeat sibi alium coniungi, cum id in compromisso non sit, non dicit sententiam: man sententia esse debet de re compromissa, de hoc autem compromissum non est.*

§17. Asimismo, si el árbitro dispusiera que se le agregue otro árbitro, no estando tal disposición en el compromiso, no emite sentencia, porque la sentencia debe ser sobre la cosa objeto del compromiso, y aquello no entraba en éste.

*§18. Si domini, qui invicem stipulati sint, procuratores suos agere apud arbitrium velint, potest iubere ipsos etiam adesse:*

§18. Si las partes hubieren estipulado recíprocamente que sus procuradores llevasen la cuestión ante un árbitro, éste puede mandar

*§19. ... sed si et heredis in compromissis mentio fit, potest iubere etiam heredem eorum adesse.*

§19. Y si en los compromisos se menciona también al heredero, el árbitro también puede mandar que comparezca.

*§20. Arbitri officio continetur et quemadmodum detur vacua possessio. An et satis ratam rem habiturum? Sextus Pedius putat, quod nullam rationem habet: nam si ratum non habeat dominus, committetur stipulation.*

§20. También se comprende en el cargo de árbitro determinar cómo se entregará la vacua posesión de la finca. ¿Acaso entra también el otorgar garantía de que los titulares ratificarán la gestión de los procuradores? Sexto Pedio opina que no hay ninguna razón para ello, porque si el dueño no la ratifica, se incurrirá en la pena estipulada.

*§21. Arbiter nihil extra compromissum facere potest et ideo necessarium est adici de die compromissi proferenda: ceterum impune iubenti non parebitur.*

§21. El árbitro no puede hacer nada ajeno al compromiso; por ello es necesario que se añada en él lo relativo a la prórroga del plazo del compromiso; de lo contrario, se desobedecerá impunemente al árbitro que disponga dicha prórroga.

**33.** *PAPINIANUS libro primo quaestionum. Arbiter ita sumptus ex compromisso, ut et diem proferre possit, hoc quidem facere potest: referre autem contradicentibus litigatoribus non potest.*

**33.** PAPINIANO *en el libro primero de las cuestiones.* El árbitro nombrado en virtud del compromiso con facultad de prorrogar el plazo, puede ciertamente hacerlo, pero no puede anticiparlo contra la voluntad de los litigantes.

**34.** *PAULUS libro tertio decimo ad edictum. Di suo rei sunt aut credendi aut debendi et unus compromiserit isque vetitus sit petere aut ne ab eo petatur: videndum est, an si alius petat vel ab alio petatur, poena committatur: idem in duobus*

**34.** PAULO *en el libro décimo tercero de los comentarios al edicto.* Si de dos acreedores o deudores solidarios uno solo hubiere hecho compromiso, y se hubiese prohibido que el acreedor reclame judicialmente o que se reclame del deudor, veamos si no se incurrirá

*argentariis quorum nomina simul eunt. Et fortasse poterimus ita fideiussoribus coniungere, si socii sunt: alias nec a te petitur, nec ego peto, nec meo nomine petitur, licet a te petatur.*

en la pena si el otro acreedor pidiera, o si se reclamase del otro deudor. Lo mismo respecto a dos banqueros cuyas cuentas van juntas. Y quizá también podremos añadir para los fiadores, si son socios. Fuera de estos casos de solidaridad, no puede decirse que se reclama de ti cuando yo reclamo del otro, ni que en mi nombre se reclama cuando el otro reclama de ti.

*§1. Semel commissa poena solvi compromissum rectius puto dici nec amplius posse committi, nisi id actum sit ut in singulas causas totiens committatur.*

§1. Opino que con mayor razón se dice que se extingue el compromiso cuando se ha incurrido en la pena, y que no puede incurrirse de nuevo en ella si no se hubiera pactado que se incurra tantas veces cuantas fueran las cuestiones objeto del compromiso.

**35.** *GAIUS libro quinto ad edictum provinciale. Si pupillus sine tutoris auctoritate compromiserit, non est arbiter cogendus pronuntiare, quia, si contra eum pronuntietur, poena non tenetur: praeterquam si fideiussorem dederit, a quo poena peti possit. Idque et Iulianus sentit.*

**35.** GAYO *en el libro quinto de los comentarios al edicto provincial.* Si un pupilo hubiere contraído compromiso sin la autorización del tutor, el árbitro no será obligado a emitir sentencia, porque si se pronunciara contra él, no queda el pupilo obligado a pagar la pena salvo si se hubiere dado fiador a quien pueda reclamarse la pena. Y esto también lo opinia Juliano.

**36.** *ULPIANUS libro septuagensimo septimo ad edictum. Si feriatis diebus cogente praetore arbiter dicat sententiam et petatur ex compromisso poena, exceptionem locum non habere constat, nisi alia lege eadem dies feriata, in qua*

**36.** ULPIANO *en el libro septuagésimo séptimo de los comentarios al edicto.* Si un árbitro emite sentencia obligado por el pretor en días festivos, y se reclamase la pena del compromiso, es sabido que no tiene lugar la excepción si por otro pacto no se exceptuó aquel día festivo en que se

*sententia dicta est, excepta.*

dictó sentencia.

**37.** *CELSUS libro secundo digestorum. Quamvis arbiter alterum ab altero petere vetuit, si tamen heres petit, poenam committet: non enim differendandum litium causa, sed tollerandum ad arbitros itur.*

**37.** CELSO *en el libro segundo del digesto.* Si aunque el árbitro prohibió que una parte reclamase a la otra, reclama no obstante el heredero, incurrirá en pena, porque no se acude a los árbitros para diferir los pleitos, sino para terminarlos.

**38.** *MODESTINUS libro sexto regularum. Cum poena ex compromisso petitur, is qui commisit damnandus est, nec interest, an adversarii eius interfuit arbitri sententia stari nec ne.*

**38.** MODESTINO *en el libro sexto de las reglas.* Cuando se pide la pena del compromiso será condenado quien incurrió en ella, y no importa que a su adversario le haya interesado o no que se acate la sentencia del árbitro.

**39.** *IAVOLENUS libro undecimo ex Cassio. Non ex omnibus causis, ex quibus arbitri paritum sententiae non est, poena ex compromisso committitur, sed ex his dumtaxat, quae ad solutionem pecuniae aut operam praebendam pertinent. IDEM contumaciam litigatoris arbiter punire poterit pecuniam eum adversario dare iubendo: quo in numero haberi non oportet, si testium nomina ex sententia arbitri exhibita non sunt.*

**39.** JAVOLENO *en el libro décimo primero de la doctrina de Casio.* No se incurre en la pena del compromiso por todas las causas por las que no se obedeció la sentencia del árbitro, sino tan sólo por aquellas que se refieren al pago de una cantidad o a la ejecución de un acto. Igualmente dice Casio que el árbitro podrá castigar la contumacia de un litigante ordenando que dé a su adversario una cantidad; por lo que no debe comprenderse este caso si no se han manifestado los nombres de los testigos conforme a la sentencia del árbitro.

*§1. Cum arbiter diem compromissi proferri iussit, cum hoc ei permissum est, alterius mora alteri ad poenam committendam prodest.*

§1. Si el árbitro mandó prorrogar el plazo del compromiso cuando esto le fue permitido, la mora de una parte aprovecha a la otra para no incurrir en la pena.

**40.** POMPONIUS *libro undecimo ex variis lectionibus. Arbiter calendis Ianuariis adesse iussit et ante eum diem decessit: alter ex litigatoribus non adfuit. Procul dubio poena minime commissa est: nam et Cassium audisse se dicentem Aristo ait in eo arbitro, qui ipse non venisset, non esse commissam: quemadmodum Servius ait, si per stipulatorem stet, quo minus accipiat, non committi poenam.*

**40.** POMPONIO *en el libro décimo primero de la doctrina de los diversos autores.* Un árbitro ordenó que se compareciera en las calendas (primer día) de enero, pero falleció antes de este día, y uno de los litigantes no compareció; no cabe duda de que por ningún motivo se incurrió en la pena. Porque dice Aristón que también le oyó decir a Casio que no se incurre en la pena cuando el mismo árbitro no se hubiese presentado, así como dice Servio que no se incurre en pena si el estipulante no la exige.

**41.** CALLISTRATUS *libro primo edicti monitorii. Cum lege Iulisa cautum sit, ne minor viginti annis iudicare cogatur, nemini licere minorem viginti annis compromissarium iudicem eligere: ideoque poena ex sententia eius nullo modo committitur. Maiori tamen viginti annis, si minor viginti quinque annis sit, ex hac causa succurrendum, si temere auditórium receperit, multi dixerunt.*

**41.** CALISTRATO *en el libro primero del edicto monitorio.* Estando dispuesto en la Ley Julia que el menor de veinte años no sea obligado a juzgar, a nadie es lícito elegir como juez compromisario a dicho menor. Por ello, de ningún modo se incurre en pena por su sentencia. Pero muchos autores dijeron que debe auxiliarse al mayor de veinte años y menor de veinticinco cuando temerariamente hubiere aceptado conocer del asunto.

**42.** PAPINIANUS *libro secundo responsorum. Arbiter intra certum diem servos restitui iussit, quibus non restitutis poenae causa fisco secundum formam compromissi condemnavit: ob eam sententiam fisco nihil adquiritur, sed nihilo minus stipulationis poena committitur, quod ab arbitro statuto non sit obtemperatum.*

**42.** PAPINIANO *en el libro segundo de las respuestas.* Un árbitro ordenó que se restituyesen dentro de cierto día unos esclavos, y no habiéndose restituido, condenó con arreglo al compromiso, a una pena a favor del fisco. Por dicha sentencia nada adquiere el fisco, pero no obstante ello se incurre en la pena de la estipulación por no haberse obedecido a lo determinado por el árbitro.

**43.** *SCAEVOLA libro primo responsorum. De rebus controversiisque ómnibus compromissum in arbitrum a Lucio Titio et Maevo Sempronio factum est, sed errore quaedam species in petitionem a Lucio Titio deductae non sunt nec arbiter de his quicquam pronuntiavit: quaesitum est an species omissae peti possint. Respondit peti posse nec poenam ex compromisso committi. Quod si maligne hoc fecit, petere quidem potest, sed poenae subiugabitur.*

**43.** ESCÉVOLA *en el libro primero de las respuestas.* Lucio Ticio y Mevio Sempronio otorgaron compromiso para que un árbitro decidiera sobre todos sus asuntos y controversias pendientse, pero por error Lucio Ticio omitió ciertos detalles en la petición, y el árbitro no sentenció nada sobre ellos; se preguntó si podrían reclamarse judicialmente los detalles omitidos. Se respondió que sí, y que no se incurría en la pena del compromiso con ello; mas si actuó con malicia, puede reclamar pero se someterá a la pena.

**44.** *IDEM libro secundo digestorum. Inter Castellianum et Seium controversia de finibus orta est et arbiter electus est, ut arbitratu eius res terminetur: ipse sententiam dixit prasentibus partibus et términos posuit: quaesitum est, an, si ex parte Castelliani arbitro paritum non esset, poena ex compromisso commissa est. Respondi, si arbitro paritum non esset in eo, quod utroque praesente arbitratus esset, poenam commissam.*

**44.** EL MISMO *en el libro segundo del digesto.* Entre Casteliano y Seyo se suscitó controversia sobre los límites de una finca, y se nombró árbitro para que con su arbitraje terminase el pleito; pronunció aquél sentencia estando presentes las partes, y fijó los linderos. Se preguntó: si Casteliano no hubiese obedecido al árbitro, ¿incurrirá en la pena del compromiso? Respondí que si no se obedeció al árbitro en su decisión estando presentes las partes, sí se había incurrido en la pena.

**45.** *ULPIANUS libro vicensimo octavo ad Sabinum. In compromissis arbitrium personae insertum personam non egreditur.*

**45.** ULPIANO *en el libro vigésimo octavo de los comentarios al edicto.* La facultad de arbitrar conferida a una persona en los compromisos no excede de aquella persona.

**46**. *PAULUS libro duodecimo ad Sabinum. De his rebus et rationibus et controversiis iudicare arbiter potest, quae ab initio fuissent inter eos qui compromiserunt, non quae postea supervenerunt.*

**46**. PAULO *en el libro décimo segundo de los comentarios a Sabino.* El árbitro puede juzgar sobre aquellos asuntos, cuentas y controversias que desde un principio hubiesen existido entre quienes otorgaron el compromiso, no de aquellas que sobrevinieron después.

**47**. *IULIANUS libro quarto digestorum. Si compromissum ita factum est, ut praesente utroque aut heredibus eorum arbiter sententiam dicat et alter ex litigatoribus decesserit pupillo herede relicto, non aliter videtur sententia dicta esse, nisi tutoris auctoritas interposita fuerit.*

**47**. JULIANO *en el libro cuarto del digesto.* Si el compromiso se hubiere hecho para que el árbitro pronuncie sentencia en presencia de ambas partes o de sus herederos, y uno de los litigantes hubiere fallecido dejando como heredero a un pupilo, no se entiende emitida la sentencia más que si se hubiere interpuesto la autorización del tutor.

*§1. Item si alter ex compromittentibus furere coeperit,*

§1. Asimismo, si uno de los que se comprometieron hubiere perdido la razón,

**48**. *MODESTINUS libro quarto regularum. ... arbiter ad ferendam sententiam con compelletur:*

**48**. MODESTINO *en el libro cuarto de las reglas.* ... el árbitro no será obligado a emitir sentencia,

**49**. *IULIANUS libro quarto digestorum. ... sed et interpellatur, quo minus sententiam dicat, quia nihil coram furioso fieri intellegitur. Quod si furiosus curatorem habet vel habuerit adhuc litigio pendente, potest praesente curatore sententia dici.*

**49**. JULIANO *en el libro cuarto del digesto.* ... sino que será requerido para que no la pronuncie, porque se entiende que no vale lo actuado en presencia de un demente. Pero si éste tiene un curador, o lo hubiere tenido estando aún pendiente el pleito, puede dictarse la sentencia en presencia del curador.

*§1. Arbiter adesse litigatores vel per nuntium vel epistulam iubere potest.*

§1. El árbitro puede ordenar que comparezcan las partes por medio de mensajero o de carta.

*§2. Si ab altera dumtaxat parte heredis mentio comprehensa fuerit, compromissum solvetur morte cuiusque ex litigatoribus, sicut solveretur altero mortuo, si neutrius heredis persona comprehenderetur.*

§2. Si sólo una de las partes hubiere mencionado a su heredero, se extinguirá el compromiso con la muerte de cualquiera de los litigantes, así como se disolvería al morir uno de ellos, si no se mencionara al heredero de ninguno de los dos.

**50.** *ALFENUS libro septimo digestorum. Arbiter ex compromisso sumptus cum ante eum diem, qui constitutus compromisso erat, sententiam dicere non posset, ciem compromissi proferri iusserat: alter ex litigatoribus dicto audiens non fuerat: consulebatur possetne ab eo pecunia ex compromisso peti. Respondi non posse, ideo quod non esset arbitrio permissum ut id iuberet.*

**50.** ALFENO *en el libro séptimo del digesto.* Un árbitro elegido por compromiso ordenó que se prorrogase el plazo del mismo al no poder dictar sentencia antes del plazo fijado en dicho compromiso. Uno de los litigantes no obedeció la sentencia que luego se dictó. Se pregunta: ¿podría pedírsele la pena pecuniaria del compromiso? Respondí que no, porque en el compromiso no se había expresado que el árbitro tuviera facultad de prorrogar.

**51.** *MARCIANUS libro secundo regularum. Si de re sua quis arbiter factus sit, sententiam dicere non potest, quia se facere iubeat aut petere prohibeat: neque autem imperare sibi neque se prohibere quisquam potest.*

**51.** MARCIANO *en el libro segundo de las reglas.* Si alguien hubiere sido nombrado árbitro en negocio propio, no puede dictar sentencia, porque se mandaría él mismo a hacer o se prohibiría pedir, y nadie puede mandarse ni prohibirse a sí mismo.

**52.** IDEM *libro quarto regularum. Si qui iussus est ab arbitro ex compromisso solvere pecuniam moram fecerit, poenam ex compromisso debet, sed postea solvendo poena liberatur.*

**52.** EL MISMO *en el libro cuarto de las reglas.* Si hubiere incurrido en mora aquel a quien el árbitro mandó pagar la cantidad expresada en el compromiso, debe sufrir la pena del compromiso, pero se libra de la pena pagando después la cantidad debida.

## TITULUS VIIII NAUTAE CAUPONES STABULARII UT RECEPTA RESTITUANT

## TÍTULO VIIII QUE LOS MARINEROS, MESONEROS Y ESTABLEROS RESTITUYAN LAS COSAS QUE RECIBIERON PARA SU CUSTODIA

**1.** ULPIANUS *libro quarto decimo ad edictum. Ait praetor: 'nautae caupones stabularii quod cuiusque salvum fore receperint nisi restituent, in eos iudicium dabo'.*

**1.** ULPIANO *en el libro décimo cuarto de los comentarios al edicto.* Dice el pretor: 'si los marineros, mesoneros o estableros no devuelven los bienes de cualquier persona que hubieren recibido para su custodia, daré acción contra ellos'.

§1. *Maxima utilitas est huius edicti, quia necesse est plerumque eorum fidem sequi et res custodiae eorum committere. Ne quisquam putet graviter hoc adversus eos constitutum: nam est in ipsorum arbitrio, ne quem recipiant, et nisi hoc esset statutum, material daretur cum furibus adversus eos quos recipiunt coeundi, cum ne nunc quidem abstineant huiusmodi fraudibus.*

§1. Muy grande es la utilidad de este edicto, porque muchas veces es necesario fiarse de ellos y encomendar objetos bajo su custodia. Y nadie juzgue que lo establecido en este edicto es severo contra ellos, porque está en su arbitrio no recibir nada de nadie; y si esto no se hubiere establecido, se daría motivo para que se conniviesen con los ladrones en perjuicio de aquellos de quienes reciben algo en custodia, siendo así que ni aun con esto se abstienen ciertamente de tales fraudes.

*§2. Qui sunt igitur, qui teneantur, videndum est. Ait praetor 'nautae'. Nautam accipere debemus eum qui navem exercet: quamvis nautae appellantur omnes, qui navis navigandae causa in nave sint: sed de exercitore solummodo praetor sentit. Nec enim debet, inquit Pomponius, per remigem aut mesonautam obligari, sed per se vel per navis magistrum: quamquam si ipse alicui e nautis committi iussit, sine dubio debeat obligari.*

§2. Ahora veamos quiénes están obligados por este edicto. Dice el pretor: 'los marineros'. Debemos entender por tal palabra el que manda en el barco, aunque a veces se llamen así a todos los que están en el mismo para las maniobras de navegación. Pero el pretor sólo se refiere al capitán o amo del barco, porque, como dice Pomponio, tampoco debe obligarse por un remero o por un oficial de marinería, sino por sí mismo o por el piloto de la nave; aunque si él mismo mandó que se encomendase una cosa a alguno de los marineros, sin duda quedará obligado.

*§3. Et sunt quidam in navibus, qui custodiae gratia navibus praeponentur, ut naufulakes (navium custodes) et diaetarii. Si quis igitur ex his receperit, puto in exercitorem dandam actionem, quia is, qui eos huiusmodi officio praeponit, committi eis permittit, quamquam ipse navicularius vel magister id faciat, quod xeirembolon (manus iniectionem) appellant. Sed et si hoc non exercet, tamen de receptor navicularius tenebitur.*

§3. En los barcos hay individuos encargados de la custodia, como los *naufulakes* (guardias de los barcos en griego) y los despenseros. Si alguno de ellos hubiere recibido algo en custodia, opino que debe darse la acción contra el capitán del barco, porque al colocarlos en dicho cargo éste les permite que se confíe en ellos para custodiar objetos, aunque el mismo capitán o piloto haga lo que llaman *xeirembolon* (recepción directa en griego). Pero aunque no haya dicha recepción, el capitán o piloto del barco será responsable de las cosas recibidas en custodia.

*§4. De exercitoribus ratium, item lyntrariis nihil cavetur: sed idem constitui oportere Labeo scribit, et hoc iure utimur.*

§4. Nada se dispone respecto a los propietarios de balsas ni de barcas, pero escribe Labeón que debe observarse lo mismo, y este derecho

*§5. Caupones autem et stabularios aeque eos accipiemus, qui cauponam vel stabulum exercent, institoresve eorum. Ceterum si qui opera mediastini fungitur, non continetur, ut puta atriarii et focarii et his similes.*

*§6. Ait praetor: 'quod cuius salvum fore receperint': hoc est quamcumque rem sive mercem receperint. Inde apud Vivianum relatum est ad eas quoque res hoc edictum pertinere, quae mercibus accederent, veluti vestimenta quibus in navibus uterentur et cetera quae ad cottidianum usum habemus.*

*§7. Item Pomponius libro trigensimo quarto scribit parvi referre, res nostras an alienas intulerimus, si tamen nostra intersit salvas esse: etenim nobis magis, quam quorum sunt, debent solvi. Et ideo si pignoris merces accepero ob pecuniam nauticam, mihi magis quam debitori nauta tenebitur, si ante eas suscepit.*

*§8. Recipit autem salvum fore utrum si in navem res missae ei adsignatae sunt: an et si non sint adsignatae, hoc tamen ipso, quod in nave missae sunt, receptae videntur? Et puto omnium eum recipere custodiam, quae in*

usamos.

§5. Igualmente entenderemos por 'mesoneros' o 'estableros' a quienes negocian con un mesón o un establo, o a sus empleados. Pero si alguien desempeña oficios de esclavo no es comprendido en el edicto, por ejemplo, los porteros, los cocineros y otros puestos semejantes.

§6. Dice el pretor: 'los bienes de cualquier persona que hubieren recibido para su custodia', es decir, que hubieren recibido una cosa cualquiera o una mercancía. Por lo que opina Viviano que este edicto aplica también a aquellos bienes que acompañan a las mercancías, como los vestidos que se usarán en el barco y demás cosas que usamos cotidianamente.

§7. También escribe Pomponio en el libro trigésimo cuarto del digesto que poco importa si introdujimos cosas nuestras o ajenas, siempre que importase mantenerlas a salvo, pues se nos deben más a nosotros que a sus propietarios. Y por esto, si yo hubiere recibido unas mercancías en prenda por un préstamo para comercio marítimo, el marinero que las recibió de mí estará obligado conmigo más bien que con el mutuario.

§8. ¿Pero diremos que recibió para su custodia las cosas enviadas al barco si le fueron entregadas, o se entiende recibidas por el hecho de ser enviadas al barco aunque no le hayan sido consignadas? Y opino

navem illatae sunt, et factum non solum nautarum praestare debere, sed et vectorum,

que el marinero recibe la custodia de todas las cosas que se introdujeron en la embarcación, y que debe responder de la conducta no sólo de los marineros, sino también de los pasajeros,

**2.** *GAIUS libro quinto ad edictum provinciale.* ... *sicut et caupo viatorum.*

**2.** GAYO *en el libro quinto de los comentarios al edicto provincial.* ... así como el mesonero responde de la de los viajeros.

**3.** *ULPIANUS libro quarto decimo ad edictum. Et ita de facto vectorum etiam Pomponius libro trigensimo quarto scribit. Idem ait, etiamsi nondum sint res in navem receptae, sed in litore perierint, quas semel recepit, periculum ad eum pertinere.*

**3.** ULPIANO *en el libro décimo cuarto de los comentarios al edicto.* Y así lo escribe también Pomponio en el libro trigésimo cuarto del digesto respecto a la conducta de los pasajeros. También dice que le corresponde al marinero el riesgo cuando hubieren perecido en la costa las cosas que ya recibió en custodia pero que todavía no se han introducido en el barco.

*§1. Ait praetor: 'nisi restituent, in eos iudicium dabo'. Ex hoc edicto in factum actio proficiscitur. Sed an sit necessaria, videndum, quia agi civili actione ex hac causa poterit: si quidem merces intervenerit, ex locato vel conducto: sed si tota navis locata sit, qui conduxit ex conducto etiam de rebus quae desunt agere potest: si vero res perferendas nauta conduxit, ex locato convenietur: sed si gratis res susceptae sint, ait Pomponius depositi agi potuisse. Miratur igitur, cur honoraria actio sit inducta, cum sint civiles: nisi forte, inquit, ideo, ut innotesceret praetor curam agere reprimendae improbitatis hoc genus*

§1. Dice el pretor: 'si no devuelven los bienes, daré acción contra ellos'. De este edicto se origina una acción por la conducta. Pero debemos analizar si es necesaria, porque por dicha causa podrá reclamarse con una acción civil. Si hubiera mediado precio, por la de locación o la de conducción; si se hubiere rentado toda la embarcación, quien la alquiló puede demandar por la acción de conducción también por las cosas faltantes; si el marinero arrendó el transporte de las cosas, será demandado por la acción de locación; si las cosas se hubieren recibido gratuitamente, dice

*hominum: et quia in locato conducto culpa, in deposito dolus dumtaxat praestatur, at hoc edicto omnimodo qui recepit tenetur, etiamsi sine culpa eius res periit vel damnum datum est, nisi si quid damno fatali contingit. Inde Labeo scribit, si quid naufragio aut per vim piratarum perierit, non esse iniquum exceptionem ei dari. Idem erit dicendum et si in stabulo aut in caupona vis maior contigerit.*

Pomponio que puede ejercitarse la acción de depósito. Sorprende, pues, por qué se introdujo la acción honoraria si ya las hay civiles; a no ser, añade, que el pretor quisiera con tal disposición que esta clase de gente procurase reprimir su improbidad, y porque en las acciones de locación y conducción se garantiza la culpa, mientras que en el depósito tan sólo el dolo. Pero por este edicto se obliga de todos modos quien asumió bajo su custodia, aunque perezca la cosa sin su culpa, o se le haya causado el daño, a menos que haya acontecido por accidente inevitable. Por ello escribe Labeón que si alguna cosa hubiere perecido por naufragio o por ataque de piratas es justo que se le concediera una excepción. Lo mismo se dirá si en el mesón o en el establo hubiere ocurrido un caso de fuerza mayor.

*§2. Eodem modo tenentur caupones et stabularii, quo exercentes negotium suum recipiunt: ceterum si extra negotium receperunt, non tenebuntur.*

§2. Igualmente quedan obligados los estableros y los mesoneros, porque reciben algo para custodia debido al ejercicio de su oficio. Pero si hubieren recibido fuera de su negocio, no se obligarán.

*§3. Si filius familias aut servus receperit et voluntas patris domini intervenit, in solidum erit conveniendus. Item si servus exercitoris subripuit vel damnum dedit, noxalis action cessabit, quia ob receptum suo nomine dominus convenitur. Sin vero sine voluntate exerceant, de peculio dabitur.*

§3. Si un hijo de familia o un esclavo hubieren recibido algo para custodia mediando el consentimiento del padre o del dueño, deberá ser demandado éste por responsabilidad ilimitada. Igualmente si un esclavo del capitán de la nave hurtó algo o causó el daño, dejará de existir la acción noxal, porque el dueño es

demandado por lo recibido en su nombre. Pero si el esclavo negocia sin el consentimiento de su dueño, se dará la acción de peculio.

*§4. Haec autem rei persecutionem continet, ut Pomponius ait, et ideo et in heredem et perpetuo dabitur.*

§4. Pero como dice Pomponio, esta acción contiene en sí la persecución de la cosa, y por ende se dará también contra el heredero de manera perpetua.

*§5. Novissime videndum, an eiusdem rei nomine et de recepto honoraria actione et furti agendum sit: et Pomponius dubitat: sed magis est, ut vel officio iudicis vel doli exceptione alterutra esse contentus debeat.*

§5. Finalmente ha de verse si podrá reclamarse por razón de una misma cosa por la acción honoraria de lo recibido y por la de hurto. Pomponio lo duda, pero es más cierto que deberá contentarse con una u otra, o con la acción que da el juez o con la excepción de dolo para evitar la acumulación.

*4. PAULUS libro tertio decimo ad edictum. Sed et ipsi nautae furti action competit, cuius sit periculo, nisi si ipse subripiat et postea ab eo subripiatur, aut alio subripiente ipse nauta solvendo non sit.*

4. PAULO *en el libro décimo tercero de los comentarios al edicto.* Compete la acción de hurto también al mismo marinero a cuyo riesgo esté la cosa, siempre que él mismo la hurte y luego se la hurten a él, o que hurtándola otro el mismo marinero no fuere solvente.

*§1. Si nauta nautae, stabularius stabularii, caupo cauponis receperit, aeque tenebitur.*

§1. Si un marinero hubiere recibido en custodia algo de otro marinero, un mesonero de otro mesonero y un establero de otro establero, igualmente quedará obligado.

*§2. Vivianus dixit etiam ad eas res hoc edictum pertinere, quae post impositas merces in navem locatasque inferentur, etsi earum vectura non debetur, ut vestimentorum, penoris cottidiani, quia haec ipsa ceterarum rerum locationi accedunt.*

§2. Dijo Viviano que este edicto se refiere también a aquellas cosas que se introducen en la embarcación después de colocarse en ella las mercancías, aunque no se debe la conducción de ellas, como la de los vestidos y de las provisiones diarias, porque estas mismas cosas van

incluidas en la locación de las demás.

**5.** *GAIUS libro quinto ad edictum provinciale. Nauta et caupo et stabularius mercedem accipiunt non pro custodia, sed nauta ut traiciat vectores, caupo ut viatores manere in caupona patiatur, stabularius ut permittat iumenta apud eum stabulari: et tamen custodiae nomine tenentur. Nam et fullo et sarcinator non pro custodia, sed pro arte mercedem accipiunt, et tamen custodiae nomine ex locato tenentur.*

**5.** GAYO *en el libro quinto de los comentarios al edicto provincial.* Al marinero, al mesonero y al establero se les paga no para la custodia, sino el marinero para transportar a los pasajeros, el mesonero para permitir que los caminantes hagan parada en su negocio y el establero para acoger a las caballerías en sus establos; sin embargo, quedan obligados por razón de la custodia. Porque tampoco el lavandero ni el sastre reciben paga por la custodia, sino por el trabajo propio de su oficio, y no obstante están obligados a la custodia en virtud de la acción de locación.

§1. *Quaecumque de furto diximus, eadem et de damno debent intellegi: non enim dubitari oportet, quin is, qui salvum fore recipit, non solum a furto, sed etiam a damno recipere videatur.*

§1. Todo lo dicho sobre el hurto debe entenderse también respecto del daño, porque no debe dudarse que quien recibe una cosa para custodiarla se entiende que queda obligado no sólo por el hurto, sino también por el daño.

**6.** *PAULUS libro vicensimo secundo ad edictum. Licet gratis navigaveris vel in caupona gratis deverteris, non tamen in factum actiones tibi denegabuntur, si damnum iniuria passus es.*

**6.** PAULO *en el libro vigésimo segundo de los comentarios al edicto.* Aunque hubieres viajadao en el barco gratuitamente o te hubieres hospedado de idéntica forma en el mesón, no se te denegarán las acciones por la conducta si has sufrido algún daño ilícito.

§1. *Si servo meo in nave vel in caupona utaris et damnum mihi det vel furtum faciat, quamquam et furti actio et damni iniuria mecum sit, haec*

§1. Si usaras un esclavo mío en tu barco o en tu mesón y me causara algún daño o me cometiera un hurto, aunque proceda contra mí la

*tamen actio, quia in factum est, etiam servi mei nomine adversus te competit. Idem dicetur, et si communis sit: tu tamen quod mihi praestiteris eius nomine, vel communi dividundo vel pro socio actione, aut si partem eius vel totum conduxisti, etiam ex conducto habebis me obligatum.*

§2. *Sed si damnum in eo datum sit ab alio, qui in eadem nave vel caupona est, cuius factum praetor aestimare solet, non putat Pomponius eius nomine hac actionem utilem futuram.*

§3. *In factum actione caupo tenetur pro his, qui habitandi causa in caupona sunt: hoc autem non pertinet ad eum, qui hospitio repentino recipitur, veluti viator.*

§4. *Possumus autem furti vel damni iniuriae actione uti cum nautis, ut certi hominis factum arguamus: sed una contenti esse debebimus, et si cum exercitore egerimus, praestare ei debemus actiones nostras, quamvis ex conducto actio adversus eos competat exercitori. Sed si absolutus sit exercitor hac actione, deinde agatur cum nauta, exceptio dabitur, ne saepius de eiusdem hominis admisso quaeratur. Et contra, si de admisso unius hominis actum sit, deinde in factum actione agatur, exceptio dabitur.*

acción de hurto y la de daño injustamente causado, esta acción, por referirse a una conducta, me compete contra ti en nombre de mi esclavo. Lo mismo se dirá cuando sea un esclavo común; pero por lo que me hubieres dado a causa del mismo estaré obligado a ti por la acción de división de cosa común o por la de sociedad, y también por la de conducción si lo tomaste en arrendamiento parcial o la totalmente.

§2. Pero si otra persona de la misma nave o mesón le hubiere causado aglún daño, aunque es costumbre que el pretor valore la conducta, no opina Pomponio que en este caso deba aplicarse esta acción.

§3. Por la acción derivada de la conducta se obliga el mesonero por aquellos que viven habitualmente en el mesón; mas esto no se extiende a quien es recibido de forma accidental, como el viajero.

§4. Podemos ejercitar contra los marineros la acción de hurto o la de daño injustamente causado cuando probemos el delito cometido por un esclavo determinado; pero debemos contentarnos con una sola. Y si hubiéremos ejercido la acción contra el capitán de la embarcación, debemos cederle nuestras acciones aunque ya competa contra ellos la acción de conducción. Pero si el marinero hubiere sido absuelto de esta acción, y después se reclamara contra el marinero que causó el daño, se concederá una excepción para que no se litigue muchas veces sobre el delito del mismo esclavo. Y viceversa, si se hubiese reclamado por el delito de un esclavo, y después se ejercitara la acción por la conducta, se dará también excepción.

*7. ULPIANUS libro octavo decimo ad edictum. Debet exercitor omnium nautarum suorum, sive liberi sint sive servi, factum praestare: nec immerito factum eorum praestat, cum ipse eos suo periculo adhibuerit. Sed non alias praestat, quam si in ipsa nave damnum datum sit: ceterum si extra navem licet a nautis, non praestabit. Item si praedixerit, ut unusquisque vectorum res suas servet neque damnum se praestaturum, et consenserint vectores praedictioni, non convenitur.*

7. ULPIANO *en el libro décimo octavo de los comentarios al edicto.* El capitán de la embarcación debe responder de la conducta de todos sus marineros, sean libres o esclavos. Y no sin razón responde de su conducta, pues él los contrató bajo su riesgo; pero no responde más que si el daño hubiere sido causado dentro de la misma embarcación, porque si sucedió fuera, aunque lo causen sus marineros, no responderá. Igualmente, si hubiere advertido que cada pasajero cuidase de sus cosas y que él no respondería del daño, y los pasajeros lo hubieren aceptado, no será demandado.

*§1. Haec actio in factum in duplum est.*

§1. Esta acción derivada de la conducta es por el duplo.

*§2. Sed si quid nautae inter se damni dederint, hoc ad exercitorem non pertinet. Sed si quis sit nauta et mercator, debebit illi dari: quod si quos quos volgo nautepibatas (vectores simul nautas) dicunt, et huic tenebitur, sed huius factum praestat, cum sit et nauta.*

§2. Si los marineros se hubieren causado algún daño entre sí, esto no atañe al capitán de la embarcación. Pero si alguno fuese marinero y mercader, deberá otorgársele acción. Y si alguno fuera de los que vulgarmente llaman *nautepibatas* (soldados embarcados), también le quedará obligado, pero responde igualmente de su conducta porque también es marinero

*§3. Si servus nautae damnum*

§3. Si el esclavo de un marinero

dederit, *licet servus nauta non sit, aequissimum erit in exercitorem actionem utilem dare.*

§4. *Hac autem actione suo nomine exercitor tenetur, culpae scilicet suae qui tales adhibuit: et ideo et si decesserint, non relevabitur. Servorum autem suorum nomine noxali dumtaxat tenetur: nam cum alienos adhibet, explorare eum oportet, cuius fidei, cuius innocentiae sint: in suis venia dignus est, si qualesquales ad instruendam navem adhibuerit.*

§5. *Si plures naves exerceant, unusquisque pro parte, qua navem exercet, convenitur.*

§6. *Haec iudicia quamvis honoraria sunt, tamen perpetua sunt: in heredem autem non dabuntur. Proinde et si servus navem exercuit et mortuus est, de peculio non dabitur actio in dominum nec intra annum. Sed cum voluntate patris vel domini servus vel filius exercent navem vel cauponam vel stabulum, puto etiam hanc actionem in solidum eos pati debere, quasi omnia, quae ibi contingunt, in solidum receperint.*

hubiere causado algún daño, aunque aquél no sea marinero, será muy justo conceder la acción útil contra el capitán de la embarcación.

§4. Por esta acción se obliga el capitán de la embarcación en nombre propio, porque ha de imputársele a su culpa el emplear tales hombres; y por ello, aunque hubieren fallecido, no quedará exento de responsabilidad. Pero por sus esclavos se obliga únicamente por la acción noxal, porque cuando emplea ajenos debe analizar qué tan leales y honrados son; respecto a los suyos es digno de indulgencia, si hubiere empleado cualesquiera para equipar el barco.

§5. Si varios administraran la embarcación, cada uno es demandado por la parte proporcional que le corresponde.

§6. Aunque son honorias, estas acciones son perpetuas, pero no se darán contra el heredero. Por ello, si un esclavo administró la embarcación y murió, tampoco se dará la acción de peculio contra el dueño, ni siquiera dentro del año. Pero cuando un hijo o un esclavo administran con la voluntad del padre o del dueño el barco, el mesón o el establo, considero que deben responder ilimitadamente ante esta acción, como si hubieren aceptado solidariamente la responsabilidad de todo lo que acontezca en esos lugares.

# LIBER V

## *TITULUS I*
## *DE IUDICIIS: UBI*
## *QUISQUE AGERE VEL*
## *CONVENIRI DEBEAT*

# LIBRO V

## TÍTULO I
## DE LOS JUICIOS: EN
## DÓNDE DEBERÁ
## DEMANDAR CADA
## UNO O SER
## DEMANDADO

*1. ULPIANUS libro secundo ad edictum. Si se subiciant aliqui iurisdictioni et consentiant, inter consentientes cuiusvis iudicis, qui tribunal praeest vel aliam iurisdictionem habet, est iurisdictio.*

**1**. ULPIANO *en el libro segundo de los comentarios al edicto*. Si las partes se sometieran a una determinada jurisdicción y la aceptaran, tiene jurisdicción sobre ellas cualquier juez que presida un tribunal o que tenga otra jurisdicción.

*2. IDEM libro tertio ad edictum. Consensisse autem videntur, qui sciant se non esse subiectos iurisdictioni eius et in eum consentient. Ceterum si putent eius iurisdictionem esse, non erit eius iurisdictio: error enim litigatorum, ut Iulianus quoque libro primo digestorum scribit, non habet consensum. Aut si putaverunt alium esse praetorem pro alio, aeque error non dedit iurisdictionem. Aut si, cum restitisset quivis ex litigatoribus, viribus praeturae compulsus est, nulla iurisdictio est.*

**2**. EL MISMO *en el libro tercero de los comentarios al edicto*. Se entiende que han aceptado si saben que no están sujetos a la jurisdicción de aquel juez y lo aceptaran. Pero si consideran que tiene jurisdicción sobre ellos y por eso se someten a él, no tendrá jurisdicción, pues como escribe también Juliano en el libro primero del Digesto, el error de los litigantes no implica consentimiento. O si creyeron que el pretor era uno en lugar de otro, dicho error tampoco confiere la jurisdicción. O si, habiéndose resistido alguno de los litigantes, fue compelido por apremio de la pretura, no hay jurisdicción alguna sobre ellos.

§1. *Convenire autem utrum inter privatos sufficit an vero etiam ipsius praetoris consensus necessarius est? Lex Iulia iudiciorum ait 'quo minus inter privatos conveniat': sufficit ergo privatorum consensus. Proinde si privati consentiant, praetorem autem ignoret consentire et putet suam iurisdictionem, an legi satisfactum sit, videndum est: et puto posse defendi eius esse iurisdictionem.*

§2. *Si et iudex ad tempus datus et omnes litigatores consentiant: nisi specialiter principali iussione prorogatio fuerit inhibita, possunt tempora, intra quae iussus est litem dirimere, prorogari.*

§3. *Legatis in eo quod ante legationem contraxerunt, item his qui testimonii causa evocati sunt vel si qui iudicandi causa arcessiti sunt vel in provinciam destinati, revocandi domum suam ius datur. Eo quoque qui ipse provocavit non imponitur necessitas intra tempora provocationis exercendae Romae vel aliio loco ubi provocatio exercetur aliis pulsantibus respondere: nam Celsus huic etiam domus revocationem dandam ait, quoniam ob aliam causam venerit: haec Celsi sententia et rationabilis est. Nam et divus Pius Plotio Celsiano rescripsit eum, qui tutelae reddendae*

§1. ¿Pero acaso basta el acuerdo entre particulares o quizá también se necesite el consentimiento del pretor? La Ley Julia relativa a los juicios declara: 'que no se convenga entre particulares'; por lo tanto, basta el consentimiento de éstos. En consecuencia, si los particulares consienten pero el pretor lo ignora, y cree que le corresponde la jurisdicción, ha de verse si se ha cumplido con lo dispuesto en la ley; y estimo que puede sostenerse que sí tiene jurisdicción sobre las partes.

§2. Igualmente, si se nombró juez para un plazo determinado y todos los litigantes lo aceptaron, puede prorrogarse el tiempo dentro del cual se le autorizó a dirimir la controversia, a no ser que por disposición expresa del príncipe se hubiere prohibido dicha prórroga.

§3. A los embajadores se les concede el derecho a ser juzgados en su ciudad de origen por el negocio celebrado antes de su designación, y también a los que fueron convocados en otra ciudad para declarar como testigos, o para juzgar alguna causa o que fueron destinados a alguna provincia. Tampoco se le impone a quien apeló la obligación de contestar la demanda de otros en Roma o en otro lugar en que se continúa la apelación. Porque dice Celso que

*causa Romam erat a se evocatus, alterius tutelae causa Romam erat a se evocatus, alterius tutelae causa, cuius causa non erat evocatus, non debere compelli iudicium suscipere. Idem Claudio Flaviano rescripsit minorem viginti quinque annis, qui desiderarat in integrum restitui adversus Asinianum, qui alterius negotii causa venerat, non esse Romae audiendum.*

*§4. Omnes autem isti domum revocant, si non ibi contraxerunt, ubi conveniuntur. Ceterum si contraxerunt ibi, revocandi ius non habet: exceptis legatis, qui licet ibi contraxerunt, dummodo ante legationem contraxerunt, non compelluntur se Romae defendere, quamdiu legationis causa hic demorantur. Quod et Iulianus scribit et divus Pius rescripsit. Plane si perfecta legatione subsistant, conveniendos eos divus Pius rescripsit.*

también a éste debe concedérsele el derecho a ser juzgado en su ciudad, por haber venido a Roma por otra causa. Este parecer de Celso también es razonable, porque igualmente el Divino Antonino Pío respondió por escrito a Plocio Celsiano que quien se hallaba en Roma llamado para rendir cuentas de una tutela, no debía ser forzado a aceptar un juicio por causa de otra tutela a la que no había sido llamado. El mismo emperador respondió por escrito a Claudio Flaviano que no debía concedérsele audiencia en Roma a un menor de veinticinco años que deseaba ser restituido por entero contra Asiniano, pero que había venido a la ciudad por otro negocio.

§4. Todos los que no celebraron el negocio que motiva el litigio allí donde son demandados tienen el derecho de ser juzgados en su domicilio de origen. Pero si lo celebraron allí, no tienen derecho a ser juzgados en otra parte, excepto los embajadores, quienes, aunque hubiesen celebrado negocios en Roma, siempre que lo hayan hecho antes de su nombramiento, no son obligados a defenderse en la capital mientras permanecen aquí por motivo de su encargo, según escribió también Juliano y respondió por escrito el Divino Antonino Pío. Pero si permanecieran en la capital una vez concluido su encargo, el citado emperador respondió por escrito que pueden ser demandados.

*§5. Item si extra provinciam suam contraxerunt, licet non in Italia, quaestionis est, an Romae conveniri possint. Et Marcellus in eo solo privilegio eos uti domum revocandi, quod in civitate sua vel certe intra provinciam contraxerunt: quod est verum. Sed et si agant, compelluntur se adversus omnes defendere: non tamen si iniuriam suam persequantur vel furtum vel damnum quod nunc passi sunt: alioquin, ut et Iulianus eleganter ait, aut impune contumeliis et damnis adficientur aut erit in potestate cuiusque pulsando eos subicere ipsos iurisdictioni, dum se vindicant.*

§5. Igualmente, si celebraron negocio fuera de su provincia, aunque no en Italia, se pregunta si pueden ser demandados en Roma. Y Marcelo dice en el libro tercero de su Digesto que sólo pueden aprovechar el privilegio de poder ser juzgados en su domicilio de origen si contrataron allí, o por lo menos dentro de la provincia, lo cual es verdad. Pero también si demandasen son forzados a defenderse contra todos; sin embargo, no es el caso si denuncian una injuria propia, un hurto o un daño que sufrieran en ese momento. De lo contrario, como señala discretamente también Juliano en el libro primero de su Digesto, o se les injuriaría y perjudicaría impunemente, o estaría en la facultad de cualquiera el someterlos a su jurisdicción, al obligarles a querellarse e injuriándolos de paso.

*§6. Sed si dubitetur, utrum in ea quis causa erit, ut domum revocare possit nec ne, ipse praetor debet causa cognita statuere. Quod si constiterit in ea eum esse causa, ut domum revocet, debebit cavere in iudicio sisti, statuente praetor in quem diem promittat. Sed utrum nuda cautione an satisdato, Marcellus*

§6. Pero si hay duda de si alguien está en la situación de tener o no derecho a ser juzgado en su domicilio de origen, el mismo pretor debe resolverlo con conocimiento de causa. Pero si resultas que sí tenía tal derecho, deberá dar caución para

*dubitat: mihi videtur sola promissione, quod et Mela scribit: alioquin compelletur iudicium accipere quam invenire eos qui satis pro eo dent.*

comparecer en juicio, determinando el pretor para qué día ha de prometer dicha comparecencia. Pero Marcelo en el libro tercero de su Digesto duda sobre si deberá hacerlo con la simple promesa o garantizar con fiadores. A mí me parece que con la sola promesa, lo que también escribe Mela. De lo contrario, ante la necesidad de encontrar quiénes den fianza por él, se vería obligado a aceptar el juicio.

*§7. In omnibus autem, in quibus protelatur admonitio, hoc procedure sine temporali damni creditorum oportet.*

§7. En todos los casos en que se difiere la citación a juicio, conviene hacerlo sin perjudicar a los acreedores ante el retardo.

*§8. His datur multae dicendae ius, quibus publice iudicium est, et non aliis: nisi hoc specialiter eis permissum est.*

§8. El derecho de imponer multas se concede a los que tienen públicamente jurisdicción, y no a otros, a no ser que esto se les haya permitido especialmente.

**3.** *IDEM libro quarto ad edictum. Non videtur frustrandae actionis causa latitare, qui praesens suscipere iudicium non compellitur.*

**3.** EL MISMO *en el libro cuarto de los comentarios al edicto.* No se considera que se oculta para frustrar la acción quien, estando presente, no es obligado a aceptar el juicio.

**4.** *GAIUS libro primo ad edictum provinciale. Lis nulla nobis esse potest cum eo quem in potestate habemus, nisi ex castrensi peculio.*

**4.** GAYO *en el libro primero de los comentarios al edicto provincial.* No podemos entablar litigio con quien está bajo nuestra potestad, a no ser por lo relativo al peculio castrense.

**5.** ULPIANUS *libro quinto ad edictum. Si quis ex aliena iurisdictione ad praetorem vocetur, debet venire, ut et Pomponius et Vindius scripserunt: praetoris est enim aestimare, an sua sit iurisdictio, vocati autem non contemnere auctoritatem praetoris: nam et legati ceterique qui revocandi domum ius habent in ea sunt causa, ut in ius vocati veniant privilegia sua allegaturi.*

**5.** ULPIANO *en el libro quinto de los comentarios al edicto.* Si ante el pretor fuere llamado alguien que perteneciera a otra jurisdicción, debe comparecer, como escribieron Pomponio y Vindio, porque al pretor corresponde juzgar si tiene jurisdicción, y al citado, no desacatar la autoridad del pretor; pues aun los embajadores y demás personas que tienen derecho a ser juzgados en su domicilio de origen, tienen la posibilidad de comparecer, si son llamados a juicio, y alegar sus privilegios.

**6.** IDEM *libro sexto ad edictum. Caecus iudicandi officio fungitur.*

**6.** EL MISMO *en el libro sexto de los comentarios al edicto.* El ciego puede desempeñar el cargo de juez.

**7.** IDEM *libro septimo ad edictum. Si quis, posteaquam in ius vocatus est, miles vel alterius fori esse coeperit, in ea causa ius revocandi forum non habebit quasi praeventus.*

**7.** EL MISMO *en el libro séptimo de los comentarios al edicto.* Si alguien, después de haber sido llamado a juicio, hubiere ingresado a la milicia, o tuviese otro fuero, no tendrá el derecho de alegar su fuero en dicha causa, toda vez que el juicio fue anterior al nombramiento.

**8.** GAIUS *libro secundo ad edictum provinciale. Si quis in legatione constituerit quod ante legationem debuerit, non cogi eum ibi iudicium pati ubi constituerit.*

**8.** GAYO *en el libro segundo de los comentarios al edicto provincial.* Si durante su embajada alguien se hubiere obligado a pagar lo que debía previo a su nombramiento, no se le puede obligar a seguir el juicio en el sitio donde se hubiere obligado.

**9.** *ULPIANUS libro nono ad edictum. Insulae Italiae pars Italiae sunt et cuiusque provinciae.*

**9.** ULPIANO *en el libro noveno de los comentarios al edicto.* Las islas de Italia son parte de Italia, y las de cualquier provincia son de esa provincia.

**10.** *IDEM libro decimo ad edictum. Destitisse videtur non qui distulit, sed qui liti renuntiavit in totum: desistere enim est de negotio abstinere, quod calumniandi animo instituerat. Plane si quis cognita rei veritate suum negotium deseruerit nolens in lite improba perseverare, quam calumniae causa non instituerat, is destitisse non videtur.*

**10.** EL MISMO *en el libro décimo de los comentarios al edicto.* Se entiende que desistió no quien difirió el litigio, sino quien renunció completamente a él, porque desistir es abstenerse de un asunto que se había incoado con ánimo de calumniar a alguien. Pero si alguien, al conocer la verdad del asunto, lo hubiere abandonado para no continuar un litigio injusto que no había iniciado con ánimo de calumniar, no se considera que desistió[76].

**11.** *IDEM libro duodecimo ad edictum. Si a me fuerit adrogatus qui mecum erat litem contestatus vel cum quo ego: solvi iudicium Marcellus libro tertio digestorum scribit, quoniam nec ab initio inter nos potuit consistere.*

**11.** EL MISMO *en el libro duodécimo de los comentarios al edicto.* Si yo hubiere arrogado al que había contestado un pleito conmigo, o yo con él, escribe Marcelo en el libro tercero de su Digesto que se extingue el juicio, porque no pudo iniciarse entre nosotros de haber estado la otra parte bajo mi potestad.

**12.** *PAULUS libro septimo decimo ad edictum. Cum praetor unum ex pluribus iudicare vetat, ceteris id committere videtur.*

**12.** PAULO *en el libro décimo séptimo de los comentarios al edicto.* Cuando el pretor prohíbe a uno, entre varios, que juzgue, se

---

[76] D. 5, 1, 10 = D. 4, 4, 21.

entiende que encomienda esta función a los demás.

§1. *Iudicem dare possunt, quibus hoc lege vel constitutione vel senatus consulto conceditur. Lege, sicut proconsuli. Is quoque cui mandata est iurisdictio iudicem dare potest: ut sunt legati proconsulum. Item hi quibus id more concessum est propter vim imperii, sicut praefectus urbi ceterique Romae magistratus.*

§1. Pueden nombrar juez a los que por ley, constitución o senadoconsultuo se concede esto. Por ley, como al procónsul. También puede nombrar juez a quien se confirió jurisdicción delegada, como los legados de los procónsules. También pueden nombrar jueces aquellos a quienes por costumbre se les autoriza en razón del poder de su imperio, como el prefecto de la ciudad y demás magistrados de Roma.

§2. *Non autem omnes iudices dari possunt ab his qui iudicis dandi ius habent: quidam enim lege impediuntur ne iudices sint, quidam natura, quidam moribus. Natura, ut surdus mutus: et perpetuo furiosus et impubes, quia iudicis carent. Lege impeditur, qui senatu motus est. Moribus feminae et servi, non quia non habent iudicium, sed quia receptum est, ut civilibus officiis non fungantur.*

§2. Pero no todos los individuos pueden ser nombrados jueces por aquellos que tienen facultad para nombrarlo, porque algunos están impedidos para ser jueces por ley, otros por naturaleza y otros por las costumbres. Por naturaleza, lo son el sordo, el mudo, el demente incurable y el impúbero, porque carecen de juicio. Por ley está impedido quien fue expulsado del senado. Por las costumbres, las mujeres y los esclavos, y no porque carezcan de juicio, sino porque está admitido que no pueden desempeñar cargos civiles.

§3. *Qui possunt esse iudices, nihil interest in potestate an sui iuris sint.*

§3. Nada importa que quienes puedan ser jueces estén bajo potestad paterna o sean jurídicamente autónomos.

13. *GAIUS libro septimo ad edictum*

13. GAYO *en el libro séptimo de los comentarios al edicto provincial.* Se

*provinciale. In tribus istis iudiciis familiae erciscundae, communi dividundo et finium regundorum quaeritur quis actor intellegatur, quia par causa omnium videtur. Sed magis placuit eum videri actorem qui ad iudicium provocasset.*

pregunta cuál de las partes se considera actor en estos tres juicios, de partición de herencia, de división de cosa común y de deslinde, porque la causa de ambas partes parece igual. Pero se prefirió considerar actor al que hubiese provocado el juicio[77].

**14.** *ULPIANUS libro secundo disputationum. Sed cum ambo ad iudicium provocant, sorte res discerni solet.*

**14.** ULPIANO *en el libro segundo de las disputas.* Pero cuando ambas partes provocan el juicio, suele resolverse la duda por medio del azar.

**15.** *IDEM libro vicensimo primo ad edictum. Filius familias iudex si litem suam faciat, in tantam quantitatem tenetur, quae tunc in peculio fuit, cum sententiam dicebat.*

**15.** EL MISMO *en el libro vigésimo primo de los comentarios al edicto.* Si el hijo de familia que funge como juez hiciera suyo el litigio al momento de pronunciar sentencia, se obliga en la medida de su peculio.

*§1. Iudex tunc litem suam facere intellegitur, cum dolo malo in fraudem legis sententim dixerit (dolo malo autem videtur hoc facere, si evidens arguatur eius vel gratia vel inimicitia vel etim sordes), ut veram aestimationem litis praestare cogatur.*

§1. Se entiende que un juez hace suyo el litigio cuando con dolo malo hubiere pronunciado sentencia en perjuicio de la ley (y se considera que actúa con dolo malo si se probabe su evidente favoritismo, aversión o soborno), y no exigírsele que responda del verdadero importe del litigio.

**16.** *IDEM libro quinto ad edictum. Iulianus autem in heredem iudicis, qui litem suam fecit, putat actionem competere: quae sentential vera non est et a multis notata est.*

**16.** EL MISMO *en el libro quinto de los comentarios al edicto.* Pero Juliano opina en el libro noveno de su Digesto que compete acción contra el heredero del

---

[77] D. 5, 1, 13 = D. 10, 3, 2, 1.

juez que hizo suyo el litigio. Opinión que no es cierta y que ha sido criticada por muchos.

**17.** IDEM *libro vicensimo secundo ad edictum. Iulianus ait, si alter ex litigatoribus iudicem solum heredem vel ex parte fecerit, alius iudex necesario sumendus est, quia iniquum est aliquem suae rei iudicem fieri.*

**17.** EL MISMO *en el libro vigésimo segndo de los comentarios al edicto.* Dice Juliano en el libro quinto de su Digesto que si uno de los litigantes hubiere nombrado al juez su heredero universal o parcial, necesariamente debe nombrarse otro juez, porque es injusto que alguien se vuelva juez de un asunto propio.

**18.** IDEM *libro vicensimo tertio ad edictum. Si longius spatium intercessurum erit, quo minus iudex datus operam possit dare, mutari eum iubet praetor: hoc est si forte occupation aliqua iudicem non patiatur operam iudicio dare, incidente infirmitate vel necessaria profectione vel rei suae familiaris periculo.*

**18.** EL MISMO *en el libro vigésimo tercero de los comentarios al edicto.* Si hubiere de transcurrir un plazo mayor sin que el juez nombrado pueda conocer del pleito, el pretor autoriza cambiarlo, es decir, si alguna ocupación no permitiera al juez consagrarse al pleito por sobrevenirle enfermedad, por partida necesaria o por peligro en algún asunto familiar.

§1. *Si filius familias ex aliqua noxa, ex qua patri actio competit, velit experiri, ita demum permittimus ei agere, si non sit qui patris nomine agat. Nam et Iuliano placet, si filius familias legationis vel studiorum gratia aberit et vel furtum vel damnum iniuria passus sit: posse eum utili iudicio agere, ne dum pater exspectatur impunita sint maleficia, quia pater venturus non est, vel demum venit, se subtrahit is qui noxam commisit. Unde ego semper probavi, ut, si res non ex maleficio*

§1. Si un hijo de familia quisiera litigar debido a algún perjuicio por el cual compete acción a su padre, tan sólo le permitimo demandar si no hubiera quien ejercite la acción en nombre del padre. Porque también admite Juliano que si un hijo de familia estuviere ausente por causa de una embajada o de estudios, y hubiere sufrido un robo o daño ilícitamente causado, pueda él ejercitar acción útil no sea que

*veniat, sed ex contractu, debeat filius agere utili iudicio, forte depositum repetens vel mandati agens vel pecuniam quam credidit petens, si forte pater in provincia sit, ipse autem forte Romae vel studiorum causa vel alia iusta ex causa agat: ne, si ei non dederimus actionem, futurum sit, ut impune fraudem patiatur et egestate Romae laboret viaticulo suo non recepto, quod ad sumptum pater ei destinaverat. Et finge senatorem esse filium familias qui patrem habet in provincia, none augetur utilitas per dignitatem?*

por esperar al padre queden impunes los delitos, ya porque el padre no haya de venir, ya porque mientras viene se escapa el delincuente. Por lo que siempre aprobé que si el asunto no se originase en un delito, sino en un contrato, el hijo debe ejercitar la acción útil, ya reclamando un depósito, ya demandado por un mandato, ya pidiendo el dinero que prestó, si tal vez el padre estuviese en una provincia pero quizá el hijo residiera en Roma por causa de estudios o por otra causa justa; no sea que impunemente sufra el perjuicio por no concederle acción, , y padezca necesidad en Roma por no haber recibido los fondos que le había destinado su padre para la manutención. Y supón que el hijo de familia senador tiene en una provincia a su padre: ¿acaso no aumentará la utilidad de concederle acción por razón de la dignidad?

**19.** *IDEM libro sexagensimo ad edictum. Heres absens ibi defendendus est, ubi defunctus debuit, et conveniendus, si ibi inveniatur, nulloque suo proprio privilegio excusatur.*

**19.** EL MISMO en el libro sexagésimo de los comentarios al edicto. El heredero ausente debe ser defendido allí donde debió serlo el difunto, y debe ser demandado si allí se encontrase y no se excusase por algún privilegio propio.

*§1. Si quis tutelam vel curam vel negotia vel argentariam vel quid aliud, unde obligatio oritur, certo loci administravit: etsi ibi domicilium non*

§1. Si alguien administró en determinado lugar una tutela o una curatela, o negocios, un banco o algún otro acto de

*habuit, ibi se debebit defendere et, si non defendat neque ibi domicilium habeat, bona possideri patietur.*

donde se origine una obligación, aunque en ese sitio no tuviera su domicilio, deberá defenderse allí, y si no se defendiera ni tuviera allí su domicilio, sufrirá que el pretor conceda al demandante la posesión de sus bienes.

*§2. Proinde et si merces vendidit certo loci vel disposuit vel comparavit: videtur, nisi alio ut defenderet convenit, ibídem se defendere. Numquid dicimus eum, qui a mercatore quid comparavit advena, vel ei vendidit quem scit inde confestim profecturum, non oportet ibi bona possideri, sed domicilium sequi eius? At si quis ab eo qui tabernam vel officinam certo loci conductam habuit, in ea causa est ut illic conveniatur: quod magis habet rationem. Nam ubi sic venit ut confestim discedat, quasi a viatore emptis, vel eo qui transvehebatur, vel eo qui παραπλεῖ (praeternavigat), emit: durissimum est, quotquot locis quis navigans vel iter faciens delatus est, tot locis se defendi. At si quo constitit, non dico iure domicilii, sed tabernulam pergulam horreum armarium officinam conduxit ibique distraxit egit: defendere se eo loci debebit.*

§2. Por tanto, si también vendió, distribuyó o compró mercancías en determinado lugar, y no convino en defenderse en otro lugar, se entiende que se defiende allí mismo. ¿Acaso decimos que quien compró alguna cosa a un vendedor ambulante, o se la vendió a quien sabe que inmediatamente se marchará de allí, no debe adquirir allí la posesión de los bienes del indefenso, sino que debe acudir al domicilio del deudor? ¿Pero si alguien compró algo de quien arrendó en cierto lugar una tienda u oficina, procede que allí sea demandado? Esto es más razonable, porque cuando alguien vino con el propósito de marcharse enseguida, habiéndose comprado las cosas a un viajero o del que pasa navegando (en griego paraplei), es durísimo que se defienda en tantos lugares según fue navegando o viajando. Pero si se detuvo en algún lugar, no digo por derecho de domicilio, sino porque arrendó una tienda, un mostrador, un almacén, un tenderete o un taller, y allí vendió y habitó, deberá defenderse en ese lugar.

*§3. Apud Labeonem quaeritur, si homo provincialis servum institorem vendendarum mercium gratia Romae habeat: quod cum eo servo contractum est, ita habendum atque si cum domino contractum sit: quare ibi se debebit defendere.*

§3. Se pregunta Labeón que si un hombre de una provincia tuviera en Roma como empleado a un esclavo para vender sus mercancías, lo que con este esclavo se contrató ha de reputarse como si su dueño lo hubiere vendido, por lo que allí deberá defenderse.

*§4. Illud sciendum est eum, qui ita fuit obligatus ut in Italia solveret, si in provincial habuit domicilium, utrubique posse conveniri et hic et ibi: et ita et Iuliano et multis aliis videtur.*

§4. Ha de saberse que quien se obligó a pagar en Italia, y tuvo su domicilio en una provincia, puede ser demandado en una y otra región; y así les pareció adecuado a Juliano y a otros muchos.

**20.** *PAULUS libro quinquagensimo octavo ad edictum. Omnem obligationem pro contractu habendam existimandum est, ut, ubicumque aliquis obligetur, et contrahi videatur, quamvis non ex crediti causa debeatur.*

**20.** PAULO en el libro quincuagésimo octavo de los comentarios al edicto. Debe entenderse que toda obligación ha de ser considerada un contrato, para que en cualquier lugar donde alguien se obligue se entienda también que celebra contrato, aunque no deba por causa de un préstamo.

**21.** *ULPIANUS libro septuagensimo ad edictum. Si debitori meo velim actionem edere, probandum erit, si fateatur se debere paratumque dicat solvere, audiendum eum, dandumque diem cum competenti cautela ad solvendam pecuniam: neque enim magnum damnum est in mora dedici temporis. Modicum autem tempus hic intellegundum est, quod post*

**21.** ULPIANO en el libro septuagésimo de los comentarios al edicto. Si yo quisiera notificar a mi deudor la acción que ejercitaré en su contra, habrá de admitirse que, si confesara su adeudo y dijera que está dispuesto a pagar, ha de ser oído en juicio; y deberá dársele plazo para pagar la cantidad con la respectiva garantía, porque no hay gran

*condemntionem reis indultum est.*

perjuicio en la espera de corto tiempo. Pero debemos entender por corto tiempo el concedido a los deudores luego de la condena.

**22**. *PAULUS libro tertio ad Plautium. Qui non cogitur in aliquo loco iudicium pati, si ipse ibi agat, cogitur excipere actiones et ad eundem iudicem mitti.*

**22**. PAULO *en el libro tercero de los comentarios a la obra de Plaucio.* Quien no está obligado a aceptar un juicio en algún lugar determinado, si él demandase allí, está obligado a defenderse de las acciones y a someterse al mismo juez.

**23**. *IDEM libro septimo ad Plautium. Non potest videri in iudicium venisse id quod post iudicium acceptum accidisset: ideoque alia interpellatione opus est.*

**23**. EL MISMO *en el libro séptimo de los comentarios a la obra de Plaucio.* No puede considerarse como incluido en el juicio lo acontecido luego de contestada la demanda, y por ende se necesita otra demanda.

**24**. *IDEM libro septimo decimo ad Plautium. Non alias in eos, quos princeps evocavit, Romae competit actio, quam si hoc tempore contraxerint.*

**24**. EL MISMO *en el libro séptimo de los comentarios a la obra de Plaucio.* Contra aquellos a quienes el príncipe llamó a juicio, no compete acción en Roma, salvo que hubieren contratado estando allí.

*§1. Legati ex delictis in legatione commissis coguntur iudicium Romae pati, sive ipsi admiserunt sive servi eorum.*

§1. Los embajadores están obligados a sufrir en Roma el juicio por los delitos cometidos durante la embajada, ya los cometidos por ellos mismos, ya por sus esclavos.

*§2. Sed si postulatur in rem actio adversus legatum, numquid danda sit, quoniam ex praesenti possessione haec actio est? Cassius respondit sic*

§2. Pero si se pide una acción real contra el embajador, ya que dicha acción es consecuencia de una posesión actual, ¿se

*servandum, ut, si subducatur ministerium ei, non sit concedenda actio, si vero ex multis servis de uno agatur, non sit inhibenda: Iulianus sine distinction denegandam actionem: merito: ideo enim non datur actio, ne ab officio suscepto legationis avocetur.*

concederá acaso? Casio respondió que deberá observarse si se le privara de algún servicio, en cuyo caso no debe concederse la acción; pero si se tratara solamente de uno de muchos esclavos, no ha de ser negada. Juliano en el libro primero de su Digesto dice que debe negarse la acción sin hacer distinción alguna; y con razón, porque no se le concede para no distraerlo de la embajada que tomó a su cargo.

**25**. *IULIANUS libro primo digestorum. Si legationis tempore quis servum vel aliam rem emerit aut ex alia causa possidere coeperit, non inique cogetur eius nomine iudicium accipere: aliter enim potetas dabitur legatis sub hac specie res alienas domum auferendi.*

**25**. JULIANO *en el libro primero del digesto.* Si durante el periodo de su embajada alguien hubiere comprado un esclavo u otra cosa, o hubiere comenzado a poseer por otra causa, no se le obligará injustamente a aceptar un juicio debido a ello, porque de lo contrario se concederá a los embajadores la facultad para llevarse con dicho pretexto cosas ajenas a su casa.

**26**. *PAULUS libro septimo ad Plautium. De eo autem qui adiit hereditatem Cassius scribit, quamvis Romae adierit hereditatem, non competere in eum actionem, ne impediatur legatio, et hoc verum est. sed nec legatariis datur actio, sed nisi satisdet, mittuntur in possessionem rerum hereditariarum: quod et in hereditariis creditoribus dicendum est.*

**26**. PAULO *en el libro séptimo de los comentarios a la obra de Plaucio.* Pero Casio escribe que respecto de quien aceptó una herencia no compete acción en su contra para no impedirle el desempeño de su embajada, y esto es verdadero. Y ni siquiera a los legatarios se les concede acción en este caso, por más que, si no prestasen fianza, se les otorgue la posesión de los bienes hereditarios, lo que también debe señalarse respecto de los acreedores de la herencia.

**27.** IULIANUS *libro primo digestorum. Quid enim prohibet legatum publico munere fungi et actorem custodiae causa in possessione rerum hereditariarum esse?*

**27.** JULIANO *en el libro primero del digesto.* Porque, ¿qué impide que un embajador desempeñe su cargo público, y el actor se halle entre tanto en posesión de los bienes hereditarios por vía de custodia?

**28.** PAULUS *libro septimo decimo ad Plautium. Sed et si restituatur ei hereditas ex Trebelliano, actio in eum non dabitur, sive sponte sive coactus heres eam adierit: commodius enim est reddi quidem ei hereditatem, perinde autem habendum, ac si ipse adisset hereditatem.*

**28.** PAULO *en el libro décimo séptimo de los comentarios a la obra de Plaucio.* Pero tampoco se dará acción contra él si se le entregase una herencia en virtud del senadoconsulto Trebeliano, ya sea que el heredero la hubiere aceptado voluntariamente, ya sea que se le obligara; porque es más conveniente que se le devuelva la herencia, y considerarla como si él mismo la hubiese aceptado.

*§1. Contra si legatus tempore legationis adierit et restituerit, datur in fideicommisarium actio, nec exception Trebelliani obstat ex persona legati, quia hoc legati personale beneficium est.*

§1. Por el contrario, si un embajador hubiere aceptado y restituido la herencia durante su encargo, se da acción contra el fideicomisario, y no se opone la excepción del senadoconsulto Trebeliano por la persona del embajador, pues dicho beneficio es personal.

*§2. Ex quibus autem causis non cogitur legatus iudicium accipere, nec iurare cogendus est se dare non oportere, quia hoc iusiurandum in locum litis contestatae succedit.*

§2. Por las mismas causas por las que a un legado no se le obliga a aceptar un juicio, tampoco ha de obligársele a jurar que él no debe dar, porque dicho juramento sustituye a la contestación de la demanda.

*§3. Aedium nomine legatus damni infecti promittere debet aut vicinum admittere in possessionem.*

§3. El legado debe garantizar por el daño temido a causa de un edificio, o admitir a su vecino en la posesión del mismo.

*§4. Sed et si dies actionis exitura erit, causa cognita adversus eum iudicium praetor dare debet, ut lis contestetur ita, ut in provinciam transferatur.*

§4. Pero también si estuviere por transcurrir el plazo de la acción, el pretor debe conceder acción contra él con conocimiento de causa para que se conteste la demanda y así se transfiera a su provincia.

*§5. Si pater familias mortuus esset relicto uno filio et uxore praegnate, non recte filius a debitoribus partem dimidiam crediti petere potest, quamvis postea unus filius natus sit, quia poterant plures nasci: cum per rerum naturam certum fuerit unum nasci. Sed Sabinus Cassius partem quartam peti debuisse, quia incertum esset an tres nascerentur: nec rerum naturam intuendam, in qua omnia certa essent, cum futura utique fierent, sed nostrum inscientiam aspici debere.*

§5. Si hubiere muerto un padre de familia dejando un hijo y a su mujer embarazada, el hijo no puede pedir en justicia a los deudores la mitad de su crédito, aunque después haya nacido un solo hijo, porque podrían nacer más, aun cuando fuere cierto que según el orden natural de las cosas nace uno solo. Pero Sabino y Casio dicen que debió pedirse una cuarta parte, ya que es incierto que no nacieran tres, y que no se debía atender al orden natural de las cosas, en el que todas las cosas serían ciertas cuando efectivamente se hubiesen realizado, sino que se debe contar con nuestra ignorancia.

**29.** IDEM *libro octavo ad Plautium.* Qui appellat prior, agit.

**29.** EL MISMO *en el libro octavo de los comentarios a la obra de Plaucio.* Es actor quien apela primero.

**30.** *MARCELLUS libro primo digestorum.* Ubi acceptum est semel iudicium, ibi et finem accipere debet.

**30.** MARCELO *en el libro primero del digesto.* Donde una vez fue aceptado el juicio, allí también debe finalizar.

**31**. *CELSUS libro vicensimo septimo digestorum. Si petitor plures heredes reliquerit unusque eorum iudicio egerit, non erit verum totam rem qui in priore iudicium fuerit deductam esse: nec enim quisquam alienam actionem in iudicium invito coherede perducere potest.*

**31**. CELSO *en el libro vigésimo séptimo del digesto*. Si el demandante hubiera dejado muchos herederos, y sólo uno de ellos hubiere demandado en juicio, es falso decir que se ha ventilado en él la totalidad del asunto del juicio anterior; porque nadie puede ejercer en juicio la acción ajena contra la voluntad de su coheredero.

**32**. *ULPIANUS libro primo de officio consulis. Si iudex, cui certa tempora praestita erant, decesserit et alius in locum eius datus fuerit, tanta ex integro tempora in persona eius praestituta intellegemus, quamis magistratus nominatim hoc in sequentis datione non expresserit: ita tamen in legitimum tempus non excedat.*

**32**. ULPIANO *en el libro primero del cargo de cónsul*. Si hubiere fallecido el juez a quien se le había señalado un plazo determinado, y en su lugar se hubiere nombrado otro, entenderemos que a éste se le ha señalado de nuevo otro plazo como el fijado al anterior, aunque el magistrado no hubiere señalado expresamente esto al nombrar al segundo. Todo esto con tal que no exceda del plazo legal.

**33**. *MODESTINUS libro tertio regularum. Non videtur in iudicem consensisse, qui edi sibi genus apud eundem iudicem desiderat actionis.*

**33**. MODESTINO *en el libro tercero de las reglas*. No se considera que consintió en un juez quien pretende ante éste que le notifique el tipo de acción que se utilizará.

**34**. *IAVOLENUS libro quinto decimo ex Cassio. Si is qui Romae iudicium acceperat decessit, heres eius quamvis domicilium trans mare habet,*

**34**. JAVOLENO *en el libro décimo quinto de la doctrina de Casio*. Si falleció el que había aceptado un juicio en Roma, su heredero, aunque tenga domicilio al otro

*Romae tamen defendi debet, quia succedit in eius locum, a quo heres relictus est.*

lado del mar, debe defenderse en Roma, porque sucede en el lugar de quien fuera dejado heredero.

**35.** *IDEM libro decimo epistularum. Non quemadmodum fideiussoris obligatio in pendenti potest esse et vel in futurm concipi, ita iudicium in pendent potest esse vel de his rebus quae postea in obligationem adventurae sunt. Nam neminem puto dubitaturum, quin fideiussor ante obligationem rei accipi possit: iudicium vero, antequam aliquid debeatur, non posse.*

**35.** EL MISMO *en el libro décimo de las epístolas.* Así como puede estar pendiente la obligación de un fiador o puede realizarse fianza para un momento futuro, no puede quedar pendiente el juicio o versar sobre cosas que después han de comprenderse en la obligación. Porque creo que nadie dudará que puede aceptarse fiador antes de la obligación del dedor, pero no puede haber juicio antes de que se deba algo.

**36.** *CALLISTRATUS libro primo cognitionum. Interdum ex iustis causis et ex certis personis sustinendae sunt cognitiones: veluti si instrumenta litis apud eos esse dicantur qui rei publicae causa aberunt: idque divi fratres in haec verba rescripserunt. Humanum est propter fortuitos casus dilationem accipi, veluti quod pater litigator filium vel filiam vel uxor virum vel filius parentem amiserit, et in similibus causis cognitionem ad aliquem modus sustineri.*

**36.** CALISTRATO *en el libro primero del tratado de las jurisdicciones.* A veces, por causas justas y por consideración a ciertas personas, debe suspenderse el conocimiento de los juicios, por ejemplo, si se dijera que los documentos del litigio se hallan en poder de aquellos que estuvieran ausentes por causa pública; y así respondieron por escrito los Divinos Hermanos en estos términos: 'es humano que se conceda dilación por casos fortuitos, por ejemplo, porque el padre que litigaba hubiere perdido un hijo o una hija, o la mujer al marido, o el hijo a su padre o a su madre, y que en tales casos se suspenda por algún tiempo el conocimiento del litigio'.

§1. *Senator si negotiis alienis se optulerit in provincia, non debet iudicium recusare negotiorum gestorum, sed actionem eum excipere oportere Iulianus respondit, cum sua sponte sibi hanc obligationem contraxerit.*

§1. Si un senador se hubiere encargado en una provincia de algunos asuntos ajenos, no debe rechazar el juicio por la gestión de negocios, sino que, como respondió Juliano, debe contestar la demanda, puesto que había contraído dicha obligación voluntariamente.

**37.** IDEM *libro quinto cognitionum. Si de vi et possessione quaeratur, prius cognoscendum de vi quam de proprietate rei divus Hadrianus τῷ κοινῷ τῶν Θεσσάλων (communi Thessalorum) Graece rescripsit.*

**37.** EL MISMO *en el libro quinto del tratado de las jurisdicciones.* Si se litigase sobre la violencia cometida y sobre la posesión, primeramente se ha de juzgar la violencia, no la pertenencia de la cosa, contestó en griego por escrito el Divino Adriano a la república de Tesalia (en griego *to koino ton Thessalon*).

**38.** LICINIUS RUFUS *libro quarto regularum. Quod legatur, si quidem per personalem actionem exegetur, ibi dari debet ubi est, nisi si dolo malo heredis subductum fuerit: tunc enim ibi dari debet ubi petitur. Praeterea quod pondere aut numero aut mensura continetur, ibi dari debet ubi petitur, nisi si adiectum fuerit 'centum modios ex illo horreo' aut 'vini amphoras ex illo dolio'. Si autem per in rem actionem legatum petetur, etiam ibi peti debet ubi res est. et si mobilis sit res, ad exhibendum agi cum herede poterit, ut exhibeat rem: sic enim vindicari a legatario poterit.*

**38.** LICINIO RUFINO *en el libro cuarto de las reglas.* Lo que se lega, si se exigiese por medio de acción personal, debe darse allí donde se encuentra, a no ser que con dolo malo del heredero el objeto hubiere sido trasladado, porque en tal caso debe darse en el lugar donde se pide. Además, las cosas que pueden pesarse, contarse o medirse deben darse allí donde se pide, a no ser que se hubiere añadido: 'cien modios de aquel granero' o 'ánforas de vino de aquella tinaja'. Pero si se pidiera el legado con una acción real, también debe pedirse allí donde se halla la cosa. Y si la cosa fuera mueble, se podrá demandar al heredero con la acción exhibitoria para que presente la cosa, porque así podrá ser reivindicada por el legatario.

**39.** *PAPINIANUS libro tertio quaestionum. Cum furiosus iudex addicitur, non ideo minus iudicium erit, quod hodie non potest iudicare: ut scilicet suae mentis effectus quod sentential dixerit, ratum sit: neque enim in addicendo praesentia vel scientia iudicis necessaria est.*

**39.** PAPINIANO *en el libro tercero de las cuestiones.* Cuando se nombra juez a un demente, no dejará de haber juicio porque de momento no pueda dictar sentecia, sino que la sentencia que hubiere pronunciado una vez recuperado el juicio es válida, ya que al designarlo no es necesario que esté presente ni que sepa que lo nombran.

*§1. Qui legationis causa Romam venit, ex qualibet causa fideiubere potest, cum privilegio suo, cum sit in Italia contractum, uti non potest.*

§1. Quien vino a Roma por razón de una embajada puede ser fiador por cualquier causa, porque no puede valerse de su privilegio si realizó el negocio en Italia.

**40.** *IDEM libro quarto quaestionum. Non quidquid iudicis potestati permittitur, id subicitur iuris necessitati.*
*§1. Iudex si quid adversus legis praeceptum in iudicando dolo malo praetermiserit, legem offendit.*

**40.** EL MISMO *en el libro cuarto de las cuestiones.* No todo lo que se permite a la potestad del juez es necesario en derecho.
§1. El juez infringe la ley si al juzgar hubiere emitido con dolo malo alguna cosa contraria a lo dispuesto por la ley.

**41.** *IDEM libro undecimo quaestionum. In ómnibus bonae fidei iudicis, cum nondum dies praestandae pecuniae venit, si agat aliquis ad*

**41.** EL MISMO *en el libro décimo primero de las cuestiones.* En todos los juicios de buena fe, cuando aún no ha llegado el día en que

228

*interponendam cautionem, ex iusta causa condemnatio fit.*

debe pagarse una cantidad, si alguien demandase que se preste caución, se puede condenar con justa causa.

**42.** *IDEM libro vicensimo quarto quaestionum. Si uxor a legato Romae diverterit, dotis nomine defendendum Romae virum responsum est.*

**42.** EL MISMO *en el libro vigésimo cuarto de las cuestiones.* Si la mujer se hubiere divorciado del que fungía como embajador en Roma, se respondió que el marido debe defenderse en Roma respecto a reclamación de la dote.

**43.** *IDEM libro vicensimo septimo quaestionum. Eum, qui insulam Capuae fieri certo tempore stipulatus est, eo finito quocumque loco agere posse in id quod interest constat.*

**43.** EL MISMO *en el libro vigésimo séptimo de las cuestiones.* Quien estipuló que dentro de cierto plazo se le construyera una vivienda en Capua, es sabido que, transcurrido el plazo, puede demandar en cualquier lugar por la cantidad que le interesa.

**44.** *IDEM libro secundo responsorum. Non idcirco iudicis officium impeditur, quod quidam ex tutoribus post litem adversus omnes inchoatam rei publicae causa abesse coeperunt, cum praesentium et eorum qui non defenduntur administratio discerní et aestimari possit.*

**44.** EL MISMO *en el libro segundo de las respuestas.* No se impide el ministerio del juez precisamente porque después de incoado el litigio contra todos los tutores, algunos se ausentaron por causa pública, ya que puede separarse y enjuiciarse por separado la administración de los presentes y la de aquellos que no se defienden.

§1. *Cum postea servus apparuit, cuius nomine per procuratorem fuerat actum, absolve debitorem oportet: quae res domino quandoque propriam litem inferenti non obstabit.*

§1. Cuando resulta que es esclavo aquel en cuyo nombre se había demandado por medio del procurador, debe absolverse al deudor. Lo cual no le impedirá a su dueño promover cuando quiera el litigio en nombre propio.

**45.** *IDEM libro tertio responsorum. Argentarium ubi contractum est conveniri oportet nec in hoc dilationem nisi ex iusta causa dari, ut ex provincia codices adferantur. Idem in actione tutelae placuit.*

**45.** EL MISMO *en el libro tercero de las respuestas.* Al banquero debe demandársele en el lugar donde se hizo el contrato, y no debe haber dilación para que se traigan los libros de cuentas de la provincia, salvo por causa justificada. Lo mismo se dispuso para la acción de tutela.

*§1. Nomine puellae tutoribus in provincia condemnatis curatores puellae iudicatum Romae facere coguntur, ubi mutuam pecuniam mater accepit, cui filia heres extitit.*

§1. Habiendo sido condenados en cierta provincia unos tutores en nombre de la pupila, los curadores de ésta se obligan a cumplir la sentencia en Roma, donde la madre, de quien heredó la hija, recibió el dinero prestado.

**46.** *PAULUS libro secundo quaestionum. Iudex datus in eodem officio permanet, licet furere coeperit, quia recte ab initio iudex addictus est: sed iudicandi necessitatem morbus sonticus remittit. Ergo mutari debet.*

**46.** PAULO *en el libro segundo de las cuestiones.* El juez nombrado permanece en su cargo aunque mostrase signos de demencia, pues al principio fue nombrado adecuadamente; pero una enfermedad crónica y constante exime de la necesidad de juzgar, por lo que debe nombrarse otro juez.

**47.** *CALLISTRATUS libro primo questionum. Obserandum est, ne is iudex detur quem altera pars nominatim petat: id enim iniqui exempli esse divus Hadrianus rescripsit: nisi hoc specialiter a principe ad verecundiam petiti iudicis respiciente permittetur.*

**47.** CALISTRATO *en el libro primero de las cuestiones.* Ha de tenerse cuidado en no designar como juez al que una de las partes pidió expresamente, porque el Divino Adriano respondió por escrito que esto era de mal ejemplo, salvo que esto fuera permitido especialmente por el príncipe, para evitar el bochorno del juez solicitado.

**48.** *PAULUS libro secundo responsorum. Pars litterarum divi Hadriani:* τούς ἀρχοντας ἐν ᾧ ἂρχουσιν ἐνιαυτῷ μήτε εἰσιέναι δίκην ἰδίαν μήτε διωκόντων μήτε φευγόντων, μήτε περὶτροποι ἢ κουράτορες εἶεν κρινέτωσαν. ἐπειδάν δὲ ἐξίκη ἡ, ἀρχή, καὶ αὐτοῖς πρὸς τοὺς ρεύγοντας καὶ τοῖς ρεγουσι πρὸς αὐτοὺς εἰσαγωγίμους εἶναι τὰς δίκας *(magistratus quo anno funguntur nec suam litem incipere neque agendo neque iudicium accipiendo neque eorum, quorum tutores curatoresve sunt. Ubi vero magistratu abierint, et iis et adversus eos litem inferre licere).*

**48.** PAULO *en el libro segundo de las respuestas.* Parte de una carta del divino Adriano: 'Durante el año que ejercen su función, no mantengan litigio los magistrados, demandando o defendiendo en juicio causa propia ni la de aquellos cuya tutela o curatela administran. Pero tan pronto como termine su magistratura, tendrán derecho y facultad para iniciar un litigio, no sólo ellos contra sus deudores, sino también otros contra ellos'.

**49.** *IDEM libro tertio responsorum. Venditor ab emptore denuntiatus, ut eum evictionis nomine defenderet, dicit se privilegium habere sui iudicis: quaeritur, an possit litem ab eo iudice, apud quem res inter petitorem et emptorem coepta est, ad suum iudicem revocare. Paulus respondit venditorem emptoris iudicem sequi solere.*

**49.** EL MISMO *en el libro tercero de las respuestas.* Un vendedor, notificado por su comprador para que le defendiera por causa de evicción, afirma que tiene el privilegio de un juez propio. Se pregunta: ¿podrá retirar el litigio del juez ante quien se comenzó el asunto entre el reivindicante y el comprador para llevarlo a su juez? Paulo respondió que es costumbre que el vendedor siga al juez del comprador.

*§1. Iudices a praeside dati solent etiam in tempus successorum eius durare et cogi pronuntiare easque sententias servari. In eundem sensum etiam Scaevola respondit.*

§1. Los jueces nombrados por el gobernador de provincia suelen continuar bajo los sucesores de aquél, obligándose a emitir sentencias y ver que éstas se cumplan. En idéntico parecer coincide Escévola.

**50.** *ULPIANUS libro sexto fideicommissorum. Si fideicommissum ab aliquot petatur isque dicat alibi esse maiorem partem hereditatis, non erit ad praestationem compellendus: et ita multis constitutionibus cavetur, ut ibi petatur fideicommissum, ubi maior pars hereditatis est: nisi si probetur eo loco voluisse testatorem fideicommissum praestari, ubi petitur.*

*§1. Tractatum est de aere alieno: si in ea provincia, ubi fideicommissum petitur, plus esset aeris alieni, an quasi maior pars alibi esset, praescriptio locum haberet. Sed et hic placuit nihil facere aeris alieni nomen, cum non loci sit aes alienum, sed universarum facultatium: aes enim alienum patrimonium totum imminuere constitit, non certi loci facultates. Quid tamen si forte certis oneribus destinatum sit id patrimonium, ut puta alimentis praestandis quae Romae praestari pater familias iusserat, vel tributis vel quibusdam aliis inexcusabilibus oneribus, an possit praescriptio locum habere? Hic putem iustius dici locum habere.*

**50.** ULPIANO *en el libro sexto de los fideicomisos.* Si se reclamara un fideicomiso a alguien, y éste dijera que la mayor parte de la herencia se halla en otro lugar, no será obligado a entregarla. Así está dispuesto en muchas constituciones para que se pida un fideicomiso allí donde se encuentre la mayor parte de la herencia, salvo prueba de que el testador quiso que el fideicomiso se entregase en el lugar en que se pide.

§1. Respecto de las deudas por préstamos que tiene la herencia, ¿tendría lugar esta excepción como si la mayor parte de los bienes hereditarios se hallase en otro lugar, estando la mayor parte de las deudas en la provincia en donde se reclama el fideicomiso? Pero también en este caso se determinó que no importaba la alegación de las deudas, ya que éstas no son de un lugar sino de la totalidad de bienes, siendo sabido que las deudas disminuyen todo el patrimonio, no los bienes de cierto lugar. ¿Pero qué podrá decirse si tal vez este patrimonio se hubiera destinado a atender ciertas cargas, por ejemplo, a la prestación de alimentos que el padre de familia había mandado que se pagasen en Roma, o al pago de impuestos, o para otras ciertas cargas ineludibles? ¿Podrá aplicar la excepción? En tal caso opinaría yo que es más justo afirmar que procede la excepción.

*§2. Sed et rescriptum est, ut illic fideicommissum petatur, ubi domicilium heres habet. Quotiens autem coepit quis fideicommissum solver, non potest hac praescriptione uti,*

§2. Pero también se resolvió por escrito que se pida el fideicomiso allí donde el heredero tiene su domicilio. Cuando alguien comenzó a pagar el fideicomiso, no puede ya usar esta excepción,

**51.** *MARCIANUS libro octavo institutionum. ... quamvis ad eum hereditas fuerit devoluta qui domicilium in provincial habet. Sed et divi Severus et Antoninus rescripserunt, si consenserit fideicommissarius alio loco dare, necesse habere secundum consensum dare ubi consenserit.*

**51.** MARCIANO *en el libro octavo de las instituciones.* ... aunque la herencia hubiere sido dejada al que tiene su domicilio en una provincia. Pero también los divinos Severo y Antonino respondieron por escrito que si el fideicomisario hubiere aceptado entregar en otro lugar, en virtud del consentimiento necesita entregar donde hubiere consentido.

**52.** *ULPIANUS libro sexto fideicommissorum. Sed et si suscepit actionem fideicommissi et aliis defensionibus usus hanc omisit, postea, quamvis ante sententiam, reverti ad hanc defensionem non potest.*

**52.** ULPIANO *en el libro sexto de los fideicomisos.* Pero también si aceptó contestar a la acción del fideicomiso, y habiendo usado otras defensas omitió ésta de excepción, no puede recurrir después a ésta, aunque sea antes de la sentencia.

*§1. Si libertis suis tesseras frumentarias emi voluerit, quamvi maior pars hereditatis in provincia sit, tamen Romae debere fideicommissum solvi dicendum est, cum apparet id testatorem sensisse ex genere*

§1. Si hubiere querido que se compren para sus libertos bonos de comestibles, ha de decirse que aunque la mayor parte de la herencia se halle en una provincia, el fideicomiso deba

*comparationis.*

ser pagado en Roma, puesto que por el género de compra parece que esto fue lo que quiso el testador.

*§2. Sed et si proponas quibusdam clarissimis viris argenti vel auri pondo relicta et sit sufficiens ad huiusmodi fideicommissa Romae patrimonium: licet maior pars totius patrimonii in provincia sit, dici oportet Romae esse praestandum: nec enim verisimile est testatorem, qui honorem habitum voluit his quibus reliquit tam modifica fideicommissa, in provincial praestari voluisse.*

§2. Pero si dijeses que a ciertos varones der rango senatorio se dejaron libras de plata o de oro, y fuera suficiente para pagar tales fideicomisos el patrimonio existente en Roma, aunque la mayor parte del total del patrimonio esté en una provincia, también debe decirse que ha de pagarse en Roma, pues no es verosímil que el testador, que quiso que tan módicos fideicomisos se les hicieran a dichos senadores, hubiese querido que se pagasen en la provincia.

*§3. Si ea res quae per fideicommissum relicta est eo loci sit, dicendum est non debere praescribi ei qui petit, quasi maior pars hereditatis alibi sit.*

§3. Si la cosa que se dejó por fideicomiso estuviera en el mismo lugar donde se pide, ha de afirmarse que no debe oponerse al que la pidió la excepción de que la mayor parte de la herencia esté en otro lugar.

*§4. Sed si non fideicommissum petatur eo loci, sed fideicommisso satis, videndum est, an haec praescriptio locum habeat: et non puto habere, quin immo, et si nihil sit eo loci, attamen iudendum satisdare. Quid enim veretur, cum, si satis non dederit, mittatur adversarius in possessionem fideiommissi servandi causa?*

§4. Pero si en aquel lugar no se pidiera el fideicomiso, sino fianza por el fideicomiso, deberá verse si procederá dicha excepción; y no opino que proceda. Antes bien, aunque nada haya en aquel lugar, ha de mandarse otorgar la fianza, porque ¿qué debería temerse cuando, en caso de no haber dado la fianza, el adversario es puesto en posesión del fideicomiso para así custodiarlo?

**53.** *HERMOGENIANUS libro primo iuris epitomarum. Vix certis ex causis adversus dominos servis consistere permissum est: id est si qui suppressas tabulas testamenti dicant, in quibus libertatem sibi relictam adseverant. Item artioris annonae populi Romani, census etiam et falsae monetae criminis reos dominos detegere servis permissum est. praeterea fideicommissam libertatem ab his petent: sed et si qui suis nummis redemptos se et non manumissos contra placiti fidem adseverent. Liber etiam esse iussus si rationes reddiderit, arbitrum contra dominum rationibus excutiendis recte petet. Sed et si quis fidem alicuius elegerit, ut nummis eius redimatur atque his solutis manumittatur, nec ille oblatam pecuniam suscipere velle dicat, contractus fidem detegendi servo potestas tributa est.*

**53.** HERMOGENIANO *en el libro primero del epítome del derecho.* Tan sólo se permite a los esclavos comparecer en juicio contra sus dueños por determinadas causa justas, por ejemplo, si algunos esclavos denuncian que se habían hecho desaparecer las tablillas testamentarias en las cuales se dice que se les concedido la libertad. También se permite a los esclavos descubrir que sus dueños son culpables de encarecer los víveres del pueblo romano, de defraudar el censo y de falsificar moneda. Además, podrán reclamar de sus dueños la libertad dejada en fideicomiso, y comparecer personalmente si algunos aseguran que habían sido redimidos con su propio dinero pero que no habían sido manumitidos contraviniendo lo pactado. También el esclavo del que se ordenó fuera libre si hubiere rendido cuentas, podrá pedir justamente contra su dueño que se nombre un árbitro para examinar las cuentas. Pero también si un esclavo hubiere confiado en alguien para que lo redimiera con su dinero, y después que le hubiere pagado el precio del rescate lo manumitiera, y dijera el esclavo que aquél no quería recibir el dinero que le había ofrecido, se brinda al esclavo facultad para probar la existencia del contrato.

**54.** *PAULUS libro primo sententiarum. Per minorem causam maiori cognition praeiudicium fieri non oportet: maior enim question minorem causam ad se trahit.*

**54.** PAULO *en el libro primero de las sentencias.* No conviene que por una causa menor se prejuzgue el conocimiento de otra mayor, porque la primera atrae hacia sí la segunda.

**55.** *IDEM libro singulari de officio adsessorum. Edictum, quod ab antecessore datum est, in numero trium edictorum connumerari debet. Plane licet omnis ab antecessore numerous finitus sit, solet successor unum edictum dare.*

**55.** EL MISMO *en el libro único del cargo de asesor.* El edicto de citación otorgado por el magistrado antecesor debe contarse entre el número de los tres edictos exigidos; y aunque el antecesor haya completado todo el número, el sucesor suele dar un edicto más.

**56.** *ULPIANUS libro tricensimo ad Sabinum. Licet verum procuratorem in iudicio rem deducere verissimum est, tamen et si quis, cum procurator non esset, litem sit contestatus, deinde ratum dominus habuerit, videtur retro res in iudicium recte deducta.*

**56.** ULPIANO *en el libro trigésimo de los comentarios a Sabino.* Si bien es muy cierto que el verdadero procurador lleva la cuestión a juicio, no obstante, si alguien hubiere contestado la demanda no siendo procurador y después el dueño hubiere ratificado dicha intervención, se entiende que inicialmente la cuestión fue debidamente deducida en juicio.

**57.** *IDEM libro quadragensimo primo ad Sabinum. Tam ex contractibus quam ex delictis in filium familias competit actio: sed mortuo filio post litis contestationem transfertur iudicium in patrem dumtaxat de peculio et quod in rem eius versum est. Certe si quasi procurator alicuius filius familias*

**57.** EL MISMO *en el libro cuadragésimo primero de los comentarios a Sabino.* Contra el hijo de familia compete acción tanto por contrato como por delito; pero si el hijo muere tras contestar la demanda, el juicio se reconduce contra el padre tan sólo en cuanto al peculio y en la

*iudicium acceperit, mortuo eo in eum quem defenderit transactio vel iudicati datur.*

medida en que se benefició su patrimonio. Ciertamente, si un hijo de familia hubiere aceptado un juicio como procurador de alguien, muerto el primero, se transfiere la acción o se da sentencia contra aquel a quien hubiere defendido.

**58.** *PAULUS libro tertio decimo ad Sabinum. Iudicium solvitur vetante eo qui iudicare iusserat, vel etiam eo qui maius imperium in eadem iurisdictione habet, vel etiam si ipse iudex eiusdem imperii esse coeperit, cuius erat qui iudicare iussit.*

**58.** PAULO *en el libro décimo tercero de los comentarios a Sabino.* Se extingue el juicio al prohibirlo el magistrado que había mandado juzgar, o quien tiene mayor imperio en aquella jurisdicción, o también si el mismo juez hubiere llegado a tener el mismo imperio que tenía quien le autorizó juzgar.

**59.** *ULPIANUS libro quinquagensimo primo ad Sabinum. Si locus in iubendo iudicare non est comprehensus, videtur eo loo iudicare iussisse quo solet iudiari, sine incommodo litigantium.*

**59.** ULPIANO *en el libro quincuagésimo primero de los comentarios a Sabino.* Si no se indicó el lugar cuando se mandó juzgar, se entiende que se autorizó juzgar en aquel lugar donde suele juzgarse sin incomodidad de los litigantes.

**60.** *PAULUS libro quarto decimo ad Sabinum. Mortuo iudice quod eum iudicare oportuerat, idem eum qui subditus est sequi oportet.*

**60.** PAULO *en el libro décimo cuarto de los comentarios a Sabino.* Muerto el juez, el que fue puesto en su lugar debe continuar con lo mismo que aquél había debido juzgar.

**61.** *ULPIANUS libro vicensimo sexto ad edictum. Solemus quidem dicere id venire in iudicium, de quo*

**61.** ULPIANO *en el libro vigésimo sexto de los comentarios al edicto.* Ciertamente solemos decir que en el juicio se incluye aquello que

*actum est inter litigantes: sed Celsus ait periculose esse ex persona rei hoc metiri, qui semper ne condemnetur hoc dicet non convenisse. Quid ergo? Melius est dicere id venire in iudicium non de quo actum est ut veniret, sed id non venire, de quo nominatim actum est ne veniret.*

se convino entre litigantes; sin embargo, Celso dice en el libro sexto de su Digesto que es peligroso determinar esto con relación a la persona del demandado, quien siempre dirá que esto no lo había convenido para no ser condenado. ¿Y entonces qué se dirá? Es mejor decir no que se incluye en el juicio lo que se convino que se incluyera, sino que no se incluye aquello que expresamente se convino que no lo estuviese.

*§1. Latrunculator de re pecuniaria iudicare non potest.*

§1. El inspector de lo criminal no puede juzgar en asuntos pecuniarios.

*62. IDEM libro trigensimo nono ad edictum. Inter litigantes non aliter lis expediri potest, quam si alter petitor, alter possessor sit: esse enim debet qui onera petitoris sustineat et qui commodo possessoris fungatur.*

62. EL MISMO *en el libro trigésimo noveno de los comentarios al edicto.* No puede tramitarse entre litigantes un pleito de otro modo más que si uno es demandante y otro poseedor, porque debe haber quien absorba las obligaciones del demandante y quien disfrute de las ventajas de ser poseedor.

*63. IDEM libro quadragensimo nono ad edictum. Recte defendi hoc est iudicium accipere vel per se vel per alium, sed cum satisdatione: nec ille videtur defendi, qui quod iudicatum est non solvit.*

63. EL MISMO *en el libro cuadragésimo noveno de los comentarios al edicto.* Defenderse debidamente es aceptar el juicio o por sí o por medio de otro pero con fianza; y no se considera que se defiende quien no cumple la sentencia.

*64. IDEM libro primo*

64. EL MISMO *en el libro primero de las disputas.* El juez no hace la

*disputationum. Non ab iudice doli aestimatio ex eo quod interest fit, sed ex eo quo in litem iuratur: denique et praedom depositi et commodati ob eam causam competere actionem non dubitatur.*

estimacion sobre el dolo del poseedor que dio caución de cumplir lo juzgado según el interés de quien sufre el perjuicio, sino conforme al juramento del litigio estimado; y no se duda de que por dicha causa también compete al poseedor de mala fe la acción de depósito y la de comodato para recuperar lo que debe restituir al demandante.

*§1. Si quis alio iudicio acturus iudicatum solvi satis acceperit, deinde in alio iudicio agat, non committetur stipulatio, quia de alia re cautum videtur.*

§1. Si quien debía ejercitar una acción hubiere recibido fianza de que se le pagaría lo juzgado y luego demandase en otro juicio, no valdrá la caución, pues se entiende que se garantizó para un litigio distinto.

**65**. *IDEM libro trigensimo quarto ad edictum. Exigere dotem mulier debet illic, ubi maritus domicilium habuit, non ubi instrumentum dotale conscriptum est: nec enim id genus contractus est, ut et eum locum spectari oporteat, in quo instrumentum dotis factum est, quam eum, in cuius domicilium et ipsa mulier per condicionem matrimonii erat reditura.*

**65**. EL MISMO *en el libro trigésimo cuarto de los comentarios al edicto*. La mujer debe exigir la devolución de la dote allí donde el marido tuvo su domicilio, no donde se redactó el instrumento dotal, porque este no es un tipo de contrato en el que deba atenderse más al lugar en que se realizó dicho instrumento que a aquel en cuyo domicilio debía habitar la mujer por razon del matrimonio.

**66**. *IDEM libro secundo disputationum. Si quis intentione ambigua vel oratione usus sit, id quod utilius ei est accipiendum est.*

**66**. EL MISMO *en el libro segundo de las disputas*. Si alguien hubiere manifestado una voluntad o un lenguaje ambiguos, debe inerpretrse lo que sea más favorable al declarante.

**67.** *IDEM libro sexto disputationum. Qui se dicit suis nummis redemptum, si hoc probaverit, exinde liber erit ex quo redemptus est, quia constitutio non liberum pronuntiari praecipit, sed restituí ei libertatem iubet. Proinde compelleundus erit manumittere eum qui se suis nummis redimit. Sed et si latitet, exempla senatus consultorum ad fideicommissam libertatem pertinentium debere induci oportet.*

**67.** EL MISMO *en el libro sexto de las disputas.* El esclavo que dice haber sido redimido con su dinero, si lo hubiere probado, no será libre desde el momento en que fue redimido, porque la constitución no ordena que sea declarado libre, sino que manda que se le conceda la libertad. Por lo tanto, el dueño será obligado a manumitir al que se redimió con su dinero. Pero si el dueño se ocultase conviene que se sigan por analogía las disposiciones de los senadoconsultos relativas a la libertad dejada por fideicomiso.

**68.** *IDEM libro octavo disputationum. Ad peremptorium edictum hoc ordine venitur, ut primo quis petat post absentiam adversarii edictum primum, mox alterum...*

**68.** EL MISMO *en el libro octavo de las disputas.* El edicto perentorio se tramita pidiendo inicialmente el primer edicto después de la ausencia del adversario, luego el segundo...

**69.** *IDEM libro quarto de omnibus tribunalibus. ... per intervallum non minus decem dierum...*

**69.** EL MISMO *en el libro cuarto de todos los tribunales.* ... en un intervalo no menor de diez días...

**70.** *IDEM libro octavo disputationum. ... et tertium: quibus propositis tunc peremptorium impetret. Quod inde hoc nomen sumpsit, quod peremeret disceptationem, hoc est ultra non pateretur adversarium tergiversari.*

**70.** EL MISMO *en el libro octavo de las disputas.* ... y finalmente el tercero. Publicados estos, entonces se impetra el perentorio, que tomó este nombre para poner término a la controversia, es decir, que después de él no se permitía que el adversario causara dilaciones para rehuir el juicio.

**71.** IDEM *libro quarto de omnibus tribunalibus. In peremptorio autem comminatur is qui edictum dedit etiam absente diversa parte cogniturum se et pronuntiaturum.*

**71.** EL MISMO *en el libro cuarto de todos los tribunales.* En el edicto perentorio el que dio el edicto conmina con que conocerá y fallará aun estando ausente la parte contraria.

**72.** IDEM *libro octavo disputationum. Nonnunquam autem hoc edictum post tot numero edicta quae praecesserint datur, nonnumquam post unum vel alterum, nonnumquam statim, quod apellatur unum pro omnibus. Hoc autem aestimare oportet eum qui ius dixit et pro condicione causae vel personae vel temporis ita ordinem edictorum vel compendium moderari.*

**72.** EL MISMO *en el libro octavo de las disputas.* A veces este edicto se otorga luego de que los tres edictos precedentes se hubieren emitido; otras veces, después de uno o de dos, y otras de inmediato, el cual se denomina "uno por todos". Pero quien administró justicia debe estimar lo procedente, y según la naturaleza de la causa, la condición de la persona o la urgencia del tiempo, debe graduar el orden o la reducción de los edictos.

**73.** IDEM *libro quarto de omnibus tribunalibus. Et post edictum peremptorium impetratum, cum dies eius supervenerit, tunc absens citari debet: et sive responderit sive non responderit, agetur causa et pronuntiabitur, non utique secundum praesentem, sed interdum vel absens, si bonam causam habuit, vincet.*

**73.** EL MISMO *en el libro cuarto de todos los tribunales.* Después de impetrado el edicto perentorio, cuando haya llegado su término, debe citarse entonces al ausente; y tanto si hubiere respondido como si no, se tramitará la causa y se dictará sentencia, no siempre a favor de la parte presente, sino que a veces, si su causa fue justa, vencerá parte la ausente.

*§1. Quod si is qui edictum peremptorium impetravit absit die cognitionis, is vero adversus que impetratum est adsit, tum circumducendum erit editum*

§1. Pero si quien impetró el edicto perentorio se ausentase el día en que se ventila la causa, y estuviere presente aquel contra quien se impetró, entonces

*peremptorium neque causa cognoscetur nec secundum praesentem pronuntiabitur.*

*§2. Circumduto edicto videamus an amplius reus conveniri possit, an vero salva quidem lis est, verum instantia tamtum edicti periit: et magis est ut instantia tantum perierit, ex integro autem litigari possit.*

*§3. Sciendum est ex peremptorio absentem condemnatum si appellet non esse audiendum, si modo per contumaciam defuit: si minus audietur.*

**74.** *IULIANUS libro quinto digestorum. De qua re cognoverit iudex, pronuntiare quoque cogendus erit.*

*§1. Iudex, qui usque ad certam summam iudicare iussus est, etiam de re maiori iudicare potest, si inter litigatores conveniat.*

*§2. Cum absentem defendere vellem, iudicium mortuo iam eo accepi et condemnatus solvi: quaesitum est an heres liberaretur, item quae actio mihi adversus eum competeret. Respondi iudicium, quod iam mortuo debitore per defensorem eius accipitur, nullum esse et ideo heredem non liberari: defensorem*

deberá dejarse sin efecto el edicto perentorio; y no se conocerá de la causa ni se pronunciará sentencia en favor de la parte presente.

§2. Dejado sin efecto el edicto, consideremos lo siguiente: ¿podrá el demandado volver a ser demandado, o ciertamente se mantiene el litigio tal como estaba, extinguiéndose únicamente la instancia del edicto? Lo más cierto es que tan sólo se extingue la instancia, y que puede litigarse de nuevo.

§3. Debe saberse que el ausente condenado por el edicto perentorio no ha de ser oído si apelase, en caso de que hubiere estado ausente por contumacia. Pero si no fue así, debe ser oído.

**74.** JULIANO *en el libro quinto del digesto.* El juez también deberá ser obligado a pronunciar sentencia sobre aquel asunto de que hubiere conocido.

§1. El juez ante quien se mandó juzgar hasta cierta suma, puede también juzgar en asunto de mayor cuantía si lo convinieran los litigantes.

§2. Queriendo yo defender a un ausente, contesté la demanda cuando ya había él fallecido, y habiendo sigo condenado, pagué. Se preguntó: ¿el heredero quedará libre? Por otro lado, ¿qué acción me competerá contra él? Respondí que es nulo

*autem, si ex causa iudicati solverit, repetere quidem non posse, negotiorum tamen gestorum et actionem competere adversus heredem: qui sane exceptione doli mali tueri se possit, si ab actore conveniatur.*

el pleito que contesta el defensor del deudor fallecido, y por tanto no se libra el heredero. Pero si el defensor hubiere pagado por causa de la sentencia, ciertamente no puede repetir lo pagado, sino que le compete la acción de gestión de negocios contra el heredero, pues, a decir verdad, tampoco puede defenderse con la excepción de dolo malo si fuera demandado por el actor.

**75.** *IDEM libro trigensimo sexto digestorum. Si praetor iusserit eum a quo debitum petebatur adesse et ordinem edictorum peracto pronuntiaverit absentem debere, non utique iudex, qui de iudicato cognoscit, debet de praetoris sententia cognoscere: alioquin lussoria erunt huiusmodi edicta et decreta praetorum. MARCELLUS notat: si per dolum sciens falso aliquid allegavit et hoc modo consecutum eum sententiam praetoris liquido fuerit adprobatum, existimo debere iudicem querellam rei admittere. PAULUS notat: si autem morbo impeditus aut rei publicae causa avocatus adesse non potuit reus, puto vel actionem iudicati eo casu in eum denegandam vel exsequi praetorem ita iudicatum non debere.*

**75.** EL MISMO *en el libro sexto del digesto.* Si el pretor hubiere dispuesto que compareciera aquel de quien se reclamaba una deuda, y cumplido el trámite de los tres edictos hubiere fallado que el ausente debía la cantidad, el juez que conoce de lo juzgado ciertamente no debe conocer de la sentencia del pretor; de lo contrario, serán nulos todos los edictos y los decretos de los pretores. Marcelo señala: si con dolo alguien alegó a sabiendas alguna cosa falsa, y se hubiere probado claramente que de este modo obtuvo su objetivo gracias a la sentencia del pretor, opino que el juez debe admitir la querella de demandado. Paulo señala: pero si impedido por enfermedad, o llamado por causa pública a otro lugar, el demandado no pudo comparecer, opino que en este caso o debe negarse contra él la acción de ejecución de sentencia o el pretor no debe ejecutar lo así juzgado.

**76.** *ALFENUS libro sexto digestorum. Proponebatur ex his iudicibus, qui in eandem rem dati essent, nonnullos causa audita excusatos esse inque eorum locum alios esse sumptos, et quaerebatur, singulorum iudicum mutatio eandem rem an aliud iudicium fecisset. Respondi, non modo is unus aut alter, sed et si omnes iudices mutati essent, tamen et rem eandem et iudicius idem quod antea fuisset permanere: neque in hoc solum evenire, ut partibus commutates eadem res esse existimaretur, sed et in multis ceteris rebus: nam et legionem eandem haberi, ex qua multi decesissent, quorum in locum alii subiecti essent: et populum eundem hoc tempore putari qui abhinc centum annis fuissent, cum ex illis nemo nunc viveret: itemque navem, si adeo saepe refecta esset, ut nulla tabula eadem permaneret quae non nova fuisset, nihilo minus eandem navem esse existimari. Quod si quis putaret partibus commutatis aliam rem fieri, fore ut ex eius ratione non ipsi non idem essemus qui abhinc anno fuissemus, propterea quod, ut philosophi dicerent, ex quibus particulis minimis consisteremus, hae cottidie ex nostro corpore decederent aliaeque extrinsecus in earum locum accederent. Quapropter cuius rei species eadem consisteret, rem quoque eandem esse*

**76.** ALFENO *en el libro sexto del digesto.* Se proponía un caso en que algunos de los jueces nombrados para un mismo asunto se excusaron tras haber oído la causa, y en su lugar se nombraron otros. Se preguntaba: ¿acaso el cambio de cada uno de estos jueces había determinado que el asunto siguiera sieno el mismo o que el juicio fuera otro? Respondí que, no sólo si uno o dos de los jueces hubiesen sido cambiados, sino aunque se hubiesen cambiado todos, tanto el asunto como el juicio seguían siendo los mismos; y que no sólo en este caso, sino también en muchos otros, sucedía que cambiadas las partes se considerase que el negocio fuera el mismo. Porque también se considera que la legión en la que hubiesen fallecido muchos legionarios y en cuyo puesto hubieran sido sustituidos por otros, es la misma, y se estima que el pueblo que hoy existe es el mismo que existía hace cien años, aunque ahora no viva ninguno de los que antes lo componían. Y también una embarcación, aunque hubiese sido reparada tantas veces que no quedase en ella ninguna tabla antigua, se considera, no

*existimari.*

obstante, que es la misma de antes. Pero si alguien juzgase que una cosa se convierte en otra al cambiar las partes, sería como afirmar que nosotros no seríamos los mismos de hace un año, porque, como dirían los filósofos, diariamente se separan de nuestro cuerpo algunas diminutas partículas de las que estamos formados, y vienen otras nuevas a ocupar el lugar de las anteriores. Por lo anterior, si se conserva la misma forma de cualquier cosa, se considera que la cosa también es la misma.

**77.** *AFRICANUS libro tertio quaestionum. In privatis negotiis pater filium vel filius patrem iudicem habere potest:*

**77.** AFRICANO *en el libro tercero de las cuestiones.* En los juicios privados el padre puede tener de juez al hijo o el hijo al padre,

**78.** *PAULUS libro sexto decimo ad Plautium. ... quippe iudicare munus publicum est.*

**78.** PAULO *en el libro décimo sexto de los comentarios a Plaucio.* ... porque el juzgar es un cargo público.

**79.** *ULPIANUS libro quinto de officio proconsulis. Eum, que temere adversarium suum in iudicium vocasse constitit, viatica litisque sumptus adversario suo reddere oportebit.*

**79.** ULPIANO *en el libro quinto del cargo de procónsul.* Quien haya llamado temerariamente a juicio a su adversario, y se probase, convendrá que le pague los gastos del viaje y las costas del pleito.

*§1. Iudicibus de iure dibutantibus praesides respondere solent: de facto consulentibus non debent praesides consilium impertire, verum iubere eos*

§1. Los gobernadores de provincia suelen responder a los jueces que dudan sobre el derecho aplicable, pero los

*prout religio suggerit sententiam proferre: haec enim res nonnumquam infamat et materiam gratiae vel ambitionis tribuit.*

gobernadores no deben aconsejar a los que les consulten sobre los hechos, sino disponer que emitan sentencia según el dictado de su conciencia, porque estas cosas algunas veces desprestigian y dan motivo al favorecimiento y la intriga.

**80.** *POMPONIUS libro secundo ad Sabinum. Si in iudicis nomine praenomine erratum est, Servius respondit, si ex conventione litigatorum is iudex addictus esset, eum esse iudicem, de quo litigatores sensissent.*

**80.** POMPONIO *en el libro segundo de los comentarios a Sabino.* Respondió Servio que si se erró en el apellido o el nombre del juez, y si este juez hubiese sido nombrado por acuerdo de los litigantes, es juez aquel que los litigantes convinieron.

**81.** *ULPIANUS libro quinto opinionum. Qui neque iurisdictioni praeest neque a príncipe potestate aliqua praeditus ets neque ab eo qui ius dandorum iudicum habet datus est nec ex compromisso sumptus vel ex aliqua lege confirmatus est, iudex esse non potuit.*

**81.** ULPIANO *en el libro quinto de las opiniones.* No puede ser juez quien no ejerce jurisdicción, ni fue investido por parte del príncipe de potestad alguna, ni fue nombrado por quien tiene facultad de nombrar jueces, ni fue elegido en virtud de compromiso o confirmado por alguna ley.

**82.** *IDEM libro primo de officio consulis. Nonnumquam solent magistratus populi Romani viatorem nominatim vice arbitri dare: quod raro et non nisi re urguente faciendum est.*

**82.** EL MISMO *en el libro primero del cargo de cónsul.* Algunas veces los magistrados del pueblo romano suelen designar expresamente como árbitro a un alguacil, lo que debe hacerse raras veces y sólo en casos urgentes.

# TITULUS II
## DE INOFFICIOSO TESTAMENTO

# TÍTULO II
## DEL TESTAMENTO INOFICIOSO

**1.** *ULPIANUS libro quarto decimo ad edictum. Sciendum est frequentes esse inofficiosi querellas: omnibus enim tam parentibus quam liberis de inofficioso licet disputare. Cognati enim proprii qui sunt ultra fratrem melius facerent, si se sumptibus inanibus non vexarent, cum optinere spem non haberent.*

**1.** ULPIANO *en el libro décimo cuarto de los comentarios al edicto.* Debe saberse que son frecuentes las querellas por testamento inoficioso, pues a todos, tanto a los padres como a los hijos, les es lícito litigar sobre un testamento inoficioso. A decir verdad, los propios cognados que son más remotos en parentesco que el hermano, harían mejor si no se molestaran con trámites inútiles, puesto que no tendrían esperanza de ganar en el juicio.

**2.** *MARCIANUS libro quarto institutionum. Hoc colore inofficioso testamento agitur, quasi non sanae mentis fuerunt, ut testamentum ordinarent. Et hoc dicitur non quasi vere furiosus vel demens testatus sit, sed recte quidem fecit testamentum, sed non ex officio pietatis: nam si vere furiosus esset vel demens, nullum est testamentum.*

**2.** MARCIANO *en el libro cuarto de las instituciones.* Se demanda por testamento inoficioso bajo el supuesto de que los testadores no estuvieran en su sano juicio al ordenar el testamento. Y no se dice esto como si verdaderamente un demente o un deficiente mental haya hecho testamento, sino porque en realidad alguien hizo legalmente testamento pero no conforme a los deberes de la piedad familiar, porque si verdaderamene estuvera demente o deficiente mentl, el testamento es nulo.

**3.** *MARCELLUS libro tertio digestorum. Inofficiosum testamentum dicere hoc est allegare, quare exheredari vel praeteriri non debuerit: quod plerumque accidit, cum falso parentes instimulati liberos suos vel exheredant vel praetereunt.*

**3.** MARCELO *en el libro tercero del digesto.* Afirmar que un testamento es inoficioso es alegar la razón por la que no haya debido desheredarse o preterirse; lo que la mayoría de ocasiones sucede cuando los padres, instigados por algúna falsedad, desheredan o no mencionan a sus hijos en el testamento.

**4.** *GAIUS libro singulari ad legem Glitiam. Non est enim consentiendum parentibus, qui iniuriam adversos liberos suos testamento inducunt: quod plerumque faciunt, maligne circa sanguinem suum inferentes iudicium, novercalibus delenimentis instigationibusve corrupti.*

**4.** GAYO *en el libro único de los comentarios a la ley Glicia.* Porque no ha de permitirse que los padres expresen en su testamento injuria alguna contra sus hijos; lo que la mayoría de las veces lo hacen formulando malévolamente su juicio contra su sangre, corrompidos por los halagos o instigaciones de las madrastras.

**5.** *MARCELLUS libro tertio digestorum. Nam et his, qui non ex masculis descendunt, facultas est agenda, cum et de matris testament agant et optinere adsidue soleant. Huius autem verbi 'de inofficioso' vis illa ut dixi est docere immerentem se et ideo indigne praeteritum vel etiam exheredatione summotum: resque illo colore defenditur apud iudicem, ut videatur ille quasi non sanae mentis fuisse, cum testamentum inique ordinaret.*

**5.** MARCELO *en el libro tercero del digesto.* Porque también los parientes que no descienden por línea paterna pueden querellarse por testamento inoficioso, cuando también se querellan contra el testamento de la madre y con frecuencia suelen ganar el juicio. Pero el alcance del vocablo "inoficioso" es, como dije, probar que sin merecerlo y, por tanto, también sin ser digno de ello, uno ha sido preterido o también excluido de la herencia; y la cuestión es defendida ante el juez con el pretexto de que parezca que el testador no estuvo en su sano juicio al ordenar injustamente su testamento.

**6.** *ULPIANUS libro quarto decimo ad edictum. Postumus inofficiosum testamentum potest dicere eorum, quibus suus heres vel legitimus potuisset fieri, si in utero fuerit mortis eorum tempore: sed et cognatorum, quia et horum ab intestato potuit bonorum possessionem accipere. Quid ergo? Eis imputatur cur intestati non decesserant? Sed hoc nemo apud iudicem potest impetrare: non enim interdicitur testamenti factione. Hoc plane ei imputare potest, cur eum heredem non scripserit: potuit enim scriptus heres in possessionem mitti ex clausula de ventre in possessionem mittendo: item natus secundum tabulas haberem. Simili modo et eum, qui post testamentum matris factum exsecto ventre extractus est, posse queri dico.*

**6.** ULPIANO *en el libro décimo cuarto de los comentarios al edicto.* El hijo póstumo puede atacar como inoficioso el testamento de aquellos de quienes hubiese podido ser heredero por propio derecho o heredero legítimo, si hubiere estado ya en el útero al morir ellos; y también puede atacar el testamento de sus cognados, porque también pudo recibir *ab intestato* la posesión de los bienes de éstos. ¿Acaso se les imputa el no haber fallecido intestados? Esto nadie puede pretenderlo ante el juez, porque no se les se prohíbe redactar testamento. Pero sí puede imputarse que no hayan instituido heredero al hijo póstumo, porque una vez instituido heredero pudo ser puesto en posesión de los bienes en virtud de la cláusula edictal "de poner en posesión de los bienes al que está en el vientre materno", y ya nacido tendría dicha posesión "con arreglo al testamento". De igual modo, opino que también puede querellarse quien después de redactado el testamento de la madre fue extraído por cesárea.

*§1. Si quis ex his personis, quae ad successionem ab intestato non*

§1. Si alguna de las personas que no son llamadas a la sucesión *ab*

*admittuntur, de inofficioso egerit (nemo enim eum repellit) et casu optinuerit, non ei prosit victoria, sed his qui habent ab intestato successionem: nam intestatum patrem familias facit.*

*intestato* hubiere intentado la querella por testamento inoficioso (porque nadie se lo impide), y por casualidad hubiere ganado la instancia, la victoria obtenida no le beneficia a él, sino a los que tienen derecho a la sucesión intestada, porque convierte al padre de familia en intestado.

*§2. Si quis instituta accusatione inofficiosi decesserit, an ad heredem suum querellam transferat? Papinianus respondit, quod et quibusdam rescriptis significatur, si post adgnitam bonorum possessionem decesserit, esse successionem accusationis. Et si non sit petita bonorum possessio, iam tamen coepta controversia vel praeparata, vel si cum venit ad movendam inofficiosi querellam decessit, puto ad heredem transpire.*

§2. Si alguien hubiere fallecido después de presentada la querella por testamento inoficioso, ¿transferirá acaso la querella a su heredero? Papiniano respondió en su libro segundo de las respuestas lo que también se expresa en algunas respuestas imperiales por escrito: si hubiere fallecido después de haber solicitado la posesión de los bienes, procede la sucesión de la querella. Y si no se hubiera pedido la posesión de los bienes pero ya hubiera comenzado la controversia o se hubiera preparado, o bien si falleció cuando vino para ejercer la querella por testamento inoficioso, opino que pasa al heredero.

7. *PAULUS libro singulari de septemviralibus iudiciis. Quemadmodum praeparasse litem quis videatur, ut possit transmittere actionem, videamus. Et ponamus in potestate fuisse eum, ut neque bonorum possessio ei necessaria et aditio*

7. PAULO *en el libro único de los juicios de los septenviros.* Veamos de qué manera se entiende preparado el litigio para que alguien pueda transmitir la acción; y supongamos que quien reclama estuvo sometido a potestad, de modo que la

*hereditatis supervacua sit: is si comminatus tantum accusationem fuerit vel usque ad denuntiationem vel libelli dationem praecesserit, ad heredem suum accusationem transmittet: idque divus Pius de libelli datione et denuntiatione rescripsit. Quid ergo si in potestate non fuerit, an ad heredem actionem transmittat? Et recte videtur litem praeparasse, si ea fecerit quorum supra mentionem habuimus.*

posesión de los bienes le era innecesaria y superflua la aceptación de la herencia; pues bien, si tan sólo hubiere amenaza con la acusación, o hubiere llegado a la denuncia o a la entrega del libelo notificador, transmitirá a su heredero la acusación; y así respondió por respuesta escrita el Divino Pío respecto de la entrega del libelo y la denuncia. ¿Y qué ocurrirá si no hubiere estado bajo potestad? ¿Transmitirá acaso la acción al heredero? Y con razón se entiende que preparó el pleito, y por tanto se transmite la acción, si hubiere realizado los actos anteriormente mencionados.

**8.** *ULPIANUS libro quarto decimo ad edictum. Papinianus libro quinto quaestionum recte scribit inofficiosi querellam patrem filii sui nomine instituere non posse invito eo: ipsius enim iniuria est. Sequenti loco scribit, si filius post adgnitam litis ordinandae gratia bonorum possessionem decesserit, finitam esse inofficiosi querellam, quae non patri, sed nomine dabatur filii.*

**8.** ULPIANO *en el libro décimo cuarto de los comentarios al edicto.* Acertadamente escribe Papiniano en el libro quinto de las cuestiones que el padre no puede entablar la querella por testamento inoficioso en nombre de su hijo contra la voluntad de éste, pues el agravio es del hijo. Enseguida escribe que si el hijo hubiere fallecido después de pedida la posesión de los bienes con vistas al litigio, se extingue la querella por testamento inoficioso, que no se concedía al padre en sí, sino en nombre del hijo.

*§1. Si quis post rem inofficiosi ordinatam litem dereliquerit, postea non audietur.*

§1. Si alguien se hubiere retirado del pleito después de planteada la querella por testamento inoficioso, no se le concederá después audiencia.

*§2. Si imperator sit heres institutus, posse inofficiosum dici testamentum saepissime rescriptum est.*

§2. En múltiples ocasiones se ha respondido por escrito que si el emperador hubiera sido instituido heredero, el testamento puede ser atacado por inoficioso.

*§3. Papinianus libro secundo responsorum ait contra veterani patris familias testamentum esse inofficiosi querellam, etse ea sola bona habuit quae in castris quaesierat.*

§3. Dice Papiniano en el libro segundo de sus respuestas que procede la querella por testamento inoficioso contra el veterano cabeza de familia, aunque sólo haya tenido los bienes que había adquirido durante el servicio militar.

*§4. Si quis in militia fecerit testamentum et intra annum post militiam decesserit, dubito an, quia ad hoc usque temporis iure militari testamentum eius valet, querella inofficiosi cesset: et potest dici querellam inofficiosi cessare.*

§4. Si alguien hubiere hecho testamento durante el servicio militar y hubiere fallecido dentro del año siguiente a su baja del servicio, dudo si cesa la querella por testamento inoficioso, porque por derecho militar su testamento es válido dentro de este plazo; y puede decirse que sí cesa la querella.

*§5. Sed nec impuberis filii mater inofficiosum testamentum dicit, quia pater ei hoc fecit (et ita Papinianus respondit): nec patris frater, quia filii testamentum est: ergo nec frater impuberis, si patris non dixit. Sed si in patris obtentum est, nec hoc valebit: nisi si pro parte patris rescissum est: tunc enim pupillare valet.*

§5. Pero tampoco la madre puede acusar como inoficioso el testamento de su hijo impúbero, porque el padre se lo hizo, y así respondió Papiniano en el libro segundo de sus respuestas; tampoco puede acusarle el hermano el del padre, porque el testamento es del hijo; y por tanto, tampoco el hermano del impúbero, si no acusó también el testamento del padre. Pero si ganó en la querella contra el testamento del padre, tampoco

valdrá el del impúbero, a no ser que el del padre haya sido rescindido en parte, porque entonces vale el testamento del pupilo.

*§6. Si quis mortis causa filio donaverit quartam partem eius quod ad eum esset perventurum, si intestatus pater familias decessisset, puto secure eum testari.*

§6. Si alguien hubiere donado por causa de muerte a su hijo la cuarta parte de lo que le hubiere de corresponder si el padre de familia hubiere fallecido intestado, opino que se testa con toda seguridad.

*§7. Si quis impuberi filio substituit secundas tabulas faciendo, non ob hoc admittemus ipsum impuberem ad inofficiosi querellam.*

§7. Si alguien nombró sustituto para su hijo impúbero haciendo un segundo testamento agregado al propio, no por ello admitiremos al impúbero en la querella por testamento inoficioso.

*§8. Quoniam autem quarta debitae portionis sufficit ad excludendam querellam, videndum erit an exheredatus partem faciat qui non queritur: ut puta sumus duo filii exheredati. Et utique faciet, ut Papinianus respondit, et si dicam inofficiosum, non totam hereditatem debeo, sed dimidiam petere. Proinde si sint ex duobus filiis nepotes, ex uno plures, tres puta, ex uno unus: unicum sescuncia, unum ex illis semuncia querella excludit.*

§8. Considerando que la institución de la cuarta parte de la porción debida basta para impedir la querella por testamento inoficioso, habrá de verse si cuenta la parte del desheredado que no se querella; por ejemplo, si somos dos los hijos desheredados. Ciertamente se considerará aparte, como respondió Papiniano en el libro segundo de sus respuestas, y si en tal caso yo atacara como inoficioso el testamento, no debo pedir toda la herencia, sino la mitad. Por tanto, si hubiera nietos procedentes de dos hijos, varios de uno, tres por ejemplo, y del otro uno solo, la institución en un octavo excluye de la querella al nieto único, y la

institución en medio doceavo a cualquiera de los demás.

*§9. Quarta autem accipietur scilicet deducto aere alieno et funeris impensa: sed an et libertates quartam minuant, videndum est. Et numquid minuant? Nam si, cum quis ex asse heres institutus est, ideo non potest dicere inofficiosum, quia habet Falcidiam, Falcidia autem libertates non minuit: potest dici deductis libertatibus quartam ineundam. Cum igitur placet quartam minui per libertates, eveniet ut, qui servos tantum habet in patrimonio suo, dando eis libertatem inofficiosi querellam excludat: nisi forte hic filius, si non fuit in potestate, a patre heres institutus merito omittit hereditatem et ad substitutum transmittens querellam inofficiosi instituet, vel ab intestato citra edicti poenam habeat hereditatem.*

§9. Pero la cuarta parte se calculará tras deducir las deudas y los gastos del funeral. Pero también ha de verse si las manumisiones disminuirán la cuarta parte, y por qué la disminuirán. Porque si alguien ha sido instituido heredero universal, no puede atacar el testamento como inoficioso porque le protege la Ley Falcidia, y ésta no disminuye las manumisiones, por lo que puede decirse que ha de calcularse la cuarta parte tras deducir las manumisiones. Así, pues, como se dispone que la cuarta parte se disminuye debido a las manumisiones, sucederá que quien solamente tiene esclavos en su patrimonio impedirá la querella por testamento inoficioso al concederles la libertad; a no ser que este hijo, si no estuvo bajo potestad paterna, repudie con razón la herencia en la que el padre le instituyó heredero, y transmitiéndola al sustituto intente la querella por testamento inoficioso para obtener la herencia *ab intestato* exento de la pena del edicto contra los que repudian fraudulentamente una herencia.

*§10. Si condicioni parere testator heredem iussit in persona filii vel alterius qui eandem querellam movere potest et sciens is accepit, videndum, ne*

§10. Si el testador mandó al heredero que cumpliese una condición en la persona del hijo o de otra persona que pueda

*ab inofficiosi querella excludatur: adgnovit enim iudicium. Idem est et si legatarius ei vel statuliber dedit. Et potest dici excludi eum, maxime si heredem ei iusserat dare: ceterum si legatarium, numquid semel natam inofficiosi querellam non peremat legatarii oblatio? Cur ergo in herede absolute diximus? Quoniam ante aditam hereditatem nec nascitur querella. Ego eventum puto sequendum in hac re, ut, si forte antequam iudicium moveatur oblatio ei fiat eius quod relictum est, quasi ex voluntate testatoris oblate eo satis ei factum videatur.*

intentar la misma querella, y éste aceptó a sabiendas de la condición impuesta, ha de verse si no será excluido de la querella por inoficioso testamento al consetir lo dispuesto por el testador. Lo mismo sucede si el legatario o el esclavo manumitido bajo condición por testamento le dió algo. Y puede decirse que queda excluido, especialmente si había disúesto que el heredero le diera algo. Pero si había que darle el legatario, ¿acaso la oferta del legatario no extinguirá la querella por inoficioso testamento una vez iniciada ésta? ¿Por qué, pues, nos referimos exclusivamente al heredero? Porque antes de aceptada la herencia ni siquiera nace la querella. Yo opino que en este caso hay que atenerse a lo que suceda, para que si antes de intentar el juicio se le hiciera la oferta de lo dejado, parezca que se le satisfizo según la voluntad del testador.

*§11. Unde si quis fuit institutus forte ex semisse, cum ei sextans ex substantia testatoris debetur, et rogatus esset post certum temporis restituere hereditatem, merito dicendum est nullum iudicium movere, cum debitam portionem et eius fructus habere possit: fructus enim solere in Falcidiam imputari non est incognitum. Ergo et si ab initio ex semisse heres institutus rogetur post decennium restituere hereditatem, nihil habet quod queratur,*

§11. Por ende, si alguien fue instituido heredero de la mitad de la herencia, teniendo derecho a la sexta parte de los bienes del testador, y se le hubiese rogado que pasado cierto tiempo entregase a otro la herencia, con razón se dirá que no debe intentar juicio alguno, porque puede retener la porción debida con sus frutos, porque no se ignora que los frutos suelen

*quoniam facile potest debitam portionem eiusque fructus medio tempore cogere.*

computarse según la Ley Falcidia. Luego, si a quien fue instituido heredero desde un inicio en la mitad de la herencia se le rogase que pasada una década entregara a otro la herencia, tampoco tiene nada de qué querellarse, porque fácilmente puede percibir durante el plazo señalado la porción debida y sus frutos.

*§12. Si quis et irritum dicat testamentum vel ruptum et inofficiosum, condicio ei deferri debet, utrum prius movere volet.*

§12. Si alguien dijera que el testamento es irrito o invalidado y además inoficioso, debe hacérsele declarar qué acción quiere ejercer primero.

*§13. Si filius exheredatus in possessione sit hereditatis, scriptus quidem heres petet hereditatem, filius vero in modum contradictionis querellam iudicat, quemadmodum ageret, si non possideret, sed peteret.*

§13. Si el hijo desheredado estuviera en posesión de la herencia, ciertamente el instituido heredero podrá pedir la herencia, pero el hijo presentará la querella por vía de contradicción, como lo haría si en vez de poseer, demandase.

*§14. Meminisse autem oportebit eum, qui testamentum inofficiosum improbe dixit et non optinuit, id quod in testamento accepit perdere et id fisco vindicari quasi indigno ablatum. Sed ei demum aufertur quod testamento datum est, qui usque ad sentetiam iudicum lite improba perseveraverit: ceterum si ante sententiam destitit vel decessit, non ei aufertur quod datum est: proinde et si absente eo secundum praesentem pronuntietur, potest dici conservandum ei quod accepit. Eo autem solo carere quis debet, cuius emolumentum ad eum pertinet: ceterum si id rogatus fuit restituere, non debet*

§14. Debe tenerse presente que quien injustamente acusó el testamento de inoficioso y perdió el litigio, pierde lo recibido en virtud del testamento, y se atribuye al fisco como un bien quitado a persona indigna. Pero sólo se quita lo dejado por testamento a quien hubiere perseverado en un litigio injusto hasta la sentencia dictada por los jueces. Pero si se desistió o falleció antes de dictarse sentencia, no se le quita lo dejado; por ello, si hallándose él ausente se fallase en favor de la

*iniuria fieri. Unde non male Papinianus libro secundo responsorum refert, si heres fuit institutus et rogatus restituere hereditatem, deinde in querella inofficiosi non optinuit, id quod iure Falcidiae potuit habere solum perdere.*

parte presente, puede decirse que conservará lo recibido. Pero uno debe ser privado solamente de aquello cuyo provecho definitivo le pertenece, mientras que si se le rogó restituir la herencia a otro, no debe considerarse agraviado el fideicomisario. Por esto dice razonablemente Papiniano en el libro segundo de sus respuestas que si alguien fue instituido heredero y se le regó restituir la herencia a otro, y después perdió la querella por testamento inoficioso, sólo pierde aquello que pudo obtener por el derecho de la Ley Falcidia.

*§15. Si quis impubes adrogatus sit ex his personis, quae et citra adoptionem et emancipationem queri de inofficioso possunt, hunc puto removendum a querella, cum habeat quartam ex constitutione divi Pii. Quod si egit nec optinuit, an quartam perdat? Et puto aut non admittendum ad inofficiosum, aut si admittatur, etsi non optinuerit, quartam ei quasi aes alienum concedendam.*

§15. Si hubiera sido arrogado algún impúbero por alguna de aquellas personas que, independientemente de la adopción y de la emancipación, pueden querellarse por el testamento inoficios, opino que a éste debe negársele la querella, ya que al ser emancipado por el arrogante le corresponde la cuarta parte de los bienes de éste por la constitución del Divino Antonino Pío. Pero si reclamó y perdió el pleito, ¿perderá también la cuarta parte de tales bienes? Yo opino que o no debe admitírsele a la querella por testamento inoficioso, o que si se le admite, aunque no hubiere ganado el litigio, debe concedérsele la cuarta parte como si se tratase de una cantidad prestada al arrogante.

§16. *Si ex causa de inofficiosi cognoverit iudex et pronuntiaverit contra testamentum nec fuerit provocatum, ipso iure rescissum est: et suus heres erit secundum quem iudicatum est et bonorum possessor, si hoc se contendit: et libertates ipso iure non valent: nec legata debenture, sed soluta repetuntur aut ab eo qui solvit: aut ab eo qui optinuit et haec utili actione repetuntur. Fere autem si ante controversiam motam soluta sunt, qui optinuit repetit: et ita divus Hadrianus et divs Pius rescripserunt.*

§16. Si el juez hubiere conocido de un juicio por testamento inoficioso y hubiere fallado contra el testamento, y no se hubiere apelado, queda rescindido de pleno derecho, y será heredero por derecho propio aquél en cuyo favor se juzgó, y también poseedor de los bienes, si se litigó sobre esto; y son sulas de pleno derecho las manumisiones, y no sólo se deben los legados, sino que quien los pagó o quien los ganó en juicio podrán reclamar los ya pagados mediante una acción útil. Mas si se pagaron antes de iniciada la controversia, los reclama del que los recibió; y así lo decretaron por escrito el Divino Adriano y el Divino Antonino Pío.

§17. *Plane si post quinquennium inofficiosum dici coeptum est ex magna et iusta causa, libertates non esse revocandas, quae competierunt vel praestitae sunt, sed viginti aureos a singulis praestandos victori.*

§17. Claro que si por una causa grave y justa se comenzó a acusar un testamento como inoficioso transcurrido un quinquenio, no deben revocarse las libertades que correspondieron por testamento o fueron concedidas por el herdero, sino que cada manumitido debe pagar veinte áureos a quien venció en la querella.

**9.** MODESTINUS *libro singulari de inofficioso testamento. Si autem intra quinquennium egerit, libertates non competunt. Sed Paulus ait*

**9.** MODESTINO *en el libro único del testamento inoficioso.* Pero si dentro de dicho quinquenio alguien hubiere demandado con la querella, no competen las

praestaturum fidei commissas libertates, scilicet viginti aureis et in hoc casu a singulis praestandis.

manumisiones. Mas dice Paulo que las libertades dejadas por fideicomiso deben concederse, en el entendido de que también en este caso cada manumitido debe pagar veinte áureos por.

**10.** *MARCELLUS libro tertio digestorum. Si pars iudicantium de inofficioso testamento contra testamentum, pars secundum id sententiam dederit, quod interdum fieri solet, humanius erit sequi eius partis sententiam que secundum testamentu spectavit: nisi si aperte iudices inique secundum scriptum heredem pronuntiasse apparebit.*

**10.** MARCELO *en el libro tercero del Digesto.* Si parte de los que juzgan en la querella por testamento inoficioso hubiere emitido sentencia contraria a éste, y parte a su favor, lo que a veces suele suceder, será más humano que se ejecute la sentencia de la parte que juzgó a favor del testamento, a no ser que fuere evidente que los jueces fallaron injustamente en favor del instituido heredero.

*§1. Illud notissimum est eum qui legatum perceperit non recte de inofficioso testament dicturum, nisi id totum alii administravit.*

§1. Es sobradamente sabido que quien adquiriese un legado no puede acusar en justicia como inoficioso el testamento en que aquel legado se dispuso, salvo que él hubiese actuado en todo como administrador de otro.

**11.** *MODESTINUS libro tertio responsorum. Etiamsi querella inofficiosi testamenti optinuerit, non ideo tamen donationes, quas vivus ei perfecisse proponitur, infirmari neque in dotem datorum partem vindicari posse respondi.*

**11.** MODESTINO *en el libro tercero de las respuestas.* Respondí que aunque hubiere vencido en la querella por testamento inoficioso, no por eso se anulan las donaciones entregadas en vida el testador, ni puede reclamarse la parte de los bienes dados como dote.

**12.** *IDEM libro singulari de*

**12.** EL MISMO *en el libro único de las prescripciones.* No importa que

*praescriptionibus. Nihil interest sibi relictum legatum filius exheredatus adgnoverit an filio servove relictum consecutus sit: utrubique enim praescriptione submovebitur. Quin etiamsi idem institutum servum priusquam adire hereditatem iuberet manumiserit, ut ille suo arbitrio adeat hereditatem, idque fraudulento consilio fecerit, summovebitur ab actione.*

el hijo desheredado hubiere aceptado el legado que se le dejó o que haya recibido el que se le dejó a su hijo o a su esclavo, porque en uno y otro caso será rechazado con una prescripción. Más aún, si él mismo hubiere manumitido al esclavo instituido heredero antes de mandarle aceptar la herencia para que la acepte por sí mismo, y esto lo hubiere hecho con intención fraudulentoa será rechazado de la acción.

*§1. Si a statulibero exheredatus pecuniam petere coeperit, videri adgnovisse parentis iudicium.*

§1. Si el desheredado hubiere reclamado una cantidad al esclavo manumitido bajo condición en el testamento, se entiende que aceptó el testamento del padre.

*§2. Si cum filius ademptum legatum instituerit petere, summotus repetat inofficiosi querellam, praescriptione removendus non est: quamvis enim agendo testamentum comprobaverit, tamen est aliquid, quod testatoris vitio reputetur, ut merito repellundus non sit.*

§2. Si un hijo, habiendo intentado reclamar un legado revocado, fue posteriormente rechazado y presentó la querella por testamento inoficioso, no será rechazado con la prescripción, porque aunque reclamando el legado hubiere aprobado el testamento, hay sin embargo algo que puede imputarse al defecto del testador, de modo que no sea justo rechazarlo.

*§3. Filius testatoris, qui cum Titio eiusdem pecuniae reus fuerat, liberatione Titio legata per acceptilationem Titii liberatus ab actione inofficiosi non summovebitur.*

§3. El hijo del testador, que junto con Ticio habían sido deudores solidarios por la misma cantidad, una vez legada la libertad a Ticio, no será rechazado de la querella por testamento inoficioso por haber quedado libre debido a la aceptilación de Ticio.

**13.** *SCAEVOLA libro tertio responsorum. Titia filiam heredem instituit, filio legatum dedit: eodem testamento ita cavit: 'ea omnia quae supra dari fieri iussi, ea dari fieri volo ab omni herede bonorumve possessore qui mihi erit etiam iure intestato: ítem quae dari iussero, ea uti dentur fiantque, fidei eius committo'. Quaesitum est, si soror centumvirali iudicio optinuerit, an fideicommissa ex capite supra scripto debeantur. Respondi: si hoc quaeratur, an iure eorum, quos quis sibi ab intestato heredes bonorumve possessores successuros credat, fidei committere possit, respondi posse. PAULUS notat: probat autem nec fideicommissa ab intestate data deberi, quasi a demente.*

**13.** ESCÉVOLA en el libro tercero de las respuestas. Ticia instituyó heredera a su hija, otorgó un legado a su hijo y en el mismo testamento dispuso lo siguiente: 'todo lo que arriba dispuse que se dé y que se haga, quiero que se dé y que se haga por quien fuera mi heredero o poseedor de mis bienes, aunque fuere *ab intestato*. También encargo por fideicomiso que se den y se hagan las cosas que yo hubiere dispuesto que se den o hagan'. Se preguntó: si la hermana hubiere ganado en el juicio de los centunviros, ¿se deberán los fideicomisos en virtud de la cláusula antes transcrita? Respondí que si lo que se pregunta es si pueden dejarse fideicomisos a cargo de aquellos que alguien crea que han de sucederle *ab intestato* como herederos o como poseedores de sus bienes, contestaba que sí podían. Paulo señala y prueba, por el contrario, que en este caso tampoco se deben los fideicomisos por quien fallece *ab intestato*, como si se tratase de un demente.

**14.** *PAPINIANUS libro quinto quaestionum. Pater filium emancipavit et nepotem ex eo retinuit: emancipatus*

**14.** PAPINIANO en el libro quinto de las cuestiones. Un padre emancipó a su hijo y retuvo bajo potestad al nieto nacido de

*suscepto postea filiio, duobus exheredatis patre praeterito vita decessit. In quaestione de inofficiosi testament praecedente causa filiorum patris intentio adhuc pendet. Quod si contra filios iudicetur, pater ad querellam vocatur et suam intentionem implere potest.*

él; habiendo tenido después otro hijo, desheredado a los dos y preterido al padre, el emancipado murió. En la cuestión relativa al testamento inoficioso, al preceder la causa de los hijos, queda pendiente la demanda del padre; pero si se juzgase contra los hijos, se llama al padre a la querella y puede presentar su demanda.

**15**. *IDEM libro quarto decimo quaestionum. Nam etsi parentibus non debetur filiorum hereditas propter votum parentium et naturalem erga filios caritatem: turbato tamen ordine mortalitatis non minus parentibus quam liberis pie relinqui debet.*

**15**. EL MISMO en el libro décimo cuarto de las cuestiones. Porque aunque por el deseo de los padres y su natural amor hacia los hijos no se debe a los padres la herencia de los hijos, sin embargo, cuando se altera el orden natural de la muerte, por razón de piedad debe dejarse por testamento a los padres del mismo modo que a los hijos.

*§1. Heredi eius, qui post litem de inofficios praeparatam mutata voluntate decessit, non datur de inofficioso querella: non enim sufficit litem instituere, si non in ea perseveret.*

§1. Al heredero de aquel que después de preparada la querella por testamento inoficioso falleció habiendo cambiado de voluntad, no se le otorga la querella, porque no basta que intente el litigio si en él no persevera.

*§2. Filius, qui de inofficiosi actione adversus duos heredes expertus diversas sententias iudicum tulit et unum vicit, ab altero superatus est, et debitores convenire et ipse a creditoribus conveniri pro parte potest et corpora vindicare et hereditatem dividere: verum enim est familiae erciscundae iudicium competeré, quia credimus eum legitimum heredem*

§2. El hijo que habiendo ejercitado la acción de testamento inoficioso contra dos herederos obtuvo de los jueces sentencias diversas, venciendo a uno y siendo vencido por otro, puede demandar a los deudores y ser demandado por los acreedores en la porción

*pro parte esse factum: et ideo pars hereditatis in testamento remansit, nec absurdum videtur pro parte intestatum videri.*

correspondiente, reivindicar los bienes y dividir la herencia, porque es cierto que le compete la acción de partición de herencia, ya que juzgamos que ha sido declarado heredero legítimo respecto de una parte; y por esto quedó la otra parte de la herencia en el testamento. Y no parece absurdo considerar que en parte hay un intestado.

**16**. IDEM *libro secundo responsorum.* Filio, *qui de inofficioso matris testamento contra fratrem institutum de parte ante egit et optinuit, filia, quae non egit aut non optinuit, in hereditate legitima fratri non concurrit.*

**16**. EL MISMO *en el libro segundo de las respuestas.* La hija que no se querelló o perdió el litigio, no concurre en la herencia legítima con el otro hijo que por su parte se querelló debido al testamento inoficioso de su madre contra un hermano instituido heredero y que ganó el pleito.

*§1. Contra tabulas filii possessionem iure manumissionis pater accepit et bonorum possessionem adeptus est: postea filia defuncti, quam ipse exheredaverat, quaestionem inofficiosi testament recte pertulit: possessio, quam pater accepit, ad irritum reccidit: nam priore iudicio de iure patris, non de iure testament quaesitum est: et ideo universam hereditatem filiae cum fructibus restitui necesse est.*

§1. Por derecho de manumisión un padre recibió la posesión de los bienes contra el testamento de su hijo, y la obtuvo. La hija del difunto, a la que éste había desheredado, planteó después la querella por testamento inoficioso, y la posesión que recibió el padre quedó invalidada, porque en el juicio anterior se discutió sobre el derecho del padre, no sobre la legalidad del testamento. Y por ello es necesario que se restituya a la hija toda la herencia con sus frutos.

**17**. *PAULUS libro secundo*

**17**. PAULO *en el libro segundo de las cuestiones.* El que con ánimo de

*quaestionum. Qui repudiantis animo non venit ad accusationem inofficiosi testamenti, partem non facit his qui eandem querellam movere volunt. Unde si de inofficioso testamento patris alter ex liberis exheredatis ageret, quia rescisso testamento alter quoque ad successionem ab intestato vocatur, et ideo universam hereditatem non recte vindicasset: hic si optinuerit, uteretur rei iudicatae auctoritate, quasi centumviri hunc solum filium in rebus humanis esse nunc, cum facerent intestatum, crediderint.*

repudiar no acude a la acusación por testamento inoficioso, no forma parte con aquellos que quieren promover la misma querella. Por ello, si uno de los hijos desheredados se querellase por el testamento inoficioso de su padre y no hubiese vindicado con razón toda la herencia, pues al quedar rescindido el testamento es también llamado el otro hijo a la sucesión *ab intestato*, éste hará valer la autoridad de cosa juzgada si hubiere vencido en el litigio, como si el tribunal de los centunviros hubiese estimado al declarar el intestado que entonces solo existía este hijo.

*§1. Cum contra testamentum ut inofficiosum iudicatur, testamenti factionem habuisse defunctus non creditur. Non idem probandum est, si herede non respondente secundum praesentem iudicatum sit: hoc enim casu non creditur ius ex sententia iudicis fieri: et ideo libertates competunt et legata petuntur.*

§1. Cuando se falla contra el testamento por inoficioso, no se considera que el difunto haya tenido la testamentifacción. No debe decirse lo mismo si, al no oponerse el heredero a la querella, se hubiese juzgado a favor de la parte presente, porque en este caso no se entiende que la acción se funda en la sentencia del juez, y por esto son válidas las libertades dejadas en el testamento y pueden reclamarse los legados.

**18.** *IDEM libro singulari de inofficioso testamento. De qua re etiam constitutio exstat divorum fratrum, quae huiusmodi distinctionem admittit.*

**18.** EL MISMO en el libro único del testamento inoficioso. Sobre lo cual hay también una constitución de los Divinos hermanos Marco Aurelio y Lucio Vero, que admite esta distinción.

**19**. *IDEM libro secundo quaestionum. Mater decedens extraneum ex dodrante heredem instituit, filiam unam ex quadrante, alteram praeteriit: haec de inofficioso egit et optinuit. Quaero, scripta filiae quomodo succurrendum sit. Respondi: filia praeterita id vindicare debet, quod intestata matre habitura esset: itaque dici potest eam quae omissa est etiam, si totam hereditatem ab intestato petat et optineat, solam habituram universam successionem, quemadmodum si altera omisisset legitimam hereditatem. Sed non est admittendum, ut adversus sororem audiatur agendo de inofficioso: praeterea dicendum est non esse similem omittenti eam, quae ex testamento adiit: et ideo ab extraneo semissem vindicandum et defendendum totum semissem esse auferendum, quasi semis totus ad hanc pertineat. Secundum quod non in totum testamentum infirmatur, sed pro parte intestata efficitur, licet quasi furiosae iudicium ultimum eius damnetur. Ceterum si quis putaverit filia optinente totum testamentum infirmari, dicendum est etiam institutam ab intestato posse adire hereditatem: nec enim quae ex testamento adiit, quod putat valere, repudiare legitimam hereditatem videtur, quam quidem nescit sibi deferri: cum et hi qui sciant ius suum, eligentes id quod putant sibi competere, non amittant. Quod evenit in patrono, qui iudicium defuncti falsa opinione motus amplexus est: is enim non*

**19**. EL MISMO en el libro segundo de las cuestiones. Al morir, una madre instituyó heredero a un extraño en tres cuartas partes, a una hija por la otra cuarta parte restante, y no mencionó a otra hija. Ésta se querelló por testamento inoficioso y ganó el litigio. Pregunto: ¿de qué modo deberá protegerse a la hija instituida? Respondí: la hija preterida debe reclamar lo que le habría correspondido en caso de haber fallecido intestada la madre. Y así puede decirse que quien fue omitida en el testamento, si reclama toda la herencia *ab intestato* y obtiene sentencia favorable, tendrá ella sola toda la sucesión, como si la otra no hubiese aceptado la herencia legítima. Pero no debe admitirse que se le otorgue audiencia querellándose por inoficioso testamento contra la hermana. Además, debe decirse que la que aceptó la herencia en virtud del testamento no es comparable a la que no acepta, y por tanto deberá reivindicarse del extraño la mitad y defenderse que debe privársele de toda la mitad como si esa mitad perteneciera a aquella hija. Según lo anterior, el testamento no se invalida por completo, sino que a la difunta se le vuelve en parte intestada, aunque su última voluntad sea

*videtur bonorum possessionem contra tabulas repudiasse. Ex quibus apparet non recte totam hereditatem praeteritam vindicare, cum rescisso testamento etiam institutae salvum ius sit adeundae hereditatis.*

desestimada como si se tratase de una demente. Por lo demás, si alguien hubiere creído que venciendo la hija el litigio se invalida todo el testamento, debe decirse que la instituida también puede aceptar la herencia legítima, pues no se considera que repudia la herencia legítima, la cual ciertamente ignora le fue deferida, aquélla que llevó a cabo la adición conforme a un testament que creyó válido, siendo así que incluso los que conocen su derecho lo pierden por elegir aquello que creen que les compete. Así sucede con el patrón que, llevado del error, aceptó las disposiciones testamentarias del difunto, pues no se considera que repudió la posesión de los bienes contra el testamento. De lo cual resulta que la preterida no reivindica lícitamente toda la herencia, porque, al ser rescindido el testamento, le queda salvo a la instituida el derecho de aceptar la herencia *ab intestato*.

**20.** *SCAEVOLA libro secundo quaestionum. Qui de inofficioso vult dicere, licet negetur filius, Carbonianam bonorum possessionem non debet accipere (totiens enim ea indulgenda est, quotiens, si vere filius esset, heres esset aut bonorum possessor, ut interim et possideat et alatur et actionibus praeiudicium non patiatur: qui vero de*

**20.** ESCÉVOLA *en el libro segundo de las cuestiones.* Quien desee acusar de inoficioso un testamento no debe recibir la posesión de los bienes en virtud del edicto Carboniano, aunque niegue su condición de hijo (porque la posesión debe concederse siempre que, si realmente fuese hijo, sería

*inofficioso dicit, nec actiones movere debet nec aliam ullam quam hereditatis petitionem exercere nec ali), ne umquam melioris sit condicionis, quam si confitetur adversarius.*

heredero o poseedor de los bienes, para que entre tanto se alimente y no sufra perjuicio en sus acciones. Pero quien acusa de inoficioso el testamento, ni debe promover acciones ni ejercitar otra más que la petición de herencia, ni ser alimentado con cargo a ella), para que nunca sea de mejor condición que si el adversario confesase no tener derecho.

**21.** *PAULUS* libro tertio responsorum. *Eum, qui inofficiosi testamenti querellam instituit et fraude heredis scripti, quasi tertiam partem hereditatis tacite rogatus esse ei restituere, reliquit eam actionem, non videri deseruisse querellam et ideo non prohiberi eum repetere inchoatam actionem.*

**21.** PAULO *en el libro tercero de las respuestas.* Quien planteó la querella por inoficioso testamento, y por engaño del heredero instituido terminando abandonando esta acción, como si a éste se le hubiere encargado tácitamente que le restituyera una tercera parte de la herencia, no se considera que se desistió de la querella y por tanto no se le prohíbe que repita la acción incoada.

*§1. Item quaesitum est, an heres audiendus est, ante de inofficiosi querellam actam desiderans restitui sibi ea quae solvit. Respondit ei, qui sciens indebitum fideicommissum solvit, nullam repetitionem ex ea causa competere.*

§1. También se preguntó: ¿debe concederse audiencia al heredero que pretende que se le restituya lo pagado antes de haberse intentado la querella por inoficioso testamento? Se respondió que quien pagó un fideicomiso sabiendo que no se debía, no le compete ninguna repetición por esta causa.

*§2. Idem respondit, evicta hereditate per inofficiosi querellam ab eo heres institutus esset, perinde omnia observari oportere, ac si hereditas adita non*

§2. El mismo respondió que, una vez reivindicada la herencia mediante la querella por inoficioso testamento, de aquel

*fuisset: et ideo et petitionem integram debiti heredi instituto adversus eum qui superávit competere et compensationem debiti.*

que hubiere sido instituido heredero, debe procederse en todo como si la herencia no hubiere sido aceptada, y por tanto compete al heredero instituido contra el que le venció tanto la íntegra petición de una deuda como oponerla en compensación.

**22.** *TRYPHONINUS libro septimo decimo disputationum. Filius non impeditur, quo minus inofficiosum testamentum matris accusaret, si pater eius legatum ex testamento matris accipiet vel adisset hereditatem, quamquam in eius esset potestate: nec prohiberi patrem dixi iure filii accusare: nam indignation filii est.*

**22.** TRIFONINO *en el libro décimo séptimo de las disputas.* No se impide al hijo que acuse de inoficioso el testamento de su madre si el padre recibió un legado en virtud del testamento de la madre, o hubiese aceptado la herencia como un heredero, aunque el estuviese bajo la potestad del padre; y dije que no se prohíbe que el padre presente la querella en representación del hijo, porque el agravio es del hijo.

*§1. Et quaerebatur, si non optinuisset in accusando, an quod patri datum est publicaretur? Quoniam alii commodum victoriae parat et in hac causa nihil ex officio patris, sed totum de meritis filii agitur. Et inclinandum est non perdere patrem sibi datum, si secundum testamentum pronuntiatum fuisset.*

§1. También se preguntaba: si el padre no hubiese vencido en la querella, ¿se confiscaría lo que se dio al padre? Porque facilita la victoria de otro, y en esta causa no se demanda nada por ser el padre, sino en atención al hijo. Y si se hubiese fallado a favor del testamento, más bien debe decirse que el padre no pierde lo que se le dio.

*§2. Multo magis si mihi legatum testator dedit, cuius de inofficioso testamento filius agens decessit me herede relicto, egoque hereditariam causam peregi et victus sum: id quod*

§2. Con más razón si el testador me dejó un legado y el hijo que se querellaba contra el testamento inoficioso de aquel falleció habiéndome dejado

*mihi eo testamento relictum est, non perdam: utique si iam defunctus agere coeperat.*

heredero, y yo proseguí el litigio de la herencia y fui vencido, no perderé lo que se me dejó en el testamento. Lo anterior siempre que el hijo difunto hubiere comenzado a querellarse.

*§3. Item si adrogavi eum, qui instituerat litem de inofficioso testamento eius qui mihi legatum dedit, litemque peregero nomine filii nec optinuero: perdere me legatum non oportet, quia non sum indignus, ut auferatur mihi ad fisco id quod derelictum est: cum non proprio nomine, sed iure cuiusdam successionis egi.*

§3. Asimismo, si arrogué a quien había comenzado una querella por inoficioso testamento contra aquel que me dejó un legado, y yo hubiere proseguido el pleito en nombre del arrogado, y no hubiere ganado, no procede que yo pierda el legado porque no soy indigno para que el fisco no me quite lo que se me dejó, pues no he demandado en nombre propio, sino por el derecho de la sucesión de otro.

**23.** *PAULUS libro singulari de inofficioso testamento. Si ponas filium emancipatum praeteritum et ex eo nepotem in potestate retentum heredem institutum esse: filius potest contra filium suum, testatoris nepotem petere bonorum possessionem, queri autem de inofficioso testament non poterit. Quod si exheredatus sit filius emancipatus, poterit queri et ita iungetur filio suo et simul cum eo hereditatem optinebit.*

**23.** PAULO *en el libro único del testamento inoficioso*. Si supusieras que un hijo emancipado fue preterido e instituido heredero un nieto habido de él, que el abuelo retuvo bajo potestad, el hijo puede pedir la posesión de los bienes contra su hijo, nieto del testador, pero no podrá querellarse por testamento inoficioso. Mas si hubiere sido desheredado el hijo emancipado, podrá querellarse y así se unirá a su hijo y junto con él obtendrá la herencia.

*§1. Si hereditatem ab heredibus institutis exhereditati emerunt vel res singulas scientes eos heredes esse: aut conduxerunt praedia aliudve quid simile fecerunt: vel solverunt heredi*

§1. Si los desheredados compraron la herencia a los herederos instituidos, o cosas de la misma por separado, sabiendo que ellos eran los herederos, o

*quod testatori debebant: iudicium defunct adgnoscere videntur et a querella excluduntur.*

bien tomaron de ellos los predios en arrendamiento o hicieron alguna otra cosa semejante, o pagaron al heredero lo que debían al testador, se entiende que acatan la voluntad del difunto y quedan excluidos de la querella.

*§2. Si duo sint filii exheredati et ambo de inofficioso testamento egerunt et unus postea constituit non agere, pars eius alteri adcrescit. Idemque erit, et si tempore exclusus sit.*

§2. Si fuesen dos los hijos desheredados y ambos se querellaron por inoficioso testamento, y luego uno determinó no proseguir la querella, su parte acrece al otro. Y lo mismo ocurrirá si fuese exlcluido de la querella por el transcurso de tiempo.

**24.** *ULPIANUS* libro *quadragensimo octavo ad Sabinum. Circa inofficiosi querellam evenire plerumque adsolet, ut in una atque eadem causa diversae sententiae proferantur. Quid enim si fratre agente heredes scripti diversi iuris fuerunt? Quod si fuerit, pro parte testatus, pro parte intestatus decessisse videbitur.*

**24.** ULPIANO *en el* libro *cuadragésimo octavo de los comentarios a Sabino.* En la querella por inoficioso testamento suele suceder la mayoría de ocasiones que en la misma causa se pronuncien sentencias distintas; ¿y qué sucederá si, querellándose un hermano, los herederos instituidos fueron de diversa condición legal? Si tal cocsa sucediere, se entenderá que el causante falleció en parte testado y en parte intestado.

**25.** *IDEM* libro *secundo disputationum. Si non mortis causa fuerit donatum, sed inter vivos, hac tamen contemplatione, ut in quartam habeatur: potest dici inofficiosi querellam cessare, si quartam in*

**25.** EL MISMO *en el libro segundo de las disputas.* Si no se hubiere hecho donación por causa de muerte sino entre vivos, pero con la intención de tenerla en lugar de la cuarta parte que corresponde como legítima,

*donatione habet aut, si minus habeat, quod deest viri boni arbitratu repleatur: aut certe conferri oportere id quod donatum est.*

puede decirse que no procede la querella por inoficioso testamento si en la donación el legitimario obtiene la carta parte, y si tuviera menos, se completará lo que falta según el criterio de varón recto, o se hará colación de lo que se recibió como donación.

*§1. Si quis, cum non possit de inofficioso queri, ad querellam admissus pro parte rescindere testamentum temptem et unum sibi heredem eligat, contra quem inofficiosi querellam instituat, dicendum est, quia testamentum pro parte valet et praecedentes eum personae exclusae sunt, cum effectu eum querellam instituisse.*

§1. Si alguien, no pudiendo acusar de inoficioso a todo el testamento, intentase, al ser admitido en la querella, rescindirlo en parte, y eligiera un heredero contra quien entablara la querella por inoficioso testamento, debe afirmarse que, como el testamento en parte es válido y las personas que le preceden fueron excluidas de la acusación, intentó él la querella efectivamente.

**26.** *IDEM libro octavo disputationum. Si sub hac condicione fuerit heres institutus 'si Stichum manumiserit' et manumisisset, et posteaquam manumisit inofficiosum vel iniustum testamentum pronuntietur: aequum est huic quoque succurri, ut servi pretium a manumisso accipiat, ne frustra servum perdat.*

**26.** EL MISMO *en el libro octavo de las disputas.* Si hubiere sido instituido el heredero con esta condición: 'si manumitiere a Estico', y así lo hubiese hecho, y tras la manumisión se declarase inoficioso o injusto el testamento, es justo que también se auxilie al heredero para que reciba del manumitido el precio del esclavo y no pierda en vano el esclavo.

**27.** *IDEM libro sexto opiniouum. Si instituta de inofficioso testamento accusatione de lite pacto transactum est*

**27.** EL MISMO *en el libro sexto de las opiniones.* Si planteada la acusación de inoficioso testamento se transigió en el

*nec fides ab herede transactioni praestatur, inofficiosi causam integram esse placuit.*

litigio por medio de pacto y el heredero no respetó el acuerdo, se determinó mantener íntegra la causa por testamento inoficioso.

*§1. Ei, qui se filium eius esse adfirmat, qui testamento id denegavit, tamen eum exheredavit, de inofficioso testamento causa superest.*

§1. Quien afirma ser hijo del que negó esto en el testamento, y sin embargo lo desheredó, le queda la querella por testamento inoficioso.

*§2. De inofficioso testamento militis dicere nec miles potest.*

§2. Ni siquiera el militar puede acusar de inoficioso el testamento de otro militar.

*§3. De inofficioso testamento nepos contra patruum suum vel alium scriptum heredem pro portione egerat et optinuerat, sed scriptus heres appellaverat: placuit interim propter inopiam pupilli alimenta pro modo facultatium, quae per inofficiosi testamenti accusationem pro parte ei vindicabantur, decerni eaque adversarium ei subministrare necesse habere usque ad finem litis.*

§3. Un nieto había intentado la querella por inoficioso testamento y ganado en cuanto a su parte contra su tío paterno u otro heredero instituido en el testamento del abuelo, pero el heredero instituido había apelado; se estimó procedente que en tanto durase la apelación, y considerando la pobreza del pupilo, se le señalasen alimentos en proporción a la cuantía de los bienes que se reivindicaban para él en cuanto a su parte por medio de la querella por inoficioso testamento, y que el adversario se obligaba a suministrárselos hasta finalizar el litigio.

*§4. De testamento matris, quae existimans perisse filium alium heredem instituit, de inofficioso queri potest.*

§4. Puede uno querellarse de inoficioso por el testamento de su madre que, creyendo que su hijo había muerto, instituyó a otro como heredero.

**28.** *PAULUS libro singulari de septemviralibus iudiciis. Cum mater*

**28.** PAULO *en el libro único de los juicios de los septenviros.* Habiendo oído una madre decir falsamente

*militem filium falso audisset decessisse et testamento heredes alios instituisset, divus Hadrianus decrevit hereditatem ad filium pertinere ita, ut libertates et legata praestentur. Hic illus adnotatum quod de libertatibus et legatis adicitur: nam cum inofficiosum testamentum arguitur, nihil ex eo testamento valet.*

que su hijo militar había fallecido, y habiendo instituido en su testamento otros herederos, decretó el Divino Adriano que la herencia pertenecía al hijo, pero de modo que se diesen las libertades y los legados. Nótese aquí lo que se añade respecto a las libertades y a los legados, porque cuando se prueba que un testamento es inoficioso, no es válida ninguna cosa de este testamento.

**29.** *ULPIANUS libro quinto opinionum. Si suspecta collusio sit legatariis inter scriptos heredes et eum qui de inofficioso testamento agit: adesse etiam legatarios et voluntatem defuncti tueri constitutum est, eisdemque permissum est etiam appellare, si contra testamentum pronuntiatum fuerit.*

**29.** ULPIANO *en el libro quinto de las opiniones.* Si fuese sospechosa para los legatarios la colusión entre los herederos instituidos y quien acusa de inoficioso el testamento, se ha establecido que comparezcan los legatarios y que defiendan la voluntad del difunto; y a les está permitido también apelar si se hubiere emitido sentencia contra el testamento.

*§1. De inofficioso testamento matris spurii quoque filii dicere possunt.*

§1. También los hijos espurios pueden querellarse por el testamento inoficioso de su madre.

*§2. Quamvis instituta inofficiosi testamenti accusation res transactione decisa sit, tamen testamentum in suo iure manet: et ideo datae in eo libertates atque legata, usque quo Falcidia permittit, suam habent potestatem.*

§2. Aunque entablada la acusación de testamento inoficioso el litigio se haya resuelto por transacción, el testamento sigue vigente; y por consiguiente son válidas las libertades y los legados en él dispuestos hasta donde lo permite el límite de la Ley Falcidia.

§3. *Quoniam femina nullum adoptare filium sine iussu principis potest, nec de inofficioso testamento eius, quam quis sibi matrem adoptivam falso esse existimabat, agere potest.*

§3. Ya que la mujer no puede adoptar un hijo sin autorización del príncipe, tampoco puede acusarse de inoficioso el testamento de aquella a quien alguien erróneamente creía que era su madre adoptiva.

§4. *In ea provincia de inofficioso testamento agi oportet, in qua scripti heredes domicilium habent.*

§4. La querella por inoficioso testamento debe ser realizarse en aquella provincia en donde los herederos instituidos tienen su domicilio.

**30.** *MARCIANUS libro quarto institutionum. Adversus testamentum filii in adoptionem dati pater naturalis recte de inofficioso testamento agere potest.*
§1. *Tutoribus pupilli nomine sine periculo eius, quod testamento datum est, agere posse de inofficioso vel falso testamento divi Severus et Antoninus rescripserunt.*

**30.** MARCIANO *en el libro cuarto de las instituciones.* El padre natural puede acusar lícitamente de inoficioso el testamento del hijo dado en adopción.
§1. Los Divinos Severo y Antonino Caracala respondieron por escrito que los tutores podían demandar por testamento inoficioso o falso a nombre de su pupilo sin riesgo de perder lo que se les otorgó por testamento.

**31.** *PAULUS libro singulari de septemviralibus iudiciis. Si is qui admittitur ad accusationem, nolit aut non possit accusare, an sequens dmittatur, videndum est. Et placuit posse, ut fiat successioni locus.*

**31.** PAULO *en el libro único de los juicios de los septenviros.* Si quien es admitido a la acusación no quisiere o no pudiere acusar, debe verse si será admitido quien le siga; y se determinó que sí se puede y hay lugar a la sucesión.

§1. *Quantum ad inofficiosi liberorum vel parentium querellam pertinent, nihil interest, quis sit heres scriptus ex liberis an extraneis vel minicipibus.*

§1. Respecto a la querella por inoficioso testamento de los hijos o de los padres, nada importa quién sea instituido heredero: uno de los hijos, un extraño o alguien de un municipio.

*§2. Si heres extiterim ei, qui eo testamento institutus est quod de inofficioso arguere volo, non mihi nocebit, maxime si eam portionem non possideam vel iure suo possideam.*

§2. Si yo hubiere quedado como heredero de quien fue instituido en el testamento que quiero demostrar es inoficioso, no me perjudicará, especialmente si no poseyera aquella porción o la poseyera por derecho del instituido heredero.

*§3. Diversum dicemus, si legaverit mihi eam rem, quam quis ex eo testament acceperat: nam si eam adgnoscam, repellar ab accusatione.*

§3. Diremos lo contrario si alguien me hubiere legado aquella cosa que él había recibido en virtud del testamento que yo quiero acusar de inoficioso, porque si yo la aceptare, seré rechazado de la acusación.

*§4. Quid ergo si alias voluntatem testatoris probaverim? Puta in testamento adscripserim post mortem patris consentire me? Repellendus sum ab accusatione.*

§4. ¿Y qué se dirá si yo hubiere aprobado de otro modo la voluntad del testador, por ejemplo, si después de la muerte de mi padre hubiere escrito al pie de su testamento que estaba de acuerdo? Debo ser rechazado de la acusación.

**32.** *IDEM libro singulari de inofficioso testamento. Si exheredatus petenti legatum ex testamento advocationem praebuit procurationemve susceperit, removetur ab accusatione: adgnovisse enim videtur, qui qualequale iudicium defuncti comprobavit.*

**32.** EL MISMO *en el libro único del testamento inoficioso.* Si el desheredado prestó sus servicios de abogado a quien pedía un legado dispuesto en testamento o hubiere aceptado ser su procurador, será rechazado de la acusación, porque se entiende que quien aprobó cualquier disposición del difunto consintió el testamento.

*§1. Si legatario heres extiterit exheredatus petieritque legatum, videbimus an sit summovendus ab hac*

§1. Si el desheredado hubiere quedado heredero del legatario y hubiere pedido el legado,

*accusatione: certum est enim iudicium defuncti et rursus nihil ei ex testamento relictum verum est. Tutius tamen fecerit, si se abstinuerti a petitione legati.*

debemos analizar si será rechazado de esta acusación, porque es evidente la voluntad del difunto, y además es verdad que nada se le dejó por testamento; pero habría procedido con mayor cautela si se hubiere abstenido de pedir el legado.

## TITULUS III DE HEREDITATIS PETITIONE

## TÍTULO III DE LA PETICIÓN DE HERENCIA

**1.** *GAIUS libro sexto ad edictum provinciale. Hereditas ad nos pertinet aut vetere iure aut novo. Vetere e lege duodecim tabularum vel ex testamento, quod iure factum est...*

**1.** GAYO *en el libro sexto de los comentarios al edicto provincial.* La herencia nos pertenece ya por derecho antiguo, ya por el nuevo. Por el antiguo derecho heredamos en virtud de la Ley de las Doce Tablas o de testamento realizado conforme a Derecho...

**2.** *ULPIANUS libro quinto decimo ad edictum. ... (sive suo nomine sive per se sive per alios effecti sumus,*

**2.** ULPIANO *en el libro décimo quinto de los comentarios al edicto.* ... (ya nos hagamos herederos en nombre de otra persona, ya en nombre propio, ya por medio de otros...

**3.** *GAIUS libro sexto ad edictum provinciale. ... veluti si eam personam, quae in nostra potestate sit, institutam iusserimus adire hereditatem: sed et si Titio, qui Seio heres extitit, nos heredes facti sumus, sicut Titii hereditatem nostrum esse intendere possumus, ita et*

**3.** GAYO *en el libro sexto de los comentarios al edicto provincial.* ... como cuando autorizamos a la persona instituida que se halle bajo nuestra potestad a aceptar la herencia. Pero también si nos volvemos herederos de Ticio,

*Seii) vel ab intestato (forte quod sui heredes defunct sumus, vel adgnati, vel quod manumisimus defunctum, quodve parens noster manumiserit). Novo iure fiunt heredes omnes qui ex senatus consutis aut ex constitutionibus ad hereditatem vocantur.*

que a su vez lo fue de Seyo, podemos sostener que es nuestra tanto la herencia de Ticio como la de Seyo) o *ab intestato* (por ser herederos del difunto, o agnados, o porque manumitimos al difunto, o porque lo manumitió nuestro padre). Por el nuevo derecho se vuelven herederos todos los que son llamados a la herencia en virtud de los senadoconsultos o de las constituciones imperiales.

**4.** *PAULUS libro primo ad edictum. Si hereditatem petam ab eo, qui unam rem possidebat, de qua sola controversia erat, etiam id quod postea coepit possidere restituet.*

**4.** PAULO *en el libro primero de los comentarios al edicto.* Si yo reclamase la herencia al que poseía un solo bien sobre el que versaba exclusivamente la controversia, también restituirá aquello que comenzó a poseer después.

**5.** *ULPIANUS libro quarto decimo ad edictum. Divus Pius rescripsit prohibendum possessorem hereditatis, de qua controversia erit, antequam lis inchoaretur, aliquid ex ea distrahere: nisi maluerit pro omni quantitate hereditatis vel reru eius restitutione satisdare. Causa autem cognita, etsi non talis data sit satisdatio, sed solita cautio, etiam post litem coeptam. Deminutionem se concessurum praetor edixit, ne in totum deminutio impedita in aliquot etiam utilitates alias impediat. Ut puta si ad funus sit aliquid necessarium: nam funeris gratia deminutionem permittit. Item si*

**5.** ULPIANO *en el libro décimo cuarto de los comentarios al edicto.* El Divino Antonino Pío contestó por escrito que deberá prohibirse al poseedor de la herencia sobre la que recae controversia, vender algún bien de ella antes de incoar el litigio, a no ser que hubiere preferido otorgar fianza por el importe total de la herencia o de restituir los bienes de la misma. Pero el pretor decretó en su edicto que, previo conocimiento de causa, concederá la enajenación de la herencia aunque no se haya dado fianza, sino la caución acostumbrada,

*futurum est, ut, nisi pecunia intra diem solvatur, pignus distrahatur. Sed et propter familiae cibaria necessaria erit deminutio. Sed et res tempore perituras permittere debet praetor distrahere.*

aun después de comenzado el juicio, para que la prohibición absoluta de disponer no impida en ocasiones también obtener utilidades, por ejemplo, si para el funeral se necesitase algo, ya que por razón del funeral se permite la enajenación de la herencia. Igualmente, si dentro de cierto plazo no se paga una deuda y llega a venderse la cosa dada en prenda, y también procederá la enajenación para mantener a los esclavos. Asimismo, el pretor debe permitir enajenar de la herencia las cosas que podrían perecer con el paso del tiempo.

*§1. Divus Hadrianus Trebio Sergiano rescripsit, ut Aelius Asiaticus daret satis de hereditate quae ab eo petitur, et sic falsum dicat: hoc ideo, quia sustinetur hereditatis petitionis iudicium, donec falsi causa agatur.*

§1. El Divino Adriano contestó por escrito a Trebio Sergiano que Elio Asiático diese fianza para garantizar la restitución de la herencia que de él se reclamaba, y que luego impugnaba su falsedad, porque se suspende el juicio de petición de herencia mientras se resuelve la causa por falsedad.

*§2. Eorum iudiciorum, quae de hereditatis petitione sunt, ea auctoritas est, ut nihil in praeiudicium eius iudicii fieri debeat.*

§2. Es tal la autoridad de los juicios sobre petición de herencia que nada debe hacerse en perjuicio de este litigio.

**6.** *IDEM libro septuagensimo quinto ad edictum. Si testamentum falsum esse dicatur et ex eo legatum petatur, vel praestandum est oblata cautione vel quaerendum an debeatur, etsi testamentum falsum esse dicatur. Ei tamen qui falsi accusat, si suscepta*

**6.** EL MISMO *en el libro septuagésimo quinto de los comentarios al edicto.* Si se impugna la falsedad de un testamento y en virtud del mismo se pidiera un legado, o bien debe otorgarse ofreciéndose fianza de restitución o bien ha de investigarse si dicho legado se

*cognitio est, non est dandum.*

debe aunque se decrete la falsedad del testamento. Sin embargo, no ha de otorgarse el legado a quien acusa la falsedad si se comenzó a conocerse la impugnación.

**7.** IDEM *libro quarto decimo ad edictum. Si quis libertatem ex testamento sibi competisse dicat, non debebit iudex de libértate sententiam dicere, ne praeiudicium de testamento cognituro faciat: et ita senatus censuit: sed et divus Traianus rescripsit differendum de libértate iudicium, donec de inofficioso iudicium aut iudicatur aut finem accipiat.*

**7.** EL MISMO *en el libro décimo cuarto de los comentarios al edicto.* Si alguien dijera que le ha correspondido la libertad en virtud de un testamento, el juez no deberá pronunciar sentencia sobre dicha libertad para no causar perjuicio al juez que deberá conocer del testamento, y así lo dispuso el senado. Pero también el Divino Trajano contestó por escrito que debe diferirse el juicio sobre la libertad hasta que se desestime o termine el juicio sobre el testamento inoficioso.

*§1. Ita demum autem sustinentur liberalia iudicia, si iam de inofficioso iudicium contestatum est: ceterum si non contestetur, non exspectantur liberalia iudicia: et ita divus Pius rescripsit. Nam cum quídam Licinnianus de statu suo quaestionem patiebatur et, ne maturius pronuntiaretur de condicione sua, nolebat ad liberale iudicium ire, dicens suscepturum se de inofficioso testamento iudicium et petiturum hereditatem, quia libertatem et hereditatem ex testamento sibi defendebat: divus Pius ait, si quidem possessor esset hereditatis Licinnianus, facilius audiendum, quoniam esset hereditatis nomine*

§1. Solamente se suspenden los juicios sobre las manumisiones si ya se ha contestado la querella sobre testamento inoficioso; pero si no se contestara, no se aplazan los juicios sobre las libertades, y así lo respondió por escrito el Divino Pío. Porque siendo un tal Liciniano objeto de litigio sobre su condición jurídica, y para evitar que se sentenciase anticipadamente sobre su condición, no quería comparecer al juicio sobre su libertad diciendo que debía contestar la querella por inoficioso testamento y pedir la

*iudicium suscepturus et erat in arbitrio eius, qui se dominum esse dicit, agere de inofficioso testamento iudicium. Nunc vero sub obtentu iudicii de inofficioso testamento ab ipso Licinniano non suscepti per quinquennium non debere moram fieri servituti. Plane summati aestimandum iudici concessit, an forte bona fide imploretur iudicium de testamento: et si id deprehenderit, praestituendum modicum tempus, intra quod si non fuerit contestatum, iubeat iudicem libertatis partibus suis fungi.*

herencia, porque defendía en su favor la libertad y la herencia en virtud del testamento. El Divino Pío dijo que si Liciniano fuese poseedor de la herencia había de ser oído con más facilidad, porque debía comparecer a juicio en nombre de la herencia y estaba en el arbitrio de quien decía ser dueño presentar la querella por inoficioso testamento; pero que en el presente caso no debía demorarse la cuestión de esclavitud durante un quinquenio con el pretexto de que Liciniano no contestó la querella. Pero el emperador concedió que el juez debía analizar sumariamente si se imploraba de buena fe el juicio sobre el testamento y que tras dicho análisis debía fijarse un corto plazo, para que si dentro del mismo no hubiere sido contestada la querella, el juez que conoce sobre la libertad quede autorizado para desempeñar su cometido.

*§2. Quotiens autem quis patitur controversiam libertatis et hereditatis, sed se non ex testamento liberum dicit, sed alias vel a vivo testatore manumissum, non debere impediri liberalem causam, licet iudicium de testamento moveri speretur, divus Pius rescripsit: adiecit plane in rescripto, dummodo praedicatur iudici liberalis causae, ne ullum adminiculum libertatis ex testamento admittat.*

§2. Mas cuando alguien sostiene juicio sobre la libertad y la herencia, pero no dice que es libre en virtud del testamento sino por otra causa, como haber sido manumitido por el mismo testador cuando vivía, el Divino Pío respondió por escrito que no debe impedirse el juicio de libertad aunque se prevea que promoverá juicio sobre el testamento; pero añadió en su respuesta escrita que para prevenir al juez, éste no admita prueba alguna del juicio sobre libertad emanada del testamento.

**8.** PAULUS *libro sexto decimo ad edictum. Legitimam hereditatem vindicare non prohibetur is qui, cum ignorabat vires testamenti, iudicium defunct secutus est.*

**8.** PAULO *en el libro décimo sexto de los comentarios al edicto.* No se prohíbe reclamar la herencia legítima a quien, ignorando la nulidad del testamento, aceptó la voluntad del difunto.

**9.** ULPIANUS *libro quinto decimo ad edictum. Regulariter definiendum est eum demum teneri petitione hereditatis, qui vel ius pro herede vel pro possessore possidet vel rem hereditariam...*

**9.** ULPIANO *en el libro décimo quinto de los comentarios al edicto.* Se debe establecer como regla general que sólo puede demandarse por la petición de herencia a quien posee el derecho hereditario o un objeto de la herencia como heredero o como poseedor,

**10.** GAIUS *libro sexto ad edictum provinciale. ... licet minimam.*

**10.** GAYO *en el libro sexto de los comentarios al edicto provincial.* ... aunque el objeto poseído sea mínimo.

*§1. Itaque qui ex asse vel ex parte heres est, intendit quidem hereditatem suam esse totam vel pro parte, sed hoc solum ei officio iudicis restituitur quod adversarius possidet, aut totum, si ex asse sit heres, aut pro parte ex qua heres est.*

§1. Y así, quien es heredero de toda la herencia o de parte de ella puede sostener realmente que la herencia es suya toda o en parte, pero por ministerio del juez se le restituye tan sólo lo que posee el adversario; si fuera heredero universal, la totalidad, o bien sólo la parte de la que es heredero.

**11.** ULPIANUS *libro quinto decimo ad edictum. Pro herede possidet, qui*

**11.** ULPIANO *en el libro décimo quinto de los comentarios al edicto.* Posee como heredero quien cree

*putat se heredem esse. Sed an et is, qui scit se heredem non esse, pro herede possideat, quaeritur: et Arrianus libro secundo de interdictis putat teneri, quo iure nos uti Proculus scribit. Sed denim et bonorum possessor pro herede videtur possidere.*

serlo. Pero se pregunta si también posee como heredero quien sabe que no es heredero; y opina Arriano en el libro segundo de los interdictos que sí puede ser demandado; cuya regla seguimos, como señala Próculo. También se considera que el poseedor de los bienes posee como heredero.

*§1. Pro possessore vero possidet praedo,*

§1. En cambio, el poseedor de mala fe posee como tal, no como heredero,

**12**. IDEM *libro sexagensimo septimo ad edictum. ... qui interrogatus cur possideat, responsorus sit 'quia possideo' nec contendet se heredem vel per mendacium,*

**12.** EL MISMO *en el libro sexagésimo séptimo de los comentarios al edicto.* ... quien al ser interrogado por qué motivo posee, llegara a contestar 'porque poseo', y ni aun mintiendo pretendería ser heredero,

**13**. IDEM *libro quinto decimo ad edictum. ... nec ullam causam possessionis possit dicere: et ideo fur et raptor petitione hereditatis tenentur.*

**13.** EL MISMO *en el libro décimo quinto de los comentarios al edicto.* ... ni podría alegar causa alguna para poseer; por tanto, quien hurta y quien roba serán demandados por la petición de herencia.

*§1. Omnibus etiam titulis hic pro possessore haeret et quasi iniunctus est. denique et pro emptore titulo haeret: nam si a furioso emero sciens, pro possessore possideo. Item in titulo pro donato quaeritur, an quis pro possessore possideat, ut puta uxor vel maritus: et placet nobis Iuliani sentential pro possessore possidere eum, et ideo petitione hereditatis tenebitur. Item pro dote titulus recipit pro*

§1. A todos los títulos va agregado y acompaña el de 'como poseedor'. Está agregado incluso al título 'como comprador'; porque si sabiéndolo yo hubiere comprado alguna cosa de un demente, poseo a título de poseedor. También respecto al título 'como cosa donada' se pregunta: ¿poseerá alguien como poseedor,

possessore possessionem, ut puta si a minore duodecim annis nupta mihi quasi dotem sciens accepi. Et si legatum mihi solutum est ex falsa causa scienti, utique pro possessore possidebo

por ejemplo, en caso de donaciones a la esposa o al marido? Y nos parece adecuada la opinión de Juliano, de que sí posee como mero poseedor, y por ende será demandado por la petición de herencia. También el título 'como dote' proporciona en ocasiones la posesión de los bienes como poseedor, por ejemplo, si sabiéndolo recibí de una menor de doce años que se ha casado conmigo alguna cosa en calidad de dote. Y si sabiéndolo yo se me pagó un legado en virtud de una causa falsa, ciertamente poseeré como mero poseedor.

§2. Is autem qui restituit hereditatem teneri hereditatis petitione non potest, nisi dolo fecit, id est si scit et restituit: nam et dolus praeteritus venit in hereditatis petitione, quasi dolo desierit possidere.

§2. Quien restituyó la herencia no puede ser demandado por la petición de la herencia si no actuó con dolo, es decir, si la restituye sabiendo que no debe, porque también el dolo pasado se comprende en la petición de herencia, como si hubiere dejado de poseer dolosamente.

§3. Neratius libro sexto membranarum scribit ab herede peti hereditatem posse, etiamsi ignoret pro herede vel pro possessore defunctum possedisse. Idem esse libro septimo ait etiam si putavit heres eas res ex hac hereditate esse quae sibi delata est.

§3. En el libro sexto de sus pergaminos, Neracio escribe que puede pedirse la herencia al heredero aunque ignore que el difunto la poseyó como heredero o como mero poseedor. Lo mismo dice en el libro séptimo de esa obra, que puede pedirse la herencia aun cuando el heredero haya creído que esos bienes provienen de la herencia que se le dejó.

§4. Quid si quis hereditatem emeri, an

§4. ¿Qué se dirá si alguien

*utilis in eum petitio hereditatis deberet dari, ne singulis iudiciis vexeratur? Venditorem enim teneri certum est: sed finge non extare venditorem vel modico vendidisse et bonae fidei possessorem fuisse: an porrigi manus ad emptorem debeant? Et putat Gaius Cassius dandan utilem actionem.*

hubiere comprado la herencia? ¿Acaso se deberá otorgar contra él una petición útil de la herencia para que no sea molestado con acciones particulares? Porque es cierto que el vendedor puede ser demandado. Pero supón que no está el vendedor, o que vendió la herencia por un precio reducido y fue poseedor de buena fe, ¿se deberá dirigir la reclamación contra el comprador? Cayo Casio opina que debe concederse una acción útil contra el comprador.

*§5. Idem erit dicendum et si parvo pretio iussus vendere heres Titio hereditatem vendidit: nam putat dicendum Papinianus adversus fideicommissarium dari actionem: ab herede enim peti non expedit perexiguum pretium habente.*

§5. Lo mismo deberá decirse cuando el heredero autorizado a vender la herencia a bajo precio la hubiere vendido a Ticio; porque opina Papiniano en el libro sexto de las cuestiones que debe concederse acción contra el fideicomisario, pues no conviene reclamar al heredero que percibe un precio tan exiguo.

*§6. Sed et si retenta certa quantitate restituere rogatus sit, idem erit dicendum. Plane si accepta certa quantitate restituere rogatus est, non putat Papinianus ab herede petendam hereditatem, quoniam pro herede, quod condicionis implendae gratia accepit, non possidetur. Sed Sabinus in statulibero contra: et id verius est, quia pecunia hereditaria est.*

§6. Lo mismo deberá decirse si se le hubiere rogado devolver la herencia reteniendo cierta cantidad. Ahora bien, si se le hubiere rogado restituirla después de recibir cierta cantidad, no opina Papiniano que deba reclamarse la herencia al heredero, porque no posee como heredero lo que alguien recibió para cumplir una condición. Pero Sabino opina lo contrario respecto al manumitido bajo condición en el testamento; y esto es más correcto, porque recibe una cantidad propiedad de la herencia.

*§7. Idem et in eo qui solus fructus ex hereditate retinet, dicendum erit: tenetur enim et is hereditatis petitione.*

§7. Lo mismo deberá decirse respecto a quien solamente retiene los frutos de la herencia, porque también éste puede ser demandado por la petición de la herencia.

*§8. Si quis sciens alienam emit hereditatem, quasi pro possessore possidet: et sic peti ab eo hereditatem quidam putant. Quam sententiam non puto veram: nemo enim praedo est qui pretium numeravit: sed ut emptor universitatis utili tenetur.*

§8. Si alguien compró una herencia ajena sabiéndolo, posee como poseedor, y por ello algunos opinan que se le podrá reclamar la herencia. Dicha opinión no la considero cierta, porque no es poseedor de mala fe quien pagó un precio, pero podrá demandársele por la acción útil como comprador de un patrimonio.

*§9. Item si quis a fisco hereditatem quasi vacantem emerit, aequissimum erit utilem actionem adversus eum dari.*

§9. Igualmente, si alguien hubiere comprado al fisco una herencia declarada vacnte, será muy justo que se le demande con la acción útil.

*§10. Apud Marcellum libro quarto digestorum relatum est, si mulier hereditatem in dotem dedit, maritum pro dote quidem possidere hereditatem, sed petitione hereditatis utili teneri: sed et ipsam mulierem directa teneri Marcellus scribit, maxime si iam factum divortium est.*

§10. Se afirma en el libro cuarto del Digesto de Marcelo que si una mujer dio en dote una herencia, el marido posee ciertamente la herencia en calidad de dote, pero puede demandársele por la petición útil de herencia; sin embargo, Marcelo escribe que también la misma mujer puede ser demandada por la petición directa de la herencia, sobre todo si ya se realizó el divorcio.

*§11. Heredem autem etiam earum rerum nomine, quas defunctus pro*

§11. Es cierto que por la petición de herencia también puede ser

emptore possedit, hereditatis petitione teneri constat, quasi pro herede possideat: quamvis etiam earum rerum nomine, quas pro herede vel pro possessore defunctus possedit, utique teneatur.

demandado el heredero respecto de aquellas cosas que el difunto poseyó como comprador, como si las poseyera como heredero, aunque también el heredero puede ser demandado por aquellas cosas que el difunto poseyó como heredero o como poseedor.

*§12. Si quis absentis nomine possideat hereditatem, cum sit incertum an ille ratum habeat, puto absentis nomine petendam hereditatem, ipsius vero nequaquam, quia non videtur pro herede vel pro possessore possidere, qui contemplation alterius possidet: nisi forte quis dixerit, cum ratum non habet, iam procuratorem quasi praedonem esse: tunc enim suo nomine teneri potest.*

§12. Si alguien poseyera la herencia en nombre de un ausente, al ser incierto si éste lo ratificará, opino que debe pedirse la herencia en nombre del ausente y nunca en el propio, porque no se considera que posee como heredero o como poseedor quien posee en consideración a otro, a no ser que alguien diga, al no ratificarlo, que el procurador era ya un poseedor de mala fe, porque entonces puede ser demandado en nombre propio.

*§13. Non solum autem ab eo peti hereditas potest, qui corpus hereditarium possidet, sed et si nihil. Et videndum, si non possidens optulerit tamen se petitioni, an teneatur. Et Celsus libro quarto digestorum scribit ex dolo eum teneri: dolo enim facere eum qui se offert petitioni. Quam sententiam generaliter Marcellus apud Iulianum probat: omnem, qui se offert petitioni, quasi possidentem teneri.*

§13. No sólo puede reclamarse la herencia a quien posee un objeto de la herencia, sino también al que de ella nada posee. Y debe analizarse si será demandado quien sin poseer se hubiere defendido de la petición de herencia. Y Celso escribe en el libro cuarto de su Digesto que por el dolo sí se obliga, pues obra con dolo quien sin poseer se opone a la petición. Y dicha opinión la aprueba en general Marcelo, según se lee en el libro sexto del Digesto de Juliano, cuando dice que quien se opone

a la petición de herencia responde como si fuera poseedor.

*§14. Item si quis dolo fecerit, quo minus possideat, hereditatis petitione tenebitur. Sed si alius nanctus possessionem, quam ego dolo malo amiseram, paratus sit iudicium pati, Marcellus libro quarto digestorum tractat, ne forte evanescat adversus eum qui desiit litis aestimatio: et magis evanescere ait, nisi petentis interest: certe, inquit, si rem paratus sit restituere, indubitatum erit evanescere. Sed si is qui dolo desiit ante conveniatur, eum qui possidet non liberabit.*

§14. Igualmente, si alguien hubiere dejado de poseer dolosamente, estará obligado por la petición de herencia. Pero si habiendo adquirido otro la posesión que con dolo malo yo había perdido, estuviera aquél dispuesto a soportar el juicio, pregunta Marcelo en el libro cuarto del Digesto si no dejará de ser exigible en juicio el importe del litigio contra quien dejó de poseer, y dice que es más cierto que no será exigible si el demandante no muestra interés en lo contrario. Dice ciertamente que si estuviera dispuesto a restituir el bien, indudablemente dejará de exigirse el importe del litigio, pero si quien dejó de poseer con dolo fuera antes demandado no librará con ello a quien posee.

*§15. Item a debitore hereditario quasi a iuris possessore: nam et a iuris possessoribus posse hereditatem peti constat.*

§15. También puede demandarse al deudor de la herencia, porque es sabido que también puede pedirse la herencia a los poseedores de un derecho.

**14.** *PAULUS libro vicensimo ad edictum. Sed utrum ex delicto an ex contractu debitor sit, nihil refert. Debitor autem hereditarius intellegitur is quoque qui servo hereditario promisit, vel qui ante aditam hereditatem damnum dedit…*

**14.** PAULO *en el libro vigésimo de los comentarios al edicto.* Pero nada importa que sea deudor por delito o por contrato. Se considera deudor de la herencia también a quien prometió algo a un esclavo de la herencia, o a quien causó un daño antes de

aceptarla…

**15**. *GAIUS libro sexto a edictum provinciale. … vel aliquam rem hereditariam subripuerit.*

**15**. GAYO *en el libro sexto de los comentarios al edicto provincial. …* o hubiere hurtado una cosa de la herencia.

**16**. *ULPIANUS libro quinto decimo ad edictum. Quod si in diem sit debitor vel sub condicione, a quo petita est hereditas, non debere eum damnari. Rei plane iudicatae tempus spectandum esse secundum Octaveni sententiam, ut apud Pomponium scriptum est, an dies venerit: quod et in stipulatione condicionali erit dicendum. Si autem non venerit, cavere officio iudicis debeat de restituendo hoc debito, cum dies venerit vel condicio extiterit.*

**16**. ULPIANO *en el libro décimo quinto de los comentarios al edicto.* Pero si aquél a quien se le ha pedido la herencia fuera deudor a término o bajo condición no debe ser condenado. Y según la opinión de Octaveno que aparece en la obra de Pomponio, cuando haya vencido el término debe considerarse la fecha de la sentencia. Lo que también deberá decirse respecto de una estipulación condicional. Pero si no hubiere vencido el plazo, debe darse por ministerio del juez caución de restituir la deuda cuando se hubiere vencido el plazo o se hubiere cumplido la condición.

§1. *Sed et is qui pretia rerum hereditariarum possidet, item qui a debitore hereditario exegit, petitione hereditatis tenetur.*

§1. También puede demandársele por la petición de herencia a quien posee el precio de los bienes de la herencia y también a quien cobró de un deudor de la herencia.

§2. *Unde Iulianus libro sexto digestorum ait ab eo, qui petit hereditatem et litis aestimationem consecutus est, hereditatem peti posse.*

§2. Por eso dice Juliano en el libro sexto del Digesto que puede reclamarse la petición de herencia contra quien la pidió y consiguió el importe del litigio.

§3. *Non solum autem a debitore defuncti, sed etiam a debitore hereditario peti hereditas potest: denique*

§3. Puede reclamarse la herencia no solamente al deudor del difunto, sino también al deudor

*ab eo, qui negotia hereditaria gessit, et Celso et Iuliani videtur peti hereditatem posse, sed si heredis negotium gessit, nequaquam: ab heredis enim debitore peti hereditas non potest.*

*§4. Iulianus scribit, si is, qui pro herede possidebat, vi fuerit deiectus, peti ab eo hereditatem posse quasi a iuris possessore, quia habet interdictum unde vi, quo victus cedere debet: sed et eum qu deiecit petitione hereditatis teneri, quia res hereditarias pro possessore possidet.*

*§5. Idem Iulianus ait, sive quis possidens sive non rem vendiderit, petitione hereditatis eum teneri, sive iam pretium recepit sive petere possit, ut et hic actionibus cedat.*

*§6. Idem scribit patronum hereditatem petere non posse ab eo, cui libertus in fraudem alienavit, quia Calvisiana actione ei tenetur: patroni enim iste debitor est, non hereditarius. Ergo ne cab eo, cui mortis causa donatum est, peti hereditas potest*

de la herencia. Finalmente, Celso y Juliano opinan que puede reclamarse la herencia a quien gestionó los negocios de ésta. Pero si gestionó un negocio del heredero, de ninguna manera se le reclamará, porque no puede hacerlo al deudor del heredero.

§4. Juliano escribe en el libro sexto de su Digesto que si quien poseía a título de heredero hubiere sido despojado por la fuerza, puede reclamársele la herencia como a poseedor del derecho por tener a su favor el interdicto *unde vi*, que debe ceder en caso de ser vencido en litigio; pero también puede ser demandado por la petición de herencia quien despojó, porque posee los bienes de la herencia como mero poseedor.

§5. También dice Juliano que si alguien, poseyendo o no la herencia, hubiere vendido una cosa de ésta, puede demandársele por la petición de la herencia, ya si recibió el precio, ya si pudiera pedirlo, para que también ceda las acciones en este caso.

§6. Igualmente dice que el patrón no puede pedir la herencia a aquel a quien el liberto la enajenó con fraude de los derechos del patrón, porque queda obligado por la acción Calvisiana y es deudor del patrón, no de la herencia. Por ende, tampoco puede pedirse la herencia a al

donatario por causa de muerte.

*§7. Idem Iulianus scribit, si quis ex causa fideicommissi restituerit hereditatem vel singulas res praestiterit, peti ab eo hereditatem posse, quia habet condictionem earum, quae sunt ex ea causa solutae, et veluti iuris possessor est. Sed et si pretia rerum, quas distraxit, ex causa fideicommissi solvit, peti hereditatem ab eo posse, quia repetere potest. Sed his casibus actiones suas dumtaxat eum praestaturum, cum et res exstant et potest petitor etiam per in rem actionem eas vindicare.*

§7. Igualmente escribe Juliano que si en virtud de un fideicomiso alguien hubiere restituido la herencia o hubiere entregado objetos específicos, puede reclamrársele la herencia, porque tiene una condición para recuperar las cosas que por esta causa se pagaron, y es como poseedor de un derecho. Pero también si pagó por causa de un fideicomiso el precio de las cosas que vendió, puede pedírsele la herencia, porque puede repetirlo. Mas en tales casos solamente deberá ceder sus acciones, ya que existen las cosas, y el demandante puede reivindicarlas por medio de la acción real.

**17.** *GAIUS libro sexto ad edictum provinciale. Quo si possessor hereditatis ob id, quod ex testamento heredem se esse putaret, legatorum nomine de suo solvit, si quis ab intestate eam hereditatem evincat, licet damnum videtur esse possessoris, quod sibi non prospexerit stipulation 'evicta hereditate legata reddi', attamen quia fieri potest, ut eo tempore solverit legata, quo adhuc nulla controversia mota sit, et ob in nullam interposuerit cautionem, placet in eo casu evicta hereditate dandam ei esse repetitionem. Sed cum cessante cautione repetitio datur, periculum est, ne propter inopiam eius, cui solutum est legatum, nihil repeti possit, et ideo secundum senatus consulti sententiam*

**17.** GAYO *en el libro sexto de los comentarios al edicto provincial.* Pero si el poseedor de la herencia, creyendo que era heredero testamentario, pagó de su patrimonio los legados, y alguien reivindicara *ab intestato* dicha herencia, aunque parece que el poseedor se perjudica por no haberse prevenido con la estipulación de 'devolver los legados en caso de eviccionar la herencia', sin embargo, como puede suceder que hubiere pagado pagado los legados cuando aún no se había promovido controversia sobre la herencia, y por esto no hubiere interpuesto caución alguna, se

*subveniendum ei est, ut ipse quidem ex retentione rerum hereditariarum sibi satisfaciat, cedat autem actionibus petitori, ut suo periculo eas exerceat.*

admite que en caso de eviccionada la herencia deberá otorgársele la repetición de lo pagado por concepto de legados. Pero cuando por no haberse interpuesto caución se da la repetición, hay peligro de que por la pobreza de aquel a quien se pagó el legado no pueda repetirse nada; y por ello, según resolvió el senadoconsulto Juvenciano, deberá auxiliársele para que se satisfaga con la retención de los bienes de la herencia, pero ceda sus acciones la demandante para que las ejercite a su riesgo.

**18**. *ULPIANUS libro quinto decimo ad edictum. Item videndum, si possessor hereditatis venditione per argentariam facta pecuniam apud eum perdiderit, an petitione hereditatis teneatur, quia nihil habet nec consequi potest. Sed Labeo putat eum teneri, quia suo periculo male argentario credidit: sed Octavenus ait nihil eum praeter actiones praestaturum, ob has igitur actiones petitione hereditatis teneri. Mihi autem in eo, qui mala fide possedit, Labeonis sententia placet: in altero vero, qui bona fide possessor est, Octaveni sentential sequenda esse videtur.*

**18**. ULPIANO *en el libro décimo quinto de los comentarios al edicto.* También debe considerarse si será demandado por la petición de la herencia si el poseedor de ésta, habiéndose hecho la venta por medio de un banquero, hubiere perdido su importe por causa de éste, pues nada tiene ni puede conseguir. Y Labeón opina que sí está obligado, porque confió indebidamente en el banquero a riesgo suyo; y Octaveno dice que sólo se obligará a la cesión de acciones; y por ende, con base en tales acciones puede demandársele con la petición de herencia. Pero la opinión de Labeón me parece adecuada respecto a quien poseyó de mala fe, pero respecto al otro que es poseedor de buena fe, parece que debe seguirse la opinión de Octaveno.

*§1. Si quis, cum peteretur ab eo hereditas, neque rei neque iuris velut possessor erat, verum postea aliquid adeptus est, an petitione hereditatis videatur teneri? Et Celsus libro quarto digestorum recte scribit hunc condemnandum, licet initio nihil possedit.*

§1. Si al reclamársele la herencia, alguien no era poseedor ni de la cosa ni del derecho, pero después adquirió un bien de la herencia, ¿responderá por la petición de herencia? Y en el libro cuarto de su Digesto escribe Celso que sí debe ser condenado aunque al principio nada poseía.

*§2. Nunc videamus, quae veniant in hereditatis petitione. Et placuit universas res hereditarias in hoc iudicium venire, sive iura sive corpora sint,*

§2. Veamos ahora qué cosas se comprenden en la petición de herencia. Y pareció procedente que en este juicio se comprendieran todos los bienes de la herencia, ya fueren derechos ya bienes corpóreos,

**19.** *PAULUS libro vicensimo ad edictum. ... et non tantum hereditaria corpora, sed et quae non sunt hereditaria, quórum tamen periculum ad heredem pertinet: ut res pignori datae defunct vel commodatae depositaeve. Et quidem rei pignori datae etiam specialis petitio est, ut et hereditatis petitione contineatur, sicut illae quarum nomine Publiciana competit. Sed licet earum ad nos pertinet, aequum est eas restitui.*

**19.** PAULO *en el libro vigésimo de los comentarios al edicto.* ... y no tan solo los bienes corpóreos de la herencia, sino también los que no lo son pero de los que el heredero responde, como los dados en prenda al difunto o en comodato o depositados en poder de éste. Y sin duda que para la cosa dada en prenda hay una petición especial para que también sea comprendida en la petición de la herencia, como aquellas para las que compete la acción Publiciana. Pero aunque para los bienes que han sido dados en comodato o depositados no se otorgue con facilidad acción alguna, sin embargo, como respondemos de

*§1. Quod si pro emptore usucapio ab herede impleta sit, non veniet in hereditatis petitione: quia heres, id est petitor, eam vindicare potest nec ulla exception datur possessori.*

§1. Pero si el heredero completó la usucapión como comprador, el bien no se hallará comprendido en la petición de herencia, porque el heredero, es decir, el demandante, puede reivindicarla y no se otorga al poseedor excepción alguna.

*§2. Veniunt et hae res in hereditatis petitionem, in quibus possessor retentionem habuit, non etiam petitionem: veluti si iuraverat defunctus petitoris rem non esse et decesserit, debent hae quoque restitui. Immo et si possessor sua culpa eas amiserit, tenebitur hoc nomine. Idemque erit et in praedone, licet hic propter culpam non teneatur: quia nec hic debet has res retinere.*

§2. También se comprenden en la petición de herencia aquellos bienes que el poseedor pudo retener, pero no tuviera la acción; por ejemplo, si el difunto había jurado que el bien no era del demandante, y luego hubiere fallecido: también esto debe restituirse. Es más, si el poseedor los perdió por culpa suya, responderá por ello. Y lo mismo será también respecto al poseedor de mala fe, aunque éste no responda sólo por la culpa, porque no tiene derecho a retener dichos bienes.

*§3. Servitutes in restitutionem hereditatis non venire ego didici, cum nihil eo nomine possit restitui, sicut est in corporibus et fructibus, sed si non patiatur ire et agere, propria actione convenietur.*

§3. Yo aprendí en la doctrina de mi escuela que las servidumbres no se incluyen en la restitución de la herencia, pues bajo dicho concepto nada puede restituirse, como en el caso de los bienes corpóreos y en los frutos; pero si no se permitiera el paso ni la conducción de ganado, se demandará con la acción propia de cada figura.

*20. ULPIANUS libro quinto decimo*

20. ULPIANO *en el libro décimo quinto de los comentarios al edicto.*

*ad edictum. Item veniunt in hereditatem etiam ea, quae hereditatis causa comparata sunt, ut puta mancipia pecoraque et si qua alia, quae necesario hereditati sunt comparata. Et si quidem pecunia hereditaria sint comparata, sine dubio venient: si vero non pecunia hereditaria, videndum erit: et puto etiam haec venire, si magna utilitas hereditatis versetur, pretium scilicet restituturo herede.*

También se comprenden en la petición de herencia las cosas que fueron compradas por causa de la herencia, por ejemplo, los esclavos, los ganados y algunas otras cosas que se compraron por necesidad para la herencia. Y si hubieren sido efectivamente compradas con dinero de la herencia, sin duda estarán comprendidas; pero si no se compraron con dinero de la herencia, habrá de verse si están comprendidas; y opino que también éstas se hallan comprendidas si fueren de gran utilidad para la herencia, debiendo el heredero restituir por supuesto el precio.

*§1. Sed non omnia, quae ex hereditaria pecunia comparata sunt, in hereditatis petitionem veniunt. Denique scribit Iulianus libro sexto digestorum, si possessor ex pecunia hereditaria hominem emerit et ab eo petatur hereditas, ita venire in hereditatis petitionem, si hereditatis interfuit eum emi: at si sui causa emit, pretium venire.*

§1. Pero no todas las cosas que se compraron con dinero de la herencia se comprenden en la petición. En efecto, Juliano escribe en el libro sexto del Digesto que si el poseedor hubiere comprado un esclavo con dinero de la herencia y se le pidiera ésta, se comprende en la petición sólo si convino a la herencia que él fuera comprado; pero si lo compró en beneficio propio, se comprende el precio en la petición.

*§2. Simili modo et si fundum hereditarium distrraxerit, si quidem sine causa, et ipsum fundum et fructus in hereditatis petitionem venire: quod si aeris exsolvendi gratia hereditarii id fecit, non amplius venire quam pretium.*

§2. Del mismo modo, si vendió un fundo de la herencia sin mediar causa justa, se comprenden en la petición de herencia tanto el fundo como los frutos; pero si lo hizo para pagar deudas de la herencia, sólo se

*§3. Item non solum ea quae mortis tempore fuerunt, sed si postea augmenta hereditati accesserunt, venire in hereditatis petitionem: nam hereditas et augmentum recipit et deminutionem. Sed ea, quae post auditam hereditatem accedunt, si quidem ex ipsa hereditate, puto hereditati accedere: si extrinsecus, non, quia personae possessoris accedunt. Fructus autem omnes augent hereditatem, sive ante aditam sive post aditam hereditatem accesseritn. Sed et partus ancillarum sine dubio augent hereditatem.*

§3. Asimismo, se comprenden en la petición de herencia no sólo las cosas que existían al tiempo de la muerte, sino los aumentos que después se agregaron a la misma, porque la herencia es susceptible tanto de aumento como de disminución. Pero aquellas cosas que se agregan después de aceptada la herencia opino que corresponden a la herencia si provienen de ésta; pero si se producen por causas extrínsecas no, porque acceden a la persona del poseedor. Mas todos los frutos aumentan la herencia, tanto si se hubieren producido antes o después de aceptada. Pero también los partos de las esclavas hereditarias aumentan sin duda alguna la herencia.

*§4. Cum praediximus omnes hereditarias actiones in hereditatis petitionem venire, quaeritur, utrum cum sua natura veniant an contra. Ut puta est quaedam action, quae infitiatione crescit: utrum cum suo incremento an vero in simplum venit, ut legis Aquiliae? Et Iulianus libro sexto digestorum scribit simplum soluturum.*

§4. Como hemos dicho antes que todas las acciones de la herencia se comprenden en la petición de ésta, se pregunta si se comprenderán con sus naturales consecuencias o no; por ejemplo, en cierta acción cuya condena crece con la negación del demandado, ¿entra con su posible aumento o sólo por el importe simple, como ocurre con la acción de la Ley Aquilia? Y en el libro sexto de su Digesto Juliano escribe que debe pagarse el importe simple.

*§5. Idem recte ait, si noxali iudicio condemnatus sit possessor defuncto, non*

§5. Con razón dice el mismo autor que si en un juicio noxal el

*posse eum dedentem noxae officio iudicis liberari: quia tamdiu quis habet noxae dedendae facutatem, quamdiu iudicati conveniatur, post susceptum iudicium non potest noxae dedendo se liberare: suscepit autem per petitionem hereditatis.*

poseedor hubiere sido condenado en favor del difunto, no puede liberarse por ministerio del juez quien dé por el daño causado, porque tiene facultad para dar por el daño sólo por la cantidad que se es demandado en la sentencia; pero después de aceptado el juicio no puede uno librarse dando por el daño, y el poseedor acepta el juicio con la petición de herencia.

*§6. Praeter haec multa repperimus tractate et de petitione hereditatis, de distractis rebus hereditariis, de dolo praeterito et de fructibus. De quibus cum forma senatus consulto sit data, optimum est ipsius senatus consulti interpretationem facere verbis eius relatis. Pridie idus Martias Quintus Iulius Balbus et Publius Iuventius Celsus Titius Aufidius Oenus Senerianus consules verba fecerunt de his, quae imperator Caesar Traiani Parthici filius divi Nervae nepos Hadrianus Augustus imperator maximumsque princeps proposuit quinto nonas Martias quae proximae fuerunt libellu complexus esset, quid fieri placeat, de qua re ita consuerunt'.*

§6. Además de esto, hallamos discutidas otras muchas cosas respecto a la petición de herencia, a los bienes hereditarios vendidos, al dolo pasado y a los frutos; habiéndose dado sobre tales cuestiones una resolución en virtud del senadoconsulto Juvenciano, lo mejor es interpretarlo una vez transcritas sus palabras: 'el día anterior a los idus de marzo del año 129, los cónsules Quinto Julio Balbo y Publio Juvencio Celso Ticio Aufidio Henio Severiano, se pronunciaron sobre lo que el emperador Adriano, hijo de Trajano Pártico y nieto del divino Nerva, César Augusto y príncipe máximo, propuso al senado el día quinto de las nonas de marzo próximas pasadas en su libelo habiendo sobre lo que procede hacer, y sobre cuyo asunto dictaminaron de este modo:

*§6a. 'Cum antequam partes caducae ex bonis Rustici fisco peterentur, hi, qui*

§6a. 'Como quienes se consideran herederos vendieron

*se heredes esse existimant, hereditatem distraxerint, placere redactae ex pretio rerum venditarum pecuniae usuras non esse exigendas idemque in similibus causis servandum.*

la herencia antes de que el fisco reclamara las porciones caducas de los bienes de Rústico, parece procedente que no deben exigirse los intereses del dinero percibido por la venta de los bienes. Y que lo mismo debe observarse en casos análogos.

*§6b. Item placere, a quibus hereditas petita fuisset, si adversus eos iudicatum esset, pretia, quae ad eos rerum ex hereditate venditarum pervenissent, et si eae ante petitam hereditatem deperissent deminutaeve fuissent, restituere debere'.*

§6b. 'Que asimismo parece procedente que aquellos a quienes se hubiese reclamado la herencia, si se hubiere fallado contra ellos, deben restituir los precios que hubiesen obtenido de los bienes vendidos procedentes de la herencia, aunque tales bienes hubiesen perecido o hubiesen disminuido antes de pedida la herencia'.

*§6c. Item eos qui bona invasissent, cum scirent ad se non pertinere, etiamsi ante litem contestatam fecerint, quo minus possiderent, perinde condemnandos, quasi possiderent: eos autem, qui iustas causas habuissent, quare bona ad se pertinere existimassent, usque eo dumtaxat, quo locupletiores ex ea re facti essent'.*

§6c. 'Igualmente, quienes hubiesen invadido los bienes sabiendo que no les pertenecían, aunque antes de contestada la demanda hubieren hecho algo para dejar de poseerlos, deben ser condenados como si los poseyeran; pero los poseedorres que tuvieran justas causas para considerar que los bienes les pertenecían, solamente deben ser condenados en la medida en que por tal motivo se hubiesen enriquecido'.

*§6d. Petitam autem fisco hereditatem ex eo tempore existimandum esse, quo primum scierit quisque eam a se peti, id est cum primum aut denuntiatum esset ei aut litteris vel edicto evocatus esset. censuerunt'. Aptanda est igitur nobis singulis verbis senatus consulti*

§6d. 'Y dictaminaron que debe considerarse reclamada por el fisco la herencia desde el momento en que alguien hubiese sabido que se le reclamaba, es decir, tan pronto como se le hubiese notificado, o hubiese

*congruens interpretatio.*

sido citado por anuncio o por edicto'. Así, pues, hemos de aplicar nosotros la correspondiente interpretación a cada palabra del senadoconsulto.

*§7. Ait senatus: 'cum antequam partes caducae fisco peterentur'. Hoc evenerat, ut partes caducae fisco peterentur: sed et si ex asse fiat, senatus consultum locum habebit: idem, et si vacantia bona fisco vindicentur vel si ex alia quacumque causa bona ad eum pervenerunt,*

§7. Dice el senado: 'como antes de que el fisco reclamara las porciones caducas'. Anteriormene había sucedido esto, pero aunque se hiciera por toda la herencia tendrá lugar el senadoconsulto. También tendrá lugar si el fisco reivindicara los bienes vacantes, o si por cualquier otra causa los bienes terminaron en su poder,

*§8. ... senatus consultum hoc locum habebit: et si civitati peteretur.*

§8. ... este senadoconsulto también tendrá lugar si se reclamase la herencia a una ciudad.

*§9. In privatorum quoque petitionibus senatus consultum locum habere nemo est qui ambigit, licet in publica causa factum sit.*

§9. No hay quien dude que, aunque se haya hecho para una causa pública, este senadoconsulto también se aplica a las peticiones de los particulares.

*§10. Non solum autem in hereditate utimur senatus consulto, sed et in peculio castrensi vel alia universitate.*

§10. No sólo usamos el senadoconsulto para una herencia, sino también para un peculio castrense u otro conjunto de bienes.

*§11. 'Petitam autem hereditatem' et cetera: id est ex quo quis scit a se peti: nam ubi scit, incipit malae fidei possessor. 'Id est cum primum aut denuntiatum esset': quid ergo sis cit quidem, nemo autem ei denuntiavit, an incipiat usuras debere pecuniae redactae? Et puto debere: coepit enim malae fidei possessor esse. Sed*

§11. 'Y que debe considerarse reclamada la herencia' y lo demás: esto quiere decir desde que alguien sabe que se le reclama; porque al saberlo comienza a ser poseedor de mala fe. 'Es decir, tan pronto como se le hubiese notificado'. ¿Qué se dirá si lo sabe, pero nadie se lo

ponamus denuntiatum esse, non tamen scit, quia non ipsi, sed procuratori eius denuntiatum est: senatus ipsi denuntiari exigit et ideo non nocebit, nisi forte is cui denuntiatum est eum certioraverit, sed non si certiorari potuit nec fecit. A quo denuntiatum est senatus non exigit: quicumque ergo fuit qui denuntiavit, nocebit.

§12. Haec adversus bonae fidei possessores, nam ita senatus locutus est: 'eos qui se heredes existimassent'. Ceterum si quis sciens ad se hereditatem non pertinere distraxit, sine dubio non pretia rerum, sed ipsae res veniunt in petitionem hereditatis et fructus earum. Sed imperator Severus epistula ad Celerem idem videtur fecisse in malae fidei possessoribus: atquin senatus de his est locutus qui se heredes existimant. Nisi forte ad eas res referemus, quas distrahi expedierat, quae onerabant magis hereditatem quam fructui erant: ut sit in arbitrio petitoris, qualem computationem faciat adversus malae fidei posessorem, utrum ipsius rei et fructuum an pretii et usurarum post motam controversiam.

notificó? ¿Comenzará a deber los intereses del dinero percibido? Opino que sí, porque comenzó a ser poseedor de mala fe. Pero supongamos que se le notificó y él no lo sabe porque se le notificó a su procurador: el senado exige que se le notifique personalmente, y por tanto no le perjudicará la notificación hecha a otro, a no ser que aquel a quien se le notificó se lo hubiere hecho saber, pero no si pudo hacérselo saber y no lo hizo. El senado exige que cualquiera notifique; por ende, perjudicará quien sea que haya notificado.

§12. Esto tratándose de los poseedores de buena fe, porque el senado decretó esto: 'los que se hubieren considerado herederos'. Pero si alguien vendió la herencia sabiendo que no le pertenecía, sin duda se comprenden en la petición de herencia las cosas mismas y sus frutos, no los precios de las mismas. Pero el emperador Septimio Severo, en su epístula a Céler, parece haber determinado lo mismo también para los poseedores de mala fe. Pero el senado se refirió a los que se consideran herederos, salvo que nos refiramos a cosas de las que se había convenido su devolucion y que gravaban la herencia más que ser lucrativas, a fin de dejar al arbitrio del demandante la estimación que debe hacerse contra el poseedor de mala fe: si debe tratarse de la misma cosa y de sus frutos, o del precio y de los intereses posteriores al inicio de la controversia.

*§13. Licet autem senatus de his locutus sit, qui se heredes existiment, tamen et si bonorum possessores se existiment vel alios successores iustos vel sibi restitutam hereditatem, in eadem erunt condicione.*

§13. Si bien el senado se refirió a quienes se consideran herederos, sin embargo, aunque se consideren poseedores de los bienes hereditarios u otros legítimos sucesores, o que les ha sido restituida la herencia en virtud de fideicomiso, estarán en la misma condición.

*§14. Papinianus autem libro tertio quaestionum, si possessor hereditatis pecuniam inventam in hereditate non attingat, negat eum omnino in usuras conveniendum.*

§14. Pero dice Papiniano en el libro tercero de las cuestiones que si el poseedor de la herencia no tocase el dinero de ésta, de ningún modo no debe ser demandado por los intereses.

*§15. 'Redactae', inquit, 'pecuniae ex pretio rerum venditarum'. Redactam sic accipiemus, non solum iam exactam, verum et si exigi potuit nec exacta est.*

§15. Dice el senado: 'los intereses del dinero obtenido de los bienes vendidos'. Entenderemos por 'obtenido' no sólo el que ya se ha cobrado, sino también si pudo ser cobrado y no se cobró.

*§16. ¿Quid si post petitam hereditatem res distraxerit? Hic ipsae res venient fructusque earum. Sed si forte tales fuerunt, quae vel steriles erant vel temporae periturae, et hae distractae sunt vero pretio, fortassis possit petitor eligere, ut sibi pretia et usurae praestentur.*

§16. ¿Qué diremos si hubiese vendido los bienes después de pedida la herencia? En este caso se comprenderán las cosas y sus frutos. Pero si las cosas eran estériles o habían de consumirse con el tiempo, y fueron vendidas en su precio real, quizá el demandante pueda elegir que se le paguen los precios y los intereses.

*§17. Ait senatus: 'placere, a quibus*

§17. Dice el senado: 'parece

petita hereditas fuisset, si adversus eos iudicatum esset, pretia, quae ad eos rerum ex hereditate venditarum pervenissent, etsi ante petitam hereditatem deperisssent deminutaeve essent, restituere debere'. Bonae fidei possessor si vendiderit res hereditarias, sive exegit pretium sive non, quia habet actionem, debebit pretium praestare: sed ubi habet actionem, sufficient eum actiones praestare.

procedente que aquellos a quienes se hubiese reclamado la herencia, si se hubiere fallado contra ellos, deben restituir los precios que hubiesen obtenido de los bienes vendidos procedentes de la herencia, aunque tales bienes hubiesen perecido o hubiesen disminuido antes de pedida la herencia'. Si el poseedor de buena fe hubiere vendido los bienes de la herencia, tanto si exigió el precio como si no, deberá entregar el precio puesto que tiene acción para ello. Pero cuando tiene la acción bastará con que ceda las acciones.

§18. Sed si vendidit et evicta re restituit quo accepit, non videbitur ad eum pervenisse: quamquam possit dici nec ab initio pretium venire, quia non fuit res hereditaria, quae distracta est: sed etsi senatus rerum ex hereditate distractarum, non hereditariarum fecit mentionem, restitui tamen non debet, quia nihil apu eum remaneat. Nam et Iulianus libro sexto digestorum scribit quod indebitum exegit restituere eum non debere nec imputaturum quod non debitum solvit.

§18. Pero si vendió una cosa, y reivindicada ésta debido a una evicción restituyó el precio cobrado, no se considerará que entró en su patrimonio el precio, aunque pueda decirse que desde el principio estaba comprendido el precio, porque la cosa vendida no pertenecía a la herencia. Pero aunque el senado mencionó cosas vendidas procedentes de la herencia y no cosas de la herencia, no debe sin embargo restituirse en tal caso, porque nada queda en su poder. Pues también escribe Juliano en el libro sexto de su Digesto que el poseedor no debe restituir lo que cobró indebidamente, y tampoco ha de imputar lo que pagó sin ser debido.

§19. Sed si res sit redhibita, hic utique

§19. Pero si la cosa hubiera sido

*et hereditaria est et pretium non veniet quod refusum est.*

recuperada por redhibición, es ciertamente hereditaria, y no se comprenderá en la reclamación el precio que fue devuelto al comprador.

*§20. Sed et si ob venditionem obstrictus sit emptori possessor hereditatis, dicendum erit prospici ei cautione.*

§20. Y si por razón de la venta el poseedor de la herencia hubiere quedado obligado ante el comprador, deberá decirse que se prevé en su favor una caución.

*§21. Restituere autem pretia debebit possessor, etsi deperditae sunt res vel deminutae. Sed utrum ita demum restituat, si bonae fidei possessor est, an et si malae fidei? Et si quidem res apud emptorem exstent nec deperditae nec deminutae sunt, sine dubio ipsas res debet praestare malae fidei possessor aut, si recipere eas ab emptore nullo modo possit, tantum quantum in litem esset iuratum. At ubi deperditae sunt et deminutae, verum pretium debet praestari, quia si petitor rem consecutus esset, distraxisset et verum pretium rei non perderet.*

§21. Pero el poseedor deberá restituir los precios aunque las cosas se hayan perdido o disminuido. ¿Las restituirá solamente si es poseedor de buena fe o también si lo es de mala fe? Si en realidad se conservan las cosas en poder del comprador y no se han perdido ni disminuido, sin duda que el poseedor de mala fe debe entregar las mismas cosas, y si de ningún modo pudiera recuperarlas del comprador, pagará lo que se hubiese jurado para el pleito. Mas cuando las cosas se han perdido o disminuido, debe entregarse su verdadero precio, porque si el demandante hubiese conseguido la cosa, la habría vendido, y no perdería el verdadero precio de ella.

**21.** *GAIUS libro sexto ad edictum provinciale. Deperditum intellegitur, quo in rerum natura esse desiit: deminutum vero, quod usucaptum esset et ob id de hereditate exiit.*

**21.** GAYO *en el libro sexto de los comentarios al edicto provincial.* Se considera perdido lo que dejó de existir, y disminuido lo que hubiese sido usucapido y por ello salió de la herencia.

**22**. *PAULUS libro vicensimo ad edictum. Si et rem et pretium habeat bonae fidei possessor, puta quod eandem redemerit: an audiendus sit, si velit rem dare, non pretium? In praedone dicimus electionem esse debere actoris: an hic magis possessor audiendus sit, si velit rem trader licet deteriorem factam, non petitor, si pretium desideret, quod inverecundum sit tale desiderium: an vero, quia ex hereditaria locupletior sit, et id quod amplius habet ex pretio restituere debeat, videndum. Nam et in oratione divi Hadriani ita est: 'Dispicite, patres conscripti, numquid sit aequius possessorem non facere lucrum et pretium, quod ex aliena re perceperit, reddere, quia potest existimari in locum hereditariae rei venditae pretium eius successisse et quodammodo ipsum hereditarium factum'. Oportet igitur possessorem et rem restituere petitori et quod ex venditione eius rei lucratus est.*

**22**. PAULO *en el libro vigésimo de los comentarios al edicto.* Si el poseedor de buena fe tuviera tanto la cosa como el precio, por ejemplo, porque hubiere comprado nuevamente la cosa que vendió, ¿deberá ser oído si quisiera dar la cosa y no el precio? Respecto al poseedor de mala fe decimos que la elección debe ser del actor. Debemos ver si en este caso el poseedor ha de ser favorablemente oído, si quisiera entregar la cosa aunque se haya deteriorado, y no el demandante si reclama el precio -por no sea adecuada tal pretension-, o si debe restituir lo que ganó en el precio, por haberse enriquecido en virtud del bien propio de la herencia. Porque también en el discurso del divino Adriano se dice esto: 'examinen, padres conscriptos, si acaso sea más justo que el poseedor no obtenga un lucro, y devuelva el precio que por vender una cosa ajena hubiere percibido, ya que puede estimarse que en lugar de la cosa vendida de la herencia se subrogó su precio y en cierto modo se incorporo a la herencia'. Por tanto, conviene que el poseedor restituya al demandante la cosa y el lucro que por la venta de la misma cosa ha obtenido.

**23.** ULPIANUS *libro quinto decimo ad edictum. Utrum autem omne pretium restituere debebit bonae fidei possessor an vero ita demum, si factus sit locupletior, videndum: finge pretium acceptum vel perdidisse vel comsumpsisse vel donasse. Et verbum quidem pervenisse ambiguum est, solumne hoc contineret, quod prima ratione fuerit, an vero et id quo durat. Et puto sequentem clausulam senatus consulti, etsi haec sit ambigua, ut ita demum competat, si factus sit locupletior.*

§1. *Proinde si non solum pretium, sed etiam poena tardius pretio soluto pervenerit, poterit dici, quia locupletior in totum factus est, debere venire, licet de pretio solummodo senatus sit locutus.*

**24.** PAULUS *libro vicensimo ad edictum. At ubi vi deiectus fuit, non debet restituere poenam ex eo commissam, quod eam actor habere non potest. Sic nec poena restitui debet, quam adversarius ei promisit, si ad iudicium non venerit.*

**23.** ULPIANO *en el libro décimo quinto de los comentarios al edicto.* Pero debe verse si el poseedor de buena fe deberá restituir todo el precio o solamente aquello de lo que se hubiera enriquecido; supón que perdió, o consumió o donó el precio recibido. Y ya que la frase 'hubiese conseguido' es ambigua, ¿se referirá solo a lo cobrado por la primera ocasión o quizá también lo que actualmente se conserva? Y opino que debe observarse lo establecido en el senadoconsulto y restituirse lo conservado, aunque sea ambiguo, de suerte que se aplique solamente si se hubiere enriquecido.

§1. En consecuencia, si hubiere conseguido no solamente el precio sino también la pena por haberse pagado el precio con retraso, podrá decirse que, como en todo se enriqueció, todo debe incluirse, aunque el senado se haya referido únicamente al precio.

**24.** PAULO *en el libro vigésimo de los comentarios al edicto.* Cuando fue desposeído con violencia, no debe restituir la cantidad pagada como pena por esta causa, porque el actor no puede obtenerla. Así, tampoco debe entregar la pena que el adversario le prometió para el caso de no comparecer en juicio.

**25.** *ULPIANUS libro quinto decimo ad edictum. Sed et si lege commissoria vendidit, idem erit dicendum lucrum, quod sensit lege commissoria, praestaturum.*

**25.** ULPIANO *en el libro décimo quinto de los comentarios al edicto.* Pero si se vendió con cláusula de pacto comisorio, también debe afirmarse que debe entregar la ganancia que obtuvo por dicho pacto.

*§1. Item si rem distraxit et ex pretio aliam rem comparavit, veniet pretium in petitionem hereditatis, non res quam in patrimonium suum convertit. Sed si res minoris valet quam comparata est, hactenus locupletior factus videbitur, quatenus res valet: quemadmodum si compsumpsisset, in totum locupletior factus non videbitur.*

§1. También si vendió una cosa y con su precio vendió otra, en la petición de herencia se incluirá el precio y no la cosa que incorporó a su patrimonio. Pero si la cosa vale menos de lo pagado por ella, se entenderá que sólo se enriqueció respecto al valor de la cosa, igual que si lo hubiese consumido en vez de invertirlo, y se considerará que en nada se enriqueció.

*§2. Quod ait senatus: 'eos qui bona invasissent, quae scirent ad se non pertinere, etiamsi ante litem contestatam fecerint quo minus possiderent, perinde condemnandos quasi possiderent', ita intellegendum est, ut et dolus praeteritus in petitionem hereditatis deduceretur: sed et culpa. Et ideo ab eo qui ab alio non exegit vel a semet ipso, si tempore esset liberatus, peti hereditatem posse: hoc utique si exigere potuit.*

§2. Lo que dice el senado: 'que quienes hubiesen invadido bienes que sabían que no les pertenecían, aunque antes de contestada la demanda hubieren hecho algo para dejar de poseerlos, deben ser condenados como si los poseyeran', ha de entenderse en el sentido de que también el dolo pasado se considerará en la petición de herencia; y también la culpa, por lo que puede reclamarse la herencia a aquel que no cobró de otro o de sí mismo, si por el transcurso del tiempo hubiese quedado libre; esto, claro, si pudiere cobrar.

*§3. Quod autem ait senatus 'eos qui bona invasissent', loquitur de praedonibus, id est de his qui, cum*

§3. Lo que dice el senado: 'que quienes hubiesen invadido bienes', se refiere a los

*scirent ad se non pertinere hereditatem, invaserunt bona, scilicet cum nullam causam haberent possidendi.*

poseedores de mala fe, es decir, a quienes sabiendo que no les pertenece la herencia invadieron los bienes, no teniendo causa alguna para poseerlos.

*§4. Sed et fructus non quos perceperunt, inquit, des quos percipere debuerunt, eos prestaturos.*

§4. Dice que deben entregarse no los frutos que percibieron, sino los que debieron percibir.

*§5. De eo autem loquitur senatus, qui ab initio mente praedonis res hereditarias adprehendit. Quod si ab initio quidem iustam causam habuit adipiscendae possessionis, postea vero conscious ad se nihil hereditatem pertinere praedonio more versari coepit, nihil senatus loqui videtur: puto tamen et ad eum mentem senatus consulti pertinere: parvi etenim refert, ab initio quis dolose in hereditate sit versatus an postea hoc facere coepit.*

§5. El senado habla de quien se apoderó de los bienes hereditarios con la intención de poseer con mala fe desde el inicio. Pero al parecer nada dice el senado sobre si al inicio tuvo justa causa para adquirir la herencia, y luego, sabiendo que no le pertenecía, comenzó a poseerla de mala fe. Sin embargo, opino que también alcanza a éste el espíritu del senadoconsulto, porque poco importa que alguien haya poseído la herencia dolosamente desde un inicio o que haya comenzado a hacerlo posteriormente.

*§6. Scire ad se non pertinere utrum is tantummodo videtur, qui factum scit, an et si qui in iure erravit? Putavit enim recte factum testamentum, cum inutile erat: vel cum eum alius praeederet adgnatus, sibi potis deferri. Et non puto hunc esse praedonem qui dolo caret, quiamis in iure, erret.*

§6. ¿Se entenderá que la frase 'sabían que no les pertenecían' se refiere tan sólo al que conoce el hecho o también al que erró respecto al derecho? Porque juzgó que el testamento había sido hecho debidamente siendo nulo, o que la herencia se le defería en primer lugar, precediéndolo otro agnado. Y no opino que sea poseedor de mala fe quien está exento de dolo, aunque yerre en cuanto al derecho.

§7. 'Si ante litem contestatam', inquit, 'fecerit': hoc ideo adiectum, quoniam post litem contestatam omnes incipiunt malae fidei possessores esse, quin immo post controversiam motam. Quamquam enim litis contestatae mentio fiat in senatus consulto, tamen et post motam controversiam omnes possessores pares fiunt et quasi praedones tenentur. Et hoc iure hodie utimur: coepit enim scire rem ad se non pertinentem possidere se is qui interpellatur. Qui vero praedo est, et ante litem contestatam doli nomine tenebitur: hic est enim dolus praeteritus.

§8. 'Perinde', inquit, 'condemnandos quasi possiderent': merito: nam is qui dolo fecit quo minus possideret, ut possessor condemnatur. Accipies, sive dolo desierit possidere sive dolo possessionem noluerit admittere. Sive autem ab alio res possideatur sive in totum non extet, locum habebit haec clausula. Unde si sit alius possessor, ab utroque hereditas peti possit: et si per multos ambulaverit possessio, omnes tenebuntur.

§7. Dice el senado: 'aunque antes de contestada la demanda hubieren hecho': esto se añadió debido a que luego de contestada la demanda todos empiezan a ser poseedores de mala fe; mejor dicho, una vez iniciado el litigio, porque aunque en el senadoconsulto se mencione la contestación de demanda, sin embargo, una vez iniciado el pleito todos los poseedores son iguales y se reputa que lo son de mala fe. Y hoy aplicamos este derecho, porque quien desde ese momento es demandado sabe que posee una cosa que no le pertenece, pero quien es poseedor de mala fe quedará obligado por razón del dolo incluso antes de contestada la demanda, porque en este caso el dolo es anterior.

§8. Y dice: 'deben ser condenados como si los poseyeran'. Con razón lo afirma, porque quien actuó dolosamente para no poseer es condenado como poseedor; lo cual debe entenderse tanto si con dolo hubiere dejado de poseer como si con dolo no hubiera querido recibir la posesión. Pero esta disposición se aplicará tanto si otro posee el bien como si éste ha desaparecido. Por lo que, si otro fuera el poseedor, puede pedirse la herencia a uno y a otro, y si la posesión hubiere pasado por muchos sujetos, todos podrán ser demandados.

*§9. Sed utrum si solus qui possidet fructus praestabit an etiam is qui dolo fecit quo minus possideret? Et dicendum erit post senatus consulto ambo teneri.*

§9. ¿Entregará los frutos sólo quien posee o también quien dolosamente hizo para no poseer? Y debe afirmarse que una vez promulgado el senadoconsulto todos podrán ser demandados.

*§10. Haec verba senatus consulti etiam adversus eum qui non possidet iusiurandum inducunt: tam enim adversus eum qui dolo fecit quo minus possideat quam adversus possidentem in litem iuratur.*

§10. Las palabras del senadoconsulto introducen el juramento de litigio estimado aun contra quien no posee; porque tiene lugar dicho juramento tanto contra quien hizo para no poseer como contra quien posee.

*§11. Consuluit senatus bonae fidei possessoribus, ne in totum damno adficiantur, sed in id dumtaxat teneantur, in quo locupletiores facti sunt. Quemcumque igitur sumptum fecerint ex hereditate, si quid dilapidaverunt perdiderunt, dum re sua abuti putant, non praestabunt. Nec si donaverint, locupletiores facti videbuntur, quamvis ad remunerandum sibi aliquem naturaliter obligaverunt. Plane si ἀντίδωρα (donationes remunerandi causa) acceperunt, dicendum est eatenus locupletiores factos, quatenus acceperunt: velut genus quoddam hoc esset permutationis.*

§11. El senado asistió a los poseedores de buena fe para que no les resulte perjuicio alguno, sino que estén obligados sólo por aquello en que se enriquecieron. Por lo tanto, no responderán de cualquier gasto que hubieren hecho de la herencia si algo dilapidaron o perdieron, creyendo que consumían un patrimonio propio; ni tampoco se entenderá que se hicieron más ricos si hubieren hecho donación, aunque obligaron naturalmente al donatario a remunerarles. Pero si en verdad recibieron remuneraciones (en griego *antidora*), debe decirse que se enriquecieron en la medida de lo recibido, como si esto fuera una especie de permuta.

*§12. Si quis re sua lautius usus sit contemplatione delatae sibi hereditatis,*

§12. Si alguien gastó de su patrimonio muy holgadamente

*Marcellus libro quinto digestorum putat nihil eum ex hereditate deducturum, si eam non attigit.*

en consideración a la herencia que creía le habían ofrecido, opina Marcelo en el libro quinto de su Digesto que nada debe deducir de la herencia si no la tocó.

*§13. Simili modo et mutuam pecuniam accepit, quasi dives se deceperit.*

§13. Igualmente, si tomó dinero prestado creyendo falsamente que ya era rico.

*§14. Si tamen pignori res hereditarias vendedit, videndum, an vel sic attingatur hereditas: quod est difficile, cum ipse sit obligatus.*

§14. Pero si dio en prenda bienes de la herencia, debe saberse si con ello afecta a la herencia; lo cual es difícil admitir estando él mismo obligado.

*§15. Adeo autem qui locupletior factus non est non tenetur, ut si quis putans se ex asse heredem partem dimidiam hereditatis sine dolo malo consumpsuerit, Marcellus libro quarto digestorum tractat, num non teneatur, quasi id quod erogaverit ex eo fuerit, quod ad eum non pertinebat, sed ad coheredes: nam et si is qui heres non erat totum, quidquid apud se fuit, consumpsisset, sine dubio non tenetur, quasi locupletior non factus. Sed in proposita quaestione tribus visionibus relatis, una prima: deinde alia posse dici totum quod superest restituere eum debere, quasi suam partem consumpserit: tertia utrique quod consuptum est decedere: ait utique nonnihil restituendum, de illo dubitat, utrum totum an partem restituendam dicat: puto tamen residuum integrum non esse restituendum, sed partem eius dimidiam.*

§15. De tal manera no se obliga quien no se enriqueció, que si alguien, creyendo que era heredero universal hubiere consumido sin dolo malo la mitad de la herencia, examina Marcelo en el libro cuarto de su Digesto si no responderá, como si lo gastado hubiere sido de lo que no le pertenecía a él, sino a los coherederos; porque también si quien no era heredero hubiese consumido todo lo que pasó a su poder, sin duda que no responde, pues no se ha enriquecido. Pero en la cuestión propuesta, y habiéndose formulado tres opiniones: una es la anteriormente expuesta; después otra, según la cual puede afirmarse que debe restituir lo restante como si hubiera consumido su parte; y la tercera, según la cual lo consumido disminuye la parte de un heredero y la del otro, dice certeramente que debe restituirse alguna cosa. Pero duda sobre si debe restituirse la totalidad o una parte; y yo opino que no debe restituirse íntegramente el resto, sino la mitad de él.

*§16. Quod autem quis ex hereditate erogavit, utrum totum decedat an vero pro rata patrimonii eius? Ut puta penum hereditarium ebibit: utrum totum hereditati expensum feratur an aliquid et patrimonium eius? Ut in id factus locupletior videatur, quod solebat ipse erogare ante delatam hereditatem: ut si quid lautius contemplatione hereditatis impendit, in hoc non videatur factus locupletior, in statutis vero suis sumptibus videatur factus locupletior; utique enim etsi non tam laute erogasset, aliquid tamen ad victum cottidianum erogasset. Nam et divus Marcus in causa Pythodori, qui rogatus erat quod sibi superfuisset ex hereditate reddere, decrevit ea, quae alienate erant non minuendi fideicommissi nec pretium in corpus patrimonii Pythodori redisse, et ex proprio Pythodori patrimonio et ex hereditate decedere, non tantum ex hereditate. Et nunc igitur statute sumptus utrum ex hereditate decent exemplo rescripti divi Marci an ex solo patrimonio, videndum erit: et verius est, ut ex suo patrimonio decedant ea quae et si non heres fuisset erogasset.*

§16. ¿Pero acaso se descontará totalmente lo que alguien gastó de la herencia o en proporción a su patrimonio? Por ejemplo, si agotó las provisiones de la herencia, ¿se cargará a la herencia todo lo gastado o alguna cosa también a su patrimonio, de modo que consideremos que se enriqueció en aquello que solía gastar antes de habérsele diferido la herencia? Por lo que, si en atención a la herencia gastó más espléndidamente alguna cosa, no se entienda que en esto se enriqueció, pero sí al dejar de hacer sus gastos acostumbrados, porque aunque no hubiese gastado tan espléndidamente, algo habría gastado no obstante para el sustento cotidiano. Porque también el divino Marco Aurelio, en la causa de Pitodoro, a quien se había rogado que devolviera lo que le hubiese sobrado de la herencia, decretó que aquellas cosas que se habían enajenado sin ánimo de disminuir el fideicomiso, no habiendo devuelto ni siquiera su precio al patrimonio de Pitodoro, se deduzcan tanto de su patrimonio personal como de la herencia, no sólo de la herencia. Y así habrá de saberse si conforme a la respuesta escrita del divino Marco Aurelio los gastos acostumbrados disminuirán la herencia o sólo el patrimonio. Y es más adecuado que de su patrimonio se tome aquello que él habría gastado, aunque no hubiese sido heredero.

*§17. Item si rem distraxit bonae fidei possessor nec pretio factus sit locupletior, an sigulas res, si nondus usucaptae sint, vindicare petitor ab emptore possit? Et si vindicet, an exceptione non repellatur 'quod praeiudicium hereditati non fiat inter actorem et eum qui venum dedit', quia non videtur venire in petitionem hereditatis pretium earum, quamquam victim emptores reversuri sunt ad eum qui distraxit? Et puto posse res vindicari, nisi emptores regressum ad bonae fidei possessorem habent. Quid tamen si is qui vendidit paratus sit ita defendere hereditatem, ut perinde atque si possideret conveniatur? Incipit exceptio locum habere ex persona emptorum. Certe si minori pretio res venierint et pretium quodcumque illud actos sit consecutus, multo magis poterit dici exceptione eum summoveri. Nam et si id quod a debitoribus exegit possessor petitori hereditatis solvi, liberari debitores Iulianus libro quarto digestorum scribit, sive bonae fidei possessor sive praedo fuit qui debitum ab his exegerat, et ipso iure eos liberari.*

§17. Igualmente, si un poseedor de buena fe vendió el bien, y no se hubiera enriquecido con el precio, ¿podrá el demandante reivindicar del comprador cada uno de los bienes si todavía no han sido usucapidos? Y en caso de reivindicarlos, ¿no será repelido con la excepción 'porque entre el actor y el vendedor no debe causarse perjuicio a la herencia', pues el precio de ellas no parece que se comprende en la petición de herencia, aunque en caso de evicción los compradores vencidos deben dirigirse contra quien les vendió? Y yo juzgo que sí pueden reivindicarse los bienes si los compradores no tienen derecho a demandar al poseedor de buena fe. ¿Pero qué se dirá si quien vendió estuviera dispuesto a defender la herencia para ser demandado como si poseyese? Comienza a tener lugar la excepción por parte de los compradores. Ciertamente, si las cosas hubieran sido vendidas por un precio menor, y cualquiera que fuera el precio, lo hubiera conseguido el actor, con mucha mayor razón podrá decirse que se le rechazará con la excepción. Porque también si lo que el poseedor cobró de los deudores lo pagó a quien reclama la herencia, escribe Juliano en el libro cuarto de su Digesto que quedan libres los deudores, ya si fue poseedor de buena fe o de mala fe quien les había cobrado la deuda, y que los deudores quedan liberados de propio derecho.

*§18. Petitio hereditatis, etsi in rem actio sit, habet tamen praestationes quasdam personales, ut puta eorum quae a debitoribus sunt exacta, item pretiorum.*

§18. No obstante ser una acción real, la petición de herencia posee ciertas prestaciones personales, como por ejemplo la de aquellas cosas que se cobraron a los deudores, y también la de lo que se pagó como precio.

*§19. Hoc senatus consultum ad petitionem hereditatis factum etiam in familiae erciscundae iudicio locum habere placet, ne res absurda sit, ut quae peti possint divide non possint.*

§19. Parece procedente que este senadoconsulto, hecho para la petición de herencia, también se aplique para el juicio de partición de la misma, y así evitar el absurdo de no poder dividirse las cosas que puedan pedirse.

*§20. Augent hereditatem gregum et pecorum pastus.*

§20. Las crías de los rebaños y del ganado aumentan la herencia.

*26. PAULUS libro vicensimo ad edictum. Quod si oves natae sunt, deinde ex his aliae, hae quoque quasi augmentum restitui debent.*

**26.** PAULO *en el libro vigésimo de los comentarios al edicto.* Pero si nacieran ovejas y luego otras de ellas, también estas deben ser restituidas como aumento de la herencia.

**27.** *ULPIANUS libro quinto decimo ad edictum. Ancillarum etiam partus et partuum partus quamquam fructus ese non existimantur, quia non temere ancillae eius rei causae comparantur ut pariant, augent tamen hereditatem: quippe cum ea omnia fiunt hereditaria, dubium non est, quin ea possessor, si aut possideat aut post petitam hereditatem dolo malo fecit quo minus possideret, debeat restituere.*

§1. *Sed et pensiones, quae ex locationibus praediorum urbanorum perceptae sunt, venient, licet a lupanario perceptae sint: nam et in multorum honestorum virorum praediis lupanaria exercentur.*

**28.** *PAULUS libro vicensimo ad edictum. Post senatus consultum enim omne lucrum auferendum esse tam bonae fidei possessori quam praedoni dicendum est.*

**29.** *ULPIANUS libro quinto decimo ad edictum. Mercedes plane a colonis acceptae loco sunt fructuum. Operae quoque servorum in eadem erunt causa, qua sunt pensiones: item vecturae navium et iumentorum.*

**27.** ULPIANO *en el libro décimo quinto de los comentarios al edicto.* También los hijos de las esclavas y sus nietos, aunque no se consideren frutos, pues no se compran descaradamente esclavas para que solo tengan hijos, aumentan no obstante la herencia, y como todas estas cosas se hacen de la herencia, no hay duda que el poseedor deba restituirlas, ya si las poseyera o dejara de poseerlas con dolo malo luego de pedida la herencia. §1. También estarán comprendidas las rentas obtenidas de arrendamientos de predios urbanos, aunque hayan sido percibidas de un prostíbulo, porque también en predios de muchos hombres honestos se tienen prostíbulos.

**28.** PAULO *en el libro vigésimo de los comentarios al edicto.* Porque después del senadoconsulto debe decirse que ha de quitarse todo lucro tanto al poseedor de buena como de mala fe.

**29.** ULPIANO *en el libro décimo quinto de los comentarios al edicto.* Indudablemente las rentas cobradas a los colonos se consideran frutos. También el trabajo de los esclavos estará en similar condición al de las pensiones. Lo mismo sucede con lo obtenido de los transportes

con barcos y caballos.

**30.** *PAULUS libro vicensimo ad edictum. Iulianus scribit actorem eligere debere, utrum sortem tantum an et usuras velit cum periculo nominum agnoscere. Atquin secundum hoc non observabimus quod senatus voluit, bonae fidei possessorem teneri quatenus locupletior sit: quid enim si pecuniam eligat actor, quae servari non potest? Dicendum itaque est in bonae fidei possessore haec tantummodo eum praestare debere, id est vel sortem et usuras eius si et eas percepit, vel nomina cum eorum cessione in id facienda, quod ex his adhuc deberetur, periculo scilicet petitoris.*

**30.** PAULO *en el libro vigésimo de los comentarios al edicto.* Juliano escribe en el libro sexto de su Digesto que el actor debe elegir entre percibir solamente el capital prestado por el poseedor o también los intereses pero con el riesgo de las possible insolvencia de los mutuarios. Pero según esto, no observaremos lo que quiso el senado: que el poseedor de buena fe se obligue en la medida que se enriquezca. Porque ¿qué se dirá si el actor eligiera el capital que no puede recuperarse? Así, respecto al poseedor de buena fe ha de decirse que debe entregar solamente o el capital más los intereses, si también los percibió, o ceder los créditos respecto de lo que por los mismos aún se debiese, a riesgo del actor.

**31.** *ULPIANUS libro quinto decimo ad edictum. Si quid possessor solvit creditoribus, reputabit, quamquam ipso iure non liberaverit petitorem hereditatis: nam quod quis suo nomine solvit, non debitoris, debitorem non liberat. Et ideo Iulianus libro sexto digestorum scribit ita id imputaturum possessorem, si caverit se petitorem defensum iri. Sed an et bonae fidei possessor debeat defendendum cavere, videndum erit, quia in eo quod solvit*

**31.** ULPIANO *en el libro décimo quinto de los comentarios al edicto.* Si el poseedor de la herencia pagó algo a los acreedores, podrá imputarlo, aunque con dicho pago no hubiere liberado de propio derecho al demandante de la herencia; porque lo que uno paga en nombre propio, no en el del deudor, no libera al deudor. Y por esto escribe Juliano en el libro sexto de su Digesto que el poseedor

*non videtur locupletior factus: nisi forte habeat condictionem et hoc nomine videtur locupletior, quia potest repetere: finge enim eum, dum se heredem putat, solvisse suo nomine. Et videtur mihi Iulianus de solo praedone ut caveat sensisse, non etiam de bonae fidei possessore: condictionem tamen praestare debebit. Sed et petitor si a creditoribus conveniatur, exceptione uti debebit.*

imputará el pago si hubiere dado caución de que defenderá al demandante. Porque habrá de verse también si el poseedor de buena fe deberá dar caución de defenderse, porque no se entiende que se enriqueció en aquello que pagó, a no ser que tenga la acción ejecutiva. Y se entiende que se enriqueció porque puede repetir lo que pagó; porque supón considerándose heredero hubiese pagado en su nombre. Y a mí me parece que Juliano opinó que solo diese caución el poseedor de mala fe, no el de buena fe, aunque éste deberá ceder la acción ejecutiva. Pero también si el actor fuera demandado por los acreedores deberá usar la excepción.

*§1. Sed si ipsi aliquid praedoni debebatur, hoc deducere non debebit: maxime si id fuit debitum, quod natura debebatur. Quid tamen si expediebat petitori in debitum esse dissolutum propter poenam vel aliam causam? Potest dici impsum sibi vel solvisse vel debuisse solvere.*

§1. Pero si se debía algo al poseedor de mala fe, no deberá deducirlo en compensación, sobre todo si fue un adeudo derivado de obligación natural. ¿Y qué se dirá si convenía al demandante que esta deuda se hubiese pagado por razón de la pena fijada o por otra causa? Puede decirse que él mismo se pagó o que debió pagarse.

*§2. Iustus autem possessor dubio procul debebit deducere, quod sibi debetur.*

§2. Pero sin duda alguna el poseedor con justa causa deberá deducir en compensación lo que se le debe.

*§3. Sicut autem sumptum quem fecit deducit, ita si facere debuit nec fecit, culpae huius reddat rationem, nisi*

§3. Pero ya si deduce el gasto que hizo, ya si debió hacerlo y no lo hizo, será responsable de este

*bonae fidei possessor est: tunc enim, quia quasi suam rem neglexit, nulli querellae subiectus est ante petitam hereditatem: postea vero et ipse praedo est.*

*§4. Illud plane praedoni imputari non potest, cur passus est debitores liberari et pauperiores fieri et non eos convenit, cum actionem non habuerit.*

*§5. Quod autem possessori solutum est an restituere debeat, videamus: et si bonae fidei possessor fuit sive non, debere restituere placet, et quidem si restituerit, ut Cassius scribit et Iulianus libro sexto, liberari ipso iure debitores.*

*32. PAULUS libro vicensimo ad edictum. Per servum adquisitae res heredi restituendae sunt: quod procedi in hereditate liberti et cum de inofficioso agitur, cum interim in bonis esset heredis:*

*33. ULPIANUS libro quinto decimo ad edictum. ... nisi ex re heredis scripti*

descuido si no es poseedor de buena fe, porque en tal caso, al desatender el negocio creyendo que era propio, no está obligado a ninguna querella antes de la petición de herencia; pero después sí, porque ya es poseedor de mala fe.

§4. Ciertamente no puede culparse al poseedor de mala fe por permitir que los deudores de la herencia se liberasen y se empobrecieran, y no los demandó, cuando no podía ejercitar acción.

§5. Pero veamos si debe restituirse lo pagado al poseedor de la herencia; y parece correcto que sí debe restituirlo, fuera o no poseedor de buena fe; y si lo hubiere devuelto, sin duda que los deudores quedan libres por derecho propio, como escribe Casio y también Juliano en el libro sexto de su Digesto.

32. PAULO en el libro vigésimo de los comentarios al edicto. Los bienes adquiridos por medio de un esclavo deben restituirse al heredero; esto procede en la herencia del liberto y cuando se presenta querella por inoficioso testamento, siempre que entre tanto el esclavo estuviese entre los bienes del heredero,

33. PAULO en el libro décimo quinto de los comentarios al edicto. ... salvo que el esclavo haya

*stipulatus fuit.*

*§1. Iulianus scribiti, si hominem possessor distraxerit, si quidem non necessarium hereditati, petitione hereditatis pretium praestaturum: imputaretur enim ei, si non distraxisset: quod si necessarium hereditati, si quidem vivit, ipsum praestandum, si decesserit, fortassis nec pretium: sed non passurum iudicem qui cognoscit possessorem pretium lucrari scribit, et verius est.*

estipulado mientras administraba un bien del heredero instituido.

§1. Juliano escribe que si el poseedor hubiere vendido un esclavo innecesario para la herencia, deberá entregar su valor en la petición de herencia, porque se le tendría en cuenta si no lo hubiere vendido. Pero si el esclavo era necesario a la herencia, y sigue vivo, deberá entregarlo; pero si hubiere fallecido, no deberá entregar ni siquiera el precio. Pero escribe Juliano que el juez conocedor del asunto no debe permitir que el poseedor lucre con el precio, y esto es más cierto.

**34.** *PAULUS libro vicensimo ad edictum. Filii familias militis puto peti posse hereditatem ex testamento nobis obvenientem.*

**34.** PAULO *en el libro vigésimo de los comentarios al edicto.* Opino que puede pedirse al hijo de familia militar la herencia que por testamento nos corresponde por medio de la petición de ésta.

*§1. Si servus vel filius familias res hereditarias teneat, a patre dominove peti hereditas potest, si facultatem restituendarum rerum habet. Certe si pretium rerum hereditariarum venditarum in peculio servi habeat, et Iulianus existimat posse a domini quasi a iuris possessore hereditatem peti.*

§1. Si un esclavo o un hijo de familia poseyera los bienes de la herencia, ésta puede reclamarse al padre o al dueño si tiene facultad para restituir los bienes. A decir verdad, si tuviera en el peculio del esclavo el precio de los bienes de la herencia vendidos, también Juliano considera que puede reclamarse la herencia al dueño como si fuera poseedor de propio derecho.

**35**. *GAIUS libro sexto ad edictum provinciale. Idem Iulianus ait etiamsi nondum pretia rerum consecutus sit servus, posse a domino quasi a iuris possessore hereditatem peti, quia habet actionem, qua eam pecuniam consequatur, quae quidem action etiam ignorant adquireretur.*

**35**. GAYO *en el libro sexto de los comentarios al edicto provincial.* El mismo Juliano dice que aunque el esclavo no haya cobrado todavía el precio de los bienes, puede reclamarse la herencia al dueño como si fuera poseedor de propio derecho, pues tiene acción para conseguir el dinero, acción que, a decir verdad, adquiriría incluso si lo ignorase.

**36**. *PAULUS libro vicensimo ad edictum. Si a domino vel a patre, qui pretia possidet, hereditas petatur, an filio vel servo mortuo vel servo manumisso vel emancipato filio intra annum agi debeat? Et an debitum sibi dominus vel pater deducere potest? Iulianus verius esse ait, id quod Proculus quoque respondit, perpetuo actionem dandam nec deduci oportere id quod ipsi debetur, quia non de peculio agatur, sed hereditas petatur. Haec recte, se pretia habeat servus vel filius familias. Quod si propterea hereditas petatur a domino, quod servus debitor fuit, perinde haberi debebit, atque si de peculio ageretur. Idem dicendum Mauricianus ait etiamsi pecuniam ex pretio perceptam servus vel filius consumpserit, sed alias ex peculio eius solvi potest.*

**36**. PAULO *en el libro vigésimo de los comentarios al edicto.* Si se reclamara la herencia al dueño o al padre de familia que posee los precios, ¿deberá ejercitarse la acción dentro del año a partir de la muerte del hijo o del esclavo, o de manumitido el esclavo o de emancipado el hijo? ¿Podrá el dueño o el padre deducir lo que se le adeudaba? Juliano dice que es más correcto dar la acción perpetua, y esto también lo respondió Próculo; y que no debe deducirse lo que se le debe, ya que no se demanda por razón del peculio, sino que se reclama la herencia. Esto es cierto si el esclavo o el hijo de familia tuviera los precios. Pero si la herencia se reclamase al dueño porque el esclavo era el deudor, deberá considerarse como si se demandase con la acción de peculio. Mauriciano añade que lo mismo debe decirse aunque el esclavo o el hijo hubiere consumido la cantidad percibida por el precio cobrado, pero que de otro modo puede pagarse de su peculio.

*§1. Sed et a filio familias peti hereditatem posse non est dubium, quia restituendi facultatem habet, sicut ad exhibendum multo magis dicimus posse peti hereditatem a filio familias, qui, cum pater familias esset et possideret hereditatem, adrogandum se praestavit.*

§1. No hay duda de que también puede pedirse la herencia al hijo de familia, porque tiene facultad para entregar y para exhibir. Con mucha más razón decimos que puede reclamarse la herencia al hijo de familia que, siendo jurídicamente autónomo y poseyendo la herencia, se prestó a ser arrogado.

*§2. Si possessor hereditarium servum occiderit, id quoque in hereditatis petitione veniet: sed Pomponius ait actorem debere eligere, utrum velit sibi eum condemnari, ut caveat se non acturum lege Aquilia, an malit integram sibi esse actionem legis Aquiliae omissa eius rei aestimatione a iudice. Quae election locum habet, si ante aditam hereditatem occisus sit servus: nam si postea, ipsius action propria effecta est nec veniet in hereditatis petitionem.*

§2. Si el poseedor hubiere matado un esclavo de la herencia, esto también se incluirá en la petición de herencia. Pero Pomponio dice que el actor debe elegir si quiere que el poseedor sea condenado en su favor, para lo cual deberá otorgar caución de que no ejercitará la acción de la ley Aquilia, o si prefiere tener íntegra dicha acción pero habiendo prescindido el juez de valuar el bien. Dicha elección tiene lugar si el esclavo murió antes de aceptada la herencia, porque si murió después, el heredero adquiere la acción de la ley Aquilia y no estará comprendida en la petición de herencia.

*§3. Si praedo dolo desisset possidere, res autem eo modo interierit, quo esset interitura et si eadem causa possessionis mansisset: quantum ad verba senatus consulti melior est causa praedonis quam bonae fidei possessoris, quia praedo, si dolo desierit possidere, ita*

§3. Si el poseedor de mala fe dejó de poseer dolosamente, y el bien se hubiere perdido como se habría perdido si hubiese seguido poseyendo, de acuerdo con las palabras del senadoconsulto es mejor la

*condemnatur atque si possideret, nec adiectum esset, si res interierit. Sed non est dubium, quin non debeat melioris esse condicionis quam bonae fidei possessor. Itaque et si pluris venierit res, electio debebit esse actoris, ut pretium consequatur: alioquin lucretur aliquid praedo.*

condición del poseedor de mala fe que la del de buena fe, porque el primero, si dejó de poseer dolosamente, es condenado como si siguiera poseyendo y no se hubiere agregado la cláusula 'si la cosa hubiere se hubiere perdido'. Pero no hay duda que la condición del poseedor de mala fe no debe ser mejor que la del de buena fe. Así, aunque la cosa hubiere sido vendida por un precio mayor, la elección para obtener el dinero será del actor, de lo contrario, el poseedor de mala fe obtendría un lucro.

*§4. Quo tempore locupletior esse debeat bonae fidei possessor, dubitatur: sed magis est rei iudicatae tempus spectandum esse.*

§4. Se duda de en qué momento se enriquece el poseedor de buena fe; y es más correcto que debe atenderse al momento en que se juzgó el asunto.

*§5. Fructus intelleguntur deductis impensis, quae quaerendorum cogendorum conservandorumque eorum gratia fiunt. Quod non solum in bonae fidei possessoribus naturalis ratio expostulat, verum etiam in praedonibus, sicut Sabino quoque placuit.*

§5. Se entiende que quedan frutos tras deducir los gastos que hechos para procurarlos, recolectarlos y conservarlos. Lo que la razón natural exige no sólo respecto de los poseedores de buena fe, sino también respecto de los de mala fe, según le pareció correcto también a Sabino.

**37.** ULPIANUS *libro quinto decimo ad edictum. Quod si sumptus quidem fecit, nihil autem fructuum perceperit, aequissimum erit rationem horum quoque in bonae fidei possessoribus haberi.*

**37.** ULPIANO *en el libro décimo quinto de los comentarios al edicto.* Pero si hizo gastos y no hubiere percibido frutos, será muy justo que también se tengan en cuenta tratándose de poseedores de buena fe.

**38.** *PAULUS libro vicensimo ad edictum.* *Plane in ceteris necesariis et utilibus impensis posse separari, ut bonae fidei quidem possessores has quoque imputent, praedo autem de se queri debeat, qui sciens in rem alienam impndit. Sed benignius est in huius quoque persona haberi rationem impensarum (non enim debet petitor ex aliena iactura lucrum facere) et id ipsum officio iudicis continebitur: nam nec exceptio doli mali desideratur. Planeo potest in eo differentia esse, ut bonae fidei quidem possessor omnimodo impensas deducat, licet res non exstet in quam fecit, sicut tutor vel curator consequuntur, praedo autem non aliter, quam si res melior sit.*

**38.** PAULO *en el libro vigésimo de los comentarios al edicto.* A decir verdad, respecto a los demás gastos necesarios y útiles puede hacerse una distinción, de suerte que los poseedores de buena fe los pongan también en la cuenta, pero que el poseedor de mala fe sufra las consecuencias de haber hecho gastos en cosa ajena sabiéndolo. Pero es más equitativo que se tengan también en cuenta los gastos respecto del poseedor de mala fe (porque el actor no debe lucrar con la pérdida del otro). Y esto mismo lo determinará el ministerio del juez, porque ni siquiera requiere la excepción de dolo malo. Pero en esto puede haber la diferencia de que el poseedor de buena fe deduzca de todos modos los gastos, aunque ya no exista el bien en que los realizó, tal como los recobran el tutor o el curador. Pero el poseedor de mala fe no los recobra salvo si el bien se vio mejorado.

**39.** *GAIUS libro sexto ad edictum provinciale.* *Utiles aut necesarriaeque sunt veluti quae fiunt reficiendorum aedificiorum gratia: aut in novelleta: aut cum servorum gratia litis aestimatio solvitur, cum id utilius sit quam ipsos dedi: denique alias complures eiusdem generis esse impensas manifestum est.*

**39.** GAYO *en el libro sexto de los comentarios al edicto.* Po ejemplo, son gastos útiles y necesarios los que se hacen para reparar edificios, o para nuevas plantaciones, o cuando por causa de los esclavos se paga la estimación de un litigio, siempre que esto sea más conveniente que entregarlos. En fin, es evidente que hay otros muchos

*§1. Videamus tamen, ne et ad picturarum quoque et marmorum et ceterarum voluptuariarum rerum impensas aeque proficiat nobis doli exception, si modo bonae fidei possessores simus: nam praedoni probe dicetur non debuisse in alienam rem supervacuas impensas facere: ut tamen potestas ei fieret tollendorum eorum, quae sine detrimento ipsius rei tolli possint.*

gastos de este mismo tipo.

§1. Veamos si también nos aprovecha la excepción de dolo para exigir gastos de pinturas, mármoles y demás cosas de recreo cuando somos poseedores de buena fe, porque al poseedor de mala fe se le dirá con razón que no debió realizar gastos superfluos en bienes ajenos, pero concediéndole facultad de retirar lo que puede quitarse sin perjudicar el bien.

**40.** *PAULUS libro vicensimo ad edictum. Illud quoque quod in oratione divi Hadriani est, ut post acceptu iudicium id actori praestetur, quod habiturus esset, si eo tempore quo petit restituta esset hereditas, interdum durum est. quid enim, si post litem contestatam mancipia aut iumenta aut pecora deperierint? Damnari debebit secundum verba orationis, quia potuit petitor restituta hereditate distraxisse ea. Et hoc iustum esse in specialibus petitionibus Proculo placet: Cassius contra sensit. In praedonis persona Proculus recte existimat, in bonae fidei possessoribus Cassius. Nec enim debet possessor aut mortalitatem praestare, aut propter metum huius periculi temere indefensum ius suum relinquere.*

**40.** PAULO *en el libro vigésimo de los comentarios al edicto.* Algunas veces también resulta duro lo expresado en el discurso del divino Adriano, que una vez aceptado el juicio se entregue al actor lo que debería haber tenido si se le hubiere restituido la herencia en el momento que la pidió. Porque ¿qué se dirá si tras contestada la demanda hubieren muerto los esclavos, los caballos o los ganados? Según las palabras del discurso deberá ser condenado, porque el demandante pudo haberlos vendido de haberse restituido la herencia. Y a Próculo considera justo observar esto en las reclamaciones separadamente; Casio opina lo contrario. La opinion de Próculo es correcta respecto al poseedor de mala fe, la de Casio en cuanto a los de buena fe. Porque el poseedor tampoco debe responder por la muerte o por temor a este riesgo dejar temerariamente indefenso su derecho.

*§1. Praedo fructus suos non facit, sed augent hereditatem: ideoque eorum quoque fructus praestabit. In bonae fidei autem possessore hi tantum veniunt in restitution quasi augmenta hereditatis, per quos locupletior factus est.*

§1. El poseedor de mala fe no hace suyos los frutos, sino que éstos aumentan la herencia, y por tanto restituirá también los frutos de los frutos. Pero en la devolución que debe hacer el poseedor de buena fe se comprenden como aumentos de la herencia sólo los frutos con los que se enriqueció.

*§2. Actiones si quas possessor nanctus est, evicta hereditate restituere debet, veluti si interdictum unde vi, aut quod precario concessit.*

§2. Si el poseedor adquirió algunas acciones, una vez reivindicada la herencia debe devolverlas, por ejemplo, si concedió el interdicto *unde vi* (de donde por la fuerza) o el *quod precario* (lo que en precario).

*§3. Contra quoque si possessor caverit damni infecti, cavendum est possessori.*

§3. Por el contrario, si el poseedor hubiere otorgado caución por daño temido, entonces se le debe otorgar caución al poseedor.

*§4. Ad officium iudicis pertinebunt et noxales actiones, ut, si paratus sit possessor noxae dedere servum qui damnun dederit in re hereditaria vel furtum fecerit, absolvatur, sicut fit in interdicto quod vi aut clam.*

§4. También corresponderán al ministerio del juez las acciones noxales, para que si el poseedor estuviera dispuesto a entregar por delito un esclavo que hubiere provocado daño o hurtado bienes de la herencia, sea absuelto, como se hace en el interdicto *quod vi aut clam* (lo que con violencia o clandestinamente).

**41**. *GAIUS libro sexto ad edictum provinciale. Si quo tempore*

**41**. GAYO *en el libro sexto de los comentarios al edicto provincial.* Si al momento de ser demandado el

*conveniebatur possessor hereditatis, pauciores res possidebat, deine aliarum quoque rerum possessionem adsumpsit, eas quoque victus restituere debebit, sive ante acceptum iudicium sive postea adquisierit possessionem. Et si fideiussores, quos dederat, ad litem non sufficiant, iubere eum debebit proconsul ut idonee caveat. Ex diverso quoque si pauciores postea possidebit, quam initio possidebat, si modo id sine dolo eius acciderit, absolvi debet quod ad eas res quas desiit possidere.*

poseedor de la herencia poseía menos bienes y luego tomó posesión de otros, una vez vencido deberá restituir también éstos, ya hubiere adquirido la posesión antes de aceptado el juicio, ya después. Y si no bastasen para garantizar el litigio los fiadores que había ofrecido, el proconsul deberá ordenar que otorgue caución suficiente. Por el contrario, si después poseyere menos bienes de los que poseía al principio, y esto hubiere sucedido sin dolo suyo, debe ser absuelto respecto de las cosas que dejó de poseer.

*§1. Fructus computandos etiam earum rerum, quas defunctus pignori accepit, Iulianus ait.*

§1. Dice Juliano en el libro sexto de su Digesto que también deben computarse los frutos de los bienes que el difunto recibió en prenda.

**42**. *ULPIANUS libro sexagensimo septimo ad edictum. Si debitor hereditarius non ideo nolit solvere, quod se dicat heredem, sed ideo quod neget aut dubitet, an hereditas pertineat ad eum qui petit hereditatem, non tenetur hereditatis petitione.*

**42**. ULPIANO *en el libro sexagésimo séptimo de los comentarios al edicto.* Si un deudor de la herencia no quisiera pagar, no precisamente porque diga que es heredero, sino porque niegue o ponga en duda que la herencia pertenezca a quien la reclama, no se le demandará por la petición de herencia.

**43**. *PAULUS libro secundo ad Plautium. Postquam legatum a te accepi, hereditatem peto. Atilicinus quibusdam placuisse ait non aliter mihi adversus te dandam petitionem, quam*

**43**. PAULO *en el libro segundo de los comentarios a Plaucio.* Después que recibí de ti un legado, reclamo la herencia. Dice Atilicino que a algunos pareció correcto no dárseme contra ti la

*si legatum redderem. Videamus tamen ne non aliter petitor hereditatis legatum restituere debeat, quam ut ei caveatur, si contra eum de hereditate iudicatum fuerit, reddi ei legatum: cum sit iniquum eo casu possessorem hereditatis legatum, quod solverit, retinere, et maxime si non per calumniam, sed per errorem hereditatem petierit adversarius: idque et Laelius probat. Imperator autem Antoninus rescripsit ei, qui legatum ex testament abstulisset, causa cognita hereditatis petitionem negandam esse, scilicet si manifesta calumnia sit.*

petición de herencia salvo que yo devolviera el legado. Pero veamos si quien reclama la herencia no deberá restituir el legado en vez de otorgar caución de devolverle el legado si se hubiere fallado en su contra la petición de herencia, pues es injusto que en este caso el poseedor de la herencia retenga el legado que ya había pagado, sobre todo si el adversario hubiere reclamado la herencia por error, no por calumnia; y esto lo aprueba también Lelio. Pero el emperador Antonino Caracala respondió por escrito que a quien hubiese obtrenido el legado dejado en testamento se le debe negar con conocimiento de causa la petición de herencia, por supuesto si la calumnia fuera manifiesta.

**44.** *IAVOLENUS libro primo ex Plautio. Cum is, qui legatum ex testamento percepit, hereditatem petit, si legatum quocumque modo redditum non sit, iudicis officio continetur, ut victori deducto eo quod accepit restituatur hereditas.*

**44.** JAVOLENO *en el libro primero de la doctrina de Plaucio.* Cuando pide la herencia quien recibió un legado dejado en testamento, si de algún modo el legado no hubiera sido devuelto, corresponde al juez ver que se restituya la herencia al vencedor, una vez deducido lo que recibió como legado.

**45.** *CELSUS libro quarto digestorum. Qui se liti optulit, cum rem non possideret, condemnatur, nisi si evidentissimis probationibus possit*

**45.** CELSO *en el libro cuarto del digesto.* Quien se opuso a la demanda sin poseer la cosa es condenado, salvo que pueda demostrar con pruebas

ostendere actorem ab initio litis scire eum non possidere: quippe isto modo non est deceptus et qui se hereditatis petitioni optulit ex doli clausula tenetur: aestimari scilicet oportebit, quanti eius interfuit non decepi.

fehacientes que el actor sabía desde el principio del litigio que él no poseía, porque así aquel no fue engañado. Y quien se opuso a la petición de herencia se obliga por la cláusula de dolo, y por supuesto, deberá estimarse el interés del demandante en no ser engañado.

**46.** *MODESTINUS libro sexto differentiarum. Praedonis loco intellegendus est is, qui tacitam fidem interposuerit, ut non capienti restitueret hereditatem.*

**46.** MODESTINO *en el libro sexto de las diferencias.* Debe considerarse poseedor de mala fe quien como fiduciario se comprometió en secreto para restituir la herencia a un fideicomisario incapaz legalmente de recibir por herencia.

**47.** *IDEM libro octavo responsorum. Lucius Titius cum in falsi testamenti propinqui accusatione non optinuerit, quaero, an de non iure facto nec signato testamento querella illi competere possit. Respondit non ideo repelli ab intentione non iure facti testamenti, quod in falsi accusation non optinuerit.*

**47.** EL MISMO *en el libro octavo de las respuestas.* No habiendo vencido Lucio Ticio en la acusación de falso testamento de un pariente, pregunto: ¿podrá competerle la querella de no haber sido hecho conforme a derecho, ni tampoco signado el testamento? Respondió que no porque no haya vencido en la acusación de falso testamento se le impide intentar la de no haber sido hecho el testamento conforme a Derecho.

**48.** *IAVOLENUS libro tertio ex Cassio. In aestimationibus hereditatis ita venit pretium venditae hereditatis, ut id quoque accedat, quod plus fuit in*

**48.** JAVOLENO *en el libro tercero de la doctrina de Casio.* En la estimación de la herencia se incluye el precio de la herencia vendida de modo que también se

*hereditate, si ea negotiationis causa veniit: sin autem ex fideicommissi causa, nihil amplius quam quod bona fide accepit.*

agrega el aumento habido en la herencia, si ésta fue vendida para hacer un negocio; pero si lo fue por causa de fideicomiso, no se incluye más que lo cobrado de buena fe.

**49**. *PAPINIANUS libro tertio quaestionum. Si bonae fidei possessor hereditatis velit cum debitoribus hereditariis aut qui res hereditarias occupaverint consistere, audietur, utique si periculum erit, ne inter moras actiones intercidant. Petitor autem hereditatis citra metum exceptionis in rem agere poterit: quid enim si possessor hereditatis neglegat? Quid si nihil iuris habere se sciat?*

**49**. PAPINIANO *en el libro tercero de las cuestiones*. Si el poseedor de buena fe de la herencia quisiera litigarla con los deudores de ésta o con quienes hubieren ocupado bienes de la herencia, será oido solamente en juicio si hubiere peligro de que las acciones fenezcan por las demoras. Pero quien reclama la herencia podrá ejercitar la acción real sin temor a excepción. Porque, ¿qué diremos si el poseedor de la herencia la descuidará o si supiera que no tenía derecho alguno?

**50**. *IDEM libro sexto quaestionum. Hereditas etiam sine ullo corpore iuris intellectum habet.*

*§1. Si defuncto monumentum condicionis implendae gratia bonae fidei possessor fecerit, potest dici, quia voluntas defuncti vel in hoc servanda est, utique si probabilem modum faciendi monumento sumptus, vel quantum testator iusserit, non excedat, eum, cui aufertur hereditas, impensas ratione doli exceptione aut retenturum aut actione negotiorum gestoru repetiturum, veluti hereditario negotio gesto: quamvis enim stricto iure nulla*

**50**. EL MISMO *en el libro sexto de las cuestiones*. La herencia tiene importancia en derecho aunque no tenga bienes corporales.

§1. Si el poseedor de buena fe hubiere erigido una sepultura al difunto para cumplir una condición, puede decirse que, como también en esto se debe cumplir la voluntad del difunto, si el gasto de hacer el monumento o de lo que el testador hubiere dispuesto no excede de una cantidad razonable, quien pierde la herencia podrá retener los gastos

*teneatur actione heredes ad monumentum faciendum, tamen principali vel pontificali auctoritate compelluntur ad obsequium supremae voluntatis.*

realizados con la excepción de dolo o podrá reclamarlos con la acción de gestión de negocios, como si se hubiera hecho una gestión de la herencia. Porque aunque en estricto derecho los herederos no estén obligados por ninguna acción a realizar el monumento, por la autoridad del príncipe o del pontífice se les obliga sin embargo al cumplimiento de la voluntad del difunto.

**51.** *IDEM libro secundo responsorum. Heres furiosi substituto vel sequentis gradus cognato fructus medii temporis, quibus per curatorem furiosus locupletior factus videtur, praestabit: exceptis videlicet impensis, quae circa eandem substantiam tam necessariae quam utiliter factae sunt. Sed et se quid circa furiosum necessarie fuerit expensum, et hoc excipiatur, nisi alia sufficiens substantia est furioso, ex qua sustentari potest.*

**51.** EL MISMO *en el libro segundo de las respuestas*. El heredero del demente entregará al heredero sustituto o al cognado de grado siguiente los frutos del tiempo intermedio con los cuales parece que el demente se enriqueció por mediación del curador, deduciéndose los gastos necesarios y útiles realizados en ese patrimonio. Y si respecto al furioso se hubiere hecho algún gasto necesario, también esto se deduce, salvo que el demente tiene otros bienes suficientes con los que pueda mantenerse.

*§1. Fructum post hereditatem petitam perceptorum usurae non praestantur: diversa ratio est eorum, qui ante actionem hereditatis illatam percepti hereditatem auxerunt.*

§1. No se restituyen los intereses de los frutos percibidos una vez pedida la herencia. Distinto es el criterio respecto de los percibidos antes de deducida la acción de herencia, y que la aumentaron.

**52.** *HERMOGENIANUS libro*

**52.** HERMOGENIANO *en el libro segundo de los epítomes del*

*secundo iuris epitomarum. Si possessor ex hereditate in honestos habuerit quaestus, hos etiam restituere cogetur, ne honesta interpretatio non honesto quaestui lucrum possessori faciat.*

derecho. Si el poseedor hubiere percibido ganancias deshonrosas de la herencia, también se obliga a devolverlas, para que una interpretación escrupulosa no le provoque al poseedor lucro debido a ganancias deshonrosas.

**53**. *PAULUS libro decimo ad Sabinum. Non solum ad aes alienum hereditarium exsolvendum necessaria alienatio possessori est, sed et si impensae necessariae in rem hereditariam factae sunt a possessore, vel si mora periturae deterioresve future erant.*

**53**. PAULO *en el libro décimo de los comentarios a Sabino.* El poseedor no sólo necesita vender la herencia para pagar deudas de ésta, sino también en caso de que el poseedor hubiese hecho gastos necesarios en los bienes de la herencia, o si fueran bienes que corran el riesgo de perecer o deteriorarse.

**54**. *IULIANUS libro sexto digestorum. Ei, qui partes hereditarias vel totam a fisco mercatus fuerit, non est iniquum dari actionem, per quam universa bona persequatur, quemadmodum ei, cui ex Trebelliano senatus consulto hereditas restituta est, petitio hereditatis datur.*

**54**. JULIANO *en el libro sexto del digesto.* Es justo conceder la acción para reclamar todos los bienes a quien hubiere comprado del fisco porciones de la herencia o toda ella, así como se le concede la petición de herencia a quien se le restituyó la herencia en virtud del senadoconsulto trebeliano.

*§1. Heres debitoris id quod defunctus pignori dederat quin hereditatem petendo consequi possit, dubium non est.*

§1. No hay duda de que el heredero del deudor puede obtener lo que el difunto había dado en prenda al pedir la herencia.

*§2. Cum praedia urbana et rustica neglegentia possessorum peiora sint facta, veluti quia vineae pomaria horti extra consuetudinem patris familias*

§2. Cuando se hubieren deteriorado los predios urbanos y rústicos por negligencia de los poseedores, por ejemplo, porque

*defuncti culta sunt: litis aestimationem earum rerum, quanto peiores sint factae, possessores pati debent.*

las viñas, los manzanos y los huertos fueron cultivados de forma diversa a la del padre de familia difunto, los poseedores deben pagar la estimación del objeto del litigio según hayan sido deterioradas aquellas cosas.

**55.** *IDEM libro sexagesimo digestorum. Evicta hereditate bonae fidei possessor quod lege Aquilia exegisset non simplum, sed duplum restituet: lucrum enim ex eo, quod propter hereditatem acceperit, facere non debet.*

**55.** EL MISMO *en el libro sexagésimo del digesto.* Una vez reivindicada la herencia, el poseedor de buena fe restituirá al doble, no al simple, lo que hubiese recuperado gracias a la ley Aquilia, porque no debe obtener lucro de lo que por causa de la herencia hubiere recibido.

**56.** *AFRICANUS libro quarto quaestionum. Cum hereditas petita sit, eos fructus, quos possessor percepit, omnimodo restituendos, etsi petitor eos percepturus non fuerat.*

**56.** AFRICANO *en el libro cuarto de las cuestiones.* Cuando reclama la herencia, deben restituirse sin excepción los frutos que percibió el poseedor, aunque el demandante no los debiera haber percibido.

**57.** *NERATIUS libro septimo membranarum. Cum idem eandem hereditatem adversus duos defendit et secundum alterum ex his iudicatum est, quaeri solet, utrum perinde ei hereditatem restitui oporteat, atque oporteret, si adversus alium defense non esset: ut scilicet si mox et secundum alium fuerit iudicatum, absolvatur is*

**57.** NERACIO *en el libro séptimo de los pergaminos.* Cuando uno mismo defiende la misma herencia contra dos, y se falló en favor de uno de ellos, suele preguntarse si acaso deberá restituírsele la herencia si no hubiese sido defendida contra el otro; es decir, para que si después se hubiere juzgado

cum quo actum est, quia neque possideat neque dolo malo fecerit, quo minus possideret quod iudicio revictus restituerit: an quia possit et secundum alium iudicari, non aliter restituere debeat quam si cautum ei fuerit, quod adversus alium eandem hereditatem defendit. Sed melius est officio iudicis cautione vel satisdatione victo mederi, cum et res salva sit ei qui in exsecutione tardior venit adversus priorem victorem.

también en favor del otro, sea absuelto el demandado, puesto que ni posee ni actuó dolosamente para no poseer, porque al ser vencido en juicio hubiere restituido, o bien considerando que también puede fallarse en favor del otro, deberá restituir si se le hubiere otorgado caución, porque defenderá contra otro la misma herencia. Pero lo mejor es que por ministerio del juez se indemnice al vencido con caución o con fianza, porque también queda a salvo la cosa para quien llegó retrasado reclamando al primer vencedor.

**58.** *SCAEVOLA libro tertio digestorum. Filius a patre emancipatus secundum condicionem testamenti matris adiit hereditatem, quam pater, antequam filium emanciparet, possedit fructusque ex ea possedit, sed erogationem in honorem filii cum esset senator fecit ex ea. Quaesitum est, cum paratus sit pater restituere hereditatem habita ratione eorum quae in eum erogavit, an filius nihilo minus perseverans petere hereditatem doli mali exceptione summoveri possit. Respondi, etsi non exciperetur, satis per officium iudicis consuli.*

**58.** ESCÉVOLA *en el libro tercero del digesto.* Conforme a la condición del testamento materno, un hijo emancipado por el padre aceptó la herencia que el padre poseía antes de emancipar al hijo y de la cual percibió los frutos, pero de la que se hizo gastos en favor del hijo, pues éste era senador. Se preguntó si, estando dispuesto el padre a restituir la herencia con la debida compensación de lo que se gastó para el hijo, y persistiendo no obstante el hijo en reclamar la herencia, podrá ser rechazado con la excepción de dolo malo. Respondí que, aunque no se opusiera excepción, se auxiliaría suficientemente al padre por ministerio del juez.

## TITULUS IIII
## SI PARS HEREDITATIS PETATUR

## TÍTULO IIII
## SI SE RECLAMASE PARTE DE LA HERENCIA

**1**. *ULPIANUS libro quinto ad edictum. Post actionem, quam proposuit praetor ei qui ad se solum hereditatem pertinere contendit, consequens fuit et ei proponere qui partem hereditatis petit.*

**1**. ULPIANO *en el libro quinto de los comentarios al edicto.* Después de la acción establecida por el pretor para aquel a quien le pertenece la herencia, fue oportuno establecerla también para quien reclama una parte de la herencia.

*§1. Qui hereditatem vel partem hereditatis petit, is non ex eo metitur quod possessor occupavit, sed ex suo iure: et ideo ex asse heres sit, totam hereditatem vindicabit, licet tu unam rem possideas, sive ex parte, partem, licet tu totam hereditatem possideas.*

§1. Quien reclama la herencia o parte de ella no se limita a aquello que el poseedor ocupó, sino a lo que es propio de su derecho; y por esto, si es heredero universal reivindicará toda la herencia, aunque como demandado tú sólo poseas una cosa, y si lo es de una parte, reclamara esa parte específicamente, aunque tú poseas toda la herencia.

*§2. Quin immo si duo possideant hereditatem et duo sint, qui ad se partes pertinere dicant, non singuli a singulis petere contenti esse debent, puta primus a primo vel secundus a secundo, sed ambo a primo et ambo a secundo: neque enim alter primi, alter secundi partem possidet, sed ambo utriusque pro herede. Et si possessor et petitor*

§2. Ahora bien, si dos poseen la herencia y otros dos dicen que les pertenecen determinadas porciones, no deben limitarse con pedir uno a cada uno, por ejemplo, el primero al primero o el segundo al segundo, sino ambos al primero y ambos al segundo, porque ni el primero

*possideant hereditatem, cum unusquisque eorum partem dimidiam hereditatis sibi adserat, invicem petere debebunt, ut partes rerum consequantur: aut si controversiam sibi non faciunt hereditatis, familiae erciscundae experiri eos oportebit.*

posee la parte del primero, ni el segundo la del segundo, sino que ambos poseen como herederos la parte de uno y la del otro. Y si el poseedor y el demandante poseen la herencia, como cada uno de ellos afirma que la mitad de la herencia es suya, deberán demandarse recíprocamente para conseguir las porciones de los bienes, y si ellos no se promueven litigio sobre la herencia, procederá ejercer la acción de partición de herencia.

*§3. Si ego ex parte me dicam heredem, coheres autem meus possideat hereditatem cum extraneo, cum non plus coheres haberet sua parte, utrum a solo extraneo an vero et a cohered deberem petere hereditatem, quaeritur. Et Pegasus fertur existimasse a solo extraneo me petere debere eumque restituturum quidquid possidet, et fortassis hoc officio iudicis debeat fieri: ceterum ratio facit, ut a duobus petam hereditatem, hoc est et a coherede meo, et ille quoque dirigat actionem adversus exterum possessorem: sed Pegasi sentential utilior est.*

§3. Si yo afirmase que soy heredero de una porción, pero mi coheredero posee la herencia con un tercero, y no teniendo el coheredero más que su parte, se pregunta si yo debería pedir la herencia sólo al tercero o también al coheredero. Y se comenta que Pegaso opinó que yo debía pedir solamente al tercero, y que éste deberá restituirme lo poseído; y que quizá deba hacerse así por ministerio del juez. Sin embargo, es razonable que yo pida la herencia a ambos, es decir, que la reclame a mi coheredero y que a su vez él dirija la acción contra el tercero poseedor. Pero el criterio de Pegaso es más útil.

*§4. Item si, cum me ex parte dimidia heredem dicerem, trientem hereditatis possiderem, deinde residuum sextantem velim persequi, qualiter agam videamus. Et Labeo scribit utique partem dimidiam me petere debere a*

§4. Asimismo, si yo poseyera un tercio de la herencia pero afirmo que soy heredero de la mitad, y después quisiera reclamar la sexta parte restante, veamos cómo demandaré. Labeón

*singulis: sic fieri ut a singulis sextantem consequar, et habebo bessem: quod verum puto: sed ipse tenebor ad restitutionem sextantis ex triente quem possidebam. Et ideo officio iudicis invicem compensatio erit admittenda eius quod possideo si fortes coheredes sint a quibus hereditatem peto.*

escribe que en efecto debo pedir la mitad a cada uno; y así resultará que de cada uno conseguiré la sexta parte y tendré dos terceras partes. Lo que considero cierto, pero estaré obligado a devolver una sexta parte de la herencia de la tercera que inicialmente poseía, y por esto habrá de admitirse la compensación de aquello que poseo con lo que pido por ministerio del juez, si fueran coherederos aquellos a quienes reclamo la herencia.

*§5. Interdum praetor incertae partis hereditatis petitionem indulget idoneis causis intervenientibus: ut puta est defunct fratris filius, sunt et uxores defunctorum fratrum praegnates: quam partem fratris filius hereditatis vindicet incertum est, quia quot edantur fratrum defunct filii incertum est. Aequissimum igitur est incertae partis vindicationem ei concedi. Non audenter itaque dicetur, ubicumque merito quis incertus est quam partem vindicet, debere ei incertae partis vindicationem concedi.*

§5. En ocasiones el pretor concede la petición de una parte indeterminada de la herencia habiendo una justa causa, por ejemplo, cuando hay un hijo de un hermano difunto y las mujeres de los hermanos difuntos están embarazadas, hay duda sobre qué parte de la herencia reivindicará el hijo del hermano, porque es incierto cuántos hijos nacerán de los hermanos del difunto. Así, es muy justo que se le conceda la reivindicación de una parte incierta de la herencia. Y así, no es atrevido decir que siempre que cualquiera esté en la incertidumbre de la parte a reivindicar, debe concedérsele la reivindación de parte indeterminada.

**2.** *GAIUS libro sexto ad edictum*

**2.** GAYO *en el libro sexto de los comentarios al edicto provincial.* Si de

provinciale. *Si ex pluribus, ad quos eadem hereditas pertinet, quídam adierint, quídam adhuc deliberent: eos qui adierint, si petant hereditatem, non maiorem partem petere debere, quam habituri essent ceteris adeuntibus: nec eis proderit, si ceteri non adierint. Non adeuntibus autem ceteris poterunt tunc partes eorum petere, si modo ad eos pertinerent.*

varios a quienes pertenece la misma herencia, unos la hubieren aceptado y otros todavía están deliberando, y los primeros pidieran la herencia, no deben pedir más que la corrrespondiente si los demás aceptasen; y no les valdrá si los demás no hubieren aceptado. Pero si no lo hacen los demás, entonces podrán pedir las respectivas porciones si es que les corresponden.

**3.** *PAULUS libro septimo decimo ad Plautium. Antiqui libero ventri ita prospexerunt, ut in tempus nascendi omnia ei iura integra reservarent: sicut apparet in iure hereditatium, in quibus qui post eum gradum sunt adgnationis, quo est id quod in utero est, non admittuntur, dum incertum est, an nasci possit. Ubi autem eodem gradu sunt ceteri quo et venter, tunc quae portio in suspenso esse debeat, quaesierunt ideo, quia non poterant scire quot nasci possunt: ideo nam multa de huiusmodi re tam varia et incredibilia creduntur, ut fabulis adnumerentur. Nam traditum est et quattuor partier paellas a matre familias natas esse: alioquin tradidere non leves auctores quinquies quaternos enixam Peloponensi, multas Aegypti uno utero septenos. Sed et tregeminos senatores cinctos vidimus Horatios. Sed et Laelius scribit se vidisse in Palatio mulierem liberam, quae ab Alexandria perducta est, ut Hadriano ostenderetur,*

**3.** PAULO *en el libro décimo séptimo de los comentarios a Plaucio.* Los antiguos velaron de tal forma por el hijo libre que aún estaba en el vientre, que le mantuvieron íntegros todos sus derechos hasta el momento de nacer. Así consta en el derecho de las herencias, en las cuales no son admitidos a la herencia quienes vienen después del grado de agnación en que se halla el producto que está en el seno materno, pues es incierto si puede nacer. Pero cuando están en el mismo grado que el del vientre, los antiguos discutieron qué porción quedará en suspenso, porque no podían saber cuántos pueden nacer, y es que sobre el particular se creen tantas cosas tan variadas e increíbles que pueden considerarse fábulas. Se ha dicho que en un mismo parto nacieron de la misma madre cuatro niñas;

*cum quinque liberis, ex quibus quattuor eodem tempora enixa, inquit, dicebatur, quintum post diem quadragensimum. Quid est ergo? Prudentissime iuris auctores medietatem quandam secuti sunt, ut quod fieri non rarum admodum potest, intuerentur, id est quia fieri poterat, ut tregemini nascerentur, quartam partem superstiti filiio adsignaverint: τό γὰρ απαξ ἤ δίς, ut ait Theophrastus, παραβαίνουσιν οἱ νομοθέται (nam quod semel vel bis factum est, praetereunt legume latores). Ideoque et si unum paritura sit, non ex parte dimidia, sed ex quarta interim heres erit:*

además, autores serios refirieron que en el Peloponeso otra madre dio cinco veces a luz cuatrillizos, y que en Egipto muchas mujeres parían en un solo embarazo septillizos. También hemos visto listos para combatir a los senadores Horacios nacidos trillizos. Y también escribe Lelio que vio en palacio a una mujer libre con cinco hijos traída de Alejandría para ser presentada ante el emperador Adriano, de los cuales, se decía, cuatro nacieron al mismo tiempo y el quinto cuarenta días después. ¿Qué decir de todo esto? Los autores de derecho adoptaron con extrema prudencia un término medio para atender lo que regularmente puede suceder, es decir, como podía pasar que nacieran tres gemelos, asignaron la cuarta parte de la herencia al hijo que sobrevive a la muerte del padre. Porque como dice Teofrasto, 'los legisladores prescinden de lo que acontence una o dos veces'. Y por esto, aunque la madre deba dar a luz sólo un hijo, entretanto el heredero que sobrevive a la muerte del padre lo será de la cuarta parte, no de la mitad,

**4.** ULPIANUS *libro quinto decimo ad edictum. ... et si pauciores fuerint nati, residuum ei pro rata adcrescere, si plures quam tres, decrescere de ea parte*

**4.** ULPIANO *en el libro décimo quinto de los comentarios al edicto. ...* y si nacieran menos de tres, el sobrante le aumenta en proporción; si más de tres, le

*ex qua heres factus est.*

reduce la parte en que fue hecho heredero.

**5.** *PAULUS libro septimo decimo ad Plautium. Illus sciendum est, si mulier praegnans non sit, existimetur autem praegnans esse, interim filium heredem esse ex asse, quamquam ignoret se ex asse heredem esse.*

**5.** PAULO *en el libro décimo séptimo de los comentarios a Plaucio.* Debe saberse que si la mujer no estuviera embarazada, pero se creyese que sí lo estaba, el hijo vivo es heredero universal aunque lo ignore.

*§1. Idem est in extraneo, si ex certa portione heres institutus sit, ex reliqua postumi. Quod si forte ita institutio facta est: 'quotcumque mihi nati erunt et Lucius Titius pro virilibus portionibus heredes mihi sunto', habebit haesitationem, numquid adire non possit, atque qui in testamento portionem suam nescit. Sed utilius est posse eum adire qui nescit portionem, si cetera, quae oportet eum scire, non ignoret.*

§1. Lo mismo sucede respecto de un tercero, si hubiera sido instituido heredero de una porción determinada y los póstumos de la restante. Pero si se instituyeron herederos de esta forma: 'sean mis herederos por porciones viriles cuantos me lleguen a nacer y Lucio Ticio', éste último tendrá la duda de si podrá aceptar, como quien no sabe cuál es su porción del testamento. Pero es más útil que pueda aceptar quien desconoce su porción, si no ignora lo demás que conviene que sepa.

**6.** *ULPIANUS libro sexto opinionum. Sorori, quam coheredem fratribus quattuor in bonis matris esse placuit, quinta portio pro portionibus quae ad eos pertinit cedet, ita ut singuli in quarta, quam antehac habere credebantur, non amplius ei quintam conferant.*

**6.** ULPIANO *en el libro sexto de las opiniones.* A la hermana que admitió como coheredera de sus cuatro hermanos en los bienes de su madre, le corresponderá la quinta parte de las porciones que a ellos les correspondieron, de modo que cada uno le entregue a ella solamente la quinta parte de la cuarta que anteriormente creía tener.

*§1. Sumptus, qui propter onera totius hereditatis iusti fiunt, ei, qui patroni*

§1. Los gastos legítimos que se hacen por cargas de toda la

*iure portionem evicerit, pro rata computentur.*

herencia se imputarán proporcialmente a quien hubiere reivindicado una porción por derecho de patronazgo.

**7.** *IULIANUS libro octavo digestorum. Non possumus consequi per hereditatis petitionem id quod familiae erciscundae iudicio consequimur, ut a communion discedamus, cum ad officium iudicis nihil amplius pertineat, quam ut partem hereditatis pro indiviso restitui mihi iubeat.*

**7.** JULIANO *en el libro octavo del digesto.* Con la acción de petición de herencia no podemos conseguir lo que conseguimos con la de partición de herencia cuando nos separamos de la universalidad de bienes, porque al ministerio del juez corresponde exclusivamente ordenar que se me restituya la parte de la herencia sin dividir.

**8.** *IDEM libro quadragensimo octavo digestorum. Permittendum erit possessori hereditatis partem quidem hereditatis defendere, parte vero cedere, nec enim prohibit aliquem totam hereditatem possidere et partem scire dimidiam ad se pertinere, de altera parte controversiam non facere.*

**8.** EL MISMO *en el libro cuadragésimo octavo del digesto.* Debe permitirse al poseedor de la herencia defender una parte de la herencia y ceder otra parte, pues no impide que uno posea toda la herencia y sepa que la mitad no le pertenece, el no promover controversia sobre la otra parte.

**9.** *PAULUS libro tertio epitomarum Alfeni digestorum. Cum multi heredes instituti essent, ex his unus in Asia erat: eius procurator venditionem fecit et pecuniam pro parte eius abstulerat: postea apparuerit eum qui in Asia erat antea decessisse instituto ex parte dimidia herede procuratore suo et ex parte alio. Quaesitum est, quemadmodum pecunia ex hereditate petenda esset. Responsum est ab eo, qui procurator eius fuisset, totam*

**9.** PAULO *en el libro tercero de los comentarios al digesto de Alfeno.* Habiendo sido instituidos muchos herederos, uno de ellos estaba en Asia; su procurador hizo la venta en su nombre y cobró el precio correspondiente a su parte. Después se probó que quien estaba en Asia había fallecido con anterioridad, habiendo instituido a su procurador heredero de la mitad y a otro de la otra parte. Se

*hereditatem, quia ex hereditate ea pecunia fuisset quae ad procuratorem ex venditione pervenisset, petere eos oportre: et nihilo minus partem dimidiam hereditatis a coheredibus eius. Ita fore, sive omnis ea pecunia penes eum qui procuartor fuisset resideret, ut omnem per iudicem ab eodem recuperarent, sive is partem dimidiam coheredi suo reddidisset, ipsum ex dimidia parte et ex dimidia coheredes eius condemnarent.*

preguntó de qué modo debía pedirse el importe procedente de la venta de la herencia. Se respondió que los coherederos debían pedir toda la herencia al que había sido procurador de aquél, porque el dinero de la venta que terminó en poder del procurador procedía de la herencia, y podrían pedir la mitad de la herencia al coheredero del procurador. Así resultaría que si todo el dinero estuviera en poder de quien fue procurador, todo lo recuperarían de él por medio del juez, y si él hubiese entregado la mitad a su coheredero, lo condenarían a él por la mitad, y por la otra mitad a su coheredero.

**10.** *PAPINIANUS libro sexto de quaestionum. Cum heredis ex parte instituti filius, qui patrem suum ignorabat vivo testatore decessisse, partem hereditatis nomine patris ut absentis administraverit et pecunias distractis rebus acceperit, hereditas ab eo peti non potest, quia neque pro herede neque pro possessore pretia possidet, sed ut filius patris negotium curavit. Negotiorum autem gestorum action ceteris coheredibus, ad quos portio defuncti pertinet, dabitur. Illus enim utique non est metuendum, ne etiam patris, a quo forte exheredatus est, teneatur heredibus, quasi negotia hereditaria gesserit, cum id quod administravit non fuerit paternae*

**10.** PAPINIANO *en el libro sexto de las cuestiones.* Cuando el hijo del heredero instituido en una parte, que ignoraba que su padre había fallecido en vida del testador, hubiere administrado la parte de la herencia en nombre de su padre, creyéndole ausente, y hubiere percibido el importe de las cosas vendidas, no puede pedírsele la herencia porque no posee el dinero ni como heredero ni como poseedor, sino que como hijo cuidó de un negocio de su padre. Pero se dará la acción de gestión de negocios a los demás coherederos a quienes pertenece la porción del difunto. Porque a

*hereditatis. Nam etsi negotiorum gestorum actio sit ei, cuius nomine perceptum est: ei cuius nomine perceptum est perceptum alieno nomine restitui aequum est. sed in proposito neque patris negotia fuerunt, qui esse desierat, neque paternae successionis, quae fuerunt alterius hereditatis. Quod si filius iste patri suo heres extitit et movet controversiam, quod pater eius, postquam heres extitit, mortem obierit, ille tractatus incurrit, an ipse sibi causam possessionis mutare videatur. Quoniam tamen qui negotia hereditaria gessit et debitor esse coepit, postea faciens controversiam hereditatis ut iuris possessor convenitur, idem etiam in hoc filio respondendum erit.*

decir verdad no debe temerse que responda ante los herederos de su padre, quien tal vez fue desheredado, como si hubiere administrado negocios de la herencia paterna, pues lo que administró no había sido de dicha herencia. Pues aunque aquel en cuyo nombre se cobró tuviera la acción de gestión de negocios, es justo que se le restituya lo que le pertenece a pesar de haber cobrado en nombre de otro. Pero en el caso planteado ni los negocios fueron del padre, que había ya había fallecido antes de deferirse la herencia, ni de la sucesión paterna, sino de otra herencia. Pero si este hijo se volvió heredero de su padre, y promueve controversia por haber fallecido su padre después de volverse heredero, surje la cuestión de si se entenderá que él mismo cambió la causa de su posesión. Pero así como sucede con quien gestionó los negocios de la herencia y comenzó a ser deudor, que tras promover controversia sobre la herencia es demandado como poseedor de derecho, así también habrá de responderse respecto del hijo del caso planteado.

## TITULUS V
## DE POSSESSORIA HEREDITATIS PETITIONE

## TÍTULO V
## DE LA PETICIÓN POSESORIA DE LA HERENCIA

*1. ULPIANUS libro quinto decimo ad edictum. Ordinarium fuit post civiles actiones heredibus propositas rationem habere praetorem etiam eorum quos ipse velut heredes facit, hoc est eorum quibus bonorum possessio data est:*

**1.** ULPIANO *en el libro décimo quinto de los comentarios al edicto.* Fue común que una vez establecidas las acciones civiles en favor de los herederos, el pretor tomara en cuenta también a aquellos a quienes él mismo vuelve herederos, es decir, aquellos a quienes se dio la posesión de los bienes hereditarios,

*2. GAIUS libro sexto ad edictum provinciale. ... per quam hereditatis petitionem tantundem consequitur bonorum possessor, quantum superioribus civilibus actionibus heres consequi potest.*

**2.** GAYO *en el libro sexto de los comentarios al edicto provincial.* ... por cuya petición de herencia el poseedor consigue de los bienes tanto cuanto pueda conseguir el heredero por las anteriores acciones civiles.

## TITULUS VI
## DE FIDEICOMMISSARIA HEREDITATIS PETITIONE

## TÍTULO VI
## DE LA PETICIÓN FIDEICOMISARIA DE LA HERENCIA

*1. ULPIANUS libro sexto decimo ad edictum. Ex ordine occurrit actio quae proponitur his, quibus restituta est hereditas. Nam quisquis suscepit restitutam hereditatem ex senatus*

**1.** ULPIANO *en el libro décimo sexto de los comentarios al edicto.* Siguiendo el orden del edicto viene después la acción concedida a aquellos

*consulto, ex quo actiones transeunt, fideicommissaria hereditatis petitione uti poterit,*

fideicomisarios a quienes se ha restituido la herencia. Porque cualquiera que recibió una herencia entregada en virtud del senadoconsulto Trebeliano, por el cual pasan a él las acciones, podrá usar la petición fideicomisaria de la herencia,

**2.** *PAULUS libro vicensimo ad edictum. ... quae actio eadem recipit, quae hereditatis petitio civilis.*

**2.** PAULO *en el libro vigésimo de los comentarios al edicto.* ... acción con la cual se obtiene lo mismo que con la petición civil de la herencia.

**3.** *ULPIANUS libro sexto decimo ad edictum. Nec interest, mihi quis rogatus fuerit restituere en ei cui heres extiti. Sed et si bonorum possessor sim eius cui fideicommissaria hereditas relicta est vel alius successor, per hanc actionem experiri poterim.*

**3.** ULPIANO *en el libro décimo sexto de los comentarios al edicto.* Y no importa que se hubiere rogado a alguien que me restituya o a aquél de quien me volví heredero. Pero también si yo soy poseedor de los bienes de aquel a quien se dejó la herencia fideicomisaria, u otro sucesor, podré reclamar por esta acción.

*§1. Hanc actionem sciendum est adversus eum, qui restituit hereditatem, non competere.*

*§2. Hae autem actiones mihi dantur, quae heredi et in heredem competunt.*

§1. Ha de saberse que dicha acción no procede contra aquel que restituyó la herencia.

§2. Pero como fideicomisario se me conceden las mismas acciones que competen en favor y contra el heredero.

## *LIBER VI*

## LIBRO VI

## TITULUS I
## DE REI VINDICATIONE

## TÍTULO I
## DE LA REIVINDICACIÓN

**1.** ULPIANUS *libro sexto decimo ad edictum.* *Post actiones, quae de universitate propositae sunt, subicitur actio singularum rerum petitionis.*

*§1. Quae specialis in rem actio locum habet in omnibus rebus mobilibus, tam animalibus quam his quae anima carent, et in his quae solo continentur.*

*§2. Per hanc autem actionem liberae personae, quae sunt iuris nostri, ut puta liberi qui sunt in potestate, non petuntur: petuntur igitur aut praeiudiciis aut interdictis aut cognitione praetoria, et ita Pomponius libro trigensimo septimo: nisi forte, inquit, adiecta causa quis vindicet: si quis ita petit 'filium suum' vel 'in potestate ex iure Romano', videtur mihi et Pomponius consentire recte eum egisse: ait enim adiecta causa ex lege Quiritium vindicare posse.*

**1.** ULPIANO *en el libro décimo sexto de los comentarios al edicto.* Después de las acciones establecidas respecto de un patrimonio conjunto, viene la acción de petición de cosas particulares

§1. Esta acción especial real procede respecto a todas las cosas muebles, tanto las animadas como las inanimadas, y a las contenidas en el suelo.

§2. Por esta acción no son reclamables las personas libres que dependen jurídicamente de nosotros, como los hijos que están bajo nuestra potestad. Estas personas son reclamadas por acciones prejudiciales, por interdictos o con conocimiento del pretor; y así lo señala Pomponio en el libro trigésimo séptimo de sus comentarios al Edicto, a no ser que acaso alguien las vindique expresando la causa. Si alguien reclama su hijo alegando que es 'suyo', o alega que está 'bajo su potestad por derecho romano', considero que también opina Pomponio que reclamó justamente; porque dice que, expresada una causa, puede reivindicar en virtud del

*§3. Per hanc autem actionem non solum singulae res vindicanbuntur, sed posse etiam gregem vindicari Pomponius libro lectionum vicensimo quinto scribit. Idem et de armento et de quitio ceterisque, quae gregatim habentur, dicendum est. Sed enim gregem sufficiet ipsum nostrum esse, licet singula capita nostra non sint: grex enim, non singula corpora vindicabuntur.*

derecho de los Quirites.

§3. Por esta acción no solo se reclamarán las cosas individuales, sino que, como escribre Pomponio en el libro vigésimo quinto de sus lecciones, también puede reivindicarse un rebaño. Lo mismo se dirá también respecto al ganado mayor, a las yeguadas y a los demás animales que se tienen en manadas, bastando que el rebaño sea nuestro, aunque no sean nuestras una por una de sus cabezas, pues se reivindica el rebaño, no cada uno de los animales.

**2.** *PAULUS libro vicensimo primo ad edictum. Sed si par numerus duorum interfuerit, neuter solidum gregem, sed ne partem dimidiam totius eius vindicabit. Sed si maiorem numerum alter habeat, ut detracto alieno nihilo minus gregem vidicaturus sit, in restitutionem non veniunt aliena capita.*

**2.** PAULO *en el libro vigésimo primero de los comentarios al edicto.* Pero si a dos personas perteneciere igual número de cabezas en un rebaño, ninguna de tales personas reivindicará todo el rebaño, y ni siquiera la mitad del mismo. Pero si uno tuviera mayor cantidad, de suerte que, una vez deducidas las cabezas ajenas, debiera reivindicar el rebaño, no se comprenden las cabezas de ganado ajenas en la restitución.

**3.** *ULPIANUS libro sexto decimo ad edictum. Marcellus libro quarto digestorum scribit: qui gregem habebat capitum trecentorum, amissis centum redemit totidem capita aliena ab eo, qui bona fide ea possidebat: et haec utique gregis, inquit, vindicatione continebuntur.*

**3.** ULPIANO *en el libro décimo sexto de los comentarios al edicto.* Escribe Marcelo en el libro cuarto de su Digesto: alguien que tenía un rebaño de trescientas cabezas perdió cien y compró otras tantas cabezas al propietario de ellas, o al

344

*Sed et si ea sola supersint capita, quae redempta sunt, adhuc eum posse gregem vindicare.*

poseedor de buena fe; opina que ciertamente éstas se comprenderán en la reivindicación del rebaño. Pero, aunque quedasen sólo las cabezas compradas, incluso así se puede reclamar el rebaño.

*§1. Armamenta navis singula erunt vindicanda: scapha quoque separatim vindicabitur.*

§1. Los aparejos de un barco deben reclamarse cada uno por separado, y también se reivindicará por separado la chalupa.

*§2. Pomponius scribit, si quid quod eiusdem naturae es tita confusum est atque commixtum, ut deduci et separari non possint, non totum, sed pro parte esse vindicandum. Ut puta meum et tuum argentum in massam redactum est: erit nobis commune, et unisquisque pro rata ponderis quod in massa habemus vindicabimus, etsi incertum sit, quantum quisque ponderis in massa habet.*

§2. Escribe Pomponio que, si una cosa está confundida y mezclada con otra de la misma naturaleza, de modo tal que no puedan desunirse y separarse, no se reivindicará la totalidad de la cosa, sino la parte correspondiente; por ejemplo, si mi plata y la tuya se fundieron en una masa, será propiedad común para nosotros, y cada uno reclamamos la parte proporcional del peso que tenemos en la masa, aunque sea incierto cuánto peso tiene cada uno en la masa.

*4. PAULUS libro vicensimo primo ad edictum. Quo quidem casu etiam communi dividundo agi poterit: sed et furti et ad exhibendum tenebitur, qui dolo malo confundendum id argentum curavit: ita ut in ad exhibendum actione pretii ratio haberi debeat, in vindicatione vel communi dividundo actione hoc amplius ferat, cuius argentum pretiosius fuerat.*

4. PAULO en el libro vigésimo primero de los comentarios al edicto. En este caso también se podrá ejercitar la acción de división de cosa común. Pero quien procuró con dolo malo que se confundiese la plata será obligado por la acción de robo y por la exhibitoria, de suerte que en esta última acción se deba tener cuenta el precio, y en la

reivindicación, o en la acción divisoria, satisfará el valor mayor que la plata de uno tuviera respecto al valor del otro.

**5.** *ULPIANUS libro sexto decimo ad edictum. Idem Pomponius scribit: si frumentum duorum non voluntate eorum confusum sit, competit singulis in rem actio in id, in quantum paret in illo acervo suum cuiusque esse: quod si voluntate eorum commixta sunt, tunc communicata videbuntur et erit communi dividundo actio.*

**§1.** *Idem scribit, si ex melle meo, vino tuo factum sit mulsum, quosdam existimasse id quoque communicari: sed puto verius, ut et ipse significat, eius potius esse qui fecit, quoniam suam speciem pristinam non continet. Sed si plumbum cum argento mixtum sit, quia deduci possit, nec communicabitur nec communi dividendo agetur, quia separari potest: agetur autem in rem actio. Sed si deduci, inquit, non possit, ut puta si aes et aurum mixtum fuerit, pro parte esse vondicandum: nec quaquam erit dicendum, quod in mulso dictum est, quia utraque materia etsi confusa manet tamen.*

**5.** ULPIANO *en el libro décimo sexto de los comentarios al edicto.* El mismo Pomponio escribe: si el trigo de dos personas se hubiera confundido sin su voluntad, compete a cada uno acción real por la porción que parece propio de cada uno en aquel montón. Pero si se hubieren mezclado los trigos por voluntad de ellos, entonces se entenderá que se hicieron comunes, y por tanto procederá la acción de división de cosa común.

§1. También escribe que, si de mi miel y de tu vino se hubiere hecho mulso, algunos opinaron que también esto se vuelve común; pero stimo más verdadero, como también él opina, que más bien es de quien lo hizo, porque el mulso no conserva su calidad anterior. Y si se hubiere mezclado plomo con plata, como sea que pueda desunirse, ni se volverá cosa común, ni se reclamará por la acción divisoria, porque puede separarse, aunque sí se ejercerá la acción real. Pero si no pudiera desunirse, por ejemplo, habiendo mezclado bronce y oro, dice que deberá reclamarse la parte respectiva. Y de ningún modo se deberá decir lo anterior respecto al mulso, porque, aunque confundidas, siguen siendo distintas materias.

*§2. Idem scribit, si equam meam equus tuus praegnatem fecerit, non esse tuum, sed meum, quod natum est.*

§2. También escribe que, si tu caballo hubiere preñado a mi yegua, la cría no es tuya, sino mía.

*§3. De arbore, quae in alienum agrum translata coaluuit et radices mmisit, Varus et Nerva utilem in rem actionem dabant: nam si nondum coaluit, mea esse non desinet.*

§3. Respecto del árbol que, transplantado a un campo ajeno, prendió y echó raíces, Varo y Nerva concedían la acción real útil; porque si aún no prendió, no dejará de ser mío.

*§4. Cum in rem agatur, si de corpore conveniat, error autem sit in vocabulo, recte actum esse videtur.*

§4. Cuando se ejercite una acción real, si se conviniera sobre la identidad de la cosa, pero hubiera error en el nombre, se considera que se ha demandado bien.

*§5. Si plures sint eiusdem nominis servi, puta plures Erotes, nec appareat de quo actum sit, Pomponius dicit nullam fieri condemnationem.*

§5. Si hubiera varios esclavos con el mismo nombre, por ejemplo, muchos Erotes, y no queda claro contra cuál se ejercitó la acción, dice Pomponio que no procede ninguna condena.

**6.** *PAULUS libro sexto ad edictum. Si in rem aliquis agat, debet designare rem, et utrum totam an partem et quotam petat: appellatio enim rei non genus, sed speciem significat. Octavenus ita definit, quod infectae quidem materiae pondus, signatae vero numerum, factae autem speciem dici oportet: sed et mensura dicenda erit, cum res mensura continebitur. Et si vestimenta nostra esse vel dari oportere nobis petamus, utrum numerum eorum dicere debebimus an et*

**6.** PAULO en el libro sexto de los comentarios al edicto. Si alguien ejercitara una acción real, debe designar la cosa y si la pide toda o en parte, y qué parte; porque la denominación de la cosa no sólo se refiere al género, sino a la especie. Octaveno señala que de la materia informe debe especificarse el peso, de la acuñada el número, y de la trabajada la especie. Pero también habrá de determinarse la

347

*colorem? Et si magis est ut utrumque: nam illud inhumanum est cogi nos dicere, trita sin an nova. Quamvis et in vasis occurrat difficultas, utrum lancem dmtaxat dici oporteat an etiam, quadrata vel rutunda, vel pura an caelata sint, quae ipsa in petitionibus quoque adicere difficile est. Nec ita coartanda res est: licet in petende homine nomen eius dici debeat et utrum puer an adulescens sit, utique si plures sint: sed si nomen eius ignorem, demonstratione eius utendum erit: veluti 'qui ex illa hereditate est', 'qui ex illa natus est'. Item fundum petiturus nomen eius et quo loci sit dicere debebit.*

medida cuando la cosa sea medible. Y si afirmáramos que unos vestidos son de nuestra propiedad, o que se nos debía dar su propiedad, ¿acaso deberemos decir su número y también su color? Y es más cierto que ambas cosas, porque es excesivo que se nos obligue a decir si están usados o nuevos. Aunque, respecto de las vajillas, también surge la dificultad de si deberá expresarse tan sólo un plato o también si es cuadrado o redondo, lisos o labrados, todo lo cual es difícil hacer constar en las demandas; y no debe exigirse tanta exactitud, pues, aun cuando al pedir un esclavo debe manifestarse su nombre, y si es niño o adolescente; si hay muchos esclavos. Pero si yo ignorara su nombre, deberán utilizarse indicaciones respecto a él, por ejemplo: 'el que proviene de aquella herencia', 'el que nació de aquella'. Asimismo, el que reclama un fundo deberá decir su nombre y ubicación.

*7. IDEM libro undécimo ad edictum. Si is, qui optulit se fundi vindicationi, damnatus est, nihilo minus a possessore recte petitur, sicut Pedius ait.*

7. EL MISMO en el libro décimo primero de los comentarios al edicto. Si quien se opuso sin ser poseedor a la reivindicación del fundo resultó condenado, es justo, no obstante, reclamar del verdadero poseedor, según dice Pedio.

*8. IDEM libro duodecimo ad edictum.*

8. EL MISMO en el libro

*Pomponius libro trigensimo sexto probat, si ex aequis partibus fundum mihi recum communem tu et Lucius Titius possideatis, non ab utrisque quadrantes petere me debere, sed a Titio, qui non sit dominus, totum semissem. Aliter atque si certis regionibus possideatis eum fundum; nam tunc sine dubio et a te et a Titio partes fundi petere me debere: quotiens enim certa loca possidebuntur, necessario in his aliquam partem meam esse: et ideo te quoque a Titio quadrantem petere debere. Quae distinctio neque in re mobili neque in hereditatis petitione locum habet: nunquam enim pro diviso possideri potest.*

décimo primero de los comentarios al edicto. Aprueba Pomponio en el libro trigésimo sexto de sus comentarios al edicto que si tú y Lucio Ticio poseen por partes iguales un fundo que me era común contigo, no debo pedir a cada uno de ustedes una cuarta parte, sino la mitad completa a Ticio, que no es dueño. Pero no será así si poseen ustedes el fundo por partes determinadas, pues entonces sin duda que debo pedir mis partes del fundo a ti y a Ticio. Porque siempre que se poseen porciones determinadas, necesariamente hay en ellas alguna parte mía, y por esto también tú debes pedir tu cuarta parte a Ticio. Esta distinción no tiene lugar ni respecto de una cosa mueble, ni en la petición de la herencia, porque nuna puede poseerse dividida.

*9. ULPIANUS libro sexto decimo ad edictum. Officium autem iudicis in hac actione in hoc erit, ut iudex inspiciat, an reus possideat: nec ad rem pertinebit, ex qua causa possideat: ubi enim probavi rem meam esse, necesse habebit possessor restituere, qui non obiecit aliquam exceptionem. Quídam tamen, ut Pegasus, eam solam possessionem putaverunt hanc actionem complecti, quae locum habet in interdicto uti possidetis vel utrubi. Denique ait ab eo, apud quem deposita est vel commodata vel qui conduxerit aut qui legatorum servandorum causa vel dotis*

9. ULPIANO en el libro décimo sexto de los comentarios al edicto. En esta acción, el oficio del juez consistirá en inspeccionar si el demandado posee. Y no importará la causa por la cual posee, pues habiendo probado que la cosa es mía, el poseedor que no opuso ninguna excepción estará obligado a restituirla. Pero algunos, como Pegaso, consideraron que esta acción comprende sólo aquella posesión protegida por el

*ventrisve nomine in possessione esset vel cui damni infecti nomine non cavebatur, quia hi omnes non possident, vindicari non posse. Puto autem ab omnibus, qui tenent et abent restituendi facultatem, peti posse.*

interdicto *uti possidetis* o el *utrubi.* Finalmente, dice que una cosa no puede reivindicarse de aquel en cuyo poder está depositada o dada en comodato, o de quien la tuviere en arrendamiento, o estuviese en posesión con objeto de asegurar los legados, la dote, o los derechos del concebido, o porque no se le ofrecía caución por daño temido, ya que ninguno de todos ellos es poseedor. Pero opino que se puede reclamar a todos los que tienen una cosa y peden restituirla.

**10.** *PAULUS libro vicensimo primo ad edictum. Si res mobilis petita sit, ubi restitui debeat, scilicet si praessens non sit? Et non malum est, si bonae fidei possessor sit is cum quo agitur, aut ibi restitui ubi res sit: aut ubi agitur, sed sumptibus petitoris, qui extra cibaria in iter vel navigationem faciendi sunt.*

**10.** PAULO en el libro vigésimo primero de los comentarios al edicto. Si se hubiera reclamado una cosa mueble, ¿dónde deberá ser restituida, si no estuviera presente? Y no es erróneo, si el demandado fuera poseedor de buena fe, que la restituya allí dnde esté la cosa o bien donde se demanda; pero quedan a cargo del demandante los gastos que, excepto los de la manutención, se han de hacer durante el camino o la navegación.

**11.** *ULPIANUS libro sexto decimo ad edictum. Nisi si malit petitor suis impensis et periculo ibi, ubi indicatur, rem restitui: ytunc enim de restitutione cum satisdatione cavebitur.*

**11.** ULPIANO *en el libro décimo sexto de los comentarios al edicto.* Salvo que el demandante prefiera que le sea restituida la cosa por su cuenta y riesgo en el lugar donde se celebra el juicio; porque entonces se dará caución con garantía por la restitución.

**12**. *PAULUS libro vicensimo primo ad edictum. Si vero malae fidei sit possessor, qui in alio loco eam rem nactus sit, idem statui debet: si vero ab eo loco, ubi lis contestata est, eam subtractam alio transtulerit, illic restituere debet, unde ubstraxit, sumptibus suis.*

**12**. PAULO *en el libro vigésimo primero de los comentarios al edicto*. Si un poseedor de mala fe hubiese adquirido la cosa en otro lugar, debe regir el mismo principio. Pero si, habiéndola sustraído del lugar en que se contestó la demanda, la hubiere trasladado a otro, debe restituirla a costa suya allí donde la sustrajo.

**13**. *ULPIANUS libro sexto decimo ad edictum. Non solum autem rem restitui, verum et si deterior rres sit facta, rationem iudex habere debebit: finge enim debilitatum hominem vel verberatum verl vulneratum restitui: utique ratio per iudicem abebitur, quanto deteror sit factus. Quamquam et legis Aquiliae actione conveniri possessor possit: unde quaeritur an non alias iudex aestimare damnum debeat, quam si remittatur actio legis Aquiliae. Et Labeo putat cavere petitorem oportere lege Auilia non acturum, quae sentencia vera est.*

**13**. ULPIANO *en el libro décimo sexto de los comentarios al edicto*. Mas el juez deberá considerar no sólo la restitución de la cosa, sino también si ésta hubiere sido deteriorada. Porque supón que el esclavo fue restituido enfermo, azotado o herido; en esto casos el juez deberá estimar la disminución de su valor, aunque el poseedor pueda ser demandado también por la acción de la Ley Aquilia. Por lo cual se pregunta, ¿acaso no deberá el juez estimar el daño tan sólo si se renunciara a la acción de la ley Aquilia? Y Labeón opina que el demandante debe dar caución de que no ejercitará esta acción, opinión que es cierta.

**14**. *PAULUS libro vicensimo ad edictum. Quod si malit actor potius legis Aquiliae actione uti, absolvendus est possessor. Itaque electio actori danda est, non ut triplum, sed duplum consequatur.*

**14**. PAULO *en el libro vigésimo de los comentarios al edicto*. Pero si el actor optase por la acción de la ley Aquilia, el poseedor deberá ser absuelto. Y así, ha de concederse al actor el derecho de elección, no para que consiga el triple, sino el duplo.

**15.** ULPIANUS *libro sexto decimo ad edictum. Item si verberatum tradidit, Labeo ait etiam iniuriarum competere actionem petitori.*

*§1. Si quis rem ex necessitate distraxit, fortassis huic officio iudicis succurretur, ut pretium dumtaxat debeat restituere. Nam et si fructus perceptos distraxit, ne corrumpantur, aeque non amplius quam pretium praestabit.*

*§2. Item si forte ager fuit qui petitus est et militibus adsignatus est modico honoris gratia possessori dato, an hoc restituere debeat? Et puto praestaturum.*

*§3. Si servus petitus vel animal aliud demortuum sit sine dolo malo et culpa possessoris, pretium mnon esse praestandum plerique aiunt: sed est verius, si forte distracturus erat petitor si accepisset, moram passo debere praestari: nam si ei restituisset, distraxisset et pretium exxet lucratus.*

**16.** PAULUS *libro vicensimo primo ad edictum. Utique autem etiam mortuo homine necessaria est sententia propter*

**15.** ULPIANO *en el libro décimo sexto de los comentarios al edicto.* Igualmente, si el poseedor entregó al esclavo azotado, juzga Labeón que también compete al actor la acción de injurias.

§1. Si alguien vendió la cosa por necesidad, tal vez se le auxilie por ministerio del juez, para que solamente deba restituir el precio. Porque si vendió los frutos percibidos para que no se pudriesen, tampoco dará más que el precio.

§2. Si lo que se pidió fue un campo, y éste fue asignado a los militares por una módica cantidad al poseedor como gratificación, ¿deberá restituirla? Y yo opino que sí debe.

§3. Si el esclavo que se pidió, o un animal cualquiera, hubiere muerto sin dolo ni culpa del poseedor, dice la mayoría que no debe darse el precio. Pero es más cierto que si el demandante debiera de venderlo en caso de haberlo recibido, debe indemnizarse al que haya sufrido la mora; porque si se le hubiese restituido, lo habría vendido y se habría beneficiado con el precio.

**16.** PAULO *en el libro vigésimo primo ode los comentarios al edicto.* Incluso muerto el esclavo es necesaria una sentencia para los

*fructus et partus et stipulationem de evictione: non enim post litem contestatam utique et fatum possessor praestare debet.*

frutos y las crías, y para la estipulación por evicción; porque después de contestada la demanda el poseedor no debe responder también por caso fortuito.

*§1. Culpa non intellegitur, si navem petitam tempore navigationis trans mare misit, licet ea perierit: nisi si minus idoneis hominibus eam commisit.*

§1. No se entiende que existe culpa si alguien envió la nave solicitada al otro lado de los mares en tiempo oportuno para navegar, aunque aquélla hubiere perecido, a no ser que la hubiere confiado a hombres sin la suficiente preparación.

**17.** ULPIANUS *libro sexto decimo ad edictum. Iulianus libro sexto digestorum scribit, si hominem, qui Maevii erat, emero a Titio, deinde cum eum Maevius a me peteret, eundem vendidero eumque emptor occiderit, aequum esse me pretium Maevio restituere.*

**17.** ULPIANO *en el libro décimo sexto de los comentarios al edicto.* Escribe Juliano en el libro sexto de su Digesto que, si yo comprare a Ticio un esclavo que era de Mevio, y después lo vendiere cuando Mevio ejercitase este contra mí la acción reivindicatoria, y el comprador lo matare, es justo que yo restituya el precio a Mevio.

*§1. Idem Iulianus eodem libro scribit, si moram fecerit in homine reddendo possessor et homo mortuus sit, et fructuum rationem usque ad rei iudicatae tempus spectandam esse. Idem Iulianus ait non solum fructus, sed etiam omnem causam praestandam: et ideo et partum venire in restitutionem et partuum fructus. Usque adeo autem et causae veniunt, ut Iulianus libro septimo scribit, si per eum servum possessor adquisierit actionem legis Aquiliae, restituere cogendum. Quod si dolo malo ipse possessor desierit possidere et aliquis hominem iniuria occiderit, aut*

§1. Juliano escribe en el mismo libro que si el poseedor se hubiere demorado en devolver el esclavo, y éste hubiese muerto, deberán tenerse en cuenta los frutos hasta el momento de la sentencia. El mismo Juliano dice que deberán restituirse no sólo los frutos, sino también todo lo accesorio de la cosa, comprendiéndose en la restitución la cría y los frutos de las crías. A tal punto se comprende lo anterior, que

pretium hominis aut actiones suas praestare cogetur, utrum eorum voluerit actor. *Sed et fructus, quos ab alio possessore percepit, restituere eum oportet: lucrum enim ex eo homine, uqi in lite esse coeperit, facere non debet. Sed fructus eius temporis, quo tempore possessus est ab eo qui eviderit, restituere non debet: sed quod dicit de actione legis Aquiliae, procedit, si post litem contestatam usucepit possessor, quia plenum ius íncipit habere.*

Juliano escribe en el libro séptimo de su Digesto que, si mediante el esclavo hubiere adquirido el poseedor la acción de la ley Aquilia, deberá obligársele a restituirla. Si este poseedor hubiere dejado de poseer con dolo malo, y alguien hubiere matado ilícitamente al esclavo, se le obligará a entregar el preció de éste o a ceder sus propias acciones, según hubiere optado el actor. También debe restituir los frutos percibidos de otro poseedor, porque no debe obtener un lucro por aquel esclavo por el cual hubiere comenzado el litigio. Por el contrario, no debe restituir los frutos del tiempo en que el esclavo fue poseído por quien lo hubiere reivindicado. Pero lo que dice respecto a la acción de la ley Aquilia, procede si el poseedor usucapió después de contestada la demanda, porque comienza a tener pleno derecho para poder reclamar por aquella acción.

**18.** *GAIUS libro septimo ad edictum provinciale. Si post acceptum iudicium possessor usu hominem cepit, debet eum tradere eoque nomine de dolo cavere: periculum este nim ne eum vel pigneraverit vel manumiserit.*

**18.** GAYO *en el libro séptimo de los comentarios al edicto provincial.* Si el poseedor usucapió el esclavo después de aceptar el juicio, debe restituirlo y dar por tal motivo caución de dolo, porque existe el peligro de que lo hubiere dado en prenda o manumitido.

**19.** *ULPIANUS libro sexto decimo ad*

**19.** ULPIANO *en el libro décimo sexto de los comentarios al edicto.*

*edictum. Ipsi quoque reo cavendum esse Labeo dicit 'his rebus recte praestari', si forte fundi nomine damni infecti cavit.*

Dice Labeón que al mismo demandado debe concedérsle también caución 'de indemnizarle debidamente por estas cosas', si dio caución de daño temido por el fundo.

**20.** *GAIUS libro septimo ad edictum provinciale. Praeterea restituere debet possessor et quae post acceptum iudicium per eum non ex re sua adquisivit: in quo hereditates quoque legataque, quae per eum servum obvenerunt, continentur. Nec enimo sufficit corpus ipsum restituir, sed opus est, ut et causa rei restituatur, id esset ut omne habeat petitor, quod habiturus foret, si eo tempore, quo iudicium accipiebatur, restitutus illi homo fuisset. Itaque partus ancillae restitui debet, quamvis postea editus sit, quam matrem eius, post acceptum scilicet iudicium, possessor usuceperit: quo casu etiam de partu, sicut de matre, et traditio et cautio de dolo necessaria est.*

**20.** GAYO *en el libro séptimo de los comentarios al edicto provincial.* Además de esto, el poseedor también debe restituir lo que adquiriró por medio de aquél esclavo, no con sus propios bienes, después de contestar el juicio. Comprendiendo también en ello las herencias y los legados adquiridos por medio de aquel esclavo, porque no basta que se restituya la cosa misma, sino que es necesario restituir también lo accesorio, es decir, que el demandante obtenga todo lo que debió haber tenido si, al tiempo de aceptar el juicio, le hubiese sido restituido el esclavo. Y así, debe restituirse el hijo de la esclava, aunque haya sido dado a luz después de que el poseedor hubiere usucapido la madre de aquél, una vez aceptado el juicio; en cuyo caso se necesitan la entrega y la caución de dolo tanto respecto del parto como de la madre.

**21.** *PAULUS libro vicensimo primo ad edictum. Si a bonae fidei possessore fugerit servus, requiremus, an talis fuerit, ut et custodiri debuerit. Nam si integrae*

**21.** PAULO *en el libro vigésimo primero de los comentarios al edicto.* Si un esclavo de un poseedor de buena fe se hubiere fugado, deberemos averiguar si dicho

*opiniones videbatur, ut non debuerit custodiri, absolvendus est possessor, ut tamen, si interea eum usuceperat, actionibus suis cedat petitori et fructus eius temporis quo possedit praestet. Quod si nondum eum usucepit, absolvendum eum sine cautionibus, ut nihil caveat petitori de persequenda ea re: quo minus enim petitor eam rem persequi potest, quamvis interim, dum in fuga sit, usucapiat? Nec iniquum id esse Pomponius libro trigensimo nono ad edictum scribit. Si vero custodiendus fuit, etiam ipsius nomine damnari debebit, ut tamen, si usu eum non cepit, actor ei actionibus suis cedat. Iulianus autem in his casibus, ubi propter fugam servi possessor absolvitur, etsi non cogitur cavere de persequenda re, tamen cavere debere possesssorem, si rem nanctus fuerit, ut eam restituat, idque Pomponius libro trigensimo quarto variarum lectionum probat: quod verius est.*

esclavo era de tal condición que también hubiere debido ser custodiado; porque si gozaba de buena opinión, de modo que no hubiere debido custodiársele, el poseedor deberá ser absuelto; pero si entretanto lo había usucapido, deberá ceder sus acciones al demandante y entregar los frutos durante el tiempo que lo poseyó. Si todavía no lo había usucapido, ¿deberá ser absuelto sin cauciones, de modo que no otorgue ninguna al demandante de perseguir al esclavo, porque el demandante puede no perseguirlo, aunque mientras permanece fugado el poseedor lo usucapió? Y Pomponio escribe el el libro trigésimo noveno de sus comentarios al edicto que esto no es injusto. Pero si debió ser custodiado, deberá ser condenado también por ello, pero de modo que, si no lo usucapio, el actor le ceda sus acciones. Sin embargo, Juliano dice que, en los casos en que el poseedor es absuelto por la fuga del esclavo, aunque no se le obligue a dar caución de perseguirlo, debe, sin embargo, dar caución para restituir la cosa si la recuperase. Y esto lo aprueba Pomponio en el libro trigésimo cuarto de sus lecciones varias, lo que es más cierto.

**22.** ULPIANUS *libro sexto decimo ad edictum. Quod si dolo possessoris fugerit, damnandum eum, quasi possideret.*

**22.** ULPIANO *en el libro décimo sexto de los comentarios al edicto.* Pero si el esclavo hubiere huido por dolo del poseedor, éste deberá ser condenado como si lo poseyera.

**23.** PAULUS *libro vicensimo primo ad edictum. In rem actio competit ei, qui aut iure Gentium aut iure civili dominium adquisiit.*

**23.** PAULO *en el libro vigésimo primero de los comentarios al edicto.* La acción real compete a quien adquirió la propiedad por derecho de gentes o por derecho civil.

*§1. Loca sacra, item religiosa, quasi nostra in rem actione peti non possunt.*

§1. Los lugares sagrados y los religiosos no pueden ser reclamados como nuestros por la acción real.

*§2. Si quis rei suae alienam rem ita adiecerit, ut pars eius fieret, veluti si quis statuae suae bracchium aut pedem alienum adiecerit, aut scypho ansam vel fundum, vel candelabro sigillum, aut mensae pedem, dominum eius totius rei effici vereque statuam suam dicturum et scyphum plerique recte dicunt.*

§2. Si alguien añadiera una cosa ajena a una cosa propia, de modo que se volviera parte de ella, como, cuando alguien suelda un brazo o un pie de una estatua ajena a una estatua tuya, o el asa o el fondo a una taza, o una pequeña estatua ornativa a un candelabro, o un pie a una mesa, se vuelve dueño de toda la cosa, y con razón juzga la mayoría de juristas que es suya la estatua, la taza, etcétera.

*§3. Sed et id, quod in charta mea scribitur aut in tabula pingitur, statim meum fit: licet de pictura quídam contra senserint propter pretium picturae: sed necesse este i rei cedi, quod sine illa esse non potest.*

§3. Pero también lo que se escribe en papiro mío, o se pinta en una tabla mía, se vuelve mío al instante, aunque respecto de la pintura algunos juristas han opinado lo contrario debido al valor de la pintura; pero es necesario que se ceda a favor de aquello sin lo cual no puede existir.

§4. *In omnibus igitur istis, in quibus mea rea per praevalentiam alienam rem trahit meamque efficit, si eam rem vindicem, per exceptionem doli mali cogar pretium eius quod accesserit dare.*

§5. *item quaecumque aliis iuncta sive adiecta accessionis l oco cedunt, ea quamdiu cobarent dominus vindicare non potest, sed ad exhibendum agere potest, ut separentur et tunc vindicentur: scilicet excepto eo, quod Cassius de ferruminatione scribit. Dicit enim, si statuae suae ferruminatione iunctum bracchium sit, unitate maioris partis consumi et quod semel alienum factum sit, etiamsi inde abruptum sit, redire ad priorem dominum non posse. Non idem in eo quod adplumbatum sit, quia ferruminatio per eandem materiam facit confusionem, plumbatura non idem efficit. Ideoque in omnibus his casibus, in quibus neque ad exhibendum neque in rem locum habet, in fctum actio necessaria est. At in his corporibus, quae ex distantibus corporibus essent, constat singulas partes retinere suam propriam speciem, ut singuli homines, singulae oves: ideoque posse me gregem vindicare, quamvis aries tuus sit immixtus, sed et te arietem vindicare posse. Quod non idem in cobarentibus corporibus eveniret: nam si statuae meae bracchium alienae statuae addideris, non posse dici bracchium tuum esse, quia toda statua uno spiritu continetur.*

§4. En todos estos casos en que una cosa mía atrae por su superioridad la cosa ajena y la vuelve de mi propiedad, si yo revindicara esta cosa me obligaré por la excepción de dolo malo a dar el precio de aquello que hubiere accedido.

§5. Asimismo, el dueño no puede reivindicar las cosas que, juntas o añadidas a otras, ceden a ellas por medio de accesión, mientras permanecen adheridas; pero sí puede ejercer la acción exhibitoria para que se separen y entonces sean reivindicadas, exceptuándose, por supuesto, lo que escribe Casio sobre las soldaduras. Porque dice que, si a una estatua suya se le hubiere unido un brazo por soldadura, desaparece éste por su unión a una parte mayor, y lo que se ha hecho ajeno no puede volver al anterior dueño, aunque de allí haya sido arrancado. No sucede lo mismo respecto de lo que es unido con plomo, porque la soldadura con la misma materia produce la confusión, pero no hace lo mismo la soldadura con plomo. Y por ello, en todos estos casos en que no procede ni la acción exhibitoria ni la real, es necesaria la acción por el hecho. Mas en los conjuntos integrados por distintos cuerpos, es sabido que cada parte conserva su individualidad, como cada esclavo o cada oveja; y por ello puedo reivindicar un rebaño, aunque en él esté mezclado tu carnero, aunque también puedes reivindicar el carnero. No sucedería lo mismo en los cuerpos adheridos, porque si a una estatua mía se le hubiere soldado el brazo de una estatua ajena, no se puede decir que el brazo es tuyo, porque toda la estatua forma una sola unidad.

*§6. Tignum alienum aedibus iunctum nec vindicari potest propter legem duodecim tabularum, nec eo nomine ad exhibendum agi nisi adversus eum, qui sciens alienum iunxit aedibus: sed est actio antiqua de tigno iuncto, quae in duplum ex lege duodecim tabularum descendit.*

§6. El madero ajeno unido a una casa, ni puede reivindicarse conforme a la Ley de las Doce Tablas, ni puede reclamarse con la acción exhibitoria, salvo contra quien sabiendo que era ajeno lo colocó en su casa; pero existe la antigua acción de viga incorporada, que es por el duplo y tiene su origen en la Ley de las Doce Tablas.

*§7. Item si quis ex alienis cementis in solo suo aedificaverit, domum quidem vindicare poterit, cementa autem resoluta prior dominus vidicabit, etiamsi post tempus usucapionis dissolutum sit aedificiu, postquam a bonae fidei emptore possessum sit: nec enim singula cementa usucapiuntur, si domus per temporis spatium nostra fiat.*

§7. Igualmente, si alguien hubiere edificado en suelo suyo con materiales ajenos, podrá ciertamente vindicar la casa, pero una vez separados los materiales los reivindicará el anterior dueño, aunque el edificio se haya demolido transcurrido el plazo de la usucapión y después de haber sido poseído por un poseedor de buena fe; porque no se adquieren por usucapión cada uno de los materiales, aunque la casa se vuelva nuestra por el paso del tiempo.

**24.** *GAIUS libro septimo ad edictum*

**24.** GAYO *en el libro séptimo de los comentarios al edicto provincial.*

*provinciale. Is qui destinvati rem petere animadvertere edebet, an aliquo interdicto possit nancisci possessionem, quia longe commodius est ipsum possidere et adversarium ad onera petitoris compellere quam alio possidente petere.*

Quien decidió reclamar una cosa, primero debe analizar si puede obtener la posesión por medio de algún interdicto, porque es mucho más cómodo poseer uno mismo y cargar al adversario con los gravámenes de demandante, que pedir teniendo otro la posesión.

**25.** *ULPIANUS libro septuagensimo ad edictum. Is qui se optulit rei defensioni sine causa, cum non possideret nec dolo fecisset, quo minus possideret: si actor ignoret, non est absolvendus, ut Marcellus ait: quae sententia vera est. Sed hoc post litem contestatam: ceterum ante iudicium acceptum non decipit actorem qui se negat possidere, cum vere non possideret: nec videtur se liti optulisse qui discessit.*

**25.** ULPIANO *en el libro septuagésimo de los comentarios al edicto.* Quien se presentó sin causa a defender un objeto sin poseerlo ni habiendo dejado de poseerlo con dolo, si el acto lo ignorase, no deberá ser absuelto, como opina Marcelo, cuya opinión es cierta. Esto sólo después de contestada la demanda, porque antes de comparecer en juicio no engaña al actor quien niega que posee, cuando en verdad no poseyera; ni tampoco se considera que se opuso sin causa en un litigio a quien se desistió de él.

**26.** *PAULUS libro secundo al Plautium. Nam si actor scit, tunc is non ab alio, sed a se decipitur: et ideo reus absolvitur.*

**26.** PAULO *en el libro segundo de los comentarios a Plaucio.* Si el actor lo sabe, no le engaña nadie, sino que se engaña a sí mismo, y por lo tanto queda absuelto el demandado.

**27.** *IDEM libro vicensimo primo ad edictum. Sin autem cum a Titio petere vellem, aliquis dixerit se possidere et ideo liti se optulit, et hoc ipsum re agenda*

**27.** EL MISMO *en el libro vigésimo primero de los comentarios al edicto.* Si al querer yo reclamar una cosa de Ticio, alguien dijere que la poseía y por ello se presentó como

*testatione probavero, omnimodo condemnandus est.*

parte contraria, y yo probase esto en el juicio, debe ser sin duda condenado.

*§1. Possidere autem aliquis debet utique et litis contestatae tempore et quo res iudicatur. Quod si litis contestationis tempore possedit, cum autem res iudicatur sine dolo malo amisit possessionem, absolvendus est possesor. Item si litis contestatae tempore non possedit, quo autem iudicatur possidet, probanda est Proculi sententia, ut omnimodo condemnetur: ergo et fructuum nomine ex quo coepit possidere damnabitur.*

§1. Pero uno debe poseer tanto al tiempo de contestar la demanda como al momento del fallo judicial. Si poseyó al momento de contestar la demanda, pero al juzgar el negocio ha perdido sin dolo malo la posesión, el poseedor deberá ser absuelto. Asimismo, si no poseyó al momento de contestar la demanda, pero sí posee al juzgar el negocio, deberá aceptarse la opinión de Próculo, de que de todos modos se le condene. Por consiguiente, será condenado también por razón de los frutos, desde que comenzó a poseer.

*§2. Si homo petitus dolo possessoris deterior factus sit, deinde sine culpa eius ex alia causa mortuus sit, aestimatio non fiet eius, quod deteriorem eum fecerat, quia nihil interest petitoris: sed haec quantum ad in rem actionem: legis autem Aquiliae actio durat.*

§2. Si el esclavo reivindicado hubiese sido lesionado por dolo del poseedor, y después hubiera muerto sin culpa de éste por otra causa, no se estimará resepecto de aquello que lo había devaluado, porque no importa ya al demandante. Esto en cuanto a la acción real, pues subsiste la acción de la ley Aquilia.

*§3. Sed et is, qui ante litem contestatam dolo desiit rem possidere, tenetur in rem actione: idque ex senatus consulto colligi potest, quo cautum est, ut diximus, ut dolus praeteritus in hereditatis petitionem veniat: cum enim in hereditatis petitione, quae et ipsa in rem est, dolus praeteritus fertur, non est absurdum per consequentias et in speciali in rem actione*

§3. También queda obligado por la acción real quien antes de contestada la demanda dejó de poseer la cosa con dolo; y esto puede deducirse del senadoconsulto Juvenciano en donde se previno, como hemos dicho, que se incluya en la petición de herencia el dolo

*dolum praeteritum deduci.*

pasado. Porque comprendiéndose en la petición de herencia, que es también una acción real, no es absurdo que se deduzca el dolo pasado también en la acción real especial.

*§4. Si per filium aut per servum pater vel dominus possideat et is sine culpa patris dominive rei iudicandae tempore absit: vel tempus dandum vel cavendum est de possessione restituenda.*

§4. Si el padre o el dueño poseyera por medio de un hijo o de un esclavo, y éstos, sin culpa de alguno de los primeros, estuviera ausente al momento de fallarse en el juicio, o bien deberá concederse plazo o bien caución de restituir la posesión.

*§5. In rem petitam si possessor ante litem contestatam sumptus fecit, per doli mali exceptionem ratio eorum haberi debet, si perserveret actor petere rem suam non dedditis sumptibus. Idem est etiam, si noxali iudicio servum defendit et damnastus praestitit pecuniam, aut in area quae fuit petitoris per errorem insulam aedificavit: nisi tamen paratus sin petitor pati tollere eum aedificium. Quod et in area uxori donata per iudicem, qui de dote cognoscit, faciendum dixerunt. Sed su puerum meum, cum possideres, erudisses, non idem observandum Proculus existimat, quia neque carere servo meo debeam nec potest remedium idem adhiberi, quod in area diximus:*

§5. Si antes de contestar la demanda el poseedor hizo gastos en la cosa pedida, deben considerarse en virtud de la excepción de dolo si el actor perseverase en pedir su cosa sin haber reintegrado los gastos. Lo mismo ocurre si defendió al esclavo en juicio noxal, y habiendo sido condenado pagó la cantidad, o si por error edificó una casa en un fundo que fue del demandante, a no ser que el actor estuviera dispuesto a consentir que se demoliera el edificio. Lo que también dijeron que debe hacer el juez que conoce de la dote respecto al fundo donado a la mujer. Pero si poseyendo a un niño esclavo mío lo hubiese educado, Próculo juzga que no debe observarse lo mismo, porque ni yo debo ser privado de mi esclavo, ni puede aplicarse el mismo remedio respecto del solar que hemos dicho,

**28**. *GAIUS libro septimo ad edictum provinciale. ... forte quod pictorem aut librarium docueris. Dicitur non aliter officio iudicis aestimationem haberi posse,*

**28**. GAYO *en el libro séptimo de los comentarios al edicto provincial*. ... lo que hubieres enseñado al pintor o al copista de libros, se entiende que no puede estimarse más que por ministerio del juez,

**29**. *POMPONIUS libro vicensimo primo ad Quintum Mucium. ... nisi si venalem eum habeas et plus ex pretio eius consecuturus sis propter artificium,*

**29**. POMPONIO *en el libro vigésimo primero a Quinto Mucio*. ... a no ser que lo tengas para venderlo, y busques obtener por él mayor precio debido a su oficio,

**30**. *GAIUS libro septimo ad edictum provinciale. ... aut si ante denuntiatum sit actori, ut impensam solveret, et eo dissmulante posita sit doli mali exceptio.*

**30**. GAYO *en el libro séptimo de los comentarios al edicto provincial*. ... o si antes se hubiera notificado al actor para que pagase el gasto, y habiéndose desentendido, se debió oponer la excepción de dolo.

**31**. *PAULUS libro vicensimo primo ad edictum. Deterum cum de fructibus servi petiti queritur, non tantum pubertas eius spectanda est, quia etiam impuberis aliquae operae esse possunt. Improbe tamen desiderabit petitor fructus aestimari, qui ex artificio eius percipi potuerunt, quod artificium sumptibus possessoris didicit.*

**31**. PAULO *en el libro vigésimo primero de los comentarios al edicto*. Cuando se trata de los frutos del esclavo reclamado, no debe considerarse solamente su pubertad, porque también de un impúber pueden obtenerse algunos servicios. Pero el demandante pretenderá sin razón que se estimen los frutos que pudieron percibirse del oficio aprendido, porque lo aprendió a costa del poseedor.

**32**. *MODESTINUS libro octavo*

**32**. MODESTINO *en el libro octavo de las diferencias*. Pero si

*differentiarum. Quod si artificem fecerit, post vicensimum quintum annum eius, qui artificium consecutus est, impensae factae poterunt pensari.*

alguien hubiere aprendido un oficio, una vez cumplidos los veinticinco años podrán compensarse los gastos hechos con los frutos conseguidos.

**33.** *PAULUS libro vicensimo primo ad edictum. Fructus non modo percepti, sed et qui percipi honeste potuerunt aestimandi sunt: et ideo si dolo aut culpa possessoris res petita perierit, veriorem putat Pomponius Trebatii opinonem putantis eo usque fructuum rationem habendam, quo usque haberetur, si non perisset, id est ad rei iudicandae tempus: quod et Iuliano placet. Hac ratione si nudae proprietatis dominus petierit et inter moras usus fructus amissus sit, ex eo tempore, quo ad proprietatem usus fructus reversus est, ratio fructuum habetur.*

**33.** PAULO *en el libro vigésimo primero de los comentarios al edicto.* Se deben estimar no sólo los frutos percibidos, sino también los que razonablemente pudieron percibirse; por tanto, si por dolo o culpa del poseedor hubiere perecido la cosa reclamada, Pomponio juzga como más acertada la opinión de Trebacio, quien opina que deben considerarse los frutos que se percibirían si la cosa no hubiese perecido, es decir, hasta el momento de juzgarse el litigio; lo que también pareció adecuado a Juliano. Por ello, si reclamare el nudo propietario, y entre tanto se hubiere extinguido el usufructo, se consideran los furtos desde el momento en que el usufructo revertió a la propiedad.

**34.** *IULIANUS libro septimo digestorum. Idem est et si per alluvionem pars fundo accesserit.*

**34.** JULIANO *en el libro séptimo del digesto.* Lo mismo sucede si por aluvión una parte hubiere acrecido al fundo.

**35.** *PAULUS libro vicensimo primo ad edictum. Et ex diverso si petitor lite contestata usum fructum legaverit, ex eo tempore, exo quo discessit a proprietate,*

**35.** PAULO *en el libro vigésimo primero de los comentarios al edicto.* Por el contrario, si contestada la demanda el demandado hubiere legado el usufructo, algunos

*fructuum rationem non habendam quídam recte putant.*

opinan con razón que no deben considerarse los frutos desde el momento en que el usufructo se separó de la propiedad.

*§1. Ubi autem alienum fundum petii et index sententia declaravit meum esse, debet etiam de fructibus possessorem condemnare: eodem enim errore et de fructibus condemnaturum: non debere enim lucro possessoris cederé fructus, cum victus sit: alinquin, ut Mauricianus ait, nec rem arbitrabitur iudex mihi restitui, et quare habeat quod non esset habiturus possessor, si statim possessionem restituisset?*

§1. Cuando reclamé un fundo ajeno, y el juez declaró en su sentencia que era de mi propiedad, debe condenar al poseedor también en los frutos. Porque por el mismo error deberá condenarlo en los frutos, pues habiendo sido vencido, el poseedor no debe lucrar con los frutos, sino, como dice Mauriciano, el juez no mandará que se me restituya la cosa. ¿Y por qué tendría el poseedor lo que no habría de tener si hubiese restituido la posesión inmediatamente?

*§2. Petitor possessori de evictione cavere non cogitur rei nomine, cuius aestimationem accepit: sibi enim possessor imputare debet, qui non restituit rem.*

§2. El demandante no está obligado a dar al poseedor caución de evicción por razón de la cosa cuya estimación recibió, porque el poseedor debe sufrir las consecuencias de no restituir la cosa.

*§3. Eorum quoque, quae sine interitu dividi non possunt, partem petere posse constat.*

§3. Es sabido que también puede reclamarse una parte de aquellas cosas que no pueden dividirse sin perecer.

**36.** *GAIUS libro septimo ad edictum provinciale. Qui petitorio iudicio utitur, ne frustra experiatur, requirere debet, an is, cum quo instituat actionem, possessor sit vel dolo desiit possidere.*

**36.** GAYO *en el libro séptimo de los comentarios al edicto provincial.* Quien ejerce la acción petitoria, debe averiguar si el demandado es poseedor o dejó de serlo por dolo, para no demandar inútilmente.

*§1. Qui in rem convenitur, etiam culpae*

§1. Quien es demandado por una

*nomine condemnatur. Culpae autem reus est possessor, qui per insidiosa loca servum misit, si is periit, et qui servum a se petitum in harena esse concessit, et is mortuus sit: sed et qui fugitivum a se petitum non custodit, si is fugit, et qui vamen a se petitam adverso tempore navigatum misit, si ea naufragio perempta est.*

acción real, también es condenado por culpa. Es reo de culpa el poseedor que envió al esclavo por lugares peligrosos, si éste pereció, y quien permitió que bajase a la arena del circo el esclavo reclamado, si éste hubiere muerto; también quien no custodió al esclavo fugitivo reclamado, si huye; y quien con tiempo contrarió envió a navegar la nave reclamada, si ésta pereció en un naufragio.

**37.** *ULPIANUS libro septimo decimo ad edictum. Iulianus libro octavo digestorum scribit: si in aliena area aedificassem, cuius bonae fidei quidem emptor fui, verum eo tempore aedificavi, quo iam sciebam alienam, videamus, an nihil mihi exceptio prosit: nisi forte quis dicat prodesse de damno sollicito. Puto autem huic exceptionem non prodesse: nec enim debuit iam alienam certus aedificium ponere: sed hoc ei concedendum est, ut sine dispendio domini areae tollat aedificium quod posuit.*

**37.** ULPIANO *en el libro décimo séptimo de los comentarios al edicto.* Escribe Juliano en el libro octavo de su Digesto: si yo hubiere edificado en un fundo ajeno que compré de buena fe, pero edifiqué cuando ya sabía que era ajeno, veamos si me beneficiará la excepción, a no ser que se diga que me aprovecha la de daño temido. Y opino que no, porque no debió levantar el edificio sabiendo que el fundo era ajeno. Pero debe concedérsele que derribe el edificio levantado sin gasto del dueño del fundo.

**38.** *CELSUS libro tertio digestorum. In fundo alieno, quem imprudens emeras, aedifcasti aut conseruisti, deinde evincitur: bonus iudex varie ex personis causisque constituet. Finge et dominum eadem facturum fuisse: reddat impensam, ut fundum recipiat, usque eo dumtaxat, quo pretiosior factus est, et si plus pretio fundi*

**38.** CELSO *en el libro tercero del digesto.* Edificaste o sembraste en un fundo que habías comprado, ignorando que era ajeno, y después es objeto de evicción: un buen juez resolverá según las personas y los casos. Supongamos que el dueño hiciera lo mismo: para recobrar

*accessit, solum quod impensum est. Finge pauperem, qui, si reddere id cogatur, laribus sepulchris avitis acrendum habeat: sufficit tibi permitti tollere ex his rebus quae possis, du mita ne deterior sit fundus, quam si initio non foret aedificatum. Constituimus vero, ut, si paratus est dominus tantum dare, quantum habiturus est possessor his rebus ablatis, fiat ei potestas: neque malitiis indulgendum est, si tectorium puta, quod induxeris, picturasque corradere velis, nihil laturus nisi ut officias. Finge eam personam esse domini, quae receptum fundum mox venditura sit: nisi Reddit, quantum prima parte reddi oportere diximus, eo deducto tu condemnandus es.*

el fundo reembolsará los gastos, solamente por cuanto aumentó el valor, y si aumentó el precio del fundo, sólo por lo que se gastó. Supongamos ahora que el dueño es pobre y que, si fuera obligado a reintegrar lo gastado, deba privarse de sus lares y de los sepulcros de sus abuelos; bastará que se te permita retirar las cosas que puedas, sin más estropeos que si no se hubiese edificado en él. Pero decidimos que si el dueño está dispuesto a dar tanto como el poseedor deba percibir de aquellas cosas si las quitase, deberá concedérsele tal facultad; y no deben permitirse actos de mala fe, por ejemplo, arrancar el estuco puesto, y las pinturas, sin más finalidad que molestar. Supongamos que el dueño fuese una persona que deberá vender el fundo apenas recobrado; si no reintegra lo que dijimos en la primera parte que debe reintegrarse, tú serás condenado habiendo deducido previamente esto.

**39.** *ULPIANUS libro septimo decimo ad edictum. Redemptores, qui suis cementis aedificant, statim cementa faciunt eorum, in quorum solo aedificant.*

**39.** ULPIANO *en el libro décimo séptimo de los comentarios al edicto.* Los contratistas que edifican con materiales propios convierten instantáneamente, por el hecho de edificar, los materiales en propiedad de aquellos en cuyo suelo edifican.

*§1. Iulianus recte scribit libro duodecimo digestorum mulierem, quae intercedens*

§1. Con razón escribe Juliano en el libro décimo segundo de su

*fundum pignori dedit, quamvis a creditore distractum posse in rem actione petere:*

Digesto, que la mujer fiadora que dio en prenda un fundo, puede reclamarlo por medio de la acción real, aunque lo haya vendido el acreedor,

**40**. *GAIUS libro septimo ad edictum provinciale. ... quia nullum pignus creditor vendidisse videtur.*

**40**. GAYO *en el libro séptimo de los comentarios al edicto provincial.* ... porque se entiende que el acreedor no vendió ninguna prenda.

**41**. *ULPIANUS libro septimo decimo ad edictum. Si quis hac lege emerit, ut, si alius meliorem condicionem attulerit, recedatur ab emptione, post allatam condicionem iam non potest en rem actione uti. Sed et si cui in diem addictus sit fundus, antequam adiectio sit facta, uti in rem actione potest: postea non poterit.*

**41**. ULPIANO *en el libro décimo séptimo de los comentarios al edicto.* Si alguien hubiere comprado con la cláusula de que si otro ofreciere mejor oferta se apartaría de la compra, después de hecha la oferta, no puede ejercer la acción real. Pero si a alguien se le hubiera vendido un fundo con adjudicación a término, puede ejercer la acción real antes de la puja, pero después ya no podrá.

*§1. Si servus mihi vel filius familias fundum vendidit et tradidit haben liberam peculii administrationem, in rem actione uti potero. Sed et si domini voluntate domini rem tradat, idem erit dicendum: quemadmodum, cum procurator voluntate domini vendidit vel tradidit, in rem actionem mihi praestabit.*

§1. Si un esclavo o un hijo de familia que tuviere la libre administración de su peculio me vendió y entregó un fundo, podré ejercer la acción real. Pero también se dirá lo mismo si entregase una casa del dueño con voluntad de éste, igual que cuando el procurador vendió o entregó un bien con la voluntad del dueño, con ello me transmitirá la acción real.

**42**. *PAULUS libro vicensimo sexto ad edictum. Si in rem actum sit, quamvis*

**42**. PAULO *en el libro vigésimo sexto de los comentarios al edicto.* Si se hubiera ejercido la acción real,

*heres possessoris, si non persona defuncti commissum sit, omnimodo in damnationem veniet.*

aunque sea absuelto el heredero del poseedor al no poseer, sin embargo, si el difunto hubiere contraído alguna culpa, el heredero será de todos modos condenado.

**43**. *IDEM libro vigensimo septimo ad edictum. Quae religiosis adhaerent, religiosa sunt et idcirco nec lapides anaedificati postquam remoti sunt vindicari possunt: in factum autem actione petitori extra ordinem sobvenitur, ut is, qui hoc fecit, restituere eos compellatur. Sed si alieni sine voluntate domini inaedificati fuerint et nondum functo monumento in hoc detracti erunt, ut alibi reponerentur, poterunt a domino vindicari. Quod si in hoc etracti erunt, ut reponerentur, similier dominum eos repetere posse constat.*

**43**. EL MISMO *en el libro vigésimo séptimo de los comentarios al edicto.* Las cosas que acceden a las religiosas son religiosas. Y por lo mismo tampoco pueden reivindicarse las piedras empleadas en la construcción de un sepulcro tras haberse separado de él; pero por vía extraordinaria se brinda al demandante la acción por el hecho para que el constructor sea compelido a restituir las piedras. Pero si en el sepulcro se hubieren empleado piedras ajenas contra la voluntad de su dueño, y antes de ser consagrado el monumento hubieren sido separadas para colocarlas en otro lugar, el dueño podrá reivindicarlas. Pero si hubieren sido quitadas, y luego vueltas a colocar allí mismo, es sabido que el dueño puede igualmente reclamarlas.

**44**. *GAIUS libro vicensimo nono ad edictum provinciale. Fructus pendentes pars fundi videntur.*

**44**. GAYO *en el libro vigésimo noveno de los comentarios al edicto.* Los frutos que cuelgan del árbol son considerados parte del fundo.

**45.** *ULPIANUS libro sexagensimo octavo ad edictum. Si homo sit, qui post conventionem restituitur, si quidem a bonae fidei possessore, puto cavendum esse de dolo solo, debere ceteros etiam de culpa sua: inter quos erit et bonae fidei possessore post litem contestatam.*

**45.** ULPIANO *en el libro sexagésimo octavo de los comentarios al edicto.* Si tras el emplazamiento a juicio un esclavo es restituido, y lo hace un poseedor de buena fe, opino que debe únicamente conceder caución por dolo, y los demás también deben concederla por culpa, entre los cuales estará también el poseedor de buena fe una vez contestada la demanda.

**46.** *PAULUS libro decimo ad Sabinum. Eius rei, quae per in rem actionem petita tanti aestimata est, quanti in litem actor iuraverit, dominium statim ad possessorem pertinet: transegisse enim cum eo et dicidisse videor eo pretio, quod ipse constituit.*

**46.** PAULO *en el libro décimo de los comentarios a Sabino.* La propiedad de la cosa reclamada por acción real que ha sido estimada según el juramento de litigio del actor, pertenece desde ese momento al poseedor; porque parece que transigí con él y que convine en el precio que él mismo fijó.

**47.** *IDEM libro septimo decimo ad Plautium. Haec si res praesens sit: si absens, tunc cum possessionem eius possessor nactus sit ex voluntate actoris: et ideo non est alienum non aliter litem aestimari a iudice, quam si caverit actor, quod per se non fiat possessionem eius rei non traditum iri.*

**47.** EL MISMO *en el libro décimo séptimo de los comentarios a Plaucio.* Esto procede si la cosa estuviere presente; de lo contrario, la adquiere cuando adquiere la posesión de ella consintiéndolo el actor. Y por ello no es extraño que el juez haga la estimación tan sólo si el actor hubiere dado caución de que no impedir entregar la posesión de aquella cosa.

**48.** *PAPINIANUS libro secundo responsorum. Sumptus in praedium, quod aienum esse apparuit, a bona fide possessore facti neque ab eo qui praedium*

**48.** PAPINIANO *en el libro segundo de las respuestas.* Los gastos hechos por un poseedor de buena fe en un predio que después resultó ser ajeno no

*donavit neque a domino peti possunt, verum exceptione doli posita per officium iudicis aequitatis ratione servantur, scilicet si fructuum ante litem contestatam perceptorum summam excedant: etenim admissa compensatione superfluum sumptum meliore praedio facto dominus restituere cogitur.*

pueden reclamarse ni a quien donó el predio ni al dueño; pero opuesta la excepción de dolo se indemnizan conforme a equidad por ministerio del juez, a saber, si excedieron al importe de los frutos percibidos antes de contestada la demanda; porque admitida la compensación, el dueño se obliga a restituir la diferencia entre el importe de los frutos y el exceso de gastos realizados respecto de lo que el predio mejoró.

**49.** *CELSUS libro octavo decimo digestorum. Solum partem esse aedium existimo nec alioquin subiacere uti mare navibus.*

**49.** CELSO *en el libro décimo octavo del digesto.* Opino que el suelo es parte de las casas, y que la base no puede servir para otra cosa, como el mar respecto de los barcos.

*§1. Meum est, quod es re mea superest, cuius vindicandi ius habeo.*

§1. Lo que queda de una cosa mía es de mi propiedad, cuyo derecho de reivindicación tengo.

**50.** *CALLISTRATUS libro secundo edicti monotirii. Si ager ex emptionis causa ad aliquem pertineat, non recte hac actione agi poterit, antequam traditus sit ager tuncque possessio amissa sit.*

**50.** CALISTRATO *en el libro segundo del edicto monitorio.* Si un campo perteneciera a alguien por causa de compra, no podrá ejercerse la acción reivindicatoria antes de que el campo haya sido entregado, y hasta que haya perdido la posesión.

*§1. Sed heres de eo quod hereditati obvenerit recte aget, etiamsi possessionem eius adhuc non habuerit.*

§1. Pero el heredero demandará justamente por aquello que hubiere correspondido a la herencia, aunque no haya obtenido todavía la posesión de la misma.

**51.** POMPONIUS *libro sexto decimo ad Sabinum. Si in rem actum sit et in heredem possessoris iudicium datum sit, culpa quoque et dolus malus heredis in hoc iudicium venit.*

**51.** POMPONIO *en el libro décimo sexto de los comentarios a Sabino.* Si se hubiese demandado por la acción real, y se hubiera dado acción contra el heredero del poseedor, también se comprenderá en este juicio la culpa y el dolo malo del heredero.

**52.** IULIANUS *libro quinquagensimo quinto digestorum. Cum autem fundi possessor ante litem contestatam dolo malo fundum possidere desiit, heredes eius in rem quidem actionem suscipere cogendi non sunt, sed in factum actio adversus eos reddi debebit, per quam restituere cogantur, quanto locupletes ex ea re facti fuerunt.*

**52.** JULIANO *en el libro quincuagésimo quinto del digesto.* Cuando el poseedor de un fundo dejó de poseerlo con dolo malo antes de contestar la demanda, no se obligarán a sus herederos a aceptar la acción real, sino que deberá darse contra ellos la acción por el hecho, por la que se obligarán a restituir todo aquello en que se enriquecieron con aquella cosa.

**53.** POMPONIUS *libro trigensimo primo ad Sabinum. Si fundi possessor eum excoluisset sevissetve et postea fundus evincatur, consita tollere non potest.*

**53.** POMPONIO *en el libro trigésimo primero de los comentarios a Sabino.* Si el poseedor de un fundo lo hubiese cultivado o sembrado, y después el fundo fuera eviccionado, no puede arrancar lo sembrado.

**54.** ULPIANUS *libro sexto opinionum. Inter officium advocationis et rei suae defensionem multum interest: nec propterea quis, si postea cognoverit rem ad se pertinere, quod alii eam vindicanti tunc ignorans suam esse adsistebat, dominium suum amisit.*

**54.** ULPIANO *en el libro sexto de las opiniones.* Hay una gran diferencia entre el ejercicio de la abogacía y la defensa de una cosa propia; y por ende, si alguien hubiere defendido como abogado a quien reivindicaba una cosa, ignorando el primero que dicha cosa era suya, y enterándose hasta después que le pertenecía, no pierde la propiedad.

**55.** *IULIANU libro quinquagensimo quinto digestorum. Si possessor fundi ante iudicium acceptum duobus heredibus relictis decesserit et ab altero ex his, qui totum fundum possidebat, totus petitus fuerit, quin in solidum condemnari debeat, dubitari non oportet.*

**55.** JULIANO *en el libro quincuagésimo quinto del digesto.* Si el poseedor de un fundo hubiere fallecido antes de aceptado el juicio dejando dos herederos, y hubiere reclamado todo el fundo a quien lo poseía, sin duda que deberá condenársele por el total.

**56.** *IDEM libro septuagensimo octavo digestorum. Vindicatio non ut gregis, ita et peculii recepta est, sed res singulas is, qui legatum peculium est, petet.*

**56.** EL MISMO *en el libro septuagésimo octavo del digesto.* La reivindicación de un peculio no es admitida del mismo modo que la de un rebaño, sino que el legatario del peculio reclamará cada cosa por separado.

**57.** *ALFENUS libro sexto digestorum. Is a quo fundus petitus erat ab alio eiusdem fundi nomine conventus est: quaerebatur, si alterutri eorum iussu iudicis fundum restituisset et postea secundum alterum petitorem res iudicaretur, quemadmodum non dúplex damnum traheret. Respondi, uter prior iudex iudicaret, cum oportere ita fundum petitori restitui iubere, ut possessori caveret vel satisdaret, si alter fundum evicisset, eum praestare.*

**57.** ALFENO *en el libro sexto del digesto.* Aquel a quien se reclamó un fundo fue demandado por otro debido al mismo fundo; se pregunta: si hubiese restituido el fundo a uno de ellos por mandato del juez, y después se fallase la cuestión en favor del otro demandante, ¿de qué modo evitará un doble perjuicio? Respondí que cualquiera de los dos jueces que fallase primero debía ordenar que se restituyese el fundo al demandante, siempre y cuando diese al poseedor caución o fianza de entregarlo, si el otro hubiere reivindicado el fundo.

**58.** *PAULUS libro tertio epitomarum Alfeni digestorum. A quo servus petebatur et eiusdem servi nomine cum eo furti agebatur, quaerebat, si utroque iudicio condemnatus esset, quid se facere oporteret. Si prius servus ab eo evictus esset, respondit, non oportere iudicem cogeré, ut eum traderet, nisi ei satisdatum esset, quod pro eo homine iudicium accepisset, si quid ob eam rem datum esset, id recte praestari. Sed si prius de furto iudicium factum esset et hominem noxae dedisset, deinde de ipso homine secundum petitorem iudicium factum esset, non debere ob eam rem iudicem, quod hominem non traderet, litem aestimare, quoniam nihil eius culpa neque dolo contigisset, quo minus hominem traderet.*

**58.** PAULO *en el libro tercero del epítome del digesto de Alfeno.* Un poseedor a quien se le reclamaba un esclavo, y contra quien se ejercitaba la acción de robo a nombre del mismo esclavo, pregunta: si en ambos juicios hubiese sido condenado, ¿qué debería hacer? Respondí que el juez no debía obligarle a entregarlo, a menos que se le hubiese dado caución de aceptar el juicio reivindicatorio por este esclavo, y si por tal causa se hubiese pagado algo, se le restituiría como es debido. Pero si primero se hubiese pronunciado sentencia sobre el robo, y hubiese entregado al esclavo por daño, y después se hubiera fallado respecto al mismo esclavo en favor de quien lo reivindicaba, el juez no debe estimar el litigio por no haberse restituido el esclavo; porque la entrega del esclavo no se dejó de hacer por culpa ni por dolo del poseedor.

**59.** *IULIANUS libro sexto ex Minicio. Habitatur in aliena aedificia fenestras et otia imposuit, eadem post annum dominus aedificiorum dempsit: quaero, is qui imposuerat possetne ea vindicare. Respondit posse: nam quae alienis aedificiis conexa essent, ea quamdiu iuncta manerent, eorundem aedificiorum esse, simul atque inde dempta essent, continuo in pristinam*

**59.** JULIANO *en el libro sexto de la doctrina de Minicio.* El que habitaba un edificio ajeno puso en éste ventanas y puertas, y pasado un año las quitó el dueño del inmueble; pregunto: ¿podría reivindicarlas quien las había puesto? Minicio respondió que sí, porque las cosas que incorporadas a edificios ajenos, mientras permanezcan unidas

*causam reverti.*

son de los mismos edificios, pero una vez quitadas vuelven inmediatamente a su antigua condición.

**60**. *POMPONIUS libro vicensimo nono ad Sabinum. Quod infans vel furiosus possessor perdidit vel corrupit, impunitum est.*

**60**. POMPONIO *en el libro vigésimo noveno de los comentarios a Sabino.* Lo que perdió o deterioró un poseedor infante o demente no recibe castigo.

**61**. *IULIANUS libro sexto ex Minicio. Minicius interrogatus, si quis navem suam aliena materia refecisset, num nihilo minus eiusdem navis maneret. Respondit manere. Sed si in aedificanda ea idem fecisset, non posse. IULIANUS notat: nam proprietas totius navis carinae causam sequitur.*

**61**. JULIANO *en el libro sexto de la doctrina de Minicio.* Se preguntó a Minicio si, habiendo alguien reconstruido su barco con materiales ajenos, seguía siendo suyo éste. Respondió que sí, pero si hubiese hecho lo mismo al construirlo, no podía ser así. Juliano observa: porque la propiedad de todo el barco sigue la condición de la quilla.

**62**. *PAPINIANUS libro sexto quaestionum. Si navis a malae fidei possessore petatur, et fructus aestimandi sunt, ut in taberna et área quae locari solent. Quod non este i contrarium, quod de pecunia deposita, quam heres non attingit, usuras praestare non cogitur: nam etsi maxime vectura sicut usura non natura pervenit, sed iure percipitur, tamen ideo vectura desiderari potest, quoniam periculum navis possessor petitori praestare non debet, cum pecunia periculo dantis faeneretur.*

**62**. PAPINIANO *en el libro sexto de las cuestiones.* Si se reclama un barco al poseedor de mala fe, deberán estimarse también los frutos, del mismo modo que una tienda y un terreno que suelen arrendarse. Ello no impide que por el dinero depositado para ser transportado por mar no se obligue a pagar intereses al heredero del naviero depositario si no lo usó, porque, aunque el precio del transporte y el interés del préstamo no se produzcan naturalmente, sino por derecho, no obstante ello, puede reclamarse porque el poseedor no debe responder ante el demandante del riesgo de la nave, mientras que el dinero a interés transportado por mar se presta a riesgo de quien lo da.

*§1. Generaliter autem cum de fructibus aestimandis quaeritur, constat animadverti debere, non an malae fidei possessor fruitus sit, sed an petitor frui potuerit, si ei possidere licuisset. Quam sententiam Iuliani quoque probat.*

§1. En general, cuando se trata de estimar los frutos, es sabido que debe considerarse no si el poseedor de mala fe los ha disfrutado, sino si el demandante habría podido disfrutarlos habiéndosele permitido poseer; lo que también aprueba Juliano.

**63.** *IDEM libro duodecimo quaestionum. Si culpa, non fraude quis possessionem amiserit, quoniam pati debet aestimationem, audiendus erit a iudice, si desideret, ut adversarius actione sua cedat: cum tamen praetor auxilium quandoque laturus sit quolibet alio pssidente, nulla captione adficietur. Ipso quoque, qui litis aestimationem perceperit, possidente debe adiuvari: nec facile audiendus erit ille, si velit postea pecuniam, quam ex sententia iudicis periculo iudicati recepit, restituere.*

**63.** EL MISMO *en el libro décimo segundo de las cuestiones.* Si un demandado hubiere perdido la posesión por culpa, no por fraude, puesto que debe soportar la estimación, deberá ser oído por el juez si deseara que el adversario le ceda su acción; pero cuando el pretor deba auxiliarle contra cualquier otro poseedor, no deberá dejarse engañar. También debe ser auxiliado por el pretor si posee quien hubiere recibido la estimación del litigio, y no deberá ser oído el demandante que cobró la cantidad en virtud de sentencia condenatoria si quisiera después restituir la suma con objeto de recuperar la cosa.

**64.** *IDEM libro vicensimo quaestionum. Cum in rem agitur, eorum quoque nomine, quae usui non fructui sunt, restitui fructus certum est.*

**64.** EL MISMO *en el libro vigésimo de las cuestiones.* Cuando se ejerce la acción real es cierto que deben restituirse los frutos, incluso de aquellas cosas que son para uso, no para usufructo.

**65**. *IDEM libro secundo responsorum. Emptor praedium, quod a non domino emit, exceptione doli posita non aliter restituere domino cogetur, quam si pecuniam creditori eius solutam, qui pignori datum praedium habuit, susurarumque medii temporis superfluum reciperaverit, scilicet si minus in fructibus ante litem perceptis fuit: nam eos usuris novis dumtaxat compensari sumptuum in praedium factorum exemplo aequum est.*

**65**. EL MISMO *en el libro segundo de las respuestas.* Una vez opuesta la excepción de dolo, el comprador no se obligará a restituir al dueño el predio que compró a quien no lo era, sólo si hubiere recuperado el dinero pagando al acreedor del propietario que tuvo el predio en prenda más el escedente de los intereses del tiempo intermedio, si los frutos percibidos produjeron menos antes del pleito; porque es justo que estos se compensen tan sólo con los intereses posteriores a la venta, como en el caso de los gastos hechos en el predio.

*§1. Ancillam, quae non in dotem data, sed in peculium filiae concessa est, peculio filiae non legato mancipium hereditarum esse convenit. Si tamen pater dotis ac peculii contemplatione filiam exheredavit et ea ratione reddita nihil ei testamento reliquita ut eo minus legavit, filiam defensio tuebitur voluntatis.*

§1. La esclava que no fue dada en dote, sino que se legó en peculio a la hija, se entiende que sea comprendida entre los esclavos de la herencia si no fue legad el peculio a la hija. Pero si el padre desheredó a la hija en atención a la dote y al peculio, y habiendo expresado esta razón no le dejó nada en el testamento, o le legó menos, la defensa de la voluntad paterna amparará a la hija.

**66**. *PAULUS libro secundo quaestionum. Non ideo minus recte quid Nostrum esse vindicabimus, quod abire a nobis dominium speratur, si condijo legati vel libertatis extiterit.*

**66**. PAULO *en el libro segundo de las cuestiones.* No porque se espere que perdamos la propiedad dejaremos de reivindicar lo que es nuestro si se cumpliere la condición impuesta a un legado o a una manumisión.

**67.** *SCAEVOLA libro primo responsorum. A tutore pupilli domum mercatus ad eius refectionem fabrum induxit: is pecuniam invenit: quaeritur ad quem pertineat. Respondi, si non thensauri fuerunt, sed pencunia forte perdita vel per errorem ab eo ad quem pertinebat non ablata, nihilo minus eius eam esse, cuius fuerat.*

**67**. ESCÉVOLA *en el libro primero de las respuestas.* Alguien compró una casa del pupilo al tutor, y enviando a ella un maestro de obra para repararla, éste encontró dinero; se pregunta: ¿a quién le pertenece? Respondí que, si no era un tesoro, sino dinero perdido o que por descuido no lo recogió aquel a quien le pertenecía, sigue siendo de quien lo había sido.

**68.** *ULPIANUS libro quinquagensimo primo ad edictum. Quie restituere iussus iudici non paret contendens non posse restituere, si quidem habeat rem, manu militari officio iudicis ab eo pssessio tranfertur et fructuum dumtaxat omnisque causae nomine condemnatio fit. Si vero non potest restituere, si quidem dolo recit quo minus possit, is, quantum adversarius in litem sine ulla taxatione in infinitum iuraverit, damnandus est. Si vero nec potest restituere nec dolo fecit quo minus possit, non pluris quam quanti res est, id est quanti adversarii interfuit, condemnandus est. Haec sententia generalis est et ad omnia sive interdicta, sive actiones in rem sive in personam sunt, ex quibus arbitratu iudicis quid restituitur, locum habet.*

**68**. ULPIANO *en el libro quincuagésimo primero de los comentarios al edicto.* Quien habiéndosele condenado a que restituyera no obedece al juez, aduciendo que no puede hacerlo, si realmente tuviere la cosa, por ministerio del juez deberá transferirse la posesión a través de la fuerza militar, y se hace la condena tan sólo sobre los frutos y cualquier otro accesorio. Pero si no puede restituir porque actuó con dolo para no hacerlo, deberá condenársele por la cantidad que el adversario hubiera jurado para el pleito, sin limitación en la cuantía, hasta lo infinito. Si no puede hacerlo, pero no actuó con dolo para no poder cumplir, deberá condenársele sin sobrepasar el valor de la cosa, es decir, por cuanto interesa al contrincante. Esta opinión es general, y se aplica a todo, ya se trate de interdictos, de acciones reales o personales, cuando se restituye alguna cosa por arbitrio del juez.

**69**. *PAULUS libro tertio decimo ad Sabinum. Is qui dolo fecit quo minus possideret hoc quoque nomine punitur, quod actor cvere ei non debet actiones, qus eius rei nomine habeat, se ei praestaturum.*

**69**. PAULO *en el libro décimo tercero de los comentarios a Sabino.* Quien actuó con dolo para dejar de poseer, es castigado también para que el actor no le otorgue caución de cederle las acciones que tenga por aquella cosa.

**70**. *POMPONIUS libro vicensimo nono ad Sabinum. Nec quasi Publicianam quidem actionem ei dandam placuit, ne in potestate cuiusque sit per rapinam ab invito domino rem iusto pretio comparare.*

**70**. POMPONIO *en el libro vigésimo noveno de los comentarios a Sabino.* Y se consideró que tampoco deba concedérsele la acción cuasi Publiciana para que no quede al arbitrio de cualquiera comprar en su justo precio una cosa arrebatada contra la voluntad de su dueño.

**71**. *PAULUS libro tertio decimo ad Sabinum. Quod si possessor quidem dolo fecit, actor vero iurare non vult, sed quanti res sit adversarium condemnari maluit, mos ei gerendus est.*

**71**. PAULO *en el libro décimo tercero a Sabino.* Si el poseedor obró con dolo y el actor no quiere jurar, sino que prefirió que el adversario fuese condenado por el valor de la cosa, deberá complacérsele.

**72**. *ULPIANUS libro sexto decimo ad edictum. Si a Titio fundum emeris Sempronii et tibi traditus sit pretio soluto, deinde Titius Sempronio heres extiterit et eundem alii vendiderit et tradiderit, aequius est, ut tu potior sis. Nam et si ipse venditor eam rem a te peteret, exceptione eum summoveres. Sed et si ipse*

**72**. ULPIANO *en el libro décimo sexto de los comentarios al edicto.* Si comprares a Ticio un fundo de Sempronio y te lo entregó tras pagar el precio, si después Ticio hubiere quedado heredero de Sempronio, y lo hubiere vendido y entregado a otra persona, es más justo que tú seas preferido.

*possideret et tu peteres, adversus exceptionem dominio replicatione utereris.*

Porque si el mismo vendedor te reclamase aquella cosa, lo rechazarías con una excepción. Mas si él la poseyera y tú la reclamaras, usarás la réplica contra la excepción de propiedad civil.

**73.** IDEM *libro septimo decimo ad edictum. In speciali actione non cogitur possessor dicere, pro qua parte eius sit: hoc enim petitoris munus est, non possessoris: quod et in Publiciana observatur.*

**73.** EL MISMO *en el libro décimo séptimo de los comentarios al edicto.* En la acción sobre cosa especial el poseedor no está obligado a declarar la parte que el pertenece, porque esto es a cargo del actor, no del poseedor. Lo mismo se observa también en la acción Publiciana.

*§1. Superficiario,*

§1. Al superficiario,

**74.** PAULUS *libro vicensimo primo ad edictum. ... id est qui in alieno solo superficiem ita habet, ut certam pensionem praestet,*

**74.** PAULO *en el libro vigésimo primero de los comentarios al edicto.* ... es decir, a quien ha construido en terreno ajeno, a cambio de pagar cierta pensión,

**75.** ULPIANUS *libro sexto decimo ad edictum. ... praetor causa cognita in rem actionem pollicetur.*

**75.** ULPIANO *en el libro décimo sexto de los comentarios al edicto.* ... el pretor le ofrece una acción real, previo conocimiento de causa.

**76.** GAIUS *libro septimo ad edictum provinciale. Quae de tota re vindicanda dicta sunt, eadem et de parte intellegenda sunt, officioque iudicis continetur pro modo partis ea quoque restitui iubere, quae simul cum ipsa parte restitui debent.*

**76.** GAYO *en el libro séptimo de los comentarios al edicto provincial.* Lo mismo que se ha comentado sobre la reivindicación del total de una cosa, debe entenderse también sobre una porción; y se comprende en el ministerio del juez el ordenar que se restituya en proporción a la parte lo que

debe ser restituido juntamente con aquella parte.

*§1. Incertae partis vindicatio datur, si iusta causa interveniat. Iusta autem causa esse potest, si forte legi Falcidiae locus sit in testamento, propter incertam detractionem ex legatis, quae vis apud iudicem examinatur: iustam enim habet ignorantiam legatarius, cui homo legatus est, quotam partem vindicare debeat: itaque talis dabitur actio. Eadem et de ceteris rebus intellegemus.*

§1. Se concede la reivindicación de parte indeterminada si media justa causa. Puede ser justa causa si en el testamento hubiera lugar a la ley Falcidia por ser indeterminada la porción a retirar de los legados, asunto de difícil apreciación ante el juez; porque el legatario de un esclavo tiene justa causa para ignorar qué parte debe vindicar. Y por ello se concederá tal acción; y lo mismo se entiende también respecto de las demás cosas.

**77.** ULPIANUS *libro septimo decimo ad edictum. Quaedam mulier fundum non marito donavit per epistulam et eundem fundum ab eo conduxit: posse defendi in rem ei competere, quasi per ipsam adquisierit, possessionem veluti per colonam. Proponebatur, quod etiam in eo agro qui donabatur fuisset, cum epistula emitteretur: quae res sufficiebat ad traditam possessionem, licet conductio non intervenisset.*

**77.** ULPIANO *en el libro décimo séptimo de los comentarios al edicto.* Una mujer donó por carta un fundo a quien no era su marido, y lo tomó en arrendamiento del donatario; respondí que compete al donatario la acción real, como si hubiere adquirido la posesión por medio de la donante, como si fuera por una arrendataria; también se alegaba que el donatario se hallaba en el campo que se donaba cuando se envió la carta, cuya circunstancia bastaba para transmitir la posesión, aunque no hubiese mediado arrendamiento.

**78.** LABEO *libro quarto pithanon a Paulo epitomarum. Si eius fundi, quem alienum possideres, fructum non coegisti, nihil eius fundi fructuum nomine te dare*

**78.** LABEÓN *en el libro cuarto de los dichos recopilados por Paulo.* Si no cogiste los frutos del fundo ajeno que poseías, nada debes dar por razón de dicho

oportet. *PAULUS. Immo quaeritur: huius fructus idcirco factus est, quod is eum suo nomine perceperit? Perceptionem fructus accipere debemus non si perfecti collecti, sed etiam coepti ita percipi, ut terra continere se fructus desierint: veluti si olivae uvae lectae, nondum autem vinum óleum ab aliquo factum sit: statim enim ipse accepisse fructum existimandus est.*

concepto. Paulo dice: se pregunta si el fruto se hizo del propietario al haberlo percibido en su nombre. Debemos entender por percepción del fruto no si está completamente recolectado, sino también si se había comenzado a recoger, de modo que los frutos hubieren dejado de estar unidos a la tierra, como cuando se recogen aceitunas o uvas, aunque todavía no se haya hecho vino o aceite, porque se entenderá que desde el primer momento recogió el fruto.

**79.** *IDEM libro sexto pithanon a Paulo eptimoraum. Si hominem a me petieris et is post litem contestatam mortuus sit, fructus quoad is vixerit aestimari oportet. PAULUS. Ita id verum esse puto, si no prius is homo in eam valetudinem inciderit, propter quam operae eius inútiles factae sunt: nam ne si vxisset quidem in ea valetudine, fructus eius temporis nomine aestimari conveniret.*

**79.** EL MISMO *en el libro sexto de los dichos recopilados por Paulo.* Si me reclamases un esclavo y éste muriera luego de contestar la demanda, deben estimarse los frutos del mismo hasta el último día de su vida. Paulo dice: opino que esto es cierto si antes no hubiere caído el esclavo en una enfermedad tal que sus servicios se volvieran inútiles; pues aunque hubiese vivido con aquella enfermedad, no convendría estimar los frutos correspondientes a aquel tiempo.

**80.** *FURIUS ANTHIANUS libro primo ad edictum. In rem actionem pati non compellimur, quia licet alicui dicere se non possidere, ita ut, si possit adversarius convincere rem ab adversario possideri, transferat ad se possessionem per iudicem,*

**80.** FURIO ANTIANO *en el libro primero de los comentarios al edicto.* No se nos obliga a soportar la acción real, porque cualquiera puede decir que no posee; pero de modo que, si el adversario pudiera probar que la parte

*licet suam esse non adprobaverit.*

contraria poseía la cosa, por medio del juez solicite que se le transfiera la posesión, aunque no hubiere probado que la cosa es suya.

## TITULUS II
## DE PUBLICIANA IN REM ACTIONE

## TÍTULO II
## DE LA ACCION REAL PUBLICIANA

**1.** *ULPIANUS libro sexto decimo ad edictum. Ait praetor: 'Si quis id quod traditur ex iusta causa non a domino et nondum usucaptum petet, iudicium dabo'.*

**1.** ULPIANO *en el libro décimo sexto de los comentarios al edicto.* Dice el pretor: 'si alguien reclamara lo que por justa causa le fue entregado por quien no es dueño, y aún no fue usucapido, concederé acción'.

*§1. Merito praetor ait 'nondum usucaptum': nam si usucaptum est, habet civilem actionem nec desiderat honorariam.*

§1. Con razón dice el pretor 'aun no fue usucapido', porque si lo fuera, tendría la acción civil y no necesitaría la honoraria.

*§2. Sed cur traditionis dumtaxat et usucapionis fecit mentionem, cum satis multae unt iuris partes, quibus dominium quis nancisceretur? Ut puta legatum...*

§2. Pero ¿por qué mencionó la entrega y la usucapión, habiendo otras muchas maneras en derecho para adquirir la propiedad? Por ejemplo, el legado...

**2.** *PAULUS libro nono decimo ad edictum. ... vel mortis causa donationes factae: nam amissa possessione competit Publiciana, quia ad exemplum legatortum capiuntur.*

**2.** PAULO *en el libro décimo noveno de los comentarios al edicto.* ... o las donaciones hechas por causa de muerte, porque perdida la posesión procede la acción Publiciana, pues las donaciones se reciben igual los legados.

**3.** *ULPIANUS libro sexto decimo ad edictum. Sunt et aliae pleraeque.*

**3.** ULPIANO *en el libro décimo sexto de los comentarios al edicto.*

Existen también otros muchos modos.

§1. *Ait praetor: 'ex iusta causa petet'.* *Qui igitur iustam causam traditionis habet, utitur Publiciana: et non solum emptori bonae fidei competit Publiciana, sed et aliis, ut puta ei cui dotis nomine tradita res est necdum usucapta: este nim iustissima causa, sive aestimata res in dotem data sit sive non. Item si res ex causa iudicati sit tradita...*

§1. Dice el pretor 'reclamara por justa causa'. En efecto, quien tiene una justa causa de entrega, ejerce la acción Publiciana. Y ésta compete no sólo al comprador de buena fe, sino también a otros, por ejemplo, a quien se entregó la cosa a causa de dote y todavía no la ha usucapido; porque es causa muy justa que la cosa dada en dote haya sido estimada o no. Igualmente si la cosa hubiera sido entregada por causa de sentencia,

**4.** PAULUS *libro nono decimo ad edictum. ... vel solvendi causa...*

**4.** PAULO *en el libro décimo noveno de los comentarios al edicto.* ... o para pagar...

**5.** ULPIANUS *libro sexto decimo ad edictum ... vel ex causa noxae deditionis, sive vera causa sit sive falsa.*

**5.** ULPIANO *en el libro décimo sexto de los comentarios al edicto.* ... o por causa de dación por noxa, sea verdadera o falsa la causa.

**6.** PAULUS *libro nono decimo ad edictum. Sed et si res adiudicata sit, Publiciana actio competit.*

**6.** PAULO *en el libro décimo noveno de los comentarios al edicto.* Igualmente, si por decisión del pretor me hubiere llevado por causa de delito el esclavo que no fue defendido en juicio, y hubiere perdido la posesión, me compete la acción Publiciana.

**7.** ULPIANUS *libro sexto decimo ad edictum. Sed etsi res adiudicanda sit, Publiciana actio competit.*

**7.** ULPIANO *en el libro décimo sexto de los comentarios al edicto.* Y aunque se haya adjudicado la cosa, compete la acción

§1. *Si lis fuerit aestimata, similis est venditioni: et ait Iulianus libro vicensimo secundo digestorum, si optulit reus aestimationem litis, Publicianam competere.*

§2. *Marcellus libro septimo decimo digestorum scribit eum, qui a furioso ignorans eum furere emit, posse usucapere: ergo et Publicianam habebit.*

§3. *Sed et si quis ex lucrativis causis rem accepit, habet Publicianam, quae etiam adversus donatorem competit: est enim iustus possessor et petitor, qui liberalitatem accepit.*

§4. *Si a minore quis emerit ignorans eum minorem esse, habet Publicianam.*

§5. *Sed et si permutatis facta sit, eadem actio competit.*

§6. *Publiciana actio ad instar proprietatis, non ad instar possessionis respicit.*

§7. *Si petenti mihi rem iusiurandum detuleris egoque iuravero rem meam esse, competit Publiciana mihi, sed adversus te dumtaxat: ei enim soli nocere debet iusiurandum, qui detulit. Sed si possessori delatum erit iusiurandum et iuraverit rem petitoris non esse, adversus eum solum petentem exceptione utetur, non ut et habeat actionem.*

Publiciana.

§1. Si se hubiera hecho la estimación del litigio, se considera una venta; y dice Juliano en el libro vigésimo segundo de su digesto que, si el demandado ofreció la estimación del pleito, procede la acción Publiciana.

§2. Escribe Marcelo en el libro décimo séptimo de su digesto que quien compró a un demente ignorando que lo era, puede usucapir y, en consecuencia, tendrá la acción Publiciana.

§3. Pero también tiene la acción Publiciana quen recibió la cosa por causa de lucro incluso contra el donante, porque quien recibió una liberalidad es justo poseedor y demandante.

§4. Si alguien hubiere comprado una cosa a un menor ignorando que lo era, tiene la acción Publiciana.

§5. Pero si se hubiera hecho una permuta, también procede esta acción.

§6. La acción Publiciana tiene como modelo la propiedad, no la posesión.

§7. Si al reclamar yo una cosa me hubieres ofrecido que probara jurando, y yo hubiere jurado que la cosa era mía, me compete la acción Publiciana, pero sólo contra ti; porque el juramento debe perjudicar sólo a quien lo ofreció. Pero si se hubiere ofrecido el juramento al poseedor, y éste hubiere jurado que la cosa no era del demandante, tendrá una excepción tan sólo contra el reclamante, pero no tendrá la acción.

*§8. In Publiciana actione omnia eadem erunt, quae et in rei vindicatione diximus.*

§8. En la acción Publiciana tendrá lugar todo lo que hemos dicho respecto de la reivindicación.

*§9. Haec actio et heredi et honorariis successoribus competit.*

§9. Esta acción compete tanto al heredero como a los sucesores pretorios.

*§10. Si ego non enero, sed servus meus, habebo Publicianam. Idem est et si procurator meus vel tutor vel curator vel quis alius negotium meum gerens emerit.*

§10. Si yo no hubiere comprado, sino mi esclavo, tendré la acción Publiciana; lo mismo si hubiere comprado mi procurador, tutor, curador u otra persona que gestionase un negocio mío.

*§11. Praetor ait: 'qui bona fide emit'. Non igitur omnis emptio proderit, sed ea, quae bonuma fidem habet: proinde hoc sufficit me bonae fidei emptorem fuisse quamvis non a domino emerim, licet ille callido consilio vendiderit: neque enim dolus venditoris mihi nocebit.*

§11. Dice el pretor: 'quien compró de buena fe'; así, pues, no sirve toda compra, sino la que tiene buena fe. Por lo cual basta que yo haya sido comprador de buena fe, aunque haya comprado a quien no era dueño, y aunque él hubiere vendido con ánimo de engañar, porque no me perjudicará el dolo del vendedor.

*§12. In hac actione non oberit mihi, si successor sum et dolo feci, cum is, in cuius locum successi, bona fide emisset: nec proderit, si dolo careo, cum emptor, cui successi, dolo fecisset.*

§12. En esta acción no es obstáculo si soy sucesor y obré con dolo, con tal que hubiese comprado de buena fe aquel a quien sucedí; y no me valdrá estar exento de dolo, si el comprador a quien sucedí hubiese obrado con dolo.

*§13. Sed enim si servus meus emit, dolus eius erit spectandus, non meus, vel contra.*

§13. Si el comprador fue un esclavo mío, se deberá considerar su dolo, no el mío, o al contrario.

*§14. Publiciana tempus emptionis continet, et ideo neque quod ante emptionem neque quod postea dolo malo factum est in hac actione deduci Pomponio videtur.*

§14. La acción Publiciana se refiere al momento de la compra; y por ello Pomponio considera que no se tiene en cuenta en esta acción el dolo malo anterior ni posterior a la compra.

*§15. Bonam autem fidem solius emptoris continet.*

§15. Pero solamente se refiere a la buena fe del comprador.

*§16. Ut igitur Publiciana competat, haec debent concurrere, ut et bona fide quis emerit et ei res empta eo nomine sit tradita: ceterum ante traditionem, quamvis bonae fidei quis emptor sit, experiri Publiciana non poterit.*

§16. Para que proceda la acción Publiciana deben concurrir que alguien haya comprado de buena fe y que le haya sido entregada la cosa comprada por tal causa. Por lo demás, no podrá ejercer la acción Publiciana antes de la entrega, aunque alguien sea comprador de buena fe.

*§17. Iulianus libro septimo digestorum scripsit traditionem rei emptae oportere bona fide fieri: ideoque si sciens alienam possessionem adprehendit, Publiciana eum experiri non posse, quia usucapere non poterit. Nec quisquam putet hoc nos existimare sufficere initio traditionis ignorasse rem alienam, uti quis possit Publiciana experiri, sed oportere et tunc bona fide emptorem esse.*

§17. Escribe Juliano en el libro séptimo de su digesto que la entrega de la cosa comprada debe hacerse de buena fe; por tanto, si se tomó la posesión sabiendo que era ajena, no puede ejercitarse la acción Publiciana, pues tampoco podrá usucapir. Y no se piense que para ejercer la acción Publiciana baste haber ignorado que la cosa era ajena al iniciar la entrega, sino que también sea comprador de buena fe.

**8.** *GAIUS libro septimo ad edictum provinciale. De pretio vero soluto nihil exprimitur: unde potest coniectura capi, quasi nec sententia praetoris ea sit, ut requiratur, an solutum sit pretium.*

**8.** GAYO *en el libro séptimo de los comentarios al edicto provincial.* Pero nada se dice respecto al precio pagado, por lo que puede conjeturarse que el pretor no considera investigar si se pagó el precio.

**9.** *ULPIANUS libro sexto decimo ad edictum. Sive autem emptori res tradita est sive heredi emptoris, Publiciana competit actio.*

*§1. Si quis rem apud se depositam vel sibi commodatam emerit vel pignori sibi datam, pro tradita erit accipienda, si post emptionem apud eum remansit.*

*§2. Sed et si praecessit traditio emptionem, idem erit dicendum.*

*§3. Item si hereditatem enero et traditam mihi rem hereditariam petere velim, Neratius scribit esse Publicianam.*

*§4. Si duobus quis separatim vendiderit bona fide ementibus, videamus, quis magis Publiciana uti possit, utrum is cui priori res tradita est an is qui tantum emit. Et Iulianus libro septimo digestorum scripsit, ut, si quidem ab eodem non domino emerint, potior sit cui priori res tradita est, quod si a diversis non dominis, melior causa sit possidentis quam petentis. Quae sententia vera est.*

*§5. Haec actio in his quae usucapi non*

**9.** ULPIANO *en el libro décimo sexto de los comentarios al edicto.* Compete la acción Publiciana tanto si se entregó la cosa al comprador como al heredero del comprador.

§1. Si alguien hubiere comprado la cosa depositada en su poder, dada en comodato o en prenda, se considerará entregada si tras la compra siguió en su poder.

§2. Lo mismo se dirá aunque la entrega haya precedido a la compra.

§3. Igualmente, si yo hubiere comprado una herencia y quisiera reclamar uno de los bienes hereditarios que se me había entregado, escribe Neracio que procede la acción Publiciana.

§4. Si alguien hubiere vendido por separado una misma cosa a dos compradores de buena fe, veamos quién puede usar preferentemente la acción Publiciana, si aquel a quien le fue entregada primero la cosa o quien tan sólo la compró primero. Y escribe Juliano en el libro séptimo de su Digesto que, si se hubiere comprado a uno que no era dueño, será preferido aquel a quien primero se entregó la cosa; pero que, si fue a diversos que no eran dueños, es mejor la condición de quien posee que de quien pide, cuya opinión es cierta.

5. Esta acción no procede

*possunt, puta furtivis vel in servo fugitivo, locum non habet.*

respecto de las cosas que no pueden usucapirse, como las robadas, o un esclavo fugitivo.

*§6. Si servus hereditarius ante aditam hereditatem aliquam rem emerit et traditam sibi possesionem amiserit, recte heres Publiciana utitur, quasi ipse possedisset. Municipes quoque, quorum servo res tradita est, in eadem erunt condicione,*

§6. Si un esclavo de la herencia hubiere comprado alguna cosa antes de aceptar la herencia, y hubiere perdido la posesión de lo entregado, el heredero usa correctamente la acción Publiciana, como si él hubiese poseído. En la misma condición estarán también los municipios, a cuyo esclavo se entregó la cosa,

**10.** *PAULUS libro nono decimo ad edictum. ... sive peculiari nomine servus emerit sive non.*

**10.** PAULO *en el libro décimo noveno de los comentarios al edicto.* ... tanto si el esclavo hubiese comprado a título de peculio, como si no.

**11.** *ULPIANUS libro sexto decimo ad edictum. Si ego emi et mea voluntate alii res sit tradita, imperator Severus rescripsit Publicianam illi dandam.*

**11.** ULPIANO *en el libro décimo sexto de los comentarios al edicto.* Si compré, y con mi voluntad la cosa fue entregada a otro, el emperador Septimio Severo respondió por escrito que debe concedérsele la acción Publiciana.

*§1. Si de usu fructu agatur tradito, Publiciana datur: itemque servitutibus urbanorum praediorum per traditionem constitutis vel per patientiam (forte si per domum quis suam passus est aquae ductum transduci): item rusticorum, nam et hic traditionem et patientiam truendam constat.*

§1. Si se reclama el usufructo entregado, se concede la acción Publiciana; lo mismo sobre servidumbres prediales urbanas constituidas por entrega o tolerancia (por ejemplo, si alguien toleró que por su casa pasara un acueducto); y sobre las servidumbres rústicas, porque es sabido que también sobre ellas se deben defender la entrega y la tolerancia.

*§2. Partus ancillae furtivae, qui apud bonae fidei emptorem conceptus est, per han actionem petendus est, etiamsi ab eo qui emit possessus non est. Sed heres furis hanc actionem non habet, quia vitiorum defuncti successor est.*

§2. El hijo de una esclava robada, concebido en poder de un comprador de buena fe, deberá reclamarse por medio de esta acción, aunque quien la compró no llegó a poseerla; pero el heredero del ladrón no tiene esta acción, porque es sucesor de los vicios del difunto.

*§3. Interdum tamen, licet furtiva mater distracta non sit, sed donata ignoranti mihi et apud me conceperit et pepererit, competit mihi in partu Publiciana, ut Iulianus ait, si modo eo tempore, quo experiar, furtivam matrem ignorem.*

§3. A veces, aunque la madre esclava robada no me haya sido vendida, sino donada ignorándolo yo, y en mi poder hubiere concebido y parido, me corresponde la acción Publiciana sobre el parto, como dice Juliano, si al momento del parto ignoro que la madre era robada.

*§4. Idem Iulianus generalitrer dicit, ex qua causa matrem usucapere possem, si furtuva non esset, ex ea causa partum me usucapere, si furtivam esse matrem ignorabam: ex omnibus igitur causis Publicianam habebo.*

§4. También dice Juliano en términos generales, que por la misma causa que yo puedo usucapir la madre esclava, si no fuese robada, por esa misma causa puedo usucapir el hijo si ignoraba que la madre era robada. Así, pues, en estos casos tendré la acción Publiciana.

*§5. Idem est et si ex partu partus est et si non natus, sed post mortem matris exsecto ventre eius extractus est, ut et Pomponius libro quadragensimo scripsit.*

§5. Lo mismo sucede si después del hijo hubo otro hijo, aunque no haya nacido normalmente, sino que tras morir la madre fue extraído abriendo el vientre materno, según escribió también Pomponio en el libro cuadragésimo de su digesto.

*§6. Idem ait aedibus emptis, si fuerint dirutae, ea quae aedificio accesserunt huiusmodi actione petenda.*

§6. También dice que, si se hubieren arruinado unas edificaciones compradas, deberán reclamarse por esta acción las cosas accesorias del edificio.

*§7. Quod temen per alluvionem fundo accessit, simile fit ei cui accedit: et ideo si ipse fundus Publiciana peti non potest, non hco petetur, si autem potest, et ad partem, quae per alluvionem accessit: et ita Pomponius scribit.*

§7. Lo que accedió a un fundo por aluvión se hace similar al fundo al que se agrega; y por ello, si el fundo no puede ser reclamado por la acción Publiciana, tampoco se reclamará lo unido por aluvión, y si se puede, se reclamará incuso la parte que por aluvión se agregó; y así lo escribe Pomponio.

*§8. Idem adicit et si statuae emptae partes recisae petantur, similem actionem proficere.*

§8. El mismo agrega que también corresponde dicha acción si se reclamasen las partes arrancadas de una estatua comprada.

*§9. Idem scribit, si aream enero et insulam in ea aedificavero, recte me Publiciana usurum.*

§9. También escribe Pomponio que, si yo hubiere comprado un fundo y edificado en él, con razón ejerceré la acción Publiciana.

*§10. Item, inquit, si insulam emi et ad aream ea pervenit, aeque potero uti Publiciana.*

§10. También dice: si compré una casa y quedó reducida al fundo, igualmente podré ejercer esta acción.

**12**. *PAULUS libro nono decimo ad edictum. Cum sponsus sponsae servum donasset eumque in dotem accepisset ante usucapionem, rescriptum est a divo Pio divortio facto restituendum esse servum: nam valuisse donationem inter sponsum et sponsam. Dabitur ergo et possidente exceptio et amissa possessione Publiciana, sive extraneus sive donator possideat.*

**12**. PAULO *en el libro décimo noveno de los comentarios al edicto.* Cuando alguien hubiese donado un esclavo a su prometida, y lo hubiera recibido en dote antes de la usucapión, se resolvió por respuesta escrita del Divino Antonino Pío que, tras el divorcio, se deberá restituir el esclavo, porque fue válida la donación entre prometidos. Por ende, se concederá también excepción al poseedor y, perdida la posesión, la acción Publiciana, ya posea un tercero, ya el donante.

*§1. Is cui ex Trebelliano hereditas restituta est, etiamsi non fuerit nactus possessionem, uti potest Publiciana.*

§1. Aquel a quien se restituyó la herencia según el senadoconsulto Trebeliano, puede ejercer la acción Publiciana, aunque no haya tomado la posesión.

*§2. In vectigalibus et in aliis praediis, quae usucapi non possunt, Publiciana competit, si forte bona fide mihi tradita est.*

§2. Respecto de los predios tributarios y de otros que no pueden usucapirse, procede la acción Publiciana si me entregaron de buena fe.

*§3. Idem est et si superficiariam insulam a non domino bona fide enero.*

§3. Lo mismo procede si yo hubiere comprado de buena fe una casa con derecho de superficie a quien no era dueño.

*§4. Si res talis sit, ut eam lex aut constitutio alienari prohibeat, eo casu Publiciana non competit, quia his casibus neminem praetor tuetur, ne contra leges faciat.*

§4. Si la cosa es de las que una ley o constitución imperial prohíben que sea enajenada, en este caso no procede la acción Publiciana, porque el pretor no ampara a nadie con objeto de no contravenir a las leyes.

*§5. Publiciana actione etiam de infante servo nondum anniculo uti possumus.*

§5. Podemos ejercer la acción Publiciana respecto del niño esclavo que aún no ha cumplido un año.

*§6. Si pro parte quis rem petere vult, Publiciana actione uti potest.*

§6. Si alguien quiere reclamar su parte de una cosa común, puede ejercer la acción Publiciana.

*§7. Sed etiam is, qui momento possedit, recte hac actione experiretur.*

§7. También quien estuvo en posesión momentánea ejercerá legalmente esta acción.

**13.** *GAIUS libro septimo ad edictum provinciale. Quaecumque sunt iustae causae adquirendarum rerum, si ex his causis nacti res amiserimus, dabitur nobis*

**13.** GAYO *en el libro séptimo de los comentarios al edicto provincial.* Si hubiéremos perdido las cosas obtenidas por cualquiera de las justas causas de adquirir las

*earum rerum persequendarum gratia haec actio.*

§1. *Interdum quibusdam nec ex iustis possessionibus competit Publicianum iudicium: namque pigneraticiae et precariae possessiones justa sunt, sed ex his non solet competere tale iudicium, illa scilicet ratione, quia neque creditor neque is qui precario rogavit eo animo nanciscitur possessionem, ut credat se dominum esse.*

§2. *Qui a pupillo emit, probare debet tutore auctore lege non prohibente se emisse. Sed et si deceptus falso tutore auctore emerit, bona fide emisse videtur.*

**14.** ULPIANUS *libro sexto decimo ad edictum. Papinianus libro sexto quaestionum scribit: si quis prohibuit vel denuntiavit ex causa venditionis tradi rem, quae ipsius voluntate a procuratore fuerat distracta, et is nihilo minus tradiderit, emptorem tuebitur praetor, sive possideat sive petat rem. Sed quod iudicio empti procurator emptori praestiterit, contrario iudicio mandati consequetur: potest enim fieri, ut emptori res auferatur ab eo, qui venire mandavit, quia per ignorantiam non est usus exceptione, quam debuit opponere, veluti: 'si non anctor meus ex voluntate tua vendidit'.*

cosas, se nos concederá esta acción para reclamarlas.

§1. A veces ni siquiera compete a algunos la acción Publiciana por justa posesión, porque las posesiones pignoraticias y de precario son justas, pero por ellas no suele concederse tal acción, porque ni el acreedor ni quien demandó en precario adquieren la posesión con el propósito de creerse dueños.

§2. Quien compró a un pupilo debe probar que compró con la autoridad del tutor y sin prohibirlo la ley. Pero si hubiere comprado engañado por la autoridad de un falso tutor, se entiende que compró de buena fe.

**14.** PAULO *en el libro décimo sexto de los comentarios al edicto.* Escribe Papiniano en el libro sexto de las cuestiones: si alguien prohibió o denunció para que no se entregase por causa de venta una cosa vendida con voluntad del mismo por su procurador, y, pese a ello éste la entregó, el pretor amparará al comprador, ya posea, ya reclame la cosa. Pero lo que hubiere entregado el procurador al comprador debido a la acción de compra, lo conseguirá el segundo por la acción contraria de mandato; porque puede suceder que quien mandó vende prive de la cosa al comprador, si éste, por ignorancia, no interpuso la excepción que debió oponer, por ejemplo: 'si quien no era mi vendedor vendió por voluntad tuya'.

**15**. *POMPONIUS libro tertio ad Sabinum. Si servus meus, cum in fuga sit, rem a non domino emat, Publiciana mihi competere debet, licet possessionem rei tradiate per eum nactus non sim.*

**15**. POMPONIO *en el libro tercero de los comentarios a Sabino.* Si mi esclavo, estando fugitivo, comprase una cosa a quien no era dueño, debe competerme la acción Publiciana, aunque no haya obtenido por él la posesión de la cosa entregada.

**16**. *PAPINIANI libro decimo quaestionum. PAULUS notat: exceptio iusti dominio Publicianae obicienda est.*

**16**. PAULO *escribe en el libro décimo de las cuestiones de Papiniano.* La excepción de legítima propiedad debe oponerse a la acción Publiciana.

**17**. *NERATIUS libro tertio membranarum. Publiciana actio non ideo comparata est, ut res domino auferatur: eiusque rei argumentum est primo aequitas, deinde exceptio 'si ea res possessoris non sit': sed ut is, qui bona fide emit possessionemque eius ex ea causa nactus est, potius rem habeat.*

**17**. NERACIO *en el libro tercero de los pergaminos.* La acción Publiciana no se estableció para que se despoje de la cosa al propietario; y es prueba de ellos primeramente la equidad, y en segundo lugar la excepción 'si la cosa no fuera del poseedor', sino para que la tenga quien compró de buena fe y por ello obtuvo la posesión de la cosa.

## TITULUS III
## SI AGER VECTIGALIS, ID EST EMPHYTEUTICARIUS, PETATUR

## TÍTULO III
## DE SI SE RECLAMASE UN CAMPO VECTIGAL, ES DECIR, ENFITEUTICARIO

**1.** *PAULUS libro vicensimo primo ad edictum. Agri civitatium alii vectigales vocantur, alii non. Vectigales covantur qui in perpetuum locantur, id est hac lege, ut tamdiu pro his vectigal pendatur, id est hac lege, ut tamdiu pro his vectigal pendatur, quamdiu neque ipsis, qui conduxerint, neque his, qui in locum eorum successerunt, auferri eos liceat: non vectigales sunt, qui ita colendi dantur ut privatim agros nostros colendos dare solemus.*

**1.** PAULO *en el libro vigésimo primero de los comentarios al edicto.* Los campos de las ciudades se denominan unos vectigales y otros no. Se llaman vectigales los que se arriendan a perpetuidad, es decir, con cláusula de que, mientras por ellos se pague la pensión, no sea lícito arrojar de ellos ni a los arrendatarrios ni a sus sucesores. No son vectigales los que para ser cultivados se dan del mismo modo que solemos dar privadamente nuestros campos para que se cultiven.

*§1. Qui in perpetuum fundum fruendum conduxerunt a minicipibus, quamvis non efficiantur domini, tamen placuit competere eis in rem actionem adversus quemvis possessorem, sed et adversus ipsos munícipes,*

§1. A quienes tomaron en arriendo el disfrute a perpetuidad de un fundo municipal, aunque no se hagan dueños, se admitió que les competa la acción real contra cualquier poseedor, e incluso contra los mismos munícipes,

**2.** *ULPIANUS libro septimo decimo ad Sabinum. ... ita tamen si vectigal solvant.*

**2.** ULPIANO *en el libro décimo séptimo de los comentarios a Sabino.* ... con tal que paguen la pensión.

**3.** *PAULUS libro vicensimo primo ad edictum. Idem est et si ad tempus habuerint conductum nec tempus conductionis finitum sit.*

**3.** PAULO *en el libro vigésimo primero de los comentarios al edicto.* Lo mismo aplica también si lo hubieren arrendado durante un plazo determinado y no hubiera terminado el tiempo del arriendo.